기본소득, 존엄과 자유를 향한 위대한 도전

기본소득,
존엄과 자유를 향한 위대한 도전

기본소득실험의 국제적 경험과 실현에 대한 전망

리차드 K. 카푸토 외 지음

참여연대 사회복지위원회 기획 윤홍식 외 옮김

나눔의집

일러두기

1. 원서의 용어 정리 부분과 내용상 추가 설명이 필요하다고 판단된 부분은 옮긴이 주 *로 표시하였으며, 글쓴이 주는 책 말미에 실었습니다.
2. 장제목이나 저자명에 붙은 ■는 글쓴이 주이며, 옮긴이 주 *와 구분하기 위해 모양을 달리했습니다.
3. 인명, 지명 및 외래어는 관례로 굳어진 것을 빼고, 국립국어원의 외래어 표기법과 용례를 따랐습니다.

기본소득보장에 대한 탐구

기본소득은 심각해지고 있는 빈곤과 불평등에 대응하는 가장 혁신적이며, 강력하고, 직접적이고, 논쟁적인 제안 중 하나이다. 기본소득보장은 모든 시민이 자신의 기본적인 필요를 충족시킬 만큼 충분한 소득을 가질 수 있는 무조건적이며, 정부가 보증하는 제도로 고안되었다. 기본소득 또는 기초소득보장의 개념은 사회적 급여의 한 형태이며, 이 출판물 총서는 다학제적 관점에서 경제적 요인과 사회적 요인에 초점을 맞추어 기본소득에 대한 찬반을 검토했다. 이 총서는 기본소득보장을 둘러싼 경쟁적인 원칙에 대한 추상적이고 철학적 논의를 구체적인 정책제안의 경험적 분석에 체계적으로 연결시킴으로써 경제학, 정치학, 사회정책학과 철학 분야에 기여하고, 다학제적 연구를 위한 이론적 틀을 구성할 것이다. 이러한 노력은 국제 및 국내 학자들과 활동가들을 불러모아, 세계 여러 지역에서 진행되고 있는 무조건적인 기본소득보장제도를 법제화하기 위한 중요한 시도들을 비교분석하고, 국가별 공통점과 차이점을 분명히 해 일반적인 측면에서 사회정책과 특히 기본소득보장의 발전을 위한 교훈을 도출할 것이다.

나의 가장 친한 친구이자 사랑하는 아내인 메리에게.
나의 부모님 에밀리와 살바토레 카푸토,
나의 삼촌이자 사회정책의 후원자였던 필립 카푸토를 기리며.

차례

감사의 말

사회복지급여의 한 측면에서 기본소득에 관한 경제적 · 윤리적 문제에 관한 나의 학문적 관심을 지속하고 확장할 수 있도록 여름연구기금 프로그램을 제공해준 예시바 대학교의 랍비 아서 슈나이어 국제문제연구소the Rabbi Arthur Schneier Center for International Affairs at Yeshíva Universtiy에 감사드립니다. 나를 초청해 팔그래이브 맥밀란 출판사the Palgrave Macmillan와 기본소득에 관한 총서에 대한 아이디어를 함께 토론하고 내가 기본소득 총서에 참여할 수 있도록 격려해준 마이클 하워드Michael Howard, 마이클 루이스Michael Lewis, 스티브 프레스맨Steve Pressman과 칼 와이더키스트Karl Widerquist에게도 감사드립니다. 깊은 통찰이 담긴 원고와 편집인의 코멘트에 대해 성찰적인 답변을 해주신 각 장의 저자들과 팔그래이브 맥밀란 출판사 직원들(티파니 허포드, 로리 하르팅, 사만다 해세이, 레이라 캄폴리, 그리고 조엘 브루클랜더)과 책을 만드는 과정을 도운 뉴젠 날리지 워크Newgen Knowledge Works 직원(디파 존)께도 깊은 감사를 드립니다. 또한 내 책임하에 워어 사회사업대학the Wurzweiler School of Social Work의 박사과정을 운영할 수 있도록 충분한 공간을 제공해준 셀돈 겔만, 카르멘 헨드릭스, 제이드 디커티, 앤 퍼사드에게도 감사드립니다. 그들이 워어 사회사업대학에서 교수기금을 만들고 지속시켰던 노력은 제가 박사과정의 일상적 업무에 대한 우려를 덜고 이 책을 성공적으로 마무리하는 데 필요한 일을 할 수 있도록 했습니다. 마지막으로 나는 이 책처럼 내 인생의 모든 좋은 것들을 더 좋게 해주는 내 아내 메리에게 이 책을 헌정합니다.

기본소득과 기본소득들

몇몇 사람의 황당한 주장으로 여겨지던 기본소득이 '실제적' 대안 중 하나로 검토되는 시대가 되었다. 일자리는 점점 감소하고 그나마 남아 있는 일자리의 질도 점점 더 나빠지고 있는 시대를 살고 있다. 아무리 열심히 일해도 빈곤에서 벗어나기 어려운 사람들과 일하고 싶어도 일할 수 없는 사람들이 늘어나는 시대를 살고 있다. 남성 생계부양자가 일하는 사회에 기초해 설계된 복지국가가 우리 대다수가 직면한 사회적 위험에 무기력한 모습을 보이는 시대에 살고 있다. 영국 보수당의 마가렛 대처의 이야기처럼 대안은 없는 것일까? 지난 40년간 신자유주의의 실험이 처참한 실패로 끝나면서 40년 전 자본주의 사회가 그랬던 것처럼 우리는 또다시 대안 없는 시대를 살아야 하는 것일까?

개발국가의 경제성장 제일주의가 일자리를 만들고, 이렇게 만들어진 일자리가 빈곤과 불평등을 완화했던 시대가 다시 돌아오기는 어려울 것 같다. 그렇다고 실패로 끝난 신자유주의를 부여잡고 불안한 미래를 맞이할 수도 없으며, 다시 제2차 세계대전 이후 북서유럽에서 만들어졌던 '역사적' 복지국가로 돌아가는 것도 불가능하다. 대안은 없는 것일까? 기본소득이 이야기되고 있다. 좋은 일자리가 감소하는 사회에서 고용과 무관하게 모두에게 지급되는 기본소득은 매력적이다. 머지않은 장래에 인공지능이 일자리의 상당 부분을 대신한다고 하니 기본소득은 고용이 감소하는 사회에서 복지국가의 새로운 대안이 될 수 있을지도 모른다. 이 번역서는 임금노동에 기초한 소득보장제도를 대신해 세계 곳곳에서 논의되고 있는 기본소득과 관련된 실험에 대해 다루고 있다. 어떤 국가는 전통적 복지국가가 너무나 강고해 기본소득 논의는 발도 붙이기 어려운 상황이고, 어떤 국가는 기본소득을 '부의 소득세' 중심으로 이야기하고 있으며, 어떤 국가는 생계보조의 형태로 기본소득을 이해하고 있다. 이렇게 다양한 소득보장 정책들을 '기본소득'이라는 하나의 우산 아래서 논의해도 괜찮은 것인지 우려가 될 정도이다.

하지만 지금 우리가 너무나 당연하다고 생각했던 제도, 정책, 관례 등 익숙한 것들은 역사를 조금만 거슬러 올라가면 너무나 낯선 것들이었고, 다양한 시도들이 수많은 실패를 거듭했던 결과라는 것을 깨닫게 된다. 처음부터 당연한 것은 없었고, 처음부터 성공한 것도 없었다. 또한 처음에 의도했던 그 모습 그대로 만들어진 제도와 정책은 없다. 우리에게 익숙한 제도는 그렇게 역사의 흔적을 켜켜이 쌓으며 지금 우리에게 익숙한 것들이 되었다. 왜 그것들은 되고 기본소득은 불가능한가? 기본소득도 사회보험이 그랬던 것처럼 그런 역사적 과정에 있는지도 모른다. 다만 분명한 것이 있다. 어떤 제도, 특히 임금노동에 기초한 역사적 분배체계로서 복지국가와 같은 하나의 체제가 새로운 체제로 이행하기 위해서는 그 이행을 지지하고 지켜낼 든든한 정치적 주체가 필요하고, 기본소득이 재생산하는 고유한 생산체제 또한 필요하다는 사실이다. 아마 기본소득이 복지국가의 새로운 대안이 될 수 있다면 기본소득이 좋은 제도이기 때문이 아니라, 기본소득을 지지하는 광범위한 정치적 연대가 이루어지고, 기본소득이 그 시대의 생산체제를 가장 잘 재생산할 수 있는 분배체계이기 때문일 것이다. 기본소득이 그런 대안이 될 수 있을까? 우리는 이 책을 번역하면서 세계 곳곳에서 이루어지는 다양한 실험에 대해 의견을 나누었다. 그리고 많은 생각을 하게 되었다. 어쩌면 지금 우리가 이야기해야 할 것은 "기본소득the basic income"이 아니라 "기본소득들basic incomes"인지도 모른다.

이 번역서가 나오기까지 많은 사람들의 노력이 담겨 있다. 무엇보다도 참여연대 사회복지위원회가 주관했던 기본소득 세미나에 참여해주고, 이 책의 각 장을 맡아 번역해주신 선생님들께 ─ 윤홍식(1장), 남찬섭(2장), 김승연(3장), 이주하(4장), 김진석(5장), 김성욱(6 · 7 · 8장), 박영아(9장), 은민수(10 · 11장), 이미진(12장), 김남희(13장), 최영(14장), 최혜지(15장), 허선(16장) ─ 진심을 담아 감사드린다. 또한 이 책이 나오기까지 바쁜 시간을 쪼개어 실무를 맡아 주었던 참여연대 사회복지위원회의 김남희 팀장, 이경민 간사, 김잔디 전前 간사께 감사의 인사를 전하고, 꼼꼼하게 마무리 작업을 맡아준 '양심적 병역거부라는 기본권을 쟁취하기 위해 열심히 싸우는' 홍정훈 간사께 더 특별한 감사 마음을 전한다. 아마 이분들의 도움이 없었다면 이 번역서가 출간되기 어려웠을 것이다. 기꺼이 번역서의 출간을 허락해준 박정희 대표님과 꼼꼼하게 교정해준 나눔의집 출판사의 임혜정 선생님께도 깊은 감사를 전한다. 몇 차례 교정을 보았지만, 아무래도 번역이라는 것이 완전할 수 없기에 오역이 있을 것이고, 만약 오역이 있다면 이를 제대로 검독하지 못한 편역자의 책임이 크다는 점을 밝힌다. 생각보다 출간이 늦어졌지만 이 번역서를 통해 기본소득에 관심 있는 많은 사람들이 세계적으로 벌어지고 있는 기본소득과 관련된 다양한 논의를 접하는 기회가 되었으면 좋겠다. 인간의 다양성이 우리를 풍요롭게 하듯 한국 사회와 세계 곳곳에서 벌어지고 있는 기본소득에 대한 다양한 실험과 논의가 기본소득의 교조적 프레임을 벗어나 좀 더 현실적이고 다양한 대안으로 결실을 맺길 바란다. 내용이 관철된다면 '기본소득'이 아니어도 좋지 아니한가.

한국 사회의 '대안' 담론으로서
기본소득들에 관한 풍성한 논의가 있기를
기대하는 마음으로 번역자들을 대신해 쓴다.

2018년 8월,
윤 홍 식
인하대학교 사회복지학과 교수

PART

1

서문

1

무조건적 기본소득의 실현을 위한 기대와 현실

리차드 K. 카푸토
Richard K. Caputo

특정 시점에 현금을 일시불로 지급하는 방식이건, 평생 동안 정기적으로 급여를 지급하는 방식이건 기본소득 제안은 수세기 동안 있어왔지만, 20세기 들어서 국민국가와 지방정부의 입법기관이 기본소득의 제도화를 검토하기 전까지는 정치적으로 별다른 주목을 끌지 못했다(Caputo 2006; Cunliffe and Erreygers 2004). 예를 들어, 1970년대 캐나다와 미국의 입법기관은 거의 또는 어떤 조건도 부과하지 않는 현금 소득보장제도의 시행이 저소득층 개인과 가족에게 어떤 영향을 미치는지를 실험하기 위한 일종의 사회적 실험 또는 시범사업 형식의 특별한 기본소득정책을 시행했다. 하지만 실험 이후, 당시 두 국가 모두 연간 기초소득보장제도를 채택하지는 않았고, 무조건적 기본소득은 정치적 이슈에서 사라진 것처럼 보였다. 그러나 1980년대에 들어서면서 기본소득 이슈가 다시 등장했다.

가이 스탠딩Gay Standing이 제4장에서 강조한 것처럼, 1986년 소규모 학자 집단과 활동가들이 기본소득 아이디어를 논의하기 위해 시작한 초보적인 수준의 워크숍이 자발적인 기본소득유럽네트워크 the Basic Income European Network, BIEN라는 조직으로 확대되었다. 기본소득유럽네트워크는 초당파적이고, 비정치적으로 느슨하게 연계된 조직으로, 단순히 기본소득과 관련된 아이디어만 논의한 것이 아니라 개별 국가에서 기본소득의 아이디어를 촉진시키거나 관련 정책 수단을 정치적 의제로 만드는 것과 관련된 정보를 교환하고, 논의하는 역할을 수행했다. 이후 기본소득유럽네트워크는 격년으로 국제대회를 개최하는 국가별 기본소득 조직의 네트워크로 만들어졌고, 2004년에는 기본소득유럽네트워크가 공식적으로 17개 국가의 기본소득 조직체로 구성된 기본소득지구네트워크the Basic Income Earth Network, BIEN로 전환되었다. 이후 수년 동안 수많은 논문과 책들이 격년으로 개최되는 기본소득지구네트워크의 국제대회를 통해 발표, 출간되었다. 정치적 의제로써 무조건적 기본소득의 실현가능성에 기여한 반 더 빈과 그루트(van der Veen and Groot 2000a)가 편집한 책도 이러한 국제대회의 결과였다.

유럽에서 기본소득제도 도입의 사전 평가

제7차 기본소득유럽네트워크의 국제대회(1998년 9월 암스테르담)에서 발표된 논문들이 수록된 반 더 빈과 그루트의 저서는 1990년대 유럽 국가들의 복지국가 개혁과 관련된 여러 가지 실천적인 이슈를 다루고 있다. 이러한 개혁들은 복지급여를 삭감하고, 복지제도를 축소하고, 글로벌 시장에서의 경쟁과 유럽연합 내의 더 심한 경쟁에서 생존할 수 있도록 조세체제를 유리하게 만들고 — 이러한 도전에 대항해 유럽 복지국가의 기본적인 특성을 유지하기 위한 새로운 방법 — 자산조사 복지제도를 둘러싼 비활동성 함정, 저숙련 노동자의 장기 실업문제, 상대적으로 부유한 유럽 국가조차도 해결하기 어려운 빈곤문제, 점증하는 비전형적 일자리, 남성 생계부양자가구의 감소와 함께 (특히 어린 자녀가 있는) 여성의 노동시장 참여 증가와 일과 가족생활을 양립하기 어려운 상황 등을 포함하고 있다.

반 더 빈과 그루트의 저서 후반부에 수록된 논문들은 20세기가 저물어감에 따라 개별 국가에서 기본소득제도 도입의 정치적 가능성에 대해 다루고 있다. 전반적인 전망은 반쯤은 긍정적 또는 희망적인 평가에서부터 전혀 실현가능성이 없다는 평가까지 존재하는 것으로 보인다. 예를 들어, 반 더 빈과 그루트(van der Veen and Groot 2000b)는 네덜란드에서 조세개혁과 연계된 사회적 입법의 확장이라는 관점에서 기본소득의 제도화 가능성을 조심스럽지만 긍정적으로 평가하고 있다. 네덜란드에서 무조건적 기본소득을 제도화하기 위한 유리한 조건은 1975년과 1985년 사이에 악화되기 시작했고, 2001년까지도 완전히 회복되지 못했다. 네덜란드의 사례는 기본소득제도의 경제적 실현가능성이 검토되었음에도 불구하고, 1994년 사회-자유당 연정의 집권과 1997년 실용주의로의 전환으로 무조건적 기본소득제도의 채택과 실현은 조세개혁 등과 같은 다른 사회입법 과정에서, 기본소득의 내용을 단편적으로 포함시키는 눈에 띄지 않는 방식으로 진행된 경우에 해당된다. 앤더슨(Andersson 2000)은 1990년대 핀란드에서는 기본소득 아이디어에 대한 긍정적인 정치적 전망과 함께 스웨덴에서 나타난 정반대의 현상에 대해 이야기했다. 핀란드에서 기본소득제도가 4개의 정당(중앙당, 좌파동맹당, 녹색당, 청년핀란드당)으로부터 지지를 받고 있음에도 불구하고, 기본소득제도와 유사한 정책제안에 대해 단 한 번도 받아들인 적이 없고, 소득보장정책에 관해서는 '노동원칙(일을 하든지, 일을 찾든지 아니면 공부하든지)'에 경도된 사민당과 보수적인 국민연합당National Coalition Party의 반대를 넘어서지 못했다. 앤더슨은 핀란드에서 향후 기본소득 도입과 관련해 아무런 언급을 하지 않았다.

반 더 빈과 그루트의 책에서 숀 힐리와 브리지드 레이놀즈(Seán Healy and Brigid Reynolds 2000)는 1990년대 아일랜드에서 실현 가능한 정책대안으로서 기본소득을 정치적으로 의제화하는 데 제한적인 성공만을 거두었다고 보고하고 있다. 10년 후, 아일랜드 정부가 고용주, 노동조합, 농민조직과 3개년 발전계획을 협상했던 1997년, 새롭게 집권한 정부가 한 일이라고는 1999년 기본소득에 관한 녹서를 발간한 것이 전부였다. 독일 사례를 소개한 레센니치(Lessenich 2000: 247)는 마치 기본소득 지지자들에게 찬물을 끼얹는 것처럼, "독일에서는 기본소득 문제와 관련된 긍정적 소식은 없다"는 간략한 논의를 소개하고 있다. 최저소득보장, 공공근로, 시민소득 형태의 부의 소득세Negative Income Tax, NIT, 저임금 일자리에 대한 공적 지원 등에 관한 광범위한 지적인 논쟁이 있었지만, 독일에서는 무조건적 기본소득제도와 관련된 어떤 논의도 대중적이고, 정치적인 논쟁의 주제가 되지는 못했다는 것이다.

덴마크에서도 기본소득은 '현실 정치의 의제'가 된 적이 없다(Christensen and Loftager 2000: 257). 프랑스에서도 기본소득은 일부 협회와 실업자 집단으로부터 지지를 받았지만 공식적인 정치적 의제가 되지 못했다(Euzéby 2000). 마지막으로 벨기에에서는 1999년 총선에서 2%를 득표한 2년 된 신생 정당인 VIVANT가 무조건적 기본소득제의 도입을 위해 노력했을 뿐이다(Vanderborght 2000). 언론의 주목을 받는 롤랜드 두체테레Roland Duchâtelet의 개인적 성품에 주로 기인하는 부분적인 성과에도 불구하고, 밴더보트는 VIVANT의 등장이 정치영역에서 무조건적 기본소득과 관련된 대중적 논쟁에 기여한 바는 거의 없다고 평가했다. 실제로 무조건적 기본소득은 선거 이후 대중의 관심으로부터 멀어졌다.

전반적으로 반 더 빈과 그루트의 저서에 실린 논문들에 근거해 판단했을 때 보편적인 소득보장제도보다는 취약계층에 대한 부분적 소득보장을 포함한 기본소득제도의 선택과 실현에 관한 전망은 반쯤 긍정적이거나 희망적인 것에서부터 부정적 전망까지 퍼져 있다고 할 수 있다. 2000년 초반에 있었던 발전을 고려한 기본소득제도의 정치적 실현가능성에 대한 후속 평가는 기본소득제도를 실현하기 위한 점증적 또는 '은밀한' 접근이 기본소득의 정치적 추동력을 증대시키는 최선의 상황을 만들어가는 방법이라는 것과 함께 신중한 낙관론을 재확인했다(Caputo 2007).

변화된 사회경제적 환경

1990년대 후반 이후, 유럽 복지국가가 직면한 많은 사회경제적 문제는 특히 미국의 주택저당증권과 신용 관련 문제로 촉발된 지구적 차원의 경기침체와 주택과 재정위기로 인해 유럽연합 차원을 넘어 확장되고, 악화되었다(Gross 2009; Hyman 2011). 2000년대 초반의 대부분은 국가의 주요 관심사가 장기 실업과 소득불평등의 증가와 재정적자 — 예를 들어, 2010년 그리스(143%)와 이탈리아(119%) 정부의 GDP 대비 재정적자 규모는 100%를 넘었고, 미국(96%)과 유럽연합(85%)도 100%에 가까운 수준이다 — 와 세금 감소에 초점이 맞추어진 시기라고 할 수 있다. 아일랜드(32.4%), 그리스(10.5%), 영국(10.4%)의 예산적자는 GDP의 10%를 초과했고, 스페인(9.2%), 포르투갈(9.1%), 미국(8.9%)은 10%에 근접해 있다(Bowley and Alderman 2011). 전 세계적으로 많은 국가들에서 세출이 세입을 초과하고 있다고 보고되고 있다(Central Intelligence Agency 2011).

지난 10~20년간 산업화된 국가들에서 실행 가능한 사회정책에 영향을 주는 사회경제적 이슈들을 다루는 방식과 관련해 주목할 만한 변화가 있었다. 사회경제의 구조적 조건으로 인한 결과에 대한 책임이 개인의 책임 문제가 되었다. 예를 들어, 빈곤은 복지수급자의 개인적 행위의 결과라고 하거나(Lens 2000), 간헐적으로 저임금 일자리의 문제로만 간주되었다(Jones 2011). 이로 인해 사회적 책임은 최소화되었다. 개인의 선택과 책임을 강조하는 시장가치가 중시되는 동안 정부의 가치는 폄하되었다.

미국 복지국가의 장기 정책분석을 통해 테오도르 마몰과 제리 매쇼(Theodore Marmor and Jerry Mashaw 2011)는 미국과 다른 복지국가들에서도 초기 복지국가의 개혁 노력을 특징짓는 위험을 나누고, 상호책임을 보장하기 위해 정부의 책임을 선호하는 정치적 수사가 개인의 선택, 주체, 선호를 강조하는 수사에 의해 약화된 것 — 중앙정부 또는 국가는 시민과 개인적 욕망 사이에 서 있는 이방인이 되었다 — 이 관찰되었다. 예산과 관련해 세계적 차원에서 무엇보다도 중요한 수사는 중앙정부와 지방정부의 필요성을 강조하는 것에서 각급 정부들이 자신의 수입에 맞게 지출하게 하는 것으로 바뀌었다. 이러한 전환은 가족형태와 관계없이 경제적 안녕과 의료서비스에 대한 접근을 집단적 책임으로 보던 관점에서 개인과 가족 자신의 책임으로 보는 관점으로 이동시켰다. 이 책에 수록된 논문들은 글로벌한 사회경제적 불확실성과 일반적으로 복지국가의 기능 확장을 못마땅해 하는 중앙정부에 대항하는 관점에서 작성되었다.

이 책에서 기대할 수 있는 것

제2장에서 드 위스퍼러러De Wispelaere와 노구에라Noguera는 무조건적 기본소득제도의 적용과 실행을 위한 정치적 실현가능성에 대한 체계적인 생각을 할 수 있게 하는 분석틀을 구성했다. 드 위스퍼러러와 노구에라는 다른 저자들이 자신의 장을 집필하기 위한 준비

를 하는 동안에 이 장을 집필했다. 그럼에도 내가 아래에서 정리한 요약과 논평처럼 드 위스퍼라러와 노구에라의 분석틀이 제기한 많은 문제들이 각각의 장들에 녹아들어가 있다.

드 위스퍼라러와 노구에라는 (한쪽에는 두 가지 주체와 다른 쪽에는 두 가지 제약이 있는 차원의) 전략, 제도, 심리, 행동이라고 이름 붙인 정치적 실현가능성의 유형을 만들었다. 주체agency의 형태는 인지되는 경우(특정한 이해, 역할, 역량, 의도가 있는 구체화할 수 있는 정치적 행위자)와 인지되지 않고 분산된 경우(거의 또는 전혀 명시적인 조직 또는 집단적 행동이 없는 무정형의 행위자들의 조합)를 대비시킨다. 제약의 형태는 (정책의 적용가능성에 영향을 주는) 잠재적인 경우prospective와 (정책의 실행과 적응성에 영향을 주는) 회고적인 경우retrospective를 대비시킨다. 정치적 실현가능성의 전략 및 제도 형태는 '인지되는 주체'와 결합된다. 정치적 실현가능성의 심리 및 행위 형태는 '인지되지 않는 주체'와 결합된다. 전략 및 심리 측면은 잠재적인 경우와, 제도 및 행위는 회고적인 경우와 결합된다.

위에서 언급한 유형과 함께 드 위스퍼라러와 노구에라는 기본소득 지지자들이 기본소득이 정치적 의제가 될 가능성을 높이고, 관련 법률들이 도입될 수 있도록 노력해야 한다고 권고한다. 예를 들어, 전략적 실현가능성은 정치적 연합의 지속성을 담보하기 위한 노력과 진전된 토론과 분석에 의해 고양될 수 있다. 이러한 점에서 '인기영합적 정치적 지원'의 문제에 관한 토론은 가장 유익한 것이다. 제도적 실현가능성은 많은 국가들에서 정치적 및 재정적 조건하에서 시행되고 있는 현재와 같은 사회복지정책의 체계에서 완전한 기본소득제도를 실행한다는 것은 지지자들이 주장하는 것보다 더 많은 문제가 있다고 제안한다. 이 책의 다른 장들, 예를 들어, 수플리시 Suplicy가 작성한 제3장 브라질의 사례와 반 하셀Van Hasselt이 집필한 제8장의 네덜란드 사례에서처럼, 개별적 접근법이 더 크게 성공할 수도 있다. 심리적 실현가능성은 광범위한 사회적 지지를 얻고, 일견 상호주의 같은 착근된 기질을 상쇄하기 위해 기본소득보장Basic Income Guarantee, BIG과 관련된 이슈 형성에 집중한다. 마지막으로, 행동 실현가능성은 어떻게 기본소득제도가 노동동기와 노동시장 참여에 영향을 미치는지를 고려한다. 경제적 영여가 감소하지 않는 범위 내에서 (다른 사회적 생산에 기여하지 않고 무조건적 기본소득으로 살아가는) '서퍼surfer*'를 지원한다면, 한 국가의 인구 중 몇 %가 '서퍼'가 될 수 있을까?

제2부와 제3부: 희망과 현실. 제2부 "희망"은 2개의 장으로 구성되어 있다. 저자들은 앞서 언급한 전 세계적인 사회경제적 조건의 악화가 무조건적 기본소득제도를 선택할 수 있는 정치적 가능성을 증대시켰다고 주장한다. 항상 긍정적인 브라질의 에두아르도 수플리시 상원의원은 2004년 브라질에서 무조건적 기본소득 법안의 통과에 중요한 역할을 했다(Suplicy 2005). 이는 국민국가 수준에서 처음으로 무조건적인 기본소득을 법제화한 사례이다. 제3장에서 수플리시 상원의원은 저개발국가에서 기본소득보장은 지금과 같이 지구적

---

* 바다에서 파도를 타는 사람으로, 여기서는 일은 하지 않고 기본소득을 받아 매일 바다에서 파도를 타는 사람을 상징한다.

차원의 경쟁이 심화되는 특수한 역사적 상황에서 정치적·경제적으로 타당한 것이라고 주장한다. 그 증거로서 상원의원은 미국의 근로소득세액공제제도Earned Income Tax Credit, EITC와 더 중요하게는 알래스카의 영구기금과 같은 선진국의 소득이전 프로그램의 사례를 제시한다(이 두 제도는 아래에서 언급되고, 제15장에서 더 자세히 검토한다). 제4장에서 기본소득지구네트워크의 공동 설립자인 가이 스탠딩(다른 곳에서도 논의한 것처럼, 2011)은 사회적 불안, 특히 더 부유한 국가들에서 노동계급과 중간계급이 경제적 상태가 악화되고, 사회적 보호가 사라지는 것을 경험하는 것과 같은 무서운 결과를 예고했다.

이 책의 제3부를 구성하는 나머지 11개의 장들은 "현실"이라는 제목으로, 한편으로는 2000년대 첫 10년 동안 증가한 실업 및 장기실업과 다른 한편으로는 국가의 관심이 재정적자 감축에 맞추어져 있는 현실에 대항해 특정 국가들에서 무조건적 기본소득제도의 채택과 실행의 정치적 전망을 검토한 사례연구들로 구성되어 있다. 제5장부터 제9장까지는 유럽연합 회원국들을 다루고, 제10장부터 제15장까지는 비유럽연합 OECD 국가들을 다루고 있으며, 마지막으로 제16장에서는 이란 사례를 검토한다.

제5장에서 마르쿠 이카라Markku Ikkala는 국회의원 선거에서 나타난 핀란드 정치가들을 중심에 놓고, 보완적으로 연구자들과 사회사상가들의 지난 20년간의 정치적 담론에 대해 다루고 있다. 간헐적인 정치적 지지는 가끔 언론의 주목을 받지만 정치적으로는 거의 지지를 받지 못하는 녹색당과 청년핀란드당과 같은 군소정당으로부터 나왔다. 기본소득을 지지하는 정치인들이 아이디어를 촉진하기 위

해 "기본소득" 또는 "시민임금"과 같은 용어를 신중하게 사용하는 것을 보면 프레임 이슈에 민감한 것처럼 보이지만, 주류 연립정부가 기본소득에 대해 단호히 반대한 것만큼 기본소득은 공식적인 정치적 의제에서 사라져 정치적 견인력은 없었다. 이카라는 기본소득이 핀란드의 사회보장제도를 단순화시키고, 다른 급여를 폐지하는 문제와 연결될 때 일부 대중적 지지가 있었다고 보고하고 있다. 그러나 부분적으로는 복지국가 급여의 상당 부분이 조건부였다는 점과 강력한 루터교의 노동윤리가 존재하고 있기 때문에 무조건적인 지원을 하는 어떠한 기본소득의 제도화도 실패하거나 즉각 거부되었다.

제6장에서 사샤 리버만Sascha Liebermann은 독일 상황에 대해 보고한다. 독일에서는 비록 1970년대부터 학술적·대중적인 논의가 있었고, 2005년부터는 무조건성을 강조하는 더 집중된 옹호활동과 기본소득 논의가 대중적으로 더 많이 알려졌음에도 기본소득의 제도화를 위한 어떠한 공식적인 입법과 관련 법안이 제안된 것이 없었다. 리버만은 기본소득이 광범위한 대중적 지지를 얻고, 정치적 의제가 되기 위해 집중적인 노력을 했던 1980년대와 2000년 초반을 대비시킨다. 그는 2005년 이후 대중적 지식인들이 1980년대 사회적 급여로 기본소득을 지지했던 위르겐 하버마스Jürgen Habermas, 오스카 네크트Oskar Negt, 귄터 그라스Günter Grass와 같은 대중적 지식인들이 있었던 것과 달리 풀뿌리에서 이루어지는 지지노력이 없다는 점에 주목했다. 정부가 비용문제에 골몰하는 시대에, 리버만은 독일과 더나아가 유럽연합 전역에서 기본소득 지지자들은 기본소득이 정치적 의제가 될 가능성을 증대시키기 위해 필요한 대중적 지지를 충분히

얻기 위해서 추가적인 도전에 직면해 있다고 주장한다.

제7장에서 실천적 학자인 숀 힐리와 브리지드 레이놀즈는 부동산 거품으로 인한 급격한 경기침체에도 불구하고 아일랜드에서 기본소득을 다시 정치적 의제로 만들기 위한 최근 노력에 대해 다루고 있다(Kinsella and Leddin 2010; O'Sullivan 2010). 힐리와 레이놀즈는 자신들이 참여한 모든 초기의 정치적 숙의, 위원회 보고서, 활동가들의 노력을 검토한 이후, 아일랜드에서 지지자들이 기본소득을 정치적 의제로 선택하고 실행하기 위한 여러 방면의 구체적인 경로를 제시했다. 그들은 세 가지 기본전략을 규명했다. 일괄접근전략(현재의 모든 사회적 급여를 중단하고 기본소득제도로 즉각 대체하는 방식), 집단별 접근전략(예를 들어, 아동과 노인을 대상으로 우선 기본소득을 실천하는 방식), 그리고 점진적 접근전략(현재의 제도를 조금씩 해체하면서 기본소득체제를 구축해나가는 방식). 비록 힐리와 레이놀즈는 점진적 접근전략을 선호하지만, 현재 아동과 노인에 대한 사회복지급여를 기본소득으로 대체하는 집단별 접근전략이 정치적으로나 대중적으로 매력적인 방식이 될 수 있음을 보여주고 있다. 정치적 실현가능성의 핵심은 세금환급을 저소득층 개인과 가족에게 제공하는 것처럼 세금과 복지 시스템을 통합시키는 것이다. 힐리와 레이놀즈는 어떻게 이러한 방식이 작동하는지를 보여준 연구결과(Social Justice Ireland 2010)에 주목한다.

제8장에서 미키엘 반 하셀은 네덜란드에서 확대되고 있는 조건부와 낮은 수준의 급여가 사회복지제공에 관한 현대 정치의 특징이 되었다는 점에 주목한다. 이러한 경향은 1990년대부터 확산되기 시

작한 기본소득보장의 실현을 위한 더 희망적이고, 긍정적 전망과 정면으로 배치된다. 반 하셀은 네덜란드 정치인들이 정치 자체가 일자리 확대를 완전고용에 가까운 수준으로 높일 수 없고, 이러한 일들을 주도할 수 없다는 것을 받아들이는 것을 주저하거나 거부하는 것이 기본소득을 실현하는 데 중요한 장애라고 주장한다. 수플리시와 스탠딩이 이 책에 저술한 것처럼, 반 하셀도 높은 실업률과 결합된 현재의 사회경제적 조건이 정치인들을 기존 사고의 틀에서 벗어나도록 강제하고, 기본소득 입법이 네덜란드의 현실에서 실현 가능하다는 것을 이야기하게 하며, 진지하게 고려하게 할 것이라는 희망적인 낙관론을 유지한다.

제9장에서 다니엘 라벤토스Daniel Raventós, 줄리 와크Julie Wark, 다비드 카사사스David Casassas는 현재 경제위기(20%가 넘는 실업률)와 이에 대응해 스페인 정부가 2010년 5월부터 시행중인 경제정책(재정적자 감축)이 기본소득을 둘러싼 논쟁을 어떻게 두 방향으로 전개시켰는지를 보여주고 있다. 한편에서는 기본소득이 공식적인 의제에서 완전히 사라졌고, 다른 한편에서는 상당히 광범위한 사회운영 영역에서 기본소득에 대한 더 커다란 관심이 일고 있다. 라벤토스, 와크, 카사사스는 2002년 카탈루냐Catalonia와 같은 자치지역에서 입법화된 기본소득제도와 2005년과 2007년 스페인 양원에서 의미 있는 법안이 제정되지 않았음에도 불구하고 기본소득 이슈에 대한 대중적 관심이 고양되었다는 점을 검토했다. 그들은 기본소득 논쟁을 둘러싼 각각의 찬성논리(완전한 시민권을 증진시키거나, 빈곤 감소와 소비증대와 같은 다른 중요한 이유 중 경제적 수단에 의해 다른 사람의 지배를

받을 가능성을 감소시키는 것)와 반대논리(무임승차 장려, 너무 비싼 비용, 너무 많은 가난한 이민자의 유입)를 정리했다. 라벤토스, 와크, 카사사스는 활동가들이 특히 경제적으로 어려운 시기에 기본소득을 정치적 의제로 만들기 위해 어떤 방법으로 대중적 지지를 높일 수 있는지에 대한 검토를 하는 것으로 글을 정리했다.

이 책에 포함된 다른 OECD 국가들은 호주, 캐나다, 멕시코, 일본, 영국, 미국이다. 제10장에서 존 톰린슨John Tomlinson은 1900년대 초 이래 호주에서 일어난 사회복지급여의 발달과정을 연대기순으로 정리하고, 보편적 연금급여와 선별적 및 자산조사 프로그램의 제도화와 발전과정에서 나타난 경쟁적 이념들이 진자처럼 오가는 과정을 정리했다. 호주에서 기본소득은 여러 조사와 보고서가 범주적 및 자산조사에 근거한 사회복지급여를 강력히 비판해 사회복지급여가 대중적 관심사항이 되었던 1975년에 정치적 의제가 되었다. 그러나 스캔들에 휩싸인 고프 휘틀럼Gough Whitlam의 노동당 정권이 말콤 프레이저Malcolm Fraser의 자유농민당Liberal-Country Party 연정으로 교체되면서 기본소득제도에 대한 관심과 동력은 사라졌다. 재정긴축이 1980년대와 1990년대 대부분의 정부활동의 특징이었다. 비용문제에 더해, 기본소득이 공식적인 정치적 고려와 선택이 되는 것을 막았던 주된 장애는 민영화된 호주 기초연금제도와 함께 일반적인 의미에서 사회복지급여, 이민, 노동윤리, 나이, 인종, 젠더 등과 관련된 '이념적 대혼란'이다. 톰린슨은 호주에서 예측 가능한 미래에 기본소득은 더 이상 실현 가능한 정책대안이 아니라고 결론 내린다.

제11장에서 제임스 P. 멀베일James P. Mulvale과 야닉 밴더보트Yannick Vanderborght는 앞서 언급한 것처럼 캐나다에서 기본소득 제안은 기본소득제도가 미국에서 정치적 의제가 되었던 1970년대만이 아니라 2000년과 2007년에도 심각한 정치적 고려와 지속적인 대중의 관심을 받았다는 것을 보여주고 있다. 사실 기본소득제도는 미국보다 캐나다에서 더 많은 정치적 관심을 받았다. 기본소득 제안은 상원의 도시분과위원회와 하원위원회의 보고서를 통해 정치적 의제로 부상했다. 녹색당은 연방정부 차원의 정당들 중 유일하게 기본소득을 지지하는 정당이다. 그럼에도 가장 열정적인 지지자들 중 하나는 2008년 기본소득보장의 실행가능성을 제안한 보수당의 상원의원 휴 시걸Hugh Segal이다. 멀베일과 밴더보트는 캐나다에서 가장 눈에 띄는 퀘벡주만이 아니라 낮은 수준이지만 브리티시컬럼비아주British Columbia와 알버타주Alberta와 같은 지방정부에서 기본소득을 제도화하려는 노력을 주목한다. 저자들은 기본소득의 아이디어를 촉진시키는 노동조합과 노동자, 싱크탱크와 학계, 여성주의의 역할에 대해서도 검토한다. 기본소득제도가 조금 더 관대한 사회복지를 제공하는 것보다 일반적으로 빈곤층과 특히 저임금 노동자들의 상황을 더 악화시킬 것이라는 두려움이 1980년대 중반부터 지속되었다. 이러한 결과가 캐나다에서 가까운 장래에 완전한 기본소득이 제도화될 가능성을 배제하는 역할을 하고 있다. 그럼에도 멀베일과 밴더보트는 1993년에 폐지된 보편적 아동수당제도의 재도입과 캐나다 사람이라면 누구라도 최저수준 이하로 소득이 내려가지 않게 보장하는 최저소득보장제도를 포함해 기본소득이 다시 정치적 의제가 될 수 있는 여러 가지 제안을 한다.

제12장에서 야마모리 도루Yamamori Toru는 정치학자인 테오도르 로위Theodore Lowi에 의해 이론화된 이익집단의 역할에 특별한 관심을 집중해 제2차 세계대전 이후 일본에서의 사회복지국가 발전을 검토한다. 진정한 의미에서, 기본소득이 일본에 등장한 것은 학계에서 기본소득에 관한 글들을 출판하고, 노동보호를 위한 규제와 함께 기본소득을 주장하기 시작한 프레카리아트 운동이 일어난 2000년대 초반이다. 스탠딩(Standing 2011)은 더 많은 지구적인 차원에서 그가 프레카리아트라고 부른, 노동시장의 진입과 퇴출을 반복하는 소득이 불안정한 삶을 살아가는 계급과 사람들이 급격히 증가하는 현상에 대해 설명한다. 일본에서는 텔레비전과 인터넷 매체가 기본소득에 관한 이슈를 다루고 있다. 야마모리는 그가 참여하고 있는 여러 뉴스 포럼과 블로그를 집중적으로 소개한다. 그러나 대부분의 경우 기본소득에 대한 공식적인 정치적 관심은 매우 저조하다. 신토니폰神道日本당과 같은 군소정당만이 2009년 총선에서 기본소득을 공약으로 채택했다. 야마모리는 일본에서 기본소득에 대한 대중적 지지를 만들어갈 필요성을 강조하고, '무임승차'를 촉진하는 어떤 제안에도 경멸하는 강력한 노동윤리를 포함한 여러 장애를 극복하고 기본소득에 대한 대중적 관심을 증대시킬 수 있는 유력한 수단이 인터넷이라고 본다. 야마모리는 기본소득제도에 대한 대중적 지지를 얻어가는 방법으로 기본소득이 수요(소비)를 진작시켜 생산을 증대시킬 수 있다는 케인스안 관점과 연계시켜 기본소득을 제안하고 있다.

제13장에서 파블로 야네스Pablo Yanes는 2000년대 초 멕시코시티의 기본소득을 위한 특별한 제안이 어떻게 사민주의 대안정당인 민

주혁명당the Democratic Revolution Party과 엘자 꽁데에 의해 제기된 전국적인 계획의 배경이 되었는지 보여주고 있다. 비록 두 제안 중 어떤 것도 의회에서 논의되지는 않았지만, 야네스는 멕시코에서 이러한 전국적 차원의 제안이 대중적 지지기반을 확장한 것은 특별한 해방적 수사의 상징적 승리를 의미한다는 것에 주목했다. 야네스는 "오포르튜니다데스와 세텐타 이 마스Oportunidades and Setenta y Más"와 같은 아동과 노인을 대상으로 하는 조건부 프로그램의 단점을 확인하고, 기본소득이 이러한 조건부 프로그램의 대안이 될 수 있다고 보았다. 야네스는 대중적 지지를 얻는 것의 중요성을 강조하고, 그러한 노력을 부각시킨다. 기본소득은 언론매체, 특히 라디오에서 주단위로 3년 동안 개최된 토론회 프로그램을 통해 일반대중에게 전달되고 있다. 방송은 주로 보편주의 성격의 노인을 위한 연금과 유사한 제도인 "세텐타 이 마스"를 다룬다. 야네스는 멕시코에서 노인을 위한 연금제도에서 무조건적이고, 모두를 위한 기본소득으로 전환하는 것은 많은 도전에 직면할 것이고, 중요한 싸움터는 "일하지 않으면 먹지도 말라"는 성경의 명령을 극복하는 문화영역이 될 것이라는 점을 인정한다.

제14장에서 말콤 토리Malcolm Torry는 영국에서 가족수당(아동급여 프로그램)의 역사를 이야기한다. 지난 수십 년간 이 프로그램의 수정과 발전은 보편적 급여는 이용률이 높고, 단순하며, 행정관리비용이 저렴하고, 낙인을 피할 수 있으며, 빈곤을 개선하고, 실업 함정을 감소시킨다는 것을 경험하게 해 보편적 프로그램에 대한 이해를 신장시켰다. 토리는 영국에서 성인을 위한 세금공제정책이 1970년대에

채택되지 않았음에도, 시민소득을 위한 제안으로 보편적 소득급여가 검토되고 있다는 점에서, 보편적 소득급여의 채택을 위한 모델의 하나로서 아동급여의 정치적 지속가능성을 보았다. 토리는 시민소득이 정부 녹서의 주제가 된 적은 없었지만, 의회의 특별위원회에서 논의되었고, 그 논의에서 교훈을 얻을 수 있었다는 점에 주목한다. 그는 1943년 여성해방연맹의 총무였던 줄리엣 라이스 윌리엄스 여사가 최저소득 수준 이하인 일자리에서 일하는 성인이 없도록 임금보조금을 지급하자는 아이디어에 근거해 작성한 소수 보고서가 1940년대 이래로 소득보장제도(부의 소득세)와 함께 검토되었던 사례를 제시한다. 윌리엄스의 아들인 보수당 의원 브랜든 라이스 윌리엄스 경은 1980년대에 여러 분과위원회에서 개인수당제도에 관해 심의할 것을 권고했다. 토리는 분과위원회 보고서가 의회에서 힘을 잃은 이래 장관급 지위에 있는 인물이 없다는 것이 시민소득의 채택과 관련된 의회의 논의를 더 확장시키는 데 장애가 되었다는 점에 주목했다. 공식적인 정치적 논쟁의 부재에도 불구하고, 시민소득을 채택하는 것의 장점에 대한 논의가 학계와 싱크탱크에서 지속적으로 제기되었다. 토리는 최소한 아동급여와 시민소득의 채택을 위한 일부 신중한 낙관론을 유지시키는 것과 함께 대중적 관심과 보편적 프로그램의 장점에 대한 지지를 확산시키기 위한 활동가들의 노력에 주목했다.

　　제15장에서 나는 1960년대 후반과 1970년대 초 미국에서 리차드 닉슨 행정부가 저소득가족, 특히 아동과 청소년 자녀를 둔 여성 한부모가족에게 현금급여를 제공하는 (연방정부가 후원하고, 주정부

가 집행하는) 사회복지 프로그램의 전국화를 모색했던 시도가 기본
소득제도의 실현에 얼마나 가까이 근접했었는지에 대해 검토했다.
나는 상호성과 노동시장 참여에 우선권을 주는 것이 무조건적 기본
소득보장의 아이디어가 대중적 지지를 잃게 하는 데 기여했다는 것
을 강조했고, 개인책임 및 조건부와 결합된 사회복지 제공의 역사와
가치의 집합과 관련해 근로소득세액공제와 같은 대안적 정책이 어
떻게 (기본소득제도보다) 좀 더 쉽게 채택될 수 있었는지를 보여주었
다. 매년 일정한 거주요건을 충족하는 알래스카에 거주하는 주민들
에게 배당처럼 현금소득을 분배하는 알래스카 영구기금The Alaska Per-
manent Fund에 대해 간단히 검토했다. 이 주제는 팔그래이브 출판사가
기획한 기본소득 총서 중 다른 책에서 다루고 있다(Widerquist and
Howard 2012). 이 장은 기본소득의 아이디어를 정치적 의제로 복귀
시키려고 했던 2000년대 초에 있었던 시도를 다루는 것으로 마무리
하면서, 가까운 장래에 미국에서 이러한 아이디어와 구체적인 제안
은 정치적으로 재고의 여지가 없다고 결론 내린다.

　　마지막으로 제16장에서 하미드 타바타바이Hamid Tabatabai는 이 책
에서 유일하게 비OECD 국가인 이란에서 2010년에 시행된 현금보
조 프로그램에 대해 다룬다. 그는 현금보조 프로그램은 모든 가구주
를 대상으로 하기 때문에 사실상 기본소득 프로그램과 같은 역할을
한다고 주장한다. 타바타바이는 이 프로그램이 개인 단위의 무조건
적인 기본소득 프로그램의 기반을 만들 수 있다고 주장한다. 높은 인
플레이션에 대한 두려움에도 불구하고, 현금보조 프로그램은 가격
지원제도를 폐지하고, (중요하게 연료) 소비를 감소시키기 위해 고안

된 대규모 입법의 일환으로 제도화되었다. 이것은 기본소득제도가 자유에 대한 전면적인 호소보다는 실질적 사회문제를 해결하는 것과 연결될 때 정치적으로 더 견인력을 갖는지 여부에 대한 논의가 필요하다는 것을 이야기해준다. 타바타바이는 법제화된 상대적으로 관대한 현금보조가 가구주만이 아닌 가격보조금을 상실할 것으로 예상되는 생산자와 지방정부의 공익사업에도 주어져야 하는지와 같은 현금보조 프로그램의 시행과 관련된 문제도 검토했다. 제도 시행에 따라 급여의 보편성, 상대적으로 높은 수준, 그리고 예상수입의 과대평가가 프로그램의 재정적 기반을 압박하고 있다는 것이 점점 분명해지고 있다. 대중의 관점에서 보면 이 프로그램의 복합적인 결과(약간의 인플레이션, 조금 감소된 소비, 그리고 저소득 가구에 대한 분배 효과의 불확실성)가 이 프로그램을 유지시키고 있는 것이다. 더 많은 가구주가 이 프로그램을 이용하는 것에서 보는 것과 같이 프로그램에 대한 대중적 지지가 있음에도 불구하고, 2011년 3월부터 2012년 3월까지 회계연도 이후에도 이 보편적인 현금보조 프로그램이 유지될 수 있을지는 알 수 없다. 그럼에도 불구하고, 타바타바이의 분석은 가구 단위의 현금보조에서 개인 단위의 기본소득으로의 전환은, 특히 프로그램이 소득불평등과 같은 다른 사회적 문제의 해결과 관련되어 있다면 타당해 보인다고 이야기한다.

2

보편적 기본소득의
정치적 실현가능성: 분석틀

위르겐 드 위스퍼라러 · 호세 A. 노구에라
Jurgen De Wispelaere and José A. Noguera

보편적 기본소득은 자산조사나 노동요구와 같은 조건 없이 개별 성인시민 각자에게 권리로서 일정한 소득을 보장하려는 것이다. 이를 둘러싸고 지난 20여 년간 진행된 논쟁은 주로 그와 같은 보편적 기본소득의 제도화를 뒷받침할 수 있는 윤리적 · 경제적 근거를 확립할 수 있는가의 문제를 중심으로 한 것이었다(Van Parijs 1992, 1995; Dowding et al. 2003; Standing 2005; Widerquist et al. 2005; Ackerman et al. 2006). 이로 인해 기본소득을 실제로 어떻게 실현할 것인가의 문제, 즉 기본소득의 정치적 실현가능성의 문제는 최근에야 기본소득론자들의 관심을 얻고 있다. 몇몇 예외를 제외하면, 기본소득론자들이 직면할 도전과 그것을 극복하는 데 필요한 전략을 이해하기 위해서는 아직도 많은 노력이 필요하다. 이 장에서 우리는 기본소득의 정치적 실현가능성을 보다 체계적으로 접근하기 위한 분석틀을 살펴봄으로써 이러한 노력에 일조하고자 한다.

여기서 우리는 정치적 실현가능성political feasibility의 개념을 넓은 의미로 규정하고자 하는데, 그것은 어떤 정책이 예측 가능한 장래에 실현될 확률이 합리적인 수준으로 존재할 만큼 배경상황이 갖추어진 경우를 의미한다. 이렇게 넓은 의미로 사용하므로 '실현가능성'은 어떤 정책이 즉각적으로 실행할 수는 없지만 실행이 불가능하지는 않은 경우도 포함한다(Brighouse 2004; Gilabert and Lawford- Smith 근간). 우리가 보기에, 실현가능성이라는 개념은 어떤 정책의 실행을 방해하는 요인을 찾아내고 나아가 주어진 특정 사회적 상황에서 상이한 여러 정책의 실행확률이 어떻게 달라지는지를 비교하는 데에 그 목적이 있는 것이다. 우리는 '정치적(인 것)'의 개념도 넓은 의미로 규정하고자 한다. 이는 실현가능성을 제약하는 요인들 중 자연적이거나 물리적 혹은 기술적 요인이 아니라, 인간의 의지에서 유래하는 제약요인들에 중점을 두기 위함이다. 정치적 실현가능성이라는 개념은, 자연적 사실과 달리 개별적 또는 집합적으로 표현된 인간의지는 기본소득과 같은 제도적 사실을 유발하는 데 인과적으로 관련된다는 설Searle의 견해를 기초로 한 것이다(Searle 1995, 2010; Brennan and Pettit 2005).

이 장에서 제시할 분석틀은, 정책과정의 핵심을 이루는 두 가지 중요한 정치적 차원으로 구성된 것인데, 그 두 가지 정치적 차원은 행위agency와 제약요인constraints이다. 이 두 가지 차원을 교차시켜 네 가지 유형의 정치적 실현가능성을 도출할 수 있는데, 그 네 가지 유형은 전략적 실현가능성strategic feasibility과 제도적 실현가능성institutional feasibility, 심리적 실현가능성psychological feasibility, 그리고 행동적 실현가능성behavioral feasibility이다. 아래의 본문에서는 이들 네 가지 실현가능성 유형에 대해 이들이 특히 기본소득과 갖는 관련성에 초점을 맞추어 살펴볼 것이다.

기본소득의 정치적 실현가능성을 분석하기 위한 틀을 제시하는 목적은 세 가지이다. 첫째, 정치적 실현가능성을 네 가지 유형별 유사성과 상이성의 측면에서 고찰하게 함으로써 그것을 보다 체계적이고 비교적으로 사고하게 하려는 것이다. 여기서 제시하는 네 가지 정치적 실현가능성 유형을 통해 우리는 이들 네 가지 정치적 실현가능성 유형들 간의 공시적 · 통시적 상호작용으로부터 나오는 정치적 실현가능성의 역동성에도 주목할 수 있게 될 것이다. 둘째, 정치적 실현가능성의 네 가지 유형에 대한 통찰을 갖게 함으로써 기본소득론자들이 직면할 수 있는 많은 복잡한 문제들을 기본소득이 처한 구체적인 맥락에서 보다 잘 이해할 수 있게 하려는 것이다. 네 가지 정치적 실현가능성의 유형은 유형별로 각기 다른 정치적 전략을 필요로 하는 것이지만, 적절한 정치적 전략을 구상해내는 것은 다양한 제약조건을 공시적 · 통시적으로 함께 고려해야만 하기 때문에 상당히 어려운 일이다. 셋째, 정치적 실현가능성의 유형분류를 통해 각 유형에 관해 우리가 얼마나 알고 있는지를 평가하고 나아가 기본소득의 정치적 실현가능성에 대한 이해를 높이기 위해 보완해야 할 사항(그리고 그에 따라 연구해야 할 것들의 우선순위)이 무엇인지를 찾아내게 하려는 것이다. 우리는 완성된 생각을 제기하기보다는 생각을 할 수 있게끔 유도하려고 하지만, 이 장에서 제시하는 분석틀이 이 책의 나머지 부분에서 다룰 구체적인 사례에서 기본소득의 정치적 실현가능성을 [좀 더 깊이 있게][1] 고찰하는 데 도움이 되는 도구가 될 것이다.

정치적 실현가능성: 분석틀

이 절에서는 기본소득의 정치적 실현가능성에 대해 생각해보기 위해 우리가 제안한 분석틀을 개략적으로 설명할 것이다. 이 분석틀은 〈표 2.1〉(46쪽)에 요약적으로 제시되어 있다. 먼저 우리의 분석틀을 구성하는 두 가지 차원에 대한 고찰로부터 시작해보자.

우리는, 정치가 행위를 함축한다는 매우 단순한 공리로부터 출발하고자 한다. 널리 알려진 한 정의에 의하면, 정치는 누가 무엇을 언제 어떻게 얻을 것인가를 결정하는 의도적 행위이다(Lasswell 1936). 정치는 권력과 밀접히 연관되며, 권력은 타인에게 의도적 영향을 미칠 수 있는 능력을 의미한다(Dowding 1996). 정치권력은 추상적 의미에서의 행위자뿐만 아니라 구체적인 수준에서 행위하는 적어도 다음 두 가지의 행위자를 전제하는데, 그 두 가지 행위자는 정치적 영향력을 발휘하는 행위자와 그런 영향력을 받는 행위자이다. 공급 측면에서, 여러 정치행위자들 — 개인, 집단, 그리고 심지어는 기업까지도 포함하여 — 은 다양한 정치적 자원을 활용하여 권력을 행사하고 결과에 영향을 미치기 위해 노력한다. 하지만 보다 흥미로운 쪽은 수요 측, 다시 말해서 정치권력 행사의 대상이 되며 어떤 특정 목적을 위해 구상된 정치전략의 대상이 되는 행위자들이다. 여기서 우리는 행위 및 행위자를 두 가지 유형으로 구분할 수 있다.

- **관계행위자**discrete agency: 특별한 이해관계와 역할, 능력, 의도를 가지고, 비교적 쉽게 식별 가능한 정치적 행위자.
- **대중행위자**diffuse agency: 특별한 집합적 의도가 없고 조직화 정도도 낮으며, 가장 느슨한 의미에서의 '집합적인' 정치적 행위자.

관계행위자는 정치인과 정책결정자, 사회운동지도자, 관료 등 정치적 행위자 가운데에서도 가장 가시적인 행위자들을 포함하며 나아가 조직체나 공식기관(행정부 등)과 같이 쉽게 식별할 수 있는 집합적 행위자들까지도 포괄한다. 이와 대조적으로, 대중행위자는 '집합적' 행동보다는 '대중적mass' 행동의 속성을 더 많이 보이는 행위자로서 그 전형적인 예로는 일반대중을 들 수 있다. 이 두 유형의 행위자들은 공존할 뿐만 아니라 복잡한 방식으로 상호작용하여 정치행위자들이 행하는 행위의 환경을 이루게 된다.

정치행위자들이 이러한 관계행위자와 대중행위자라는 두 유형의 행위자에게 정치권력을 행사할 때 그 권력 행사자가 직면하게 될 도전은 두 유형의 행위자에 따라 서로 차이가 있기 때문에 행위자를 두 유형으로 구분하는 것은 이러한 차이점을 이해하는 데에 있어서 매우 중요하다. 관계행위자들에게 정치권력을 행사할 때에는 매우 표적화된 전략을 적용해야 하는 반면에, 대중행위자들에게 적용해야 할 전략은 덜 직접적인 것이어야 하고 또 광범위하고 '포괄적인' 형식의 전략이어야 한다. 관계행위자를 겨냥한 전략은 특정한 종류의 고기를 잡기 위해 낚싯대를 사용하는 낚싯배와 유사한 것이라고 할 수 있으며, 반면 대중행위자를 겨냥한 전략은 잡는 것의 상당수가 가치 없는 것일 줄 알면서도 가능한 한 많은 고기를 잡기 위해 태평양 바다에 저인망을 던지는 저인망어선과 유사한 것이라고 할 수 있다. 하지만 저인망어선이라고 해도 그것이 가능한 한 많은 고기를 잡으려면 바다 어느 곳에서 언제 그물을 쳐야 하는지를 신중하게 선택해야 한다. 관계행위자를 겨냥한 전략이나 대중행위자를 겨냥한 전략이나 둘 모두 신중한 계획을 필요로 하는 것이다. 두 행위자를 동시에 겨냥한 전략을 사용해야 할 경우가 가장 어려운 경우이다.

이제 둘째의 차원에 대해 살펴보자. 정치는 수많은 제약조건이 존재하는 환경에서 행위자들 사이에서 전개되는데, 따라서 의도하는 결과를 얻기 위해서는 시간과 노력과 돈, 정치적 지식, 명예 등과 같은 가치 있는 정치적 자원을 투입해야 한다. 정치적 환경을 이루는 제약요인들은 매우 복잡다기한데 이들은 시계열적 측면에서 두 가지 유형으로 구분할 수 있다.

- **선행제약요인**prospective constraints: 정책의 도입 가능성에 영향을 미치는 제약요인
- **후행제약요인**retrospective constraints: 일단 도입된 정책의 작동과 탄력성에 영향을 미치는 제약요인

선행제약요인은, 정책과정의 제반과정과 연관되는데, 의제설정과 정책옹호, 동맹형성, 정치적 협상, 입법과정 등에 영향을 미친다.

선행제약요인은 예컨대 정책주창자들이 그들의 구상을 계획단계를 거쳐 실행단계로까지 밀고나가려고 할 때 항상 부딪히게 되는 제약요인들이다. 이와 대조적으로, 후행제약요인은 특정 정책의 결과변수에 영향을 미치는 배경적 조건들을 말한다. 이러한 조건들에는 예컨대 특정 정책의 수명에 영향을 미치는 내부모순과 외부충격 등이 포함되는데, 내부모순이나 외부충격에 취약할 경우 그 정책은 수명이 그리 길지 않게 될 것이다. 물론, 정치행위자의 경우에서와 마찬가지로, 두 가지 유형의 제약요인도 정치환경에 공존하며 서로 매우 복잡한 방식으로 영향을 주고받는다.

선행제약요인과 후행제약요인의 구분은 에릭 올린 라이트(Eric Ohlin Wright 2006, 2010)가 최근의 저작에서 논의한 해방적 사회이론과 매우 흥미로운 유사성을 가지고 있다. 라이트는 실행가능성achievability과 존속가능성viability이라는 매우 유용한 개념구분을 하였는데, 이 둘은 정치적 실현가능성 개념의 하위개념들로 간주될 수 있다. 실행가능성은 특정한 정책결과(즉, 사회변혁)를 실현하기 위한 실천적 과업에 관련된 것이며, 존속가능성은 '기존의 사회구조를 변혁하려는 어떤 제안에 대해, 그 제안을 실행했을 때 그 제안의 동기가 되었던 해방적 결과를 지속적으로 생성하는지 여부'에 관련된 것이다(Wright 2006: 97). 존속가능성은, 특정 제안의 정책적 일관성 여부 문제, 즉 정책시행의 결과가 애초에 그 제안을 정책으로 채택했을 때 공표되었던(혹은 암묵적으로 전제되었던) 목표와 어느 정도나 일치하는지 혹은 그 목표로부터 어느 정도나 멀어졌는지의 문제와 관련된다. 존속 가능하지만 단기적으로는 실행 가능하지 않은 제안을

표 2.1   정치적 실현가능성의 네 가지 유형

	선행제약요인 (실행가능성)	후행제약요인 (존속가능성)
관계행위자	A. 전략적 실현가능성	B. 제도적 실현가능성
대중행위자	C. 심리적 실현가능성	D. 행동적 실현가능성

제시하는 것이 바람직한가를 둘러싼 논란이 많이 있는데, 실행 가능
하나 존속 가능하지 않은 제안(예컨대, 모든 것을 고려했을 때 바람직하
지 않은 결과로 이어질 수 있는 제안 등)과 관련해서도 마찬가지로 많은
논란이 있다. 이 두 가지 개념을 우리들의 분석틀과 연결시키면 실
행가능성과 존속가능성 둘은 모두 필요조건임을 알 수 있으며, 또 우
리의 용어로 말하자면 정치행위자들은 선행제약요인과 후행제약요
인 모두에 정면으로 맞서야 함을 알 수 있다.

　두 유형의 행위자와 두 유형의 제약요인을 교차시키면 〈표 2.1〉
에서 볼 수 있는 바와 같이 네 가지 실현가능성의 유형을 얻을 수
있다.

- 전략적 실현가능성: 관계행위자, 선행제약요인
- 제도적 실현가능성: 관계행위자, 후행제약요인
- 심리적 실현가능성: 대중행위자, 선행제약요인
- 행동적 실현가능성: 대중행위자, 후행제약요인

전략적 실현가능성과 제도적 실현가능성은 둘 다 관계행위자와

관련된다는 공통점을 갖는다. 하지만 전략적 실현가능성이 정책의 발전을 위한 직접적인 개입을 요구하는 반면, 제도적 실현가능성은 정책의 성과에 지속적으로 영향을 미칠 이미 존재하고 있는 규칙이나 규정들에 주목할 것을 요구한다. 한편 심리적 실현가능성과 행동적 실현가능성은 둘 다 일반대중으로 대표되는 대중행위자에 관련된다는 공통점을 갖는다. 하지만 심리적 실현가능성은 정책에 대한 대중적 지지에 사전적으로 영향을 미치는 심리학적 과정에 관련된 것인 반면, 행동적 실현가능성은 정책의 성과 혹은 정책의 지속적 생존여부에 사후적으로 영향을 미치는 행동적 변화에 관련된 것이다. 이 장의 나머지 부분에서는 이들 네 가지 정치적 실현가능성 유형을 기본소득과의 연관성을 염두에 두고서 살펴보고자 한다.

전략적 실현가능성: 견고한 기본소득 동맹의 추구

정치적 실현가능성에 대해 사고할 때 우리는 이를 다소 습관적으로 전략적 실현가능성의 측면에서 사고하는 경향이 있다. 어떤 형태의 것이든 전략적 개입을 추구하는 정치행위자가 정책제안의 입법화 및 그 후의 실행을 가능케 하기 위한 정치적 동맹세력을 구축하는 것은 현대정치의 전형적인 특징 중의 한 가지이다(Sabbatire and Jenkins-Smith 1993). 실질적으로 현대 민주주의 체제에서 특정 정책을 성공적으로 옹호하기 위해서는 해당 정책을 지지하는 동맹세력 혹은 연합세력의 형성, 즉 동맹형성coalition building (=연합형성)이 기본적인 요소이다. 동맹형성이 이처럼 중요함에도 불구하고 기본소득에 관한 문헌들은, 놀랍게도 기본소득을 지지하는 지속적인 동맹형성을 보장하는 데 필요한 정치적 전략에 관한 체계적인 논의를 거의 하지 않고 있다.[2]

기본소득의 정치적 실현가능성에 관해 질문을 받는 경우, 기본소득론자들은 대개 기본소득을 지지하는 개별 정치인이나 개별 정당, 개별 사회운동가, 개별 이익단체(예컨대, 노동조합) 등 수많은 개별 지지사례를 거론하는 경향이 있다. 이러한 경향은 얼마나 많은 행위자들이 기본소득을 지지하는지를 헤아리는 숫자게임으로 곧잘 흐르게 되며, 이는 기본소득에 대해 명시적인 지지를 표방한 개인과 단체, 조직 등과 같은 개별적인 지지사례를 근거로 기본소득에 대한 지지의 정도를 알 수 있다는 생각으로 이어지는 경향이 있다. 하지만 기본소득에 대한 명시적 지지를 표명한 다양한 사회적·정치적 행위자들의 사례가 늘어난다고 해서 이것이 곧 지속적인 정치적 동맹의 구축에 직접적으로 도움이 될 것이라고 생각하는 것은 잘못된 것이다. 그 이유는 특정 정책에 대해 지지를 표명한 모든 사례가 곧 그 정책에 대한 지속적 헌신을 의미하는 것은 아니기 때문이다. 사회적·정치적 행위자가 기본소득에 대해 언술로 선호를 표명하는 것과 유권자들이나 정당구성원, 혹은 유사한 목적을 공유한 단체나 집단들 사이에서 기본소득에 대한 지지를 이끌어내기 위해 유세를 다니고, 다양한 정치분파들을 아우르는 공통된 방안을 만들고, 기본소득의 명분을 심화시키기 위해 희소한 정치적 자원(시간과 돈과 노력 등)을 투입하고, 다른 정책목표와 기본소득이라는 목표를 조율하고,

필요한 경우 타협하는 등의 행위를 하는 것은 완전히 별개의 문제이다. 시민들 각자에게 무조건적인 기본소득을 보장하려는 정책을 지지하는 지속 가능한 동맹을 구축하는 데 필요한 정치적 행위에 참여할 헌신이나 능력이 없이 표명하는 지지는 '값싼' 지지이다. 이러한 값싼 지지는 기본소득 주창자들에게 별 실익이 없는 것 같다.

정책에 미칠 수 있는 영향력이 그리 많지 않은 주변부에 위치한 개인이나 단체들이 기본소득에 대해 상당히 지지하는 경향이 있다. 예컨대, 유럽에서는 녹색당 계열의 정치인들이나 정당들이 전형적으로 기본소득을 지지한다. 하지만 한둘의 지극히 소수의 예외를 제외하면, 유럽의 녹색당들은 직접적인 정책적 책임을 거의 지지 않는 야당지배연합에 쉽게 포함될 수 있는 소규모의 저항정당들이다. 녹색당의 가치와 기본소득 간에 강한 연계성이 있는 것은 맞지만(Birnbaum 2009; Van Parijs 2009), 이러한 사실과 무관하게 기본소득에 대한 녹색당의 정치적 지지가 기본소득의 대의를 실현시키기 위한 진정한 의미의 정치적 토대로서 갖는 중요성은 그리 크지 않다. 또 일부 노동조합들이 기본소득에 대해 보이는 지지에 대해 생각해보자(Vanderborght 2006). 이 경우에도 기본소득을 지지하는 노동조합은 조합원의 수가 상대적으로 적은(그래서 정치적 영향력도 작은) 노동조합이거나 아니면 정치적 영향력을 크게 발휘할 수 없는 정치체계에서 활동하는 노동조합들이다. 다양한 조합주의적 제도를 통해 정책형성과정에 진정한 영향력을 동원하고 행사할 수 있는 큰 규모의 노동조합들은 대개 기본소득을 지지하지 않는 것 같다. 기본소득에 대해 지지를 표명한 사례의 수를 헤아리는 것이 기본소득을 옹호하는 사람들의 사기를 진작시키는 데에는 도움이 될지 모르지만, 그것이 한 단계 더 진전된 결과로 이어질지는 두고 봐야 할 일이다.

혹자는 현재 주변부에 있는 개인이나 집단이 표명한 지지를 그처럼 가볍게 여겨서는 안 된다는 생각에서 여기서의 지적을 지나치게 비관적인 견해라고 비판할 수도 있을 것이다. 어쨌든 현재 주변부에 머물러 있는 그들이 나중에는 중요한 위치에 있게 되어 진정한 정책적 영향력을 발휘할 수도 있으며, 그때에는 기본소득에 대한 지지가 현실화될 수도 있다는 것이다. 하지만 이러한 비판은 정치적 지지가 고정적이라는 전제, 즉 기본소득에 대해 일단 지지를 표명한 정치행위자는 그가 권력지위가 상승한 이후에도 여전히 기본소득을 지지할 것이라는 전제에 기초한 것이다. 하지만 정치적 권력의 사다리에서 위로 올라간 행위자가 기본소득에 대한 지지를 지속할 것이라는 근거는 어디에도 없다. 왜냐하면 정책적 책임을 지지 않아도 되는 위치에서 기본소득에 대해 지지를 표명하는 것은 값싼 것이기 때문인데, 이것이 그러한 지지가 값싼 것이라는 둘째의 의미이다. 즉, 유권자들은 차치하고라도 회의적인 그리고 때로는 적대적인 정치상황에 대항하여 기본소득에 대한 지지를 방어해야 하는 위치에 있지 않은 상태에서 기본소득에 대해 지지를 표방하는 것에는 정치적 비용이 별로 들지 않는다. 이러한 사실은, 다음과 같은 상황, 즉 기본소득에 대한 지지를 지속하는 것이 소중한 정치적 자원을 다른 정치적 목적에 사용할 기회를 희생하고서 기본소득에 지속적으로 투입해야 함을 의미하는 상황과 비교하면 더욱 분명히 드러난다. 정책적 책임을 져야 하는 위치에 오르게 되면 기본소득에 대한 지지의 기회비용이 정치적으로 감당할 수 없을 정도로 상승할 수 있는 것이다. 그리하여 우리는 야당의 위치에 있을 때 기본소득을 지지했던 정당이나 정치인들이 권력을 잡은(대개 지배연합의 일원으로 참여하여 권력을 얻는다) 다음에는 그 지지를 철회하는 모습을 보게 될 가능성이 많다. 이뿐만 아니라 영향력이 커진 노동조합에 대해서도 우리는 유사한 상황전개를 예상할 수 있다. 특히 대부분의 노동조합들이 가진 뿌리 깊은 노동자주의적 철학으로 인해 기본소득에 대한 입장에서 노동조합들이 내부적으로 분열되어 있다는 점을 감안하면 더욱 그러하다.

하지만 문제는 기본소득에 대한 값싼 지지가 기본소득 지지자들이 정책적으로 책임 있는 위치로 이동한 후에도 그들 사이에서 계속 유지될 만큼 강하지 않다는 것 외에도 더 있다. 즉, 그보다 더 큰 문제는, 특정 분파나 집단이 기본소득을 지지한 것으로 인해 다른 분파나 집단이 그에 대한 지지를 표명할 수 없게 됨으로써 기본소득에 대한 정치적 지지의 표명이 어떤 경우에는 비생산적인 결과를 초래할 수도 있다는 사실이다. 정치분파들은 그들이 가진 정책적 입장을 그들과 그들의 정치적 경쟁자(내부적 경쟁자 또는 외부적 경쟁자)를 구분하는 수단으로 삼기 때문에, 예컨대 X라는 분파가 기본소득에 대해 지지를 표명하게 되면 그와 경쟁관계에 있는 Y라는 분파는 비록 기본소득이 그 분파의 정치경력과 조화로울지라도 기본소득을 지지하기가 곤란해질 수 있는 것이다. 이러한 것은 특정 정치분파와의 연관성에 의한 '선점불리효과first-mover disadvantage'라 할 수 있는 것인데, 즉 특정 정치분파가 기본소득에 대한 지지를 먼저 명시적으로 표명하는 경우 그보다 더 힘 있는 다른 개인이나 집단들은 그 정치분파와 연관되는 것으로 비쳐질 것을 우려하여 기본소득에 대해 유의미한 지지를 표명할 수 없게 되는 경우를 말한다. 이런 효과가 존재하게 되면 기본소득에 대한 명시적 지지 표명은 단지 값싼 지지인 것에 그치는 것이 아니라 기본소득에 대한 지지의 증진이라는 측면에서는 사실상 비용(즉, 손실)이 된다. 많은 나라(예컨대, 아일랜드나 나미비아 등)에서 기본소득은 강한 종교적 연계성을 가진 단체들에 의해 지지 받고 있는데, 이로 인해 종교적 명분을 갖지 않은 사회운동이나 단체들이 기본소득에 대해 지지를 표명하기를 주저하고 있다. 마찬가지로 기본소득 지지자로서 자유주의적인 기업가 관점을 옹호하는 사람들(예컨대 벨기에의 VIVANT당黨이나 독일의 괴츠 베르너Götz Werner 등)이 강경한 사회주의적 가치를 지지하는 분파들에 동조한다는 것은 생각하기 어려운 일이다. 기본소득이 특정 분파와 동일시되는 것이 초래하는 효과는, 다른 분파들이 그러한 정치적 동일시로 인해 기본소득을 지지하기를 꺼리게 되는 '반동적 소극성' 현상과 결합하여, 기본소득을 연관성에 의해 주변화시키는 일종의 경로의존성을 결과할 수도 있다.

　이 절에서 살펴본 값싼 지지의 문제는 기본소득을 지지하는 견고한 정치적 동맹을 구축하고자 원하는 기본소득 주창자들을 난감한 상황에 빠지게 할 수 있다. 한편으로 현재 기본소득에 대해 지지를 표명한 많은 사례들(대부분의 사례는 아닐지라도)이 실제로는 큰 유용성을 가지지 않을 수 있으며, 또 어떤 경우에는 일부 분파의 지지가 다른 분파의 반대를 초래함으로써 '유해한' 효과를 낳을 수도 있다. 다른 한편으로 내적으로나 외적으로나 견해가 팽팽하게 대립하는 정책에 대해 정치적 자원을 투입하는 데 소극적인 정치환경에서는 미래에도 기본소득에 대한 어떤 유의미한 지지를 획득할 가능성을 기대하기가 쉽지 않을 수 있다. 이로 인해 기본소득에 대한 지지를 누구로부터 획득할 것인지 그리고 어떤 정치적 대가를 지불하고 지지를 획득할 것인지를 분명히 하기가 어렵게 된다. 기본소득이 정치지형에서 주변부에 위치한 정치인이나 정치집단으로부터 비교적 쉽게 지지 ─ 이러한 지지는 그에 수반되는 정치적 비용이 크지 않다는 점에서 값싼 지지이다 ─ 를 얻는다는 바로 그 사실이 기본소득 주창자들에게 그 지지가 그리 가치가 높지 않은 원인이 된다는 점이 근본적으로 우려되는 지점이다. 견고한 기본소득 동맹을 구축하고자 하는 기본소득 주창자들이 해결해야 할 주요 과제는 기본소득을 지지할 영향력 있는 정치행위자를 찾아내는 동시에 그 행위자의 지지가 여기서 말한 두 가지 의미에서의 값싼 지지가 되지 않게끔 하는 것이다. 이 과제를 적절히 수행하지 못할 경우 기본소득의 전략적 실현가능성은 크게 훼손될 것이다.

제도적 실현가능성: 기본소득안의 실행

정치적 실현가능성의 둘째 유형은 후행적인 것이다. 기본소득을 지지하는 정치행위자들의 견고한 동맹을 유지하는 것은 기본소득계획을 진전시키는 데 중요한 디딤돌 역할을 한다. 하지만 기본소득이 애초에 그것을 지지한 정치행위자들이 가졌던 이유와 상당히 조화로운 결과를 낳게끔 실행되지 않는다면 기본소득계획은 단기간에 자멸하고 말 것이다. 이런 점에서 기본소득론자들은 기본소득이 빈곤이나 실업, 사회적 배제, 성별 불평등 문제 등의 해결과 관련하여 바람직한 결과를 산출하기 위해서는 어떤 배경적 제도가 필요하며 어떤 것이 필요 없는지의 문제에 정면으로 맞서야 한다. 제도적 실현가능성은 매우 직접적인 의미에서의 기본소득의 바람직함에도 영향을 미치며, 나아가 기본소득의 장기적인 생존가능성, 즉 장기적인 정치적 탄력성에도 영향을 미친다. 전략적 실현가능성과 마찬가지로 제도적 실현가능성 역시 많은 서로 다른 쟁점을 안고 있는 복잡한 주제이다. 하지만 여기서는 기본소득 논쟁에서 대체로 간과되고 있는 측면, 즉 기본소득 관리운영에 있어서의 실행의 문제에 대해서만 간략하게 살펴보고자 한다.[3]

　일반적으로 기본소득의 실행은 크게 문제가 되지 않을 것으로 간주되는 경향이 있는데, 이는 보다 선별주의적인 제도들에 비해 기본소득을 운영하는 것이 훨씬 용이하다고 여겨지기 때문이다. 그러나 이 절에서의 논의를 통해 보게 되겠지만, 기본소득이 실행하기에 용이하다고 해서 이것이 기본소득의 세부적인 제도설계가 구체적인 제도적 맥락과 무관하게 이루어질 수 있다는 것을 의미하는 것은 아니다. 기본소득이 다른 선별적 프로그램이 갖는 복잡한 제도설계를 피할 수 있는 것은 사실이지만 그것 역시 실행과 관련하여 나름의 문제에 직면하게 된다(De Wispelaere and Stirton 2012a). 기본소득이 직면하는 한 가지 중요한 실행문제는 그것이 기존의 실행수단을 활용하기가 어렵다는 것이다. 기본소득은 일차적으로 그 규모가 너무나 크기 때문에 기존 제도적 수단 가운데 이처럼 큰 제도를 운영할 여력이 있는 수단이 별로 없다. 그렇다고 '통제적 관료제'와 연관성이 높은 제도수단을 활용하는 것은 기본소득의 철학과 상충한다 (Standing 2002; Offe 2005; Handler and Hasenfeld 2006). 이 모든 것들로 인해, 기본소득을 실행함에 있어서는 새로운 제도적 수단을 완전히 백지상태에서 새롭게 창설할 것인가, 아니면 기존의 제도적 수단들을 대단히 혁신적인 방식으로 새롭게 결합하여 활용할 것인가 — 이 두 선택은 모두 복잡함과 위험으로 가득 찬 도전적인 선택이다 — , 또 아니면 기본소득을 표적효율성 혹은 좀 더 일반적으로 말해서 관리효율성과 타협시켜 실행할 것인가 등의 대안 중에서 선택해야 하는 '어려운 선택' 상황에 놓일 수 있다(De Wispelaere and Stirton 2011, 2012a). 이제 몇 가지 실제 사례를 통해 이들 어려움에 대해 살펴보기로 한다.

우선 기본소득의 한 변형으로서 흔히 참여소득Participatory Income, PI[4]으로 알려진 방안에 대해 생각해보자. 참여소득은 개인을 단위로 수급자격을 부여하는데, 그 수급자격이 자산조사에 의한 것은 아니지만 넓은 의미의 참여를 조건으로 하는 것이며, 이때 넓은 의미의 참여란 사회부조의 수급자격 획득에 흔히 부과되어 있는 공식적 일자리에의 취업이나 정규교육에의 등록과 같은 정도의 참여를 훨씬 뛰어넘는 다양한 형태의 참여를 말한다(Atkinson 1996). 기본소득 대신 참여소득을 채택해야 한다는 주장은, "공짜로 무언가를 얻으려는 것"에 대한 부정적인 여론과 연관이 있다(Goodin 2001). 참여소득론자들이 주장하는 것처럼 넓은 의미의 참여를 수급자격 요건으로 제시하는 것은, 보편적 소득보장이라는 원칙과 사회에 대한 기여라는 원칙을 결합함으로써 다양한 정치세력들을 지지 동맹으로 묶는 데 도움을 줄 수 있다는 점에서 현명한 전략인 것처럼 보인다.

하지만 불행하게도 참여소득을 실제로 실행한다고 가정하고 이를 들여다보면 그 실행과정은 너무나도 쉽게 악몽과 같은 시나리오로 바뀌게 된다(De Wispelaere and Stirton 2007). 넓은 의미의 참여라는 조건, 곧 광범위한 참여라는 조건이 실제로는 실행하기가 쉽지 않다. 이와 관련하여 참여소득의 실행을 위해서는 세 가지 대안 정도를 생각할 수 있다. 첫째는, 참여소득의 수급자격 획득에 관련된 수많은 비공식적 형태의 참여를 모니터링하고 통제·관리하는 데 필요한 엄청나게 거대한 관료기구를 창설하는 방안이다. 이 방안을 채택할 경우 만들어질 관리운영기구는 오늘날 노동연계 프로그램의 실행을 위해 만들어져 운영되고 있으면서 많은 비판을 받고 있는 관료기구의 온갖 문제점을 능가하는 관료조직이 될 것이다.[5] 둘째는, 참여소득의 수급자격 요건을 기존 제도를 통해 운영할 수 있을 정도로 완화하는 방안인데, 이는 참여소득의 수급자격 요건을 기존의 사회부조 수급자격 요건과 별반 다를 바 없는 것으로 만들게 될 것이다. 셋째는, 참여소득의 수급자격 요건을 대폭 완화하여 거의 대부분의 활동을 수급자격 획득이 가능한 활동으로 만드는 방안이다. 이 방안은 참여라는 요건을 사실상 단순히 형식적인 것으로 전환시키게 되며 따라서 참여소득은 참여소득이 아니라 당초의 기본소득과 마찬가지가 될 것이다. 기본소득 주창자들은 당연히 이 셋째의 대안을 선호하겠지만(Barry 2001; Van Parijs 2001), 다른 정치분파들은 첫째의 대안이나 둘째의 대안을 선호할 것이다. 참여소득을 그 실행이라는 관점에서 생각해본 이 시나리오를 통해 우리는 제도적 실현가능성이 직면하는 도전이 참여소득에 지지하는 정치적 동맹의 붕괴를 가져올 수도 있다는 사실을 알 수 있다(De Wispelaere and Stirton 2007).

그렇다면 무조건적인 기본소득이라는 당초의 안은 위와 같은 우려를 피할 수 있을 것인가? 하지만 불행하게도 무조건적이고 보편적인 완전기본소득 역시 기본소득의 실현가능성에 직접적으로 영향을 미치는 중요한 실행상의 문제에 직면할 것이다. 기본소득이 그 실행단계에서 병목과 같은 문제에 직면하게 될 것인데, 그것은 다음의 세 가지 정도로 볼 수 있다. 첫째, 기본소득은 인구 전체를 대상으로 하는 것이기 때문에 급여를 받을 자격이 있는 모든 개인들의 최신 명단을 일종의 '국민명부'처럼 확보하고 있어야 한다. 이 명부에 이름이 등재되지 않은 사람은 기본소득 급여를 못 받을 가능성이 크다.[6] 그와 같은 명부를 적절히 확보하고 유지할 제도적 능력은 나라에 따라 상당히 차이가 크다. 어떤 나라는 모든 시민을 등록시키는 전국적 등록제도를 가지고 있지만, 또 어떤 나라는 선거인명부나 건강보험명부와 같이 국민명부로서는 결함이 있는 것에 의존해야 할 수도 있으며, 더 나아가 어떤 나라는 시민들의 자발적 등록에 기댈 수밖에 없는 경우도 있다. 어떤 등록제도를 활용하느냐에 따라 그 결과는 당연히 달라질 것이다. 둘째, 기본소득을 지급하는 지급수단도 실행상의 어려움을 야기할 수 있다. 이 어려움은 부분적으로는 모든 시민에게 적용될 수 있는 적절한 지급수단을 찾기가 어렵다는 데서 발생한다. 각 나라는 제도적 역량에서 차이가 많지만, 이들 거의 모든 나라에서 상당수의 주민들은 은행계좌를 갖고 있지 못하며 갖고 있더라도 임시적인 것이어서 이를 통해 기본소득을 정기적으로 지급하기는 어렵다. 이 경우에도 기본소득의 실행을 위해서는 새로운 지급수단을 창설하는 대안(여기에는 많은 비용이 들며 또 오류의 위험도 따른다)이나 기존의 지급수단들을 결합하여 활용 — 그것이 얼마나 많은 시민들을 포괄하는지는 분명치 않지만 — 하는 대안, 혹은 기본소득의 표적효율성을 완화하는 대안 등 몇 가지 대안 사이에서 선택해야 하는 어려운 상황에 직면하게 된다. 마지막 셋째, 기본소득이 그 실행 면에서 다소 불완전할지라도, 기본소득을 받을 자격이 있는 사람에게는 기본소득이 실제로 지급되도록 보장할 모니터링 수단이 있어야 한다. 기본소득 주창자들은 관료적 개입을 제거할 것을 강조하고 있는데, 이를 강조한다는 것은 그들이 방금 말한 것과 같은 의미에서의 모니터링이 갖는 긍정적 역할을 거의 습관적으로 거부하고 있음을 보여주는 것이다. 각 나라의 제도적 능력은 상당한 차이가 있어서, 어떤 나라는 '경찰 순찰대'와 같은 일상적 감시기제에 거의 전적으로 의존하는가 하면 또 어떤 나라는 일차적으로 '화재경보기'와 같은 형태로 모니터링 체계를 운영하여 급여를 받지 못한 사람이 그 스스로 경보를 울리게끔 하고 있다(Lupia and McCubbins 2004; De Wispelaere and Stirton 2012a, 2012b).

　지금까지 살펴본 세 가지 유형의 병목문제가 기본소득의 실행에 어느 정도나 영향을 미칠 것인가 하는 것은 기본소득 실행의 환경을 이루는 제도적 구조에 따라 크게 달라진다. 제도적 실현가능성을 제고할 수 있는 방법은 다음의 두 가지이다. 한 가지 방법은 기존의 실행체계의 용량을 초과하지 않게끔 기본소득의 구체적인 내용을 조정하는 방법이다. 하지만 이 방법은 기본소득 주창자들로 하여금 기본소득의 범위 등에 관해 타협하게 하는 것으로서 이 방법을 채택하는 데에 기본소득 주창자들이 소극적인 태도를 보일 것임을 충분히 예상할 수 있다. 다른 한 가지 방법은 제도적 역량 자체를 향상시키는 방법인데, 이 방법 역시, 행정체계 정비에 따른 비용을 빼더라도, 실제적인 면에서나 정치적인 면에서 문제를 안고 있다. 게다가 관료적 투자가 제도적 능력에 대한 우려의 일부를 해소할 수 있는 경우에도, 공공행정의 고질적인 한계가 단순한 기술적 최신화도 방해할 가능성이 크다(Hood 2010). 기본소득의 실행을 위해 둘 중 어느 방법을 택하든, 그것은 제도적 한계로 인해 정책결정자들을 어려운 선택 상황에 놓이게 하며 따라서 기본소득의 실행은 본질적으로 정치적인 문제이다(De Wispelaere and Stirton 2011, 2012a). 이러한 어려운 선택은 각 개인과 집단에게 서로 다르게 영향을 미치며, 따라서 기본소득을 지지하는 견고한 동맹을 확보할 정치적 기회의 형성에도 영향을 미치게 된다. 제도적 실현가능성과 전략적 실현가능성은 서로 복잡하게 연관되어 있어서 어느 하나에 영향을 미치는 결정은 다른 하나에도 영향을 미치게 된다.

심리적 실현가능성: 기본소득의 정당화

지금까지 우리는 두 가지 유형의 관계행위자를 전략적 실현가능성과 제도적 실현가능성의 개념을 통해 살펴보았다. 기본소득 주창자들은 그들이 전략적 실현가능성과 제도적 실현가능성의 검증을 통과했다 해도 대중행위자들의 선행제약요인인 심리적 실현가능성의 검증도 통과해야 한다. 앞에서 개념화한 것처럼 심리적 실현가능성은 일반대중들로부터 광범위한 차원의 사회적 승인을 얻음으로써 정책의 정당성을 확보하는 데 관련된 것이다. 기본소득의 정당성은 종종 의문시되기도 하는데(Leibig and Mau 2005; De Wispelaere 2009), 따라서 그 정당성은 기본소득이 규범적으로도 바람직하며 실질적으로도 효과적인 정책이라는 점을 대중들에게 설득함으로써 획득될 수 있다.

심리적 실현가능성을 중요하게 생각해야 하는 이유는 세 가지가 있다. 첫째, 현대 민주주의 체제에서 대중들의 강한 반대가 있는 경우 그에 맞서서 기본소득의 실현을 변호하기는 어렵다. 정의로운 정책이 무엇인가에 관해 상당한 정도의 의견불일치가 지속적으로 존재하는 오늘날의 사회에서 기본소득의 제도화가 정당성을 얻기 위해서는 다수의 광범위한 지지가 있어야 한다. 둘째, 민주주의 사회에서 시민들은 특정 정책을 요구하거나 거부하는 정치적 결정과정에 납세자로서 그리고 유권자로서 참여할 수 있기 때문에 정치행위자들과 정책결정자들은 기본소득이 대중들의 승인을 획득했는지 여부를 중요하게 고려한다. 정치인들이 기본소득에 대해 진지하게 지지하는 것은 앞에서 본 것처럼 기본소득의 전략적 실현가능성에 직접적으로 영향을 미치지만, 그들은 기본소득에 대한 헌신적인 지지에 나서기 전에 기본소득이 대중적 지지를 충분하게 받고 있는지를 확인하기를 원할 것이다. 셋째, 정당성을 확보하지 못한 정책은 그 정책의 대상이 되는 사람들이 규칙을 준수하려 하지 않기 때문에 실패할 가능성이 높다. 사람들은 다양한 방법으로 정책결과를 뒤집을 수 있다. 앞 절에서 간략하게 살펴본 참여소득은 사람들로 하여금 대단히 '형식적인' 사회참여활동을 수행해 놓고서 급여를 요구하게끔 만드는 전형적인 사례가 될 수 있다. 어떤 정책이 사람들로부터 정당성이 없다는 판단을 받게 되면 그 순간 '창조적 준수'의 사례는 기하급수적으로 증가할 가능성이 있다. 무조건적인 기본소득의 경우에는, 그것이 광범위한 사회적 지지를 확보하지 못하는 경우 기본소득으로만 생계를 꾸려가는 사람들이 점점 더 큰 사회적 압력에 직면하게 될 것이다. 이는 많은 사람들이 기본소득을 지지하면서 드는 근거 중의 하나, 즉 기본소득이 사회적 배제를 없앨 능력이 있다는 근거(Jordan 1996; Van Parijs 1996)와는 상충하는 것이다.

어떤 정책에 있어서 심리적 실현가능성은, 그 정책에 대한 강한 사회적 반대를 유발하지 않게끔 긍정적인 인식과 정서, 사고를 동원할 수 있는 능력과 관련된다. 기본소득의 심리적 실현가능성을 방해하는 제약요인은 두 가지 유형으로 구분할 수 있다. 첫째의 비교적 친숙한 유형의 제약요인은 특정한 사회역사적 맥락에 내재된 여론으로, 이는 '우발적' 제약요인이라 할 수 있다. 예컨대, 경제적 분배에 관한 이데올로기는 사회에 따라 다를 수 있는데, 이처럼 각 사회마다 다른 이데올로기적 관점이 기본소득에 대한 태도에도 영향을 미치며 경우에 따라서는 특정 유형의 기본소득을 지지하게끔 영향을 미칠 수도 있다.[7] 둘째 유형의 제약요인은 인간의 보다 심층적인 심리 구조에서 유래하는 제약요인인데, 이것도 어쩌면 교묘한 제도적 설계를 통해 특정한 반응을 보이게끔 조종할 수 있을지는 모르겠지만 이 제약요인은 상대적으로 덜 유동적이다. 이 절의 나머지 부분에서는 인간의 근본적인 심리적 성향에서 기인하는 둘째 유형의 제약요인에 대해 좀 더 살펴보기로 한다.

기본소득과 가장 두드러지게 충돌하는 심리적 성향은 상호성 reciprocity 규칙이다. 상호성이라는 심리성향은 사회적 맥락에 따라 조금씩 달리 표현되는데, 노동윤리로 표현되기도 하고 기여원칙이나 자격원칙으로 표현되기도 한다. 여러 여론조사 결과는 선진복지국가의 시민들 사이에 유급노동이 가장 중요한 가치로 자리매김되고 있음을 반복적으로 보여주고 있다. 이는 이른바 완전기본소득이라는 것을 일반대중에게 이해시키고 받아들이게 하기 위해서는 기본소득 주창자들이 대단히 힘겨운 싸움을 벌여야 함을 강력하게 시사한다. 대부분의 사람들은 노동이 사회에 대한 가장 중요한 의무이며, 사회적 급여는 그것을 '필요로 하는' 사람 또는 그것을 '받을 자격이 있는' 사람에게 주어져야 한다는 강한 믿음을 가지고 있다(van Oorschot 2000, 2006; Clasen and van Oorschot 2002; Fong et al. 2005; Slothuus 2007). 예컨대, 리비히와 마우(Liebig and Mau 2008)에 의하면, 사람들은 국가가 최저소득보장을 제공해야 한다는 데에

기본소득, 존엄과 자유를 향한 위대한 도전

는 찬성하지만 그럼에도 불구하고 그 최저소득보장이 욕구수준이나 기여경력에 관계없는 형태의 기본소득이 되는 데에는 반대하는 것으로 나타났다.[8] 흥미롭게도 그런 태도는 특정 사회집단의 객관적인 사회경제적 이해관계와 상관없는 것으로 보인다는 것이다. 이는 기본소득 주창자들에게는 난처한 역설을 초래하게 되는데, 왜냐하면 그것은 객관적인 이해관계에 비추어 보았을 때 '전략적으로' 기본소득의 지지목록에 이름을 올렸으면 하는 바로 그 사회집단이 '심리적으로는' 기본소득에 반대할 가능성이 높을 수 있음을 의미하기 때문이다. 바로 이러한 이유 때문에 많은 사람들이 기본소득의 정치적 실현가능성을 높이기 위해 기본소득을 자격원칙이나 욕구원칙에 좀 더 부합한 것으로 만들고자 그것을 노동 혹은 사회참여 등과 재결합시키는 방안을 내놓게 되는 것이다(Atkinson 1996; Goodin 2003; White 2003).

이와 같은 인간의 근본적인 심리적 성향에 대해 기본소득 주창자들은 그것은 도저히 넘을 수 없는 벽과 같은 것이라 생각하기가 쉬울 수 있다. 즉, "사람들은 공짜점심을 좋아하지 않기 때문에 기본소득은 불가능한 계획"이라고 생각할 수 있는 것이다. 하지만 이런 생각은 사람들의 생각에 영향을 미칠 수 있는 다양한 방법이 있을 수 있다는 사실을 적절히 고려하지 못한 것이다. 그러면 기본소득 지지자들이 어떻게 하면 무조건적인 기본소득이라는 이념과 상호성원칙 및 자격원칙을 선호하는 사람들의 심리적 성향 간의 갈등을 해소할 수 있을 것인가? 그에 대한 한 가지 답은 정책과정에서의 프레이밍의 역할에 관한 수많은 문헌들로부터 얻을 수 있다(Chong and

Druckman 2007a, 2007b; Jerit 2009). 기본소득을 그에 대한 부정적인 인식이나 가치, 신념 대신 긍정적인 성향을 불러일으키게끔 프레이밍하는 것은 기본소득의 심리적 실현가능성을 크게 향상시킬 것이다. 예컨대, 기본소득을 사회적 유산이나 자연적 배당natural dividend 혹은 빈곤퇴치수단 혹은 시민적 권리 등과 같은 것으로 개념화할 경우, 그것은 제도의 분배적 효과는 동일하게 나타나게 하면서도 대중적 지지를 좀 더 많이 이끌어낼 수 있을 것이다. 이와 유사하게, 기본소득의 실제 실행을 특정방식으로 하는 것 — 예컨대, 기본소득을 조세혜택에 포함시켜 지급한다든지 아니면 다른 사회적 급여에 포함시켜 지급하는 방법 등 — 도 기본소득에 대한 대중들의 인식을 바꾸는 데 영향을 미칠 수 있다. 나아가 '단계적 실행sequential implementation' 도 기본소득의 틀을 잡아가는 데 유리할 수 있다. 즉, 완전기본소득으로의 직접적인 이행은 많은 반대에 부딪힐 수 있지만, 보편적 아동급여와 보편적 기초연금, 빈곤선 이하 계층을 대상으로 한 최저소득보장, 저임금 노동자를 대상으로 한 세금공제 등을 개별적으로 제도화한다면 이는 좀 더 쉽게 수용될 수 있을 것이다.

프레이밍 효과는 기본소득 도입의 심리적 실현가능성에 영향을 미치는 심리기제의 한 유형에 불과하다. 발견적 교수법이나 인지심리학 등에 관한 문헌들에서 개발된 다른 많은 친숙한 심리기제들도 기본소득의 심리적 실현가능성을 높이는 데 적용될 수 있다(Kahneman and Tversky 2000).[9] 이런 심리기제들 중 어떤 것은 기본소득에 유리하게 작용하겠지만, 또 어떤 것은 불리하게 작용할 수 있다. 하지만 어떤 경우든 기본소득의 현명한 설계와 프레이밍은 긍정적 계기를 강화하고 부정적 계기를 약화 혹은 무력화할 것이다.

행동적 실현가능성: 기본소득이 노동동기에 미치는 영향

마지막 넷째 유형의 정치적 실현가능성은 행동적 실현가능성이다. 이것은 대중행위자에 관계된 후행적 제약요인으로서 기본소득이 실시된 후에 그것이 개인의 행동에 부정적인 영향을 미칠 가능성에 관련된 것이다. 행동적 실현가능성이라는 개념으로 여기서 하고자 하는 이야기는 기본적으로, 기본소득이 행동적으로 실현 가능하기 위해서는 그것이 그릇되거나 비생산적인 효과를 초래해서도 안되고 바람직한 결과를 낳지 못해서도 안 된다는 것이다. 이 두 가지, 즉 비생산적인 결과를 낳아서도 안 되며 동시에 바람직한 결과를 낳지 못해서도 안 된다는 것 중 어느 하나라도 이루지 못하면 그것은 제도적 실현가능성에서와 유사하게 기본소득의 존속가능성과 정치적 탄력성에 부정적인 영향을 미칠 것이다. 기본소득은 노동시장에서의 성과, 가족구성, 교육, 자원봉사활동에의 참여, 지하경제, 조세순응성, 지리적 이동 등 매우 광범위한 사회적 차원에 걸쳐 변화를 일으킬 것으로 생각되기 때문에 그것의 행동적 실현가능성은 매우 중요하다. 여기서 우리가 개념화한 행동적 실현가능성은 특정 정책의 '강건성$_{robustness}$'에 영향을 미치는 유인에 관련된 것인데, 여기서 강건성이란 초기의 조건이 변화해도 그 기능을 지속할 수 있는 능력을 가진 것을 의미하는 것으로 일종의 내적 안정성이라 할 수 있다.

행동적 강건성은 어떤 정책이 그 정책의 존재조건을 손상시킬 수 있는 유인을 행위자에게 제공하지 않게끔 설계될 때 보장될 수 있다. 요컨대 행동적 강건성은 어떤 정책이 스스로 모순적 상황에 빠지는 것을 막아주는 역할을 한다. 급여수준을 다른 변수에 연동시키는 조치나 외부기관에 의한 감독을 도입하는 조치 등과 같은 자기규제전략들은 정책설계에서 행동적 강건성을 제고하기 위한 기제의 예들이다. 불행하게도 행동적 강건성을 갖춘 전략이나 정책기제는 장기적으로는 효과성이나 효율성이 있지만 단기적으로는 매력적이지 않은 경우가 많다. 이 지점에서 행동적 실현가능성은 정치적 실현가능성의 다른 차원들, 즉 앞 절에서 살펴본 전략적 차원, 제도적 차원, 그리고 심리적 차원과 상충하게 된다. 예컨대, 급여수준을 노동시장참가와 같은 거시경제적 성과지표와 연동시킨 급여연동형 기본소득을 도입한다고 가정해보자. 이 급여연동제는 '정책의 온도조절장치'로서는 효과적으로 작동할 수도 있을 것이다. 즉, 급여연동형 기본소득방식에서는 생산성이 하락하거나 노동시장 참가율이 하락할 경우 이것이 그 다음 기의 기본소득급여 수준의 하락으로 이어지기 때문에 적어도 일부 사람들로 하여금 낮아진 기본소득액을 임금으로 보완하기 위해서 공식적 일자리에 다시 취업하게끔 유도하여 기본소득의 행동적 실현가능성을 높일 것이다. 하지만 이와 같은 정책적 온도조절장치는 기본소득의 급여수준을 거시경제성과에 따라 오를 수도 있고 내릴 수도 있는 것으로 만들어 대중들의 지지를 확보하거나 정치인들의 지지를 이끌어내는 데 어려움을 겪게 할 수 있고, 따라서 전략적 실현가능성이나 심리적 실현가능성을 제고하는 데에는 불리할 수 있다.

지금 살펴본 예들에서 볼 수 있듯이, 기본소득과 관련하여 가장 많이 거론되는 행동적 문제는 기본소득이 노동동기와 노동시장참가에 어떤 영향을 미칠 것인가 하는 것이다. 기본소득의 도입이 만일 상당한 정도의 서핑효과surfer effect(Van Parijs 1995)를 발생시켜 많은 사람들이 사회에 생산적 기여를 하지 않은 채 파도타기(서핑)를 즐기는 등 '기본소득으로만 살아가기'로 결정하는 사태가 발생한다면 어떻게 할 것인가? 만일 그런 사람의 수가 매우 많다면 일반조세로 재정을 충당해야 하는 기본소득으로서는 그 경제적 실현가능성을 심각하게 손상당할 것이다. 이에 대처하기 위해서 기본소득의 급여를 연동형으로 설계한다고 해도 이것은 문제의 일부만 해결할 수 있을 뿐이다. 왜냐하면 '파도타기를 즐기는 사람들' 중 많은 사람들은 그들의 급여수준이 최저수준 이하로 하락해도 이를 기꺼이 받아들일 가능성이 높기 때문이며, 만일 이러한 상황이 발생한다면 이는 기본소득이 가져올 것이라 예상했던 많은 긍정적 효과를 나타나지 못하게 할 것이다(Groot and Van der Veen 2000; Groot 2004). 이러한 우려에 대응하기 위해 기본소득 주창자들이 흔히 사용하는 한 가지 방법은, 서핑효과가 그처럼 인상적인 수준으로까지 나타나리라는 주장을 부정하는 것이다. 하지만 그 주장을 설사 부정할 수 있다고 해도 이것이 기본소득 주창자들에게 그리 큰 위안이 되지는 못한다. 비록 파도타기를 즐기는 사람이 매우 적다고 해도 그 극소수의 게으른 사람들이 기본소득의 장기적 실현가능성에 심각한 타격을 가할 수 있다.[10] 기본소득을 받기 시작한 사람이 서핑효과를 알게 될 경우 이것은 "저들도 하는데 나라고 못할까"라는 심리를 불러일으켜 유사한 행동을 하게끔 유인하여 서핑효과를 눈덩이처럼 커지게 할 수도 있다. 보다 중요한 것은, 서핑효과가 알려지게 되면 이는 사람들로 하여금 기본소득에 대한 거부감을 갖게 하며 따라서 기본소득의 심리적 실현가능성에 직접적으로 타격을 가할 수 있다는 것이다. 즉, "젊은 사람들이 그들이 받은 급여를 코카인이나 방탕한 휴가에 다 날려버리는 극소수의 사례가 대중들에게 널리 알려지는 것만큼 … 대중적 지지와 정치적 지지를 날려버릴 수 있는 확실한 방법은 없다(Le Grand and Nissan 2003: 37)." 기본소득은 사람들이 삶을 영위하는 다양한 방법 — 정치철학자들의 용어로 말하면 좋은 삶에 관한 다양한 개념화 — 에 대해 중립적일 수 있는 것이 결코 아니다. 기본소득은 그것이 해당 사회가 옳다고 여기는 관습과 규범에 따를 때 강건성을 갖출 가능성이 높은 것이다.

하지만 기본소득이 서핑효과를 초래할 것이라는 보편적인 생각이 정말로 옳은 것인지 여부는 여전히 확정하기가 어렵다. 실제로 기본소득 주창자들이나 그 반대자들이나 모두 아직 어디에서도 완전한 형태로 실행된 적이 없는 정책제안인 기본소득이 어떤 행동적 효과를 낳을 것인지와 관련해서는 상당한 불확실성이 존재한다는 점을 인정하고 있다.[11] 이런 점에서, 거시수준의 사회적 동학社會的 動學은 미시수준의 개인의 행동 및 동기를 거의 반영하지 못하기 때문에 고도로 정교한 계량경제모델은 심각한 한계를 갖는다고 할 수 있다(Coleman 1990; Hedström 2005; Hedström and Bearman 2009). 계량경제모델의 흥미로운 대안으로는 1970년대와 1980년대에 미국과 캐나다에서 시행되었던 부의 소득세 시범사업과 같은 현장실험의 결과를 분석하는 것(Pechaman and Timpane 1975; Robins et al. 1980; Robins 1985)을 생각할 수 있다. 하지만 이 시범사업의 결과를 해석하는 일이 실제로는 매우 어려우며 또 그 결과를 해석했다고 해도 그 해석이 학자들과 정치인 사이에서 '소통오류'를 일으킬 가능성이 매우 크다(Widerquist 2005). 게다가 그와 같은 대규모의 시범사업을 다시 하려면 엄청난 비용이 소요될 뿐만 아니라 실제로 다시 하기도 어려워 시범사업을 통해 그 결과를 분석하는 접근은 그리 유용성이 없다(Nogurea and De Wispelaere 2006). 이런 방법들보다는 행위자에 기초한 사회적 모의실험이 좀 더 선호할 만한 방법이다(Axelrod 1997; Hedström 2005; Macy and Flache 2009).[12] 이 행위자 기반모델agency-based model, ABM은 계량경제모델과 달리, 복잡한 사회적 상호작용과 그것이 행위에 반복적으로 미치는 영향을 보다 현실적으로 모형화할 수 있게 해준다. 행위자기반모델은 가설적인 상황을 모형화하는 데에 그리고 "어떤 일이 발생하면 어떻게 될 것인가"와 같은 가정적 질문에 답을 하는 데 특히 유용하기 때문에 기본소득을 연구하는 데 매우 적절하다.

기본소득 연구에 행위자기반모델이 얼마나 적절한가를 보이기 위해 네 가지 중요한 행동적 쟁점에 대해 생각해 보기로 한다. 첫째, 소득세로부터 재정을 마련하여 기본소득을 지급하는 경우 이것은 노동(혹은 소득)에 대한 중간 정도의 선호를 가진 합리적 행위자로 하여금, 기본소득의 급여수준이 다른 사람들의 무임승차 증가에도 불구하고 최저수준 미만으로 하락하지 않는다는 조건만 충족된다면,

보통 수준의 기본소득에 '무임승차'할 유인을 갖게 하는 사회적 딜레마로 모형화될 수 있다(González-Bailón, Noguera, and De Wispelaere 2011). 이 시나리오에서 합리적 행위자는 그의 소득-여가 간 상충관계를 해결함에 있어서 타인의 노동결정에 주의를 기울여야 한다. 기본소득 지급을 행위자기반모델에 따라 모형화하는 것은 서로 다른 여러 유형의 노동전략이 각기 어떤 사회적 안정성을 갖는가에 대한 중요한 통찰을 제공한다. 둘째, 행위자기반모델은 기본소득과 관련하여 사회적 영향의 중요성과 사회적 관계망의 역할을 모형화하는 데에도 적합하다. 기존 연구에 의하면 노동시장에서의 행위는 사회적 영향에 의해 크게 좌우되는 것으로 나타나고 있다(Aronson et al. 1999; Grodner and Kniesner 2006). 행위자기반모델에 의거한 연구는, 사람들이 여러 상이한 기본소득 조건하에서 사회적 영향에 어떻게 반응하는가를 보여줌으로써 '고립적 행위자'에 초점을 둔 계량경제학적 연구를 효과적으로 보완할 수 있다.

셋째, 행위자기반모델은 행위자들이 가진 동기의 이질성을 고려하는 모델이다. 행위자기반모델은 인구집단 전체에 대해 인위적인 유사성을 가정하는 것이 아니라, 행위자들이 노동에 대한 태도에 있어서 갖는 상이함을 모형에 반영한다. 뿐만 아니라 행위자기반모델은 분배정의에 대한 행위자들의 친사회적 동기 혹은 태도의 다양함을 모형에 반영하는데(Camerer and Fehr 2004; Lindenberg 2006), 이러한 분배정의에 대한 다양한 동기와 태도는 행위자들마다 이질적으로 가지고 있는 노동성향과 복잡하게 상호작용하여 매우 다양한 노동시장결정을 산출하게 된다. 따라서 상당한 수준의 급여를 지급하는 기본소득에서조차도, 이질적인 많은 행위자들로 구성된 한 인구집단 전체가 기본소득을 비판하는 사람들이 가정하는 것처럼 집계적 수준의 노동행위에 재앙적인 영향을 미칠 것이라고 쉽게 생각할 수는 없다. 마지막 넷째, 행위자기반모델은 기본소득에서 기대되는 행동적 결과를 노동연계복지workfare와 같은 선별적 정책과 비교하여 평가하는 데에 특히 유용한 도구이다. 각 정책유형에 연관된 유인을 주의 깊게 모형화해 예기치 못한 결과를 발견할 수 있다.[13] 나아가 행위자기반모델을 통해 기본소득을 그것과 경쟁관계에 있는 주요 정책들과 비교함으로써 이 정책들을 각기 별도로 분석했을 때 모호했던 사안들에 대해 중요한 통찰을 얻을 수 있다.

이 절에서의 논의는, 기본소득의 행동적 효과가 낳는 거시사회적 결과는 선험적으로 가정될 수 없는 것이고, 사회적 상호작용에 관한 경험적으로 정교하고 실제적인 모형에 의해 검증되어야 하는 것이라는 사실을 일깨우고 있다. 행동적 실현가능성이 기본소득의 정치적 실현가능성을 구성하는 주요 요소임이 틀림없지만, 이에 대한 연구는 이제 겨우 출발단계에 있는 수준이다. 기본소득의 실행이 실제로 어떤 결과를 낳을지를 알기 위해서는 아직 많은 노력이 필요하다.

결론

이 장에서 우리는 기본소득의 정치에 적용되는 정치적 실현가능성을 네 가지 유형으로 구분하여 살펴보았다.

1. 전략적 실현가능성은 기본소득 주창자들에게 견고한 정치적 동맹을 구축하기 위한 전략을 신중하게 고려해야 한다는 과제를 부과한다. 특히, 기본소득을 지지한다는 '값싼' 정치적 지지 표명에 관련된 여러 우려들은 정치적 전략 수립에 보다 관심을 기울여야 함을 강력하게 시사한다.

2. 제도적 실현가능성은 기본소득이 바람직한 결과를 산출하는 데에 필요한 배경적 조건에 주로 관련된 것이다. 기본소득이 그것을 실행할 제도적 역량과 맞지 않는 경우 그것은 자기모순에 빠질 위험이 크며 또 장기적으로는 정치적 탄력성을 갖기가 어렵다.

3. 심리적 실현가능성은 기본소득 구상이 일반대중들에게 정당성을 갖는가의 문제에 일차적으로 관련된 것이다. 기본소득을 정교하게 프레이밍하여 상호성원칙이나 욕구원칙, 자격원칙 같이 인간의 기본심리에 깊이 뿌리내리고 있는 심리와 무조건적 기본소득 간의 불편한 관계를 희석시킬 수 있을 것이다.

4. 행동적 실현가능성은 기본소득이 실현된 이후 노동시장에서의 각 사람들의 행동에 의해 크게 영향을 받는다. 이는 행동상의 조그마한 변화가 기본소득에 대한 사회적·정치적 지지를 급속도로 허물어뜨릴 수도 있기 때문이다. 하지만 기본소득의 도입이 그처럼 큰 재난적인 상황을 초래할 것인가 하는 것은 여전히 확답하기 어려운 열린 질문이다. 사실, 기본소득의 부정적인 영향을 예측하는 이런 종류의 질문을 검토할 가장 유력한 방법을 활용한 결과에 의하면, 그에 대한 답은 매우 복잡

한 것이 될 가능성이 매우 높으며 이는 기본소득 주창자들이 제시하는 단순한 낙관주의와 기본소득 비판자들이 제시하는 단순한 비관주의 모두를 부정하는 것이다.

이 장의 논의를 통해 우리는 정치적 실현가능성이 매우 복잡하고 다면적이며 대단히 역동적이어서 어느 한 유형의 정치적 실현가능성에 영향을 미치려는 시도는 다른 유형의 정치적 실현가능성에도 영향을 줄 수 있다는 사실을 알 수 있었다. 이와 같은 복잡함에 적절히 대응하기 위해서는 우리들 앞에 놓인 과제가 매우 거대하다는 사실을 깨닫고 이러한 거대한 과제에 이제 시급히 맞서야 한다는 절박감을 가져야 한다.

PART

2

희망

현대 경제를 위한
최상의 소득이전 프로그램

에두아르도 M. 수플리시 ▪
Eduardo M. Suplicy

브라질 기업가들은 해외수입에 밀려 시장기반을 잃어가는 자국
기업의 경쟁력 부족 문제에 대해 경고해 왔다. 2003년에서 2011년
까지 해외수입은 국내총생산의 11%에서 22% 수준으로 증가했다.
브라질 국가산업연맹Confederação Nacional da Indústria, CNI의 롭손 브라가
데 안드레아, 상파울루주 산업연맹Federação das Indústrias do Estado de São
Paulo, FIESP의 파울로 스카프, 브라질 기계장비협회Associação Brasileira de
Máquinas e Equipamentos, Abimaq의 루이즈 오베르트 네토, CSN*의 벤자
민 스타인브루쉬, 발리제레의 이보 로세는 정부가 시급히 탈산업화
의 흐름을 역전시키기 위한 조치를 취해야 한다고 경고했다. 2011
년 7월 8일과 8월 3일, 노동자단일연합Central Única dos Trabalhadores, CUT
과 포르사 씬지카우Força Sindical 노조 소속의 수천 명의 금속노동자들

---

*   Companhia Siderúrgica Nacional: 브라질의 철강기업.

은 브라질 아베쎄 공업지역ABC region* 지방도로인 앙치에타로Via An-chieta를 폐쇄하고, 모지다스크루지스Mogi·das Cruzes**의 거리로 나와 시위에 나섰다.[1]

달러 대비 헤알화의 평가절상은 귀도 만테가Guido Mantega 재무부 장관이 헤알화 강세 추세에 대응하는 조치를 취하도록 압박하였다. 상파울루주 산업연맹의 연구에 따르면, 브라질 임금구조에서 사회적 부담비social charges의 비중은 약 32.4%에 달하며, 이는 브라질의 산업경쟁력을 약화시키는 원인으로 지적되고 있다. 상파울루주 산업연맹의 연구에 포함된 34개국 가운데 브라질은 임금에서 사회적 부담비 비중이 가장 높은 국가 중 하나이다.

2011년 8월 2일, 지우마 호세프 정부는 "브라질 마이오르Brasil Maior Program(더 큰 브라질)" 정책을 발표하였다. 발표된 조치 중 국내의 생산과 혁신을 촉진하기 위한 방안으로 몇 가지 교역재 생산의 경우, 사회적 부담비를 임금이 아닌 매출 비중의 일부로부터 부과하도록 한 것, 수입투자에 대한 면세, 투자와 수출을 위한 융자의 확대 및 단순화, 혁신을 위한 자원 확대, 혁신 규제체제의 개선, 중소기업 성장의 촉진, 무역보호의 강화, 상품 생산과정에서 부가가치 증대와 기술개선을 위한 특별 프로그램 구성, 국가 인수의 규제에 주목할 필요가 있다.

사회적 부담비에 대한 상파울루주 산업연맹의 연구가 발간되었

---

* 산투안드레Santo André, 상베르나르São Bernardo, 상카에타누São Caetano을 포함하는 공업지역.
** 브라질 상파울루주의 도시.

을 때, 나는 상파울루주 산업연맹의 호세 리카르도 로리즈 코엘류 부회장에게 이 연구에서 사회적 부담비 이외의, 선진국에서의 소득이전이 우리 기업의 경쟁력에 미치는 영향이 고려되었는지를 물었으나, 그는 이를 아직 고려하지 않았다고 답했다. 국가산업연맹에서도 유사한 연구를 발전시키지는 못했다.

이 연구의 목적은 기업가와 노동자 그리고 정부에게 다음의 사실을 환기시키는 것이다. 브라질과 아르헨티나인, 그리고 개발도상국의 국민들은 많은 나라에서 점차 중요해지고 있는 강력한 소득이전의 효과에 주목할 필요가 있다. 예를 들어 미국은 1975년 이래로 탈빈곤 수준에 못 미치는 노동자들의 소득을 보충하는 부의 소득세 형식으로, 근로소득세액공제제도를 시행하고 있다.

미국의 근로소득세액공제제도

이후 근로소득세액공제제도는 크게 확대되었다. 1992년 빌 클린턴 대통령은 대선 캠페인에서 "국민을 먼저"라는 슬로건을 내걸고 한 자녀, 두 자녀 혹은 다자녀가구를 대상으로 근로소득세액공제제도의 급여수준을 높이고, 자녀가 없는 부부를 포함하여 프로그램 대상을 확대하였다. 클린턴은 그의 저서《나의 인생_My life_》에서 근로소득세액공제제도가 미국 경제의 경쟁력을 향상하는 데 기여했다는 증거와 함께, 근로소득세액공제제도에 대해 17차례 인용했다. 그 증거는 무엇인가? 1993년 클린턴이 임기를 시작했을 때 미국의 실업률은 7.5%였다. 2000년 정권을 끝마칠 무렵의 실업률은 3.9%였다. 미국과 경제적 교류가 잦은 영국, 캐나다, 멕시코, 벨기에, 덴마크, 핀란드, 프랑스, 아일랜드, 네덜란드, 뉴질랜드, 스웨덴 역시 근로소득세액공제제도와 유사한 제도를 도입했다.

영국 수상 토니 블레어는 2000년 가족수당Family Tax Credit을 도입했다. 이로써 월 800파운드를 받는 런던의 노동자는 50% 세액공제 형식의 추가수당을 받기 시작했고, 총 급여는 1,200파운드로 증가하였다. 보다 최근인 2009년, 버락 오바마 대통령은 클린턴과 마찬가지로 근로소득세액공제제도의 급여수준을 높이고, 무자녀 부부와 한 자녀, 두 자녀 혹은 다자녀가구로 수급범위를 확대했다. 이뿐만 아니라 오늘날 셋 혹은 그 이상의 자녀가 있는 가족의 경우는 더 많은 금액을 수급 받을 수 있다.[2]

여기에 오늘날 미국의 근로소득세액공제제도의 모습이 있다. 독자에게 두 가지 예를 들겠다. 먼저, 독신이지만 한 자녀를 두고 시간당 최저임금 7.25달러를 받으며 연간 일하는 경우이다. 이 사람은 연간 1만 5,080달러를 벌 수 있다. 더불어 3,121달러의 세액공제를 받을 수 있으므로 1,154달러의 사회부담금과 상관없이 1만 8,201달러까지 연소득이 증가하게 된다.

두 자녀가 있는 부부의 경우, 연간소득이 존재하지만 1만 2,970달러 이하라면 이 부부는 0~1만 2,970달러 범위 내에서 노동을 통해 받는 급여의 40%를 세액공제 받는다. 만약 부부가 1만 달러를 번다면, 4,000달러의 세액공제를 받게 된다. 예를 들어 이들이 연간 1만 8,000달러를 번다면 이 부부는 5,160달러의 세액공제를 받게 되어, 소득이 2만 3,160달러까지 증가한다. 이는 곧 부모와 두 자녀로 구성된 가구의 공식빈곤선인 연간 2만 3,000달러를 넘게 된다는 의미이다. 만약 부부의 근로소득이 증가하여 2만 1,970달러에 도달하게 된다고 해도, 여전히 5,160달러의 세액공제를 받을 수 있는 자격이 있다. 그러나 부부의 연간소득이 2만 1,970달러에서 4만 6,471달러까지 계속 증가하게 된다면, 세액공제는 4만 6,471달러까지의 추가 수입당 21%씩 감소하기 시작한다. 따라서 이 부부의 소득은 그들의 수입이 4만 6,471달러에 달할 때까지 21%의 비율로 감소한다. 만약 4만 6,471달러 이상으로 소득이 증가할 경우, 부부는 더 많은 소득세를 지불할 의무를 가지기 시작한다.

우리는 근로소득세액공제제도 혹은 세액공제의 결과로 무엇을 얻을 수 있었을까? 미 예산 및 정책우선순위센터Center on Budget and Policy Priorities의 연구에 따르면, 근로소득세액공제제도는 노동과 고용 수준 향상에 기여했고, 실업에 대한 지출과 빈곤을 감소시켰으며, 세금체계를 더욱 공정하게 만들었다. 미국 사회는 저소득 노동자에게 부과된 세금을 지불하는 방식으로 노동자들에게 수당을 지급한다. 즉, 정부는 기업에서 지급하는 임금에 더하여 노동에 대한 보수를 증가시킬 수 있도록 지원한다. 기업가들은 이러한 절차에 대해 동의했고, 만족감과 생산성이 향상된 노동자 역시 동의했다.

연방정부의 근로소득세액공제제도 이외에도, 23개주와 워싱턴 D.C.는 개별 주에서의 근로소득에 대한 추가적인 공제를 결정하였다.

브라질 공무원은 현재 1,300만 가구의 5,000만(혹은 5,100만) 인구에게 혜택을 제공하며, 2011년 추정 150억 헤알의 연간예산으로 운영되는 볼사 파밀리아가 가장 큰 규모의 소득이전 프로그램이라고 주장하고 있다. 하지만 미국의 근로소득세액공제제도의 규모가 더욱 크다. 2010년, 근로소득세액공제제도는 2,650만 가구의 7,500만 명 이상의 사람들에게 혜택을 제공했으며 총 급여액은 약 590억 달러에 달한다. 이는 가구당 연평균 2,226달러 수준이다.

알래스카 영구기금

의문점은 우리, 브라질이 세계무역기구에 참여한 국가들이 자국의 노동자에게 보조금을 지급하고 있다는 이유로, 그들에게 저항해야 하는지 여부이다. 나는 그러지 않기를 권한다. 나는 그 국가들과 유사한 수준의, 혹은 더 나은 수준의 조치를 취할 것을 권한다. 그렇다면 최선의 방법은 무엇일까? 전 국민을 위한 무조건적인 시민기본소득The Citizen's Basic Income, CBI의 실행이다. 어떻게 이것이 최선의 방법임을 증명할 수 있을까? 28년간, 모든 거주민에게 동등한 배당금을 지급해 온 이 세상 어떤 장소의 매우 성공적인 경험과 그 개척자를 통해서이다. 이것은 1976년 제이 해먼드Jay Hammond 주지사가 엄청난 양의 석유 발견을 앞세워, 유전채굴권 수입의 25%를 떼어 30만 명의 거주민 모두에게 귀속되는 기금을 조성하는 것을 제안한 이래로 미국의 알래스카 땅에서 벌어지고 있는 일이다. 이 제안은 주민투표로 승인되었다. 7만 6,000명이 찬성했고, 3만 8,000명이 반대했다. 2대 1의 결과였다. 그들은 이 기금으로 알래스카 소재 기업과 국내 기업, 브라질은행Banco do Brasil, 페트로브라스Petrobras*, 이타우Itaú와 브라데스코Bradesco은행 등 브라질의 가장 수익성 좋은 회사 30개를 포함한 국제 기업들 — 알래스카 영구기금The Alaska Permanent Fun 사이트를 참고하길 바란다 — 의 채권과 주식 그리고 부동산에 투자하기 시작했다. 알래스카 영구기금은 그렇게 만들어졌다. 기금의 가치는 1980년대 초반 10억 달러에서, 오늘날 400억 달러로 상승하였다.

1982년 이래로, 알래스카는 미국인 모두에게 적용되는 근로소득세액공제제도 이외에도 1년 이상 거주한 모든 주민에게 연간배당금을 지급하고 있다. 금액은 약 300달러에서부터 시작하여 2008년 기준 최대 3,269달러까지 상승하였다. 알래스카의 모든 주민들이 지역의 부를 누릴 수 있는 권리를 가짐에 따라, 2008년 기준 5인가구의 경우 약 1만 6,000달러의 배당금을 받을 수 있다.[3]

모든 주민들에게 동등한 배당금이 지급된 덕분에, 오늘 70만의 인구를 가진 알래스카는 2009년 지니불평등계수가 0.402에 불과한, 전미 50개주 중 가장 평등한 주가 되었다. 같은 해 미국의 지니계수는 0.469였다. 미국에서 지니계수가 가장 높은 곳은 워싱턴 D.C.가 위치한 콜롬비아특별구로, 2009년 0.539로 브라질과 유사한 수준이었다. 제이 해먼드 주지사에 의해 확립된 이 제도는 매우 확고한 지지를 받고 있어서, 오늘날 배당금을 폐지하겠다는 주장은

---

* 브라질 국영 석유회사.

알래스카의 지도자들에게는 정치적 자살행위로 여겨진다. 1년 혹은 그 이상 기간 동안의 거주자에게 연간 배당금이 가장 높게 지불된 해는 바로 공화당 사라 페일린의 주지사 재임 마지막 해였다.

모든 아동, 청년, 그리고 아동기에 기회를 얻지 못한 성인들에게 양질의 교육기회를 제공하는 것은 필수적이다. 정부가 사적 영역과의 협력을 통해 모든 연령대의 모든 브라질 국민에게 이러한 기회를 보편적으로 보장하는 것은 매우 중요하다. 이와 마찬가지로, 보편적인 의료서비스 시스템인 브라질의 국민의료서비스Sistema Único de Saúde, SUS와 가족주치의 프로그램은 다행히도 양질의 돌봄을 제공하며 발전해 오고 있다.

나는 2009년 버락 오바마 미국 대통령 취임 첫해의 동부경제학회Eastern Association of Economists에서 노벨 경제학 수상자인 폴 크루그먼의 강연 중 그와 대화를 나눈 적이 있다. 나는 그에게 '모두에게 동일한 배당'이라는 알래스카의 경험을 미국 전역이 공유하는 것의 가능성에 대해 어떻게 생각하고 있는지 물었다. 그는 시민기본소득의 실행을 매우 긍정적으로 보고 있다고 답했다. 하지만 그는 오바마 대통령이 언급한 것과 같이, 우선적으로는 공공의료서비스가 보편화되어야 한다고 말했다. 어찌되었건, 그는 시민기본소득의 실행은 우리의 시야 속에 있어야 한다고 말했다.

브라질은 이러한 길을 따라갈 준비가 되어 있다! 브라질은 세계 최초로 모든 정당의 합의로 국회가 동의하고, 룰라 다 실바 대통령이 재가해 2014년 법 10.835번을 승인한 국가이다. 법 10.835는 시민기본소득을 규정하였다. 시민기본소득은 당시의 국가 발전 정도에 따라 — 하룻밤 만에 실질적인 입법적 변화를 이루어낼 수는 없으므로 — 개인의 필수적인 욕구를 가능한 한 충족시킬 수 있도록 설정되었다. 시민기본소득은 5년 이상 브라질에 거주하고 있는 외국인을 포함한 모두를 위해 무조건적으로 적용될 것이다. 이는 볼사 파밀리아가 그랬듯이, 집행권의 기준에 따라 가장 가난한 사람들부터 단계적으로 확립될 것이다.

볼사 파밀리아

볼사 파밀리아Bolsa Família는 2003년 10월 룰라 다 실바 대통령에 의해 만들어졌다. 그는 1990년 중반부터 만들어진 다양한 소득이전 프로그램을 통합하고 합리화했다. 브라질의 소득이전 프로그램은 초기에는 지역적으로, 지방행정구역과 연방지구에서부터 시작되었으나, 이후 지자체 전역에 대한 연방정부의 지원이 강화되면서 교육과 연계된 최저임금제도인 볼사 에스꼴라Bolsa Escola를 도입하기에 이르렀다. 이후 페르난도 카르도소 정부가 만든 볼사 에스꼴라(교육 지원), 볼사 알리멘타싸웅Bolsa Alimentação(식품 지원), 아우씰리오 가스 Auxílio Gás(에너지 지원)와 2003년 룰라 정부 초기에 만들어진 카르타오 알리멘타싸웅Cartão Alimentação(식품카드)과 같은 프로그램을 통합하는 것이 더욱 합리적이라는 주장이 제기되었다.

이 프로그램이 다른 정책들과 함께 절대빈곤과 불평등을 줄이는 데 기여했다는 점에 주목해야 한다. 1인당 월소득이 93.75헤알 이하인 극빈가구의 비율은 2003년 17.5%에서 2008년 8.8%로, 2010년 통계에서는 8.5%로 감소했다. 1995년 0.599를 기록한 지니불평등계수는 점차 감소하여 2003년 0.581, 2009년에는 0.53까지 줄어들었다.

지우마 호세프 정부

2011년 6월 2일부터, 볼사 파밀리아는 지우마 호세프 정부의 극빈근절을 위한 빈곤퇴치계획의 주요 목적을 달성하기 위한 정책수단으로서 새로운 중요성을 얻기 시작했다. 이는 2014년까지, 월 70헤알* 이하로 생계를 유지하는 사람이 없어야 한다는 것을 의미한다. 연방정부가 주정부와 지방정부, 그리고 기업과 노조를 포함한 시민사회 주체들과 협력관계를 구축하여, 극도의 빈곤을 겪는 가족과 개인을 파악하고 이들을 사회통합 프로그램에 등록하는 소위 적극적 조사Active Search를 공동 시행하고자 결정한 것을 고려할 때, 볼사 파밀리아의 명확한 의미와 주별 지원에 대해 이해하는 것은 중요하다.

볼사 파밀리아 프로그램은 2011년 8월 이후부터 실행된 법과 규정에 따라, 1인당 월소득 140헤알 이하인 브라질의 모든 가구가 소득지원을 받을 수 있도록 하고 있다. 만약 1인당 가구소득이 월 70

---

* 2017년 11월 14일 기준 70헤알은 21.35미국달러이다.

혜알 미만이라면, 월 70혜알의 기본급여를 받을 수 있다. 가구 내에 15세 11개월 미만의 1~5명 혹은 그 이상의 자녀가 있다면, 이 가구는 자녀 1인당 월 32혜알의 추가급여를 받을 수 있다. 따라서 자녀가 1명 증가할 때마다, 32혜알, 64혜알, 96혜알, 128혜알 혹은 최대 160혜알(자녀가 5명 이상인 경우)을 받을 수 있다. 만약 16~17세 11개월 사이의 1명 혹은 2명의 10대 자녀가 있는 가구의 경우, 각각 38혜알 혹은 76혜알의 추가급여를 받을 수 있다.

가구수급 조건은 다음과 같다. 임신한 산모는 공공보건소에서 산전검사를 받고 출산 후에는 건강검진을 받아야 한다. 0~6세의 자녀를 둔 부모들은 보건부the Ministry of Health의 접종일정에 따라 보건소에서 예방접종을 해야 한다. 7~15세 11개월 사이의 아동의 경우 적어도 학교수업의 85% 이상을 출석해야 한다. 16~18세 사이의 십대의 경우 75%의 출석률을 넘겨야 한다.

사회개발 및 빈곤퇴치부the Ministry of Social Development and Fight against Hunger는 급여수급과 행정집행을 위한 예산을 지자체에 이전했다. 지자체는 수급조건 이행에 대한 보고서를 건강교육부the Ministry of Health and Education에 제출해야 한다.

극빈근절의 목적을 보다 효과적으로 달성하기 위해 지우마 호세프 대통령은 브라질 각 지역 주정부와 협약을 맺었다. 지난 2011년 8월 18일, 그녀는 상파울루, 리우 데 자네이루, 미나스제라이스Minas Gerais, 이스피리투산투Espirito Santo의 주지사들과 사회적 혜택, 전문적 교육과 일자리 지원, 가족농장에서 생산되는 식품에의 접근, 그리고 재정적 지원을 받지 못하는 월소득 70혜알 미만의 인구를 찾아내고 이들을 수급자로 등록하는 사업을 수행하는 협약서에 서명하였다.

사회개발부the Ministry of Social Development에 따르면, 2011년 기준 브라질 전역에 약 1억 9,100만 명이 거주하고 있으며, 1,728만 5,646가구의 1인당 월소득 140헤알 미만의 가족이 등록되어 있다. 이 중 75.2%인 1,299만 9,560가구가 볼사 파밀리아의 혜택을 받고 있다. 볼사 파밀리아의 수급자격이 있지만 실제 수급을 받지 않는 가구의 수는 이러한 차이보다 더 적을 것이라는 사실에 주목해야 한다. 2003년 1월 9일 제정된 법 10.836번에 따라 1인당 소득이 70.01~140헤알 사이의 가구의 경우, 0~17세 사이의 자녀가 있는 경우에만 수급자격이 생기기 때문이다.

2011년 기준 상파울루주에는 178만 821가구의 1인당 월소득 140헤알 미만 가족이 등록되어 있다. 이 중, 67.41%인 120만 499가구가 볼사 파밀리아 프로그램의 수급자들이다. 브라질에서 인구수가 가장 많은, 1,130만 명이 거주하는 주도 상파울루시에는 월소득 140헤알 미만 35만 4,793가구 중 57.16%에 해당하는 20만 2,796가구가 볼사 파밀리아 프로그램의 혜택을 받고 있다.

이밖에도, 상파울루주의 경우 1인당 월 최저임금 절반 미만을 받는 가구에게 월 100헤알을 지급하는, 볼사 파밀리아보다 더 낮은 수급자격을 적용하는 시민소득 프로그램Renda Cidadã을 운영하고 있다.

지우마 호세프 대통령과 제럴드 알크민 상파울루 주지사가 서명한 협약에 따라, 1인당 소득이 70헤알 이하인 가구는 볼사 파밀리아 급여를 받고 있더라도 주정부 정책인 시민소득 프로그램의 수급자로 포함될 것이다. 총 급여액은 볼사 파밀리아를 포함한 1인당 월 가구소득과 70헤알의 하한선 사이에서 달라진다. 최저급여는 20헤알이고 최대급여는 주정부에 의해 결정될 예정이다. 대상자를 위해 두 프로그램을 통합한 카드도 존재한다.

예를 들어 부모와 15세 11개월 이하의 자녀 3명, 16세와 17세 사이의 십대 자녀 2명을 둔 가족의 경우를 가정해 보자. 가구원은 총 7명이다. 이 가족의 월소득이 420헤알이라고 한다면, 1인당 월소득은 60헤알이 된다. 이 경우, 가족은 수급기준을 충족하여 70헤알에 추가 96헤알과 76헤알, 총 242헤알을 수급받을 자격이 있다. 따라서 이 가족은 월소득 420헤알에 242헤알을 더하여 662헤알의 소득이 생겨 1인당 70헤알의 기준을 넘는 1인 94.50헤알의 소득을 달성하게 될 것이다. 이번에는 유사한 특성을 가진 또 다른 7인가구의 예를 들어보자. 이 가구의 월소득은 비공식 시장에서 벌어들인 고작 200헤알에 불과하다. 이 가구의 경우 기존수입 200헤알에 더해 볼사 파밀리아를 통해 242헤알을 받을 수 있으므로, 총 442헤알의 소득을 얻게 된다. 협약에 따라 상파울루 정부는 58헤알의 추가급여를 지급하게 될 것이고, 결과적으로 이 가족은 490헤알의 수입을 얻게 된다(가구원 1명당 70헤알의 수입을 얻게 된다).

합리적인 사람은 위의 산식이 급여 관리자 혹은 수급자들을 위해 타당한 정도의 복잡성을 지녀야 한다는 데 동의할 것이다. 프로그램 관리자가 가구당 수급액에 대한 계산의 정확성을 담보하는 것은 쉽지 않을 것이다. 더 큰 불명확성은 수급 가구의 빈곤특성에서 비롯된다. 수급 가구의 소득은 대부분 비공식 시장에서 얻어지므로, 월소득의 변동이 매우 큰 편이다. 연방정부와 주정부, 그리고 지방정부에서 통합 프로그램에 소요되는 행정예산을 타당하고 정확하게 추정하는 것이 중요하다.

사회개발부 장관인 테레자 캄펠로에 따르면 2014년까지 대략 30만 가구가 소득지원의 혜택을 받게 될 것이다. 2012년에는 인간개발지수Human Development Index, HDI-M가 가장 낮은 상파울루주의 100개 지자체가 통합 프로그램에 포함되어, 약 2만 1,000가구가 혜택을 받게 될 것이다. 2013년에는 458개 도시의 7만 2,000가구가 수혜를 받게 될 것이다. 그리고 2014년, 상파울루, 캄피나스, 바이사다산티스타의 대도시권의 87개 지자체가 혜택을 받게 될 것이며, 대략 20만 가구를 보장하게 될 것이다. 이는 칭찬받을 만한 노력이다. 하지만 사실 사회부Ministry of Social Affairs의 데이터에 따르면, 상파울루주에서 볼사 파밀리아 수급자격이 있는 50만 이상의 가구 중 30만 가구에게만 이러한 혜택이 돌아가게 될 것으로 보인다. 이 30만 가구들이 실제로 1인당 월 70헤알의 소득을 얻어, 사실상 정부가 발표한 목표를 달성할 수 있을까?

현재 상파울루에서 실행되고 있는 소득보전의 형식은 이미 리우데자네이루와 이스피리투산투주에도 존재하고 있다. 리우데자네이루 정부는 볼사 파밀리아에 더하여 '렌다멜호르Renda Melhor(더 나은 소득 정책)' 프로그램을 통해 가구당 월 30헤알에서 300헤알까지 추가 지원하고 있다. 이스피리투산투 주정부는 '인클루이어Incluir(포용정책)' 프로그램으로 연방 프로그램에 더하여 월 50헤알을 추가 지급한다. 두 곳 모두, 수급자들은 교육, 건강, 복지 그리고 고용 프로그램에 참여하게 된다.

아메리카 대륙의 다른 국가들도 브라질의 볼사 파밀리아와 유사한 소득이전 프로그램을 가지고 있다. 아르헨티나의 '실업자 가구주 계획El Plan Jefas y Jefes de Hogar Desocupados'은 2002년에 실행되었고, 이후 네스토르 키르치네르 대통령과 크리스티나 페르난데스 집권기에 변화되어 2005년에는 '사회적 포용을 위한 가족정책Familias por la In-clusión Social'이, 2009년에는 '보편적 아동수당Asignación Universal por Hijo'이 실행되었다. 칠레에서는 2002년 '솔리다리오Solidário(연대정책)'가 고안되었고, 멕시코의 '오포르튜니다데스Oportunidades(기회정책)'는 1997년 도입되어 유사한 발전과정을 거쳤다. 그러나 이와 같은 정책들은 근로소득세액공제제도와 선진국의 다른 유사한 프로그램처럼 자국 경제의 경쟁력에 중대한 영향을 미치는 효과를 보이지 못했다. 멕시코는 오포르튜니다데스 이외에도 근로소득세액공제제도와 유사한 고용장려금Subsidio ao Emprego을 운영했다는 것에 주목해야 한다.

기본소득계획 도입의 장점

우리는 브라질의 빈곤근절 노력과 다른 국가들의 유사한 프로그램을 살펴보았다. 나를 포함한 많은 사람들은 오늘날, 절대빈곤을 효과적으로 근절하는 최선의 방법으로 — 모두를 위한 양질의 교육기회를 제공하는 것과 함께 — 시민기본소득을 수립하는 것에 대해 더욱 큰 확신을 가지고 있다. 나는 시민기본소득을 도입하는 국가들은 그렇지 않는 국가들에 비해 더욱 경쟁력 있는 이점을 가지게 될 것이라고 믿는다. 만약 언젠가 아메리카 대륙이 국경을 넘은 이동의 자유와 함께 완전한 통합의 길로 나아갈 때, 알래스카에서 파타고니아까지의 시민기본소득을 구상해 보는 것도 흥미롭다.

시민기본소득이 시행된다면 우리는 상당한 이점을 가지게 될 것이다. 시민기본소득의 도입은 개인이 공식 그리고 비공식 시장에서 각각 얼마를 벌어들이는지 파악하는 데서 발생하는 모든 관료주의를 청산할 수 있다. 기본소득은 사람들이 소득보전을 받기 위해 얼마밖에 벌지 못하는지를 말할 때 느끼는 수치심이나 사회적 낙인을 없앨 수 있다. 기본소득은 일정 수준 이상의 소득이 없어야만 소득보전을 받을 수 있는 혜택을 줌으로써 발생하는 의존현상을 제거할 수 있다. 나아가 수급자들이 노동 대신 급여를 선택하여 빈곤의 덫이나 실업의 덫에 빠지는 것을 방지할 수 있다. 만약 모든 사람들이 기본소득에 대한 보장을 받는다면, 모든 노력은 항상 진보를 의미하게 될 것이다.

가장 큰 이점은 인간의 존엄과 자유에 관한 것이다. 만약 생계수단을 찾지 못해 어쩔 수 없이 굴욕적이거나 위험한 노동에 종속되어야 하는 경우, 기본소득이 보장된다면 사람들은 그들의 적성과 욕구에 맞는 새로운 기회가 올 때까지 그러한 노동을 거절할 수 있을 것이다. 기본소득에 더 많은 비용이 들어가는 것은 사실이다. 하지만 사람들이 기본소득이 미치는 영향을 이해하게 된다면, 사회는 이를 열렬히 수용할 것이다. 이는 더 많이 가진 사람들도 마찬가지이다. 사람들은 사회에 기여함으로써 자신과 타인을 위한 기본소득을 얻게 될 것이고, 이러한 방식으로 더욱 높은 수준의 연대, 정의, 사회적 평화를 지닌 국가에서 살고 있다는 것을 느끼게 될 것이다.[4]

기본소득제도의 재원

지역, 지자체 또는 국가의 어떤 종류의 재원으로부터도, 우리는 언제나 모든 주민에게 귀속되는 기본소득기금의 조성을 위해 일정 부분을 떼어 놓을 수 있다. 지역적으로 시작되었지만 전국적인 볼사 파밀리아로 확대된 교육과 연계된 최저임금제도의 경험과 유사하게, 2009년 기본소득 관련 법률을 승인하고 실행을 앞두고 있는 상파울루주의 산토안토니오도핀할Santo Antônio do Pinhal과 같은 작은 지자체에서부터 기본소득을 시작해 볼 수 있다. 부에노스아이레스, 상파울루, 멕시코, 몬테비데오와 같은 대도시들이 기본소득의 선도적인 사례를 제안하는 것은 대범한 도전이 될 것이다.

학계에서 집중적으로 논의되고 있는 지속 가능한 발전의 유망한 한 가지 방법은 환경오염원에 세금을 매겨 기본소득의 자금을 조달하는 것이다. 건강과 기후에 해로운 이산화탄소나 기타 화학잔여물을 배출하는 경우가 이런 사례가 될 것이다. 일반적으로 더 많은 자원을 가진 사람들은 더 많은 에너지를 사용하게 되고 더 많은 오염을 발생시키게 된다. 이런 사람들의 더 많은 부담을 통해 모두가 기본소득을 받을 수 있게 될 것이다.[5]

며칠 전, 상파울루 주정부는 우리에게 향후 2년 이내에 도로 통행료를 차량운행거리를 측정한 칩으로 대체할 것이라고 알려주었다. 한 가지 가능한 아이디어는 도로 보전뿐만 아니라 오염 감소와 기후 개선, 그리고 모든 사람들이 국가의 부를 공유할 수 있는 권리를 위해서도 요금을 부과하는 것이다.

기본소득지구네트워크의 창립자 중 1명인 필리페 반 파레이스 Philippe van Parijs 교수는 2011년 발간된 에드워드 글레이저의 저서《도시의 승리 The Triumph of the City》에 나오는 "반영의 폭로 divulgation of a re-flection"라는 표현을 추천했다. 이 책의 221쪽에는 다음과 같이 쓰여 있다.

> 현명한 환경주의는 유인책을 수용할 필요가 있다. … 전 세계적으로, 우리는 탄소배출로 인한 피해에 비용을 청구하는 지구적 공해배출세 emission tax를 채택할 수 있다. … 큰 정부에 반대하는 사람들은 이런 종류의 정책이 단지 정부의 세입원을 추가하는 데 그칠 것이라는 당연한 우려를 표할 것이다. 하지만 이러한 걱정들은 알래스카주가 석유수입의 연배당금을 주민에게 지급한 것과 마찬가지로, 에너지 배당금의 형식으로 세금을 시민에게 환급하기 위한 공공의 노력으로 감소될 수 있다.

예를 들어 브라질의 암염과 광물자원으로부터 생산되는 수입을 통해 브라질 국민을 위한 기본소득의 재원을 조달하는 방법을 고려해 볼 수 있다. 또한 우리는 이러한 제안을 현재 국제학계에서 활발히 논의하고 있고, 브라질에서도 검토되고 있는 '배출총량규제-환급

제Cap and dividend'라는 이름하에 고려해 볼 수 있다.

나는 반 파레이스 교수[6]로부터 앞서 언급한 내용에 관한 건설적인 메시지를 받았다. 이를 언급할 만한 가치가 있어 아래에 옮긴다.

나는 당신의 글을 매우 흥미롭게 읽었습니다(최근 브라질의 발전양상에 대한 부분이 매우 유익했음). 몇 가지 간단한 논평을 더합니다.

1. 근로소득세액공제제도의 사례는 빈곤 완화와 고용 증대의 견지에서 매우 설득력 있으나, 경쟁력의 측면에서는 불분명한 부분이 있음(펀딩 측면이 고려될 필요가 있음).

2. 볼사 파밀리아 유형(가난한 사람들이 더 많은 돈을 벌수록 급여가 줄어듦)의 자산조사 기반의 최저소득보장제도와 근로소득세액공제제도(가난한 사람들이 더 많이 벌수록 환급받을 수 있는 세액공제가 늘어남)를 통합하는 것은 명백하게 문제가 있음.

3. 경쟁력(일반적으로는 경제적 효율성) 측면의 볼사 파밀리아, 기본소득, 근로소득세액공제제도의 사례보다, 인적자본에 미치는 효과가 주로 다루어져야 함. 더 많은 아이들이 학교에 갈 수 있게 되었는가?(조건부의 볼사 파밀리아에서 가장 강하게 나타남) 더 많은 부모들이 돌봄이 필요한 시기에 그들의 자녀를 돌보는 것을 선택할 수 있게 되었는가?(기본소득에서 가장 강하게 나타남) 더 많은 사람들이 노동을 통해 기술을 습득하고 재교육을 받을 수 있게 되었는가?(근로소득세액공제제도에서 가장 강함) 더 많은 사람들이 그들의 훈련내용에 따라 직업을 선택할 수 있게 되었

는가?(기본소득에서 가장 강함)

4. 도시 차원의 기본소득은 빈곤층의 유입, 과세기반(부유한 개인 과 기업들)의 탈출, (부유한 개인들이) 도시로 통근하는 데 소요되 는 시간과 비용, (기업가들이) 도시 주변부로 몰려나는 데 따른 단점이 보완될 수 있다면 지속 가능할 것.

상기 인용한 반 파레이스 교수의 메시지에 대해 몇 가지 언급하 고자 한다. 미 예산 및 정책우선순위센터의 연구가 보고한 바와 같 이, 근로소득세액공제제도가 빈곤감소와 고용촉진에 기여해 온 것 은 사실이다. 재원조달의 형식에 대한 심층적인 검토는 경제적 경쟁 력에 관련된 논의들을 강화시킬 수 있을 것이다.

볼사 파밀리아는 가구소득이 1인당 월 140헤알에 이르도록 보전 한다(노동을 통해 벌어들인 70헤알에 70헤알을 추가함). 수급규모는 가 구 내 아동과 십대 자녀의 수에 의해 결정되며, 지원한도가 초과될 경우 지원금이 0원으로 감소하게 되는 것은 사실이다. 이런 경우, 위 의 분석에서 보듯이, 급여에 대한 의존과 그 결과로 인한 실업 그리 고 빈곤의 덫과 같은 현상이 발생할 수 있다. 근로소득세액공제제도 의 사례에서, 두 자녀가 있는 부부의 경우 일정 수준에 도달할 때까 지, 소득에 정적으로 비례하여 40%의 세액공제를 받게 된다. 연소 득 2만 1,970달러에서부터 4만 6,471달러에 달할 때까지 부부는 5,560달러의 세액공제를 받고, 2만 1,970달러를 초과하여 수급자격 이 취소되고 소득세를 내야 하는 수준까지 소득이 올라갈 경우 세액 공제는 21%로 감소된다. 이와 같은 시스템으로 근로소득세액공제제도는 수급의존현상을 최소화한다.

하지만 근로소득세액공제제도는 취업기회를 찾지 못한 사람들이나, 개인과 가족의 생존을 보장하는 기본소득에 의한 혜택을 부여받지 못한 이들을 위한 대안은 아니다. 기본소득은 모욕적이거나 생명에 위협을 주는 유일한 직업기회 앞에서, 이를 거절할 수 있는 선택권을 준다. 무엇보다 근로소득세액공제제도는 절대빈곤의 퇴치와 평등을 촉진하는 데 있어 기본소득과 같은 효율성을 가진다. 다시 한번 말하지만 기본소득이 이를 가능하게 했다는 증거는 알래스카가 지난 28년간 1년 이상 거주하는 모든 주민에게 동일한 배당금을 분배한 이후 미국 50개주 중 가장 평등한 주가 되었다는 사실이다.

볼사 파밀리아, 기본소득 그리고 근로소득세액공제제도가 경쟁력에 미치는 영향과, 무엇보다도 인적자본 형성이 미치는 영향에 대한 반영은 흥미로운 연구주제가 될 수 있다.

지역, 지자체, 주, 국가 또는 대륙 내의 기본소득의 지속가능성은 원칙에 달려 있음이 명백하다. 예를 들어 기본소득의 원칙은 그 지역에서 5년 혹은 그 이상 거주한 사람이나 그 지역에서 태어난 사람에게만 자격을 부여하고 있다. 언젠가 우리는 물건과 서비스, 자본, 최종적으로는 사람의 자유로운 이동을 포함한 더 큰 범위의 권리의 통합이 이루어지는, 아메리카 커뮤니티의 진정한 의미를 깨닫게 될지도 모른다. 기본소득이 모든 영역으로 확대된다면, 이런 일이 실현 가능할 것이다. 그리고 더 이상 국경을 가르는 그 어떠한 장벽도 필요가 없어질 것이다.

이 이슈에 대한 추후 연구들은 버락 오바마 미국대통령이 차기 고용장려계획을 수립하는 데 있어 더욱 대담한 조치를 취할 수 있게 할 것이다. 모든 미국인을 위한 무조건적인 기본소득은 경제활동의 증가, 고용, 형평, 절대빈곤의 근절, 존엄성 그리고 모두를 위한 진정한 자유의 목적을 달성하는 것과 결합될 수 있다.

4

기본소득유럽/지구네트워크
25주년 기념사[*]

가이 스탠딩
Guy Standing

기념이란 긴 여정의 가슴 저미는 한순간일 뿐 결코 끝이 아닙니다. 25년 전 1986년 9월 4~6일 몇 명의 사람들이 기본소득에 관한 워크숍을 열었고, 마지막 날 기본소득유럽네트워크라는 조직을 설립하였습니다. 그때의 기억은 희미해져가고, 그날의 자료들은 뿔뿔이 흩어졌습니다. 그러나 25주년 기념은 여러 측면에서 기본소득유럽네트워크가 건재함을 보여주는 증거이며, 이에 그간의 여정을 반추해보고자 합니다.

기본소득유럽네트워크를 설립한 핵심 멤버들이 같은 이유로 여전히 활발하게 활동하고 있다는 것은 흥미로운 일입니다. 저를 포함한 다수의 기본소득유럽네트워크의 원년 멤버들은 기본소득유럽네트워크가 창설되기 전부터 기본소득을 옹호하고 정당화하는 글을 써왔습니다. 그때 당시나 그 이후로 계속 우리들은 기본소득유럽네트워크 회원이 아닌 많은 동료나 친구들로부터 유별나고, 이상주의적이며, 터무니없는 유토피아주의자 내지는 세상 물정에 어두운 사람이라는 지적을 받아왔습니다. [국제노동기구International Labor Organization's, ILO]의 사회보장국장이 "알기에는 좋지 않고, 불합리하며, 위험한" 것이라고 표현했던 기억이 납니다. 그처럼 단순한 모욕적인 언사에 어느 정도 동조하는 회원들도 늘 있어 왔습니다. 그러나 그들과 그러한 모욕이 우리의 명성을 가리진 못했습니다.

우리 중 누구라도, 만약 생각해 봤다면, 기본소득유럽네트워크가 2년 이상 지속될 것이라 쉽사리 예상하지 못했을 겁니다. 기본소득유럽네트워크가 오래 지속될 수 있었던 이유로 누군가는 중요한 역할을 다한 후 그만두었고, 다른 누군가는 요직으로 되돌아가기 전에 핵심적 임무를 수행하였으며, 또한 잠시 떠났던 이들은 재충전해서 되돌아왔다는 사실을 들 수 있겠습니다. 초기 멤버들 중에는 이미 고인이 된 사람도 있지만 결코 잊혀지지 않았습니다. 기본소득유럽네트워크의 출범식에 있었던 장발의 젊은이들 중 일부는 어느덧 할아버지, 할머니가 되었는데, 이는 자연스러운 일입니다.

기본소득유럽네트워크의 경우 전체는 부분의 합보다 크다는 명제는 언제나 사실이었습니다. 물론 항상 뛰어난 사상가들이 뒷받침해주고 있었고, 그들 중 몇몇은 각각의 분야에서 대표적인 인물이 되었습니다. 그럼에도 기본소득유럽네트워크를 특별하게 만든 것은 개개인들이 아닌 공동의 네트워크라는 점을 우리는 잘 알고 있습니다. 어떤 의미로는, 개인적 차원에서 볼 때, 이러한 네트워크는 우리가 함께 무엇인가를 추구하고자 하는 자발적이고 비영리적인 본성이 결국 우리 각자를 어느 정도 성숙시켜준다는 점에서 '공동체적 자유associational freedom'의 실천이라 할 수 있겠습니다. 만일 우리가 개별적으로 일하였다면 현 상태를 유지하였을까요? 저는 그렇지 않다고 봅니다.

기본소득유럽네트워크가 활성화될 수 있었던 또 다른 이유는 여러 요소가 혼합된 전 세계적ecumenical이었다는 점을 들 수 있습니다. 기본소득유럽네트워크에 활력을 더했던 인물들 중 종교적이고 영적인 사람도 있었고, 무신론자나 불가지론자도 있었습니다. 누군가는 정치적 우파였고, 누군가는 확고한 좌파였습니다. 이는 기본소득유럽네트워크 정관에 부합하는 것이며, 기본소득유럽네트워크가 늘 '열린 조직broach church'이 되도록 이끈 많은 개개인들의 노력의 결과이기도 합니다. 그 누구도 개인적인 신념으로 인해 외면당하지 않았고, 모욕이나 경멸을 받지 않았습니다. 대화에 참여하고 싶은 사람은 언제나 환영받았습니다.

초창기부터 우리의 대화를 지배하는 적어도 두 가지 사상의 흐름이 있었는데, 하나는 대체로 철학적이고 자유론적 차원에서 권리이자 독립적인 문제로서의 기본소득의 매력을 강조하는 것이며, 또 다른 하나는 기본소득을 재분배적 정치 및 경제 전략의 주요 요소로 간주하는 것이었습니다. 이외에도 점차 그 중요성이 더해가고 있는 세 번째 흐름이 있는데, 기본소득의 잠재력을 좀 더 [공평하게] 젠더화되고 생태학적으로 지속 가능한 미래를 위한 수단으로 보는 것입니다. 아마도 향후 몇 년 안에 매우 중요하게 다루어지는 것은 바로 세 번째 흐름이 되리라 생각합니다.

요약하자면, 기본소득유럽네트워크 회원들의 가장 근본적이고 가시적인 특징은 그들이 본질적으로 '관행에 순응하지 않는 개혁주의자nonconformist'였고 앞으로도 그럴 것이라는 사실이며, 이는 인간의 본성을 규정하는 사상의 위대한 전통 속에 놓여 있는 것입니다. 우리 모두는 대안은 존재한다고 믿습니다.

그 결과로 기본소득유럽네트워크가 번영하게 된 핵심적인 수단으로 국가별 네트워크와 국제대회가 있습니다. 이들 네트워크는 부침을 거듭했는데, 때론 1~2명에 의지하다보니 그들의 선도적인 역할이 변화함에 따라 네트워크가 약해지곤 하였습니다. 그러나 최근 들어 새로운 네트워크가 어떻게 형성되고 있는지를 지켜보는 것은 매우 고무적입니다.

이는 일정 부분 2004년 바르셀로나에서 기본소득유럽네트워크의 명칭을 또 다른 의미인 기본소득지구네트워크로 바꾼 중요한 변화에 기인한다고 할 수 있는데, 배후사정에 관한 약간의 논쟁 끝에 우리는 비유럽 국가들 출신의 회원이 증가함에 따라 기본소득유럽네트워크의 "E"를 Europe에서 Earth로 교체하는 선택을 단행하였습니다.* 돌이켜보면 명칭의 교체는 필수적이었다는 것이 명확해 보

---

* 1986년 설립한 기본소득유럽네트워크는 2004년 기본소득지구네트워크로 확장되었는데, 현재 전 세계 23개 나라와 2개 지역의 네트워크가 공식적으로 가입해 있다(http://basicincome.org/about-BIEN/affiliates/). 이외 아직 정식 승인되지 않았으나 국가별로 활동 중인 네트워크가 6개 있는데, 본문에서 가이 스탠딩이 언급한 인도 역시 이에 해당한다. 기본소득지구네트워크 국제대회는 2년에 한 번씩 개최하는데, 한국은 2010년 제13차 기본소득지구네트워크 대회에서 17번째 가입국으로 승인되었고, 2016년 국제대회를 직접 유치하였다. 원문에서는 BIEN의 약자를 사용하기 때문에 때론 기본소득유럽네트워크를, 때론 기본소득지구네트워크를 지칭할 수 있으며, 이후부터는 기본소득지구네트워크로 번역하였다.

입니다.

그 당시 우리 지도부 중 일부는 그러한 변화에 대해 확신하지 못했습니다. 누군가는 우리의 초점이 흐려질 수 있다고 걱정하였고, 누군가는 적절한 방안이긴 하지만 유럽의 도시와 비유럽 국가들의 도시 간에 번갈아가며 대회를 유치하게 되면 회원들이 4년에 한 번씩만 대회에 참석하게 될 수 있을 거라 우려하였습니다. 첫 번째 두려움은 근거가 없음이 드러났고, 두 번째 두려움은 우리가 가능한 많은 사람들이 참석할 수 있도록 기금을 마련해야 하는 더 큰 책임이 있음을 의미하는 것입니다.

네트워크의 경우 2세대 네트워크가 과감하게 활성화되고 있다는 것이 인상적입니다. 특정 네트워크를 지목하는 것은 매우 어렵지만, 브라질과 아르헨티나의 훌륭한 회원들 이외에도, 이탈리아 기본소득네트워크Basic Income Network Italy, BIN-Italia, 한국 기본소득네트워크Basic Income Korean Network, BIKN, 일본 기본소득네트워크Basic Income Japanese Network, BIJN, 미국 기본소득네트워크US Basic Income Guarantee Network, USBIG의 등장을 목격하는 것은 흥미로웠습니다. 현재 저의 바람은 인도 기본소득네트워크의 설립을 지켜보는 것인데, 광활하고 멋진 그곳에서 소득보장에 대한 논쟁이 순식간에 화제가 되었다고 합니다.

국제대회의 경우 우리 중 많은 이들이 어떻게 그 일을 수행해 왔는지 의아해하면서 가끔씩 스스로를 꼬집어본다고 확신합니다. 모든 대회가 주최자로 임명된 이들의 걱정과 함께 시작되었습니다. 누가 일을 담당할 것인가? 어디서 예산을 구할 것인가? 대회 주제는 무엇으로 할 것인가? 기조강연은 누구로 정할 것인가? 우수한 발표논문이 충분히 모집될 것인가?

실제로 대회를 조직하는 단계에서 매번 위기의 순간들이 있었습니다. 그럼에도 불구하고 모든 대회는 잘 치러졌고, 대회의 전개와 내용에 대한 평가는 화제가 되었는데, 아마도 박사과정 학생들에게 특히 그러하였을 것입니다. 1986년 9월 벨기에 루뱅 라 뇌브Louvain-la-Neuve에서의 창립식 이래 지금껏 대회가 열렸던 장소들을 기억해 보면, 시간순으로 안트웨르펜, 플로랑스, 런던, 파리, 암스테르담, 비엔나, 베를린, 제네바, 바르셀로나, 케이프타운, 더블린, 상파울로인데, 우리가 쉽게 떠올릴 수 있는 위대한 도시명이라 할 수 있습니다. 매 대회마다 엄청난 준비작업을 한 사람들의 막대한 공로는 인정받을 만합니다.

매 대회마다 때론 새로운 참가자로부터, 때론 저명한 정치인이나 유명 인사들로부터 눈부신 기여가 있었습니다. 케이프타운 대회에서 데스몬드 투투Desmond Tutu 대주교의 감동적인 연설을 어찌 잊을 수 있겠습니까? 물론 기본소득지구네트워크 회원들은 신부님의 연설내용과 크게 관련이 없었습니다. 우리를 감동시킨 것은 그가 보여준 인도와 헌신이었습니다. 사실 그동안 수많은 인상적인 공헌들이 있었기 때문에 한 가지 사례만 언급하는 것은 부적절해 보이기도 합니다.

상파울로 대회에서 창립 멤버인 한 동료와 사적 대화를 나누던 중 대회마다 새로운 아이디어와 해석들을 배운다는 사실이 얼마나 대단한지에 대해 함께 감탄했던 것이 생각납니다. 지금까지 발표된 수많은 논문들 중 극히 일부만 출판되었습니다. 지금 제 앞에는 제네바 대회의 자료집이 있는데, 13개의 대회 동안 대략 600개가 넘는 논문이 발표되었습니다.

그 원인이 무엇일까요? 25년은 우리의 생각을 가다듬어 온 오랜 시간이었지만 성공하지는 못했습니다. 그래도 상당한 진전이 있었다고 할 수 있습니다. 저는 1980년대 초기 저서에서 무조건부 보편적 기본소득이 증가하는 불평등과 불안정성에 대응하기 위해 필요한 주요 방안으로 간주되기 전에 사회정책은 노동연계복지로 경도될 것이라 예견했었습니다. 안타깝게도 이는 미국과 영국을 위시한 많은 국가들에서 현실이 되었습니다. 노동연계복지는 자유에 대한 어떤 타당한 생각에 반하는 것이자, 분열적이라 할 수 있습니다. 또한 노동연계복지에 대한 반란이 시작되기 전에 점차 볼품없어질 거라 생각됩니다. 그러면 저는 우리의 시대가 올 것이라고 확신합니다.

이런 점에서 지난 25년 동안 제가 늘 간직해 온 세 가지 인용문을 되새겨보고자 합니다. 첫 번째는 바바라 우튼Barbara Wootton의 멋진 격언입니다.

> 진화가 창조적인 힘을 이끌어내는 것은 가능한 것에 대한 예속the slaves of the possible보다는 불가능한 것에 대한 옹호the champions of the impossible로부터이다.
>
> _In a World I Never Made, London: Allen and Unwin, 1967: 279

우리 모두는 기본소득이 불가능하다는 느낌을 받고 있다는 것을 잘 알고 있습니다. 대개 기본소득에 회의적인 사람들은 기본소득이 아직 실행되지 않았기 때문에 불가능할 것이라고 예상하거나, 기본소득이 그들 혹은 비슷한 성향의 사람들에게 특별한 의미가 없기 때문에 애당초 가능하길 원치 않는 것입니다.

두 번째는 윌리엄 모리스William Morris의 격언인데, 그는 일찍이 《News from Nowhere》*에서 기본소득을 옹호하였습니다. 다음은 그 소설에서 나온 문구는 아니지만 오늘날 현실에 매우 적합해보입니다.

> 나는 … 어떻게 사람들이 싸우고 패배하는지, 어떻게 패배에도 불구하고 그들이 얻으려고 분투했던 것이 나타나는지, 그리고 그들이 의미하는 바가 아니라는 것이 밝혀질 때 또 다른 이름으로 그들이 원했던 것을 위해 누군가가 싸워야만 하는지에 대해 심사숙고하였다.

이는 1886년에 작성된 것입니다. 명칭이 뭐가 중요합니까? 아마도 기본소득지구네트워크의 대부분 사람들은 가장 친숙한 기본소득

---

* 윌리엄 모리스(1834-1896)의 소설 《News from Nowhere》는 주로 '유토피아에서 온 소식'으로 번역되지만, 그가 묘사한 유토피아가 생태적 이상사회인 에코토피아라 볼 수 있기에 '에코토피아 뉴스'라는 이름으로도 번역본이 출판되었다. 소설에서 묘사된 중세풍의 유토피아 미래에는 강제적 노동의 굴레에서 벗어난 개인들이 자발적으로 일하며, 사유재산과 정부가 없을 뿐 아니라, 자연은 더 이상 인간의 지배하에 있지 않다. 윌리엄 모리스는 부의 불공정한 분배로 만들어진 불평등한 계급을 비판한 사회주의 실천가일 뿐 아니라, '근대 디자인의 아버지'로도 널리 알려져 있다. 그는 예술과 노동이 하나인 이상사회를 추구하며 미술공예운동Arts and Crafts Movement을 이끌었는데, 공공건물과 주거에서 가구와 생활용품에 이르기까지 디자인을 통해 그의 사상을 실현하였다.

보다 나은 용어에 대해 생각해 왔는데, "사회적 배당금", "시민소득", "기본소득수당basic income grant" 등이 그것입니다. 현재 영국 정부의 새로운 '보편적 세액공제universal credit'는 기본소득은 아니지만, 기본소득으로 간주할 수 있는 방향으로 나아가는 기반을 구축하는 데 있어서 주요한 단계라 할 수 있습니다.

세 번째 격언은 낯선 동료 학자로부터 나왔습니다. 1947년 프리드리히 하이에크Friedrich Hayek가 이끄는 36명의 작은 이단자 그룹이 스위스 몽트뢰Montreux에서 회의를 소집하였고, 몽 펠르랭 소사이어티Mont Pelerin Society를 창설하였습니다. 그들의 이데올로기는 대부분의 기본소득지구네트워크 회원들에게 호소력을 가지진 못했습니다. 그러나 30년 동안 그들은 회동했고 글을 쓰고 로비하였으며, 그럼에도 대부분 무시당하거나 전통적인 학계에서 천대받았습니다. 1947년 회의에서는 젊은 경제학자였던 밀턴 프리드먼Milton Friedman은 유명한 《자본주의와 자유Capitalism and Freedom》(Chicago, IL: University of Chicago Press)의 1982년판 서문에서 다음과 같이 썼습니다.

> 우리의 기본적인 역할은 현존하는 정책들에 대한 대안들을 개발하고, 정치적으로 불가능한 것이 정치적으로 필연적인 것이 될 때까지 그러한 대안들을 존속시키고 활용 가능하게 만드는 것이다.

사실 1982년에는 이미 그의 사상이 워싱턴 컨센서스의 일부가 되었기 때문에 아마도 어느 정도 점잔 뺐던 것처럼 보이기도 합니다.

우리들 중 누구도 명백하게 정치적인 몽 펠르랭 소사이어티와 유사하다고 생각하지 않지만, 수십 년 동안의 무시를 겪은 후 36명의 소사이어티 창립 멤버 중 8명 이상이 노벨 경제학상을 받았습니다. 저의 수상 역시 앞으로 곧 있을지 누가 알겠습니까!

보다 일반적으로는 이론이 무시를 받다가 30년 만에 주류가 된다는 견해는 놀랍지 않게도 지난 25년 동안 저에게 크게 와 닿았습니다. 기본소득은 알버트 허쉬만Albert Hirshmann이, 새로운 진보적인 사상이 등장할 때에는 언제나 세 가지 반동적 명제에 대응하여야 한다고 언급할 때 염두에 둔 그러한 사상 중 하나라고 얘기할 수 있을 것입니다. 여기서 세 가지 명제란 '무용futility' 명제(그래봐야 아무 소용 없을 것이다), '위험jeopardy' 명제(그렇게 되면 오히려 다른 목적들이 위험할 것이다), 그리고 '역효과perversity' 명제(그렇게 하면 오히려 의도하지 않은 결과를 낳을 것이다)를 뜻합니다.* 우리는 확실히 그러한 주장들에 직면하였고 여전히 그러합니다. 그러나 이에 납득된 사람은 거의 없는 것 같습니다.

하나의 사상이 인정받기까지의 30년 동안 저는 우리가 앞서가고

---

* 허쉬만은 1991년에 출판된《보수는 어떻게 지배하는가The Rhetoric of Reaction: Perversity, Futility, Jeopardy》에서 다음과 같이 주장하였다. "마셜이 말한 세 가지의 연속되는 진보적 추진력을 비판하고 공격하고 조롱하는 근본적인 방법들을 살펴보면서 나는 또 다른 세 가지 대칭 명제들을 발견했다. 내가 찾아낸 것은 세 가지 근본적인 반동적/반작용적 명제들인데, 나는 이것을 역효과 명제, 무용 명제, 위험 명제라고 부르고자 한다." 역효과 명제의 예로는 프랑스 혁명으로 인해 시민들은 더 구속되었다는 주장을 들 수 있으며, 무용 명제의 경우 복지국가는 불평등 해소와 같은 약속한 목표를 달성하지 못하였다는 주장이 해당된다. 위험 명제는 하이에크의 주장처럼 복지국가는 오히려 자유를 위협한다고 강조하는 것이 그 예라 할 수 있다.

있다는 것을 조용히 낙관하였습니다.

그 이유는 무엇일까요? 첫째, 소위 선진국에서 불안과 불평등이 만연해져 사회의 안정성을 위협하고 있는 수준에 이른 반면, 사회정책은 혼란에 빠져 있습니다. 이러한 상황에 프레카리아트Precariat는 핵심적인 이슈가 되고 있는데, 그들은 날마다 소외되고 분노는 점점 더 커지고 있으며, 많은 국가들에서 도시의 광장을 메우고 있습니다.*

둘째, 우리는 지난 10년 동안 개발도상국에서의 눈부신 발전을 목도하고 있습니다. 1980년대에는 기본소득에 관한 논쟁이 다가오는 미래에 이처럼 이례적으로 활발해질지 예상 못했다는 것을 우리는 인정해야만 합니다. 특히 지난 10년 동안 아프리카, 아시아, 라틴 아메리카 등에서 비기여 현금급여의 괄목할 만한 성장이 있었습니다. 우리는 라틴 아메리카 및 기타 지역에서 소위 '조건부 현금급여

---

* 오늘날 세계화와 탈산업화 속에서 노동시장의 지형이 변화하였고, 그 결과 불안정한 고용에 놓인 집단이 크게 늘어나게 되었다. 이들은 저임금에 시달릴 뿐 아니라, 노동조합으로부터 보호를 받기 어려우며, 다양한 복지제도로부터 배제되어 있는 경우가 빈번하다. 이러한 새로운 계층을 일컫는 용어인 프레카리아트는 '불안정한'이란 뜻의 이탈리아어 'Precàrio'와 노동자 계급을 의미하는 '프롤레타리아트Proletariat'의 합성어이다. 가이 스탠딩에 따르면 프레카리아트는 고용형태나 임금수준뿐 아니라 사회와 공동체, 생활방식 등의 측면에서 폭넓게 노동자 집단을 파악하는 개념이라는 점에서 비정규직과는 다른 범주이다. 즉, 그는 "산업과 관련된 시민 자격에 속하는 노동보장의 형태들"로 노동시장, 고용, 직무, 노동안전, 숙련기술 재생산, 소득, 대표권에 있어서의 보장을 제시하면서, 프레카리아트에게는 다른 상위계층이나 과거 노동계급에 비해 이러한 일곱 가지 보장이 결여되어 있다고 주장하였다. 나아가 프레카리아트의 이러한 불안정성은 다음 세대로까지 이어지며 일종의 계급으로 굳어지는 경향이 있다(*The Precariat: The New Dangerous Class*, London: Bloomsbury Academic 2011).

conditional cash transfers'가 확산되는 것을 보았습니다.

이러한 제도들은 기본소득이 아니라, 선별적, 표적대상targeted, 조건부 급여입니다. 그러나 빈곤과 불안정성을 극복하기 위한 방안으로 매달 지급되는 형식의 현금급여를 합법화한 것이라 할 수 있습니다. 이제 해야 할 일은 보다 단순해졌는데, 표적대상화, 선별주의selectivity, 수급조건conditionality은 심각하게 문제가 있음을 결정적으로 보여주는 것입니다. 매일 더 많은 증거를 찾을 수 있고, 주요 정책결정자가 세 가지 중 어느 하나에 대한 자신감을 잃어버리는 것을 매일 볼 수 있을 것입니다. 수급조건은 우리 앞에 놓여 있는 도전 중 가장 어려운 것인데, 정치인들과 일부 국제금융기관들, 특히 세계은행 사이에 널리 퍼져 있으며, 새로운 통설의 일부로 받아들여지고 있기 때문입니다.

수급조건이 가부장적이고, 분열적이며, 자유와 평등에 위배된다는 것을 보여주기 위한 투쟁이 진행되는 동안 조용한 혁명이 일어나고 있습니다. 기본소득이 개발담론에서 타당한 선택지로서 받아들여지고 있다는 사실이 바로 그것입니다. 그리고 우리는 많은 국가들에서 기본소득과 유사한 정책들이 '발생할 거 같거나' 진행 중인 것을 목격하고 있습니다. 모든 기본소득지구네트워크 회원은 브라질 정부의 2004년 기본소득법안을 잘 알고 있으며, 나미비아 실험에 감격했었습니다. 이제 우리는 인도와 델리 일부 마을의 시범사업을 진행 중에 있으며, 브라질과 다른 지역의 사람들은 우리의 정신을 고양시켜주었습니다.

국가 차원에서 단기적인 기본소득제도에 해당하는 방안은 생태적 및 사회적 위기에 대응하기 위한 구제 프로그램에 필수적인 것이 되었습니다. 그리고 우리는 몽골과 이란을 포함한 예상치 못한 곳에서 우리의 목표를 향한 국가적 움직임을 보고 있습니다. 우리는 이러한 성취에 너무 도취해서는 안 됩니다. 그러나 그러한 시도들은 돌파구의 선구자 역할을 할지도 모릅니다. 재정상의 제약이 해제되면 사람들은 어디서나 그들의 가족과 공동체를 위해 합리적으로 행동한다는 증거가 쌓여 있습니다. 모든 기본소득지구네트워크 회원이 간직하고 있는 본질적인 낙관론은 훌륭한 방식으로 지지되고 있는 것입니다.

이 모든 것은 추후에 보다 정교한 분석이 필요할 것입니다. 긴 여정의 한순간은 나아갈 방향을 살펴보고 우리를 이끌어 온 것을 되돌아보기 위해서라 할 수 있습니다. 그 핵심에는 사회적 정의라는 수천 년 된 정서가 있습니다. 이런 점에서 아리스토텔레스의 '우애philia'에 대한 경이로운 말을 떠올려봅니다. 우리들의 겸손한 노력들을 되돌아보면 기본소득지구네트워크는 과거에도, 현재에도, 그리고 미래에도 우정이란 미덕의 소산이라고 생각할 수밖에 없습니다. 우리를 함께 묶어주는 것은 불평등과 착취의 세상을 경제적으로 불안정한 모든 사람들을 위해 조금 더 좋게 만들고자 하는 공통된 유대감으로 공고화된 우애의 정신인 것입니다.

투쟁은 계속됩니다!

PART

3

현실

유럽연합 국가들

5

핀란드: 기본소득에 대한
복지국가의 제도적 저항

마르쿠 이카라 ▪

Markku Ikkala

1970년대 말 이래, 지속적인 대규모 실업은 복지국가의 사회경제정책의 핵심적인 문제였다. 핀란드의 경우 상당한 시간이 지난 1990년 초 실업이 50만 명 가까이(약 15.5%) 발생하면서 이와 같은 상황을 경험하였다. 정부는 실업과 빈곤의 부정적 결과를 경감하기 위해 선택적인 복지혜택을 제공하였으며, 그들의 힘이 닿는 선에서 고용부양정책을 펼쳤다. 실업 문제가 더 이상 대규모로 발생하지는 않았지만, 구조적이고 지속적인 실업은 여전히 계속되었다. 정부와 정치 지도자들에게 있어서 경제와 노동 활동의 변화에 대해 새로운 사고를 하는 것은 쉬운 일이 아니었다. 노동의 성격은 변화하였지만, 대부분의 복지혜택은 임금노동과 어떤 식으로든 연결되어 있었다. 뿐만 아니라, 직업과 노동의 개념 자체도 재정의되어야 했다. 최소한 노동과 기본적인 생계의 관계는 새로운 정의가 필요했다. 핀란드나 노르딕 복지국가들에게 있어서 주요한 문제 가운데 하나는 사회보장제도가 매우 복잡할 뿐만 아니라, 이들 사회보장제도가 빈곤을 비롯한 여타 덫을 이끈다는 점이었다. 뿐만 아니라, 사회보장제도는 노동의욕을 감소시키는 측면도 있다.

그러나 복지국가의 사회보장체계를 크게 건드리지 않는 대안이 존재했는데, 이것은 단지 기본생계의 기준에 대한 사고의 전환을 요구하는 것이었다. 이러한 체계는 기본소득, 혹은 부의 소득세로 알려져 있다.

기본소득지구네트워크는 기본소득을 다음과 같이 정의하고 있다.

> 기본소득은 자격심사나 노동의무규정 없이 모든 개인에게 무조건적으로 제공하는 소득이다.
>
> _www.basicincome.org

이와 비슷한 개념이나 모형으로 부의 소득세, 시민소득civic/citizen's income, 보편증여universal grant, 국가상여금state bonus, 국가/사회이자national/social dividend 등이 있다. 시민급여civic/citizen's salary 혹은 시민임금citizen's wage도 쓰이는데, 이전 논의에서 같은 주제에 적용되어 왔다. 내 의견으로는 시민급여가 기본소득 모형의 하나이긴 하나 전통적인 임금노동과 연관성 있는 무언가를 의미하는 것으로 보인다. 어쨌든, 기본소득은 이와 같은 주제에 대한 일반적 개념으로 쓰여야 한다.

기본소득의 기본적인 생각은 인본주의적 가치에 기반하여 사회가 시민의 기본적인 생계를 보장하여야 한다는 데 있다. 실질적으로 이와 같은 개념은 사회보장제도 개혁과 조세제도 개혁의 융합을 의미한다.

　기본소득 연구의 핵심은 생계와 일, 그리고 노동동기 사이의 관계이다. 급여가 노동동기에 미치는 영향을 조사하는 것은 이와 같은 맥락에서 의미 있는 정보를 제공할 수 있다. 사회보장제도를 개혁하기 위해, 기본소득은 우리 사회의 새로운 사고방식, 혹은 변화를 요구한다. 핀란드 역사에서 사회개혁이 어떻게 논의되어 왔는지를 고찰하는 것은 유용한 시도이다. 기본소득에 대한 논의가 핀란드 역사에서 보편적 참정권이나 아동수당, 혹은 국가연금과 같이 중요한 정치적, 사회적 개혁만큼 중요한 것이라고 할 수 있을까? 내 연구의 질문은 다음과 같다. "역사적 맥락을 고려했을 때 핀란드에서 기본소득이 가능한가?" 이 장에서 나는 지난 20년 동안의 발전과 정당의 활동, 제시된 의견 등에 집중할 것이다. 기본적인 생계에 대한 자격심사 원칙을 제거하는 것과 같은 새로운 입법 활동은 주요 정당들, 그리고 핀란드 정치에서 정당들과 연관되어 있는 많은 이해집단들의 수용적인 입장을 전제로 가능하다.

핀란드의 정치체계에 대하여

　핀란드는 의회, 정부, 그리고 대통령 사이에 권력이 배분되어 있는 의회민주주의이다. 사법체계는 법과 공권력의 적용을 관할하고 있다. 공화국의 관계는 유럽의 정당기반 의회주의의 원칙에 따라 운영된다. 핀란드는 1995년부터 유럽연합의 일원이며 유로화를 채택

표 5.1 핀란드 정당

정당명	핀란드 의회 의석수*	유럽연합 의회 내 그룹/ 핀란드 대표단**	핀란드 정당의 이념적 성향
국민연합 National Coalition Party (KOK)	44 (50)	EPP-ED/ 기독교 민주주의 3 (4)	보수적 자유주의
중앙당 Centre Party(KESK)	35 (51)	유럽을 위한 자유주의자와 민주주의자 동맹 그룹 3 (4)	구 농민당, 현 자유주의적 보수주의
스웨덴 민중의 당 Swedish People's Party (RKP/SFP)	9+1 (9+1)	유럽을 위한 자유주의자와 민주주의자 동맹 그룹 1 (1)	자유주의, 스웨덴어 구사 핀란드인 대표
핀란드 기독민주주의자 Finnish Christian Democrats (KD/KRIST)	6 (7)	기독교 민주주의 1 (0)	종교주의 정당
진짜 핀란드인 True Finns(PER)	39 (5)	무소속/민주주의 그룹 1 (0)	대중주의
녹색당 Green League(VIHR)	10 (15)	녹색 그룹/ 유럽 자유주의 동맹 2 (1)	녹색 이데올로기
핀란드 사민당 Finnish Social Democratic Party(SDP)	42 (45)	PSE 사회주의자 그룹 2 (3)	사민주의
좌파동맹당 Left Alliance(VAS)	14 (17)	유럽연합 좌파그룹 연맹 0 (1)	사회주의 (구 공산주의자)
계	200	13 (14)	

* 의회 의석수는 2011년(2007년) 수치임.
** 대표단 의석수는 2010년(2005년) 수치임.

하고 있다.

정당들에게 있어 경쟁의 장은 의회이다. 약 100년에 이르는 이들 역사에서 핀란드 정당체계는 상대적으로 안정되어 있다. 역사적으로 정당 구분의 배경에는 국가주의 이념, 언어의 문제(스웨덴어가 소

기본소득, 존엄과 자유를 향한 위대한 도전

수언어이자 공식언어이다), 사회주의와 비사회주의의 구분, 농촌민의 대표성, 그리고 정치적 좌파의 두 갈래 등이 있다. 핀란드의 다당제 시스템은 대략 20%대의 지지율을 확보한 서너 개의 정당과 약 10개 정도의 군소정당으로 이루어지며 이들의 절반 정도는 의석을 확보하고 있다(〈표 5.1〉 참조).

정당기반이면서 합의를 추구하는 의회주의가 행사되는 핀란드에서 정치적 연합은 중요한 역할을 하고 있으며 그 구성 또한 특이하다. 정당 간 관계는 공식적 제도의 영역을 뛰어넘는 경우가 많다. 의사결정과정은 연합의 구성과 합의의 수용을 요구한다. 오늘날 핀란드의 정치는 실용주의와 합의에 대한 존중으로 특징지어진다. 2011년 6월 핀란드는 정치적 좌파에서 우파에 이르는 6개의 정당으로 구성된 새로운 정부를 구성하였다.

핀란드는 전형적으로 이해집단, 노동조합, 산업기구가 소득정책 협약을 협의하고 있다. 이들 협약은 노동시간, 세제, 보건의료 등을 포함한 노동생활의 다양한 주제를 포함하고 있다. 전통적으로 노동조합과 좌파 정당은 협력적인 관계를 유지해 왔다. 노동조합과 산업기구가 협의를 도출하는 데 어려움을 겪으면 정부가 입법을 제안하는 방식으로 중재해 왔다. 이와 같은 삼자 협상체계로 인해, 이해집단, 노동조합, 그리고 산업기구는 지난 60여 년간 핀란드의 정치에 강한 영향력을 행사해 왔다. 다른 노르딕 국가와 마찬가지로 사회정책은 복지국가를 향하여 발전되어 왔으며, 이 과정에서 이해집단들은 의회의 노동입법을 주도해 왔다. 노동조합의 승인 없이는 사회정치체계를 운영하는 게 어려울 정도이다.

실증적 연구 자료

이 장은 핀란드 기본소득을 둘러싸고 잡지, 신문, 유인물과 티브이나 라디오의 토론, 그리고 연구보고서 등을 통해 진행된 방대한 양의 논의 자료에 기반하고 있다. 또한 몇몇 석사학위 논문과 자격시험 논문 1편, 그리고 박사학위 논문 1편이 핀란드 기본소득과 관련하여 발표되었다.

이 장은 특히 지난 20년 동안 핀란드의 의회선거 과정에서 정치인들 사이의 논의와 몇몇 연구자와 사회사상가의 논의에 초점을 두고 있다. 이 장은 저널리스트의 의견이나 포괄적 의미에서의 여론은 크게 다루지 않고 있다.

과거의 논의들

핀란드에서 기본소득의 아이디어는 1970년 사무리 파로넨Samuli Paronen에 의해 처음 제기되었다. 그는 "독립적 개인의 자금"이라는 개념에 대해 쓰면서 이것이 단순히 "인간이라는 이유만으로" 부여되어야 하는 것이라는 의견을 피력하였다. '시민급여'나 '시민임금'이라는 용어는 오스모 소이닌바라Osmo Soininvaara와 오스모 람피넨Osmo Lampinen이 1980년에 쓴 《핀란드의 1980년대Finland in the 1980s》라는 책에서 핀란드의 논의에 처음 등장하였다. 이것은 핀란드 정치에서 녹색운동의 첫걸음이라 할 수 있다. 나중에 소이닌바라는 핀란드 녹색운동과 녹색당의 주요 사상가가 되었다. 이외에도 얀-오토 앤더슨Jan-Otto Anderson, 시모 아호Simo Aho, 마르쿠 루호넨Markku Ruohonen, 마티 비르타넨Matti Virtanen, 오스모 쿠시Osmo Kuusi, 페카 코르피넨Pekka Korpinen 등 다양한 영역으로부터 기본소득이나 시민급여에 대해 글을 쓴 이들이 등장하였다. 1980년대에는 기본소득에 대해 핀란드어로 쓰인 완결적인 저서는 존재하지 않았다. 연구자들과 사회사상가들이 기본소득 논의의 선구자로 간주될 수 있다.

1986년에 사회복지국가위원회가 '기본생계'에 대한 보고서를 발간했으며, 나중에 '가구의 빈곤'에 대한 보고서를 발간하였다. 이들 보고서에서는 '소득보장'이라는 용어가 기본소득과 '보충적 소득부조subsistence subsidy'의 중간적 의미로 사용되었다. 이들 보충적 소득부조는 소득이 없는 핀란드 시민 누구에게나 보장되었는데, 다만 자격기준에 대한 엄격한 심사과정을 통해 관리되었다. 1987년 3월의 의회선거에 정치인들이 기본소득 논의에 뛰어들었으나 기본소득이나 시민급여라는 개념을 사용하지는 않았다. '기본생계보장basic livelihood guarantee', '기본보장basic security'에 대한 이들 논의에서는 기본소득에 대한 다양한 개념이 사용되었다. 우파 정당은 음의 소득에 대해 논의하였고, 좌파 정당(공산주의자)은 시민소득에 대해 논의하였다. 녹색당은 그때 이미 기본소득을 강하게 선호하였으나 이에 대한 체계적인 문제제기를 하지는 않았다. 같은 시기에 사민당the Social Democrats은 이미 기본소득에 대해 회의적이었다. 그해 선거의 결과로 우파 정당과 사민당으로 구성된 새로운 정부가 구성되었다. 경제적 부흥은 빈곤의 문제나 기본보장의 문제에 대한 논의를 가로막았다. 이어진 1991년의 선거에서 기본소득에 대한 논의는 제기되지 않았지만 기본보장은 계속 논의되었다.

젊은층이 기본소득에 대해 점점 관심을 갖게 되었다. 1988년에 핀란드 전국대학생연맹the National Union of University Students in Finland, SYL의 사회정치부장이었던 일포 라티넨Ilpo Lahtinen은 여러 기사를 모아서 《시민급여. 살아 있는 사람은 먹어야 한다Citizen's Salary. Who Lives Must Also Eat》라는 책을 발간하였다. 동시에 2명의 젊은 정치인들, 녹색당의 다비드 펨페르톤David Pemperton과, 이후 핀란드 의회의원과 유럽연합 의회의원이 되었고 현재는 유럽연합위원회의 구성원인 중도주의자 올리 렌Olli Rehn이 '시민급여의 아이디어는 훌륭하며 이에 대해 우리는 무언가를 해야 한다'는 점을 지적하였다. 1989년 1월, 핀란드의 주요 정당의 구성원이 모두 참여한 핀란드 기본소득회의a Finnish Basic Income Group가 구성되었다. 이외에도 녹색당의 의원이었던 소이닌바라와 나중에 사민당에서 기본소득과 사회정치적 이슈 관련 전문가로 활동한 사민당의 펜트리 아라예르비Pentri Arajärvi가 있다. 이들은 라티넨에게 간사 역할을 맡겼다. 그는 후에 대학에서 연구저서를 냈고, 1992년에 《기본소득. 시민급여Basic Income. Citizen's Salary》라는 제목의 책을 발간했다. 이 책은 핀란드에서 기본소득에 대한 최초의 심도 있는 논의와 문제를 제기했지만 대중의 주목을 받지 못했다.

1990년대와 21세기 초의 정치적 논쟁

　지난 15년간 기본소득 관련 정치권의 논쟁은 대부분 녹색당과 그 지지자들의 관심사였다. 소이닌바라와 같은 녹색당의 지도자들은 이와 같은 논쟁에서 중요한 역할을 했다. 사회사상가로서 그는 지난 25년 동안 기본소득 관련 여러 개의 유인물을 발간했으며, 다른 이들과 함께 1994년에 사회보건 장관을 위해 〈기본소득 모형의 얼개Outline of a BI model〉라는 보고서를 발간했다. 또한 녹색정치인으로서, 그리고 사회보건 장관으로 재직한 2000~2001년에 그는 기본소득이 언론에서 계속 다뤄지도록 노력했다. 소이닌바라는 기본소득 모형 관련 자료를 사용하여 《복지국가 생존의 법칙A survival doctrine for the welfare state》이라는 책을 발간했는데, 1994년에 발간된 이 책은 '올해의 경제분야 도서'에 선정되기도 했다.

　1992년을 기점으로 핀란드는 실업이 50만(약 15.5%)에 이르는 역사상 최대의 경제불황을 경험한다. 뿐만 아니라, 핀란드 은행 분야와 사회보장 분야도 위기에 봉착한다. 1995년 의회선거 기간 동안 기본소득은 중요한 역할을 하지 못하고 주요한 쟁점은 생계, 복잡한 사회보장제도와 경제불황으로 인한 동기의 덫과 빈곤의 덫을 중심으로 형성된다. 사민당이 주도하는 새 정부는 우파 정당부터 좌파 정당과 녹색당에 이르기까지 모두 참여하는 '무지개 정부'였다. 중도주의자들과 몇몇 소수 정당들만이 배제되었다. 새 정부는 소이닌바라가 포함된 '동기의 덫' 대응팀을 만들었다. 이 대응팀의 활동과정에서 음의 소득이라는 개념이 논의되기는 했지만 그 결과는 미미하였다. 이 대응팀의 최종보고서에는 대응팀의 구성원들이 '기존 사회보장체계가 무너지면 음의 소득이나 기본소득으로 연결되지 않을까 우려'했다는 흥미로운 기록이 있다. 결과적으로 이들의 작업은 정부에 별다른 도움을 주지 못했고 취업과 동기부여정책이 수행되었으나 가난한 이들은 더욱 가난해져 갔다.

그러나 복잡한 사회보장체계에 대해 무언가 작업이 필요했다. 이런 이유로 아라예르비는 1996년 사회보건 장관의 위임을 받아 '더 명확한 생계를 향해'라는 장관 메모를 만들어내고, 이 메모는 1998년에 《생계를 명확하게 하는 입법을 어떻게 할 것인가? 기본 생계 *How to clear the legislation of livelihood, basic livelihood*》라는 제목으로 발간된다. 아라예르비는 〈경제와 사회*Economy and Society*〉 잡지의 1998년 1호에 기본소득체계가 너무 비쌀 것이라는 추계를 발표한다. 같은 잡지에 마티 투오말라*Matti Tuomala*라는 경제학 교수는 동기와 복지국가 지향에 대한 글을 쓰는데, 여기서 그는 기존의 보험과 자격심사 기반의 선별적 사회보장제도에 대한 강한 지지를 보인다. 이와 같은 이유로 기본소득은 이 정부의 관심에서 멀어졌다.

1999년 의회선거에서 기본소득 문제는 다시 제기되었다. 녹색당은 1997~1998년 동안 적절한 기본소득안에 대한 내부 논의를 가졌고, 소이닌바라가 1998년 3월 27일 잡지에 "기본소득 시기"라는 칼럼을 기고한다. 이 잡지는 훗날 기본소득을 지지한다. 1998년 4월 녹색당은 중앙당, 좌파동맹당, 청년핀란드당과 함께 토론회를 조직한다. 그들은 모두 기본소득을 지지하였다. 이들 중 2개의 정당은 야권이었으며 정부를 구성하고 있었다. 최대야당인 중도정당은 선거를 위해 '노동개혁'이라는 정책을 개발한다. 한편으로 이것은 핀란드 노동조합에 의해 주도되는 일반적인 동맹관계를 약화하려는 의도가 있었으며, 지역의 노동동맹을 장려하는 의도가 있었다. 다른 한편, 이 정책은 기본소득에 관한 것이었다. 더 나아가 리스토 펜틸레Risto E. J. Penttilä가 이끄는 젊은 핀란드 정당은 기본소득에 기반하고 있었다. 선거운동 기간 동안 노동조합의 지지를 받는 사민당은 '노동개혁'이 노동자의 권리에 위협이 되는 것으로 보았다. 중도정당은 선거에서 패배한다. 이와 같은 노동개혁은 중도정당에게 너무 어려운 주제여서 2003년 선거에서 정당의 의장이 노동개혁을 더 이상 거론하지 않겠다고 맹세하기에 이른다. 하지만 사민당과 중도정당은 2003~2007년에 걸쳐 노동개혁을 다시 시도한다. 기본소득은 드디어 1999년 선거에서 작지만 어떤 역할을 하게 된다. 중도정당은 노동개혁정책으로 인해 부정적인 이미지를 얻었으며 이 정당은 계속해서 야당으로 남는다. 젊은 핀란드 정당은 의회에서 사라졌다. 이 정당은 고도의 시장자율화와 기본소득에 기반한 그들의 프로그램을 지지하는 것으로 간주되었으며, 핀란드 유권자에게는 너무 급진적인 것으로 보였다. 선거운동 동안 녹색당은 기본소득을 강조하지 않았으며 2개의 의석을 얻었다. 무지개 정부는 이제 녹색당을 포괄하고 계속해서 권력을 누렸다.

이 정부에서 녹색당의 소이닌바라는 2000~2001년 동안 사회보건 장관이 된다. 그의 의도는 기본소득 아이디어를 내세우는 것이었지만, 동시에 기본소득이나 시민급여라는 용어에 대해서도 유보적이었는데, 이는 당시 정부를 주도하는 사민당이 이에 반대하고 있는 점이 고려되었다. 하지만 정부에 참여하고 있는 모든 정당은 구조적인 실업과 빈곤, 복잡한 사회보장제도와 저임금 일자리에 대해 무언가를 해야 한다는 데 동의하였다. 소이닌바라의 의도는 기본소득이 이들 대부분의 문제에 답이 되거나 최소한 옳은 방향이라는 것을 보여주는 것이었다. 그러나 소이닌바라는 내각의 다른 주제에 집중해야 했고, 기본소득 논의를 위한 충분한 시간을 확보하지는 못했다. 정부의 주요 정당인 사민당과 보수적인 연합정당은 정부와 사회정책 대응팀에서 기본소득 아이디어가 퇴색하도록 만들었다. 2002년 겨울, 소이닌바라의 장관직이 끝나갈 무렵 의회는 다섯 번째 핵발전소계획에 대해 결정해야 했다. 녹색당은 극렬 반대였으며 의회가 핵발전소계획을 통과시키자 연정에서 탈퇴한다. 기본소득 논의는 2003년 의회선거에서 쟁점이 되지 않았다. 가장 우파인 연합정당과 녹색당은 여전히 야당이었다. 예전에 이와 같은 정부조합이 1987년에 형성되었다. 기본소득 대신 전력공급을 둘러싼 정치적 질문이 정치적 논쟁의 중심에 있었다.

2001년 봄, 기본소득 논의에서 짧지만 흥미로운 사건이 있었다. 은행 경영진이자 경제학 박사인 비에른 발루스Björn Wahlroos에 따르면 핀란드의 빈곤문제는 시민급여라는 간단한 처방으로 해결이 가능하다. 그의 계산에 의하면 시민급여는 매달 850~1,000유로 수준이어야 한다. 그의 주장은 소이닌바라와 다른 기본소득 지지자들이 주장한 바와 비슷하다. 그는 이 체계에 대한 재정계획으로 전통적인 방안을 제시한다. 즉, 관료적 구조를 축소해 사회보장제도의 비용을 줄이거나 저임금노동자들의 세금을 줄여 이들이 더 일을 하도록 장려하는 방안을 제시한다. 그는 대부분의 경제학자들이 자신의 주장에 동의할 것이라고 확신한다. 그러나 그는 핀란드에서 최고 부자 가운데 1명이었으며, 핀란드 정치와 경제의 관련 논의의 장에서 가장 우파 자유주의적 입장에 선 사람으로서 핀란드에서 기본소득 아이디어를 주장하기에 가장 적절한 인물은 아니었다. 노동조합, 사민당, 좌파동맹, 그리고 소규모 공산당은 발루스의 제안을 반대하였다. 사민당은 그 제안이 비현실적인 것으로 간주했으며 발루스가 일반 시민의 일상적인 삶을 이해하지 못한다고 주장하였다. 소규모 공산당은 발루스의 제안을 "5월 1일의 농담"이라고 칭하였다. 기본소득의 아이디어를 심심찮게 제안해 온 좌파동맹은 기본소득의 논의로부터 거리를 두고 있었고 기본보장의 영역에 치중하였다. 발루스는 그의 시민급여, 기본소득 제안으로 인해 언론에서 많은 주목을 받았다. 하지만 정당 내부에서는 수년간 기본소득과 관련한 어떠한 논의도 진행되지 않았다.

연구자와 사회사상가의 논의

많은 연구자들이 기본소득 관련 사회적 논쟁에 참여하였고, 이들 중 많은 이들이 지난 15년 동안 기본소득을 지지하였다. 1990년대 책과 잡지에 발간된 에세이들은 철학적, 혹은 이념적 고찰의 성격이었다. 몇몇 석사학위 논문이 기본소득에 대해 연구하였다. 소이닌바라의 작업들, 책들, 그리고 사회보건 장관을 위해 준비된 보고서 등이 중요한 저서들이다. 하지만 아라에르비나 다른 이들이 기술한 몇몇 기사나 '반대의견'들이 적절한 연구를 진행하기 위한 재정적 지원을 찾는 것을 어렵게 만들었다.

라티넨의 작업이 출판된 후 1990년대에는 아니타 마틸라Anita Mattila의 학위논문 〈기본소득이 필요한가? 핀란드 시민소득과 기본소득 모형들Is Basic Income needed? Theoretical Analysis of Finnish Civic Income, Civic Salary and Basic Income Models〉이 퀴피오 대학에서 발표될 때까지는 별다른 연구가 진행되지 않았다. 마틸라의 연구는 핀란드 기본소득 모형과 논의에서 중요한 이론적 분석이다. 그녀는 2개의 미시적 시뮬레이션 모형을 개발한 후 제한된 지역적 단위에서 실험을 수행하였다. 그러나 그녀의 작업은 연구자와 대중들 사이에서 거의 주목받지 못한다. 마틸라가 기본소득과 관련한 후속 연구의 필요성에 대해 주장하면서 그녀는 정치정당의 여론 분석과 미시적 시뮬레이션 모형의 개발과 활용을 언급하였다.

이들 시뮬레이션 모형들은 기본소득 모형을 평가하기 위해 사회보건부에 의해 점차적으로 도입되어 왔다. 2000년 핀란드에서 이름있는 2명의 빈곤연구자인 마티 헤이크실라Matti Heikkilä와 주코 카리알라이넨Jouko Karjalainen이 《빈곤과 복지국가의 붕괴Poverty and Rupture of Welfare State》라는 책을 편집, 출간하였으며, 여기에 세포 살리라Seppo Sallila의 "기본소득 모형에 대한 평가"라는 장을 포함하였다. 살리라는 소이닌바라가 1994년에 사회보장 급여와 세금제도의 조합이 개별 시민의 생계에 미치는 영향을 보기 위해 시뮬레이션 모형을 이용해 개발한 모형을 평가하였다. 이와 같은 Soma-모형에서는 전체 모집단의 통계자료를 이용하여 '이익을 보는 집단과 손해를 보는 집단'을 가리기 위해 사용되었다. 대부분의 사람들, 특히 가난한 이들은 이익을 보는 집단이었으며, 평균적인 소득의 고용노동자들은 다소 손해를 보았다. 살리라는 이 모형에서 균일세금의 영향도 연구하였다. 그의 평가에 따르면 소이닌바라의 기본소득 모형이 균일세금과 결합되면 잘 작동하며 빈곤을 줄이는 역할을 할 수 있다. 그러나 이 연구결과는 다른 결론을 배제할 수 없으며 모순적이었다. 임금노동자의 수입이 줄어드는 기본소득 모형을 용인할 수 있는 노동조합은 어디에도 없었다. 기본소득은 핀란드의 생활수준을 특별히 바꾸지 않을 것처럼 보였으며, 필자의 의견으로는 이 점이 이 모형에서 가장 중요하다. 그러나 정치가와 대중의 관심은 깨어나지 않았다.

지난 몇 년 동안 기본소득 관련 새로운 시뮬레이션 모형이 소개되었다. 핀란드 사회보험기구Kela는 JUTTA라는 모형을 개발했는데, 이것은 Soma라고 불리던 기존 모형의 업그레이드 판으로 보인다. 2004년 페르티 혼카넨Pertti Honkanen이라는 연구자가 JUTTA 모형을 이용해 계산하였다. 그의 목적은 기본소득을 매달 400유로로 상정하고 각종 사회급여를 그 액수만큼만 지불한다는 가정하에 핀란드에 가용한 세율을 추정하는 것이었다. 그의 계산에 의하면 수입이 연 6만 유로 이상인 경우 소득세가 55%이고, 그 이하는 48% 정도가 된다. 이러한 의미에서 기본소득은 저소득층에게 부의 누진세였다. 이 모형에서는 관료제를 줄여서 비용을 절감하는 것과 시민의 대응과 같은 요소들은 고려되지 않았다. 이와 같은 주제는 별도의 영역에서 새로운 연구를 필요로 한다. 여하튼, 녹색당은 이 결과를 2007년 선거운동에 활용하였다.

2005년과 2006년 기본소득 및 시민급여와 관련한 최소한 2개의 조사가 수행되었다. 2006년 모든 정당은 TNS Gallup Oy로부터 시민급여에 대한 질문을 포함하는 연구를 주문한다. 여기에는 "시민급여가 핀란드의 모든 시민에게 지급되어야 하는가?"라는 질문이 포함되었다. 연구결과는 다양한 연령대, 직업상의 지위, 지역, 정당 등 다양한 구분에 따라 세밀하게 분석되었다. 최종 보고서에 따르면 전체 시민의 29%가 위 질문에 "예"라고 답하였고, 47%가 "아니오"라고 답하였으며, 25%는 답하지 않았다. 이 질문에서 녹색당의 경우 36%가 "예", 44%가 "아니오"라고 답하여 구별되었다. 이듬해 의회선거에서 기본소득은 녹색당의 주요한 의제였다. 2005년 우파 연합정당은 정당을 위한 새로운 프로그램을 준비하기 시작했고 기본소득에 대해 "당신은 기존의 사회보장제도를 단순화하고 다른 급여를 한꺼번에 폐지한다면 기본소득이나 시민급여를 지지하십니까?"라는 질문을 포함하는 사회조사를 실시하였다. 이 질문에 대한 응답률은 58%였으며, 이들 중 64%가 기본소득을 지지하였고 31.1%가 기본소득에 반대하였다. 이와 같은 결과는 서로 다른 연구에서 서로 일치하지 않는 결과가 나오는 데에 대한 의문을 제기한다. 필자는 핀란드인이 일반적으로 일과 수당이 공존하는 것으로 이해한다고 생각한다. 두 번째 조사에서, 더 많은 정보가 주어졌을 때, 사람들은 기본소득과 시민급여가 서로 다르다고 생각하였다. 기본소득은 기존 사회보장제도를 단순화하는 데 도움이 될 때에만 수용되는 것이다.

2007년 의회선거와 기본소득

녹색당이 2007년 의회선거를 준비할 때, 그들은 선거 프로그램의 주요 주제로 기본소득을 다시 한번 포함하기로 결정하였다. 지난번에 비해 이번에는 그 문제에 대한 준비가 더 잘되어 있었다. 소이닌바라와 당시에 녹색당 기본소득 활동그룹의 리더이자 2011년 환경 장관인 빌레 니이니스퇴Ville Niinistö는 노동과 사회보장을 결합하는 가능성에 대한 칼럼을 핀란드 최대 신문인 〈헬싱인 사노마트Helsingin Sanomat〉에 기고하였다. 이 기사는 이 지면에서 기본소득에 대한 찬성과 반대를 둘러싼 활기찬 토론을 불러왔다.

이 지면을 둘러싼 논쟁에 참여한 사람 중에는 경험 있는 경제학자이자 기본소득에 대해 부정적인 사민당 소속이었던 세포 린드블룸Seppo Lindblom이 있다. 그는 '인간성에 대한 2개의 논점'이라는 제목의 칼럼을 투고했다. 주요한 논점은 다음과 같다.

> 기본소득은 기존 우파와 좌파 사이의 구태의연하고 보수적인 대립이 더 이상 유효하지 않은 더 광범위한 사회적 사고방식을 대변하고 있다. 여기에서는 평등과 연대가 새로운 개념과 목표지향적 사고방식에 의해 풍성해진다.

녹색당의 기본소득 프로젝트는 2006년 9월 중도주의적 성향의 연구조합과 함께 기본소득 전문가 세미나를 개최하는 것으로 계속되었다. 이 세미나에는 소이닌바라가 기조연설을 하였고, 그 뒤를 이어 많은 선도적 경제 및 사회 연구기관이 의견을 제시하였다. 많은 대학교수와 연구자, 다양한 정당으로부터의 정치인들이 청중으로 참여했다. 토론은 활기찼지만 다양한 연구기관의 대표들에 의하면 기본소득에 대한 명확한 정보가 충분히 존재하지 않았던 것으로 보인다. 같은 해 11월 녹색당은 벨기에의 파레이스가 기본소득에 대해 강연하는 기본소득 세미나를 개최하였다. 그는 기본소득지구네트워크의 창립자이자 기본소득 관련 권위 있는 전문가 중 하나이다. 녹색당은 기본소득 모형을 개발하여 2006년 12월 당 위원회로부터 승인받았으며, 2007년 2월 정확한 계산을 발표하기에 이른다. 이 계산은 JUTTA 시뮬레이션 모형 프로그램에 기반하고 있다. "모형 2008"이라 불리는 녹색당의 기본소득 모형은 매달 440유로를 지급하는 부분 기본소득으로, 10~12년에 걸쳐 순차적으로 도입된다. 녹색당은 이와 같은 모형이 하나의 제안일 뿐이며 추가적인 연구가 필요함을 강조하였다. 선거가 끝난 4월 말에 녹색당은 기본소득에 대한 자신의 연구를 혼카넨, 소이닌바라, 빌레 윌리카리Ville Ylikahri가 《기본소득-실질적인 기본보장을 향하여Basic Income-Toward Practical Basic Security》라는 제목으로 발간하였다.

　　2007년 겨울 의회선거가 있기 전 기본소득은 중요한 주제인 것처럼 보였다. 핀란드 정치여론의 주요 매체인 〈수오멘 쿠발레티 Suomen Kuvalehti〉는 기본소득에 대한 몇몇 기사를 게재했으며, 2007년 3월의 주요기사는 기본소득에 대해 매우 긍정적이었다. 그 기사는 "새로운 기반"이라는 제목으로 "기본소득은 이 시대 가장 주목할 만한 사회개혁이 될 것이다. 기본소득은 일을 위한 에너지를 자유롭게 하고 사람들이 멍에를 떨쳐내는 것을 도울 것이다. 선거가 끝나면 기본소득이 우리 앞에 있을 것이다"라는 의견을 제시했다. 많은 정당들도 기본소득에 대해 다룰 싱크탱크 프로젝트를 진행했다. 사민주의 칼레비 소르사Kalevi Sorsa 재단은 《기본소득, 강성 해법인가 연성 해법인가?Basic Income. A Hard or Soft Solution?》를 출간했다. 이 간행물은 노동조합 연구자이자 기본소득에 대해 매우 부정적인 빌레 코프라Ville Kopra가 썼다. 의회선거가 있기 전인 2007년 2월 말의 기자회견에는 당시 사회보건 장관이었던 툴라 하타이넨Tuula Haatainen, 대통령의 배우자인 아라예르비 교수 등이 참석했는데 이들은 기본소득에 대한 코프라의 비판적 견해를 지지하였다. 한편 또 다른 거대 정당인 우파 연합정당은 자신만의 싱크탱크 프로젝트를 가지고 있었다. 자신의 프로젝트와 관련하여 이들은 선거 전인 2월 말에 기본소득 세미나를 개최하였다. 이 세미나 발표자 중에는 소이닌바라가 있었다. 많은 기업가들은 기본소득에 찬성하는 입장이었지만 핀란드 기업연합의 대표와 의원 중 1명은 반대 입장이었다. 2007년 여름 이 싱크탱크도 기본소득에 대해 다양한 방식으로 다루고 있는 글을 사리 힌시카-바리스Sari Hintikka-Varis가 편집한 《들어갈 것인가 말 것인가?-기본소득을 향하여In or Out-Toward Basic Income?》라는 책을 발간하였다.

많은 기본소득 프로젝트에도 불구하고 기본소득은 의회선거 기간 논쟁에서 중요한 역할을 하지 않았다(선거일은 2007년 3월 18일이었다). 모든 의회정당의 지도자들은 티브이 토론회에 참석했으며, 그

자리에서 토론회 사회자는 사회보장제도와 그 제도와 관련된 문제의 해결책으로서 기본소득에 대한 정당지도자의 의견을 물어보았다. 모두가 기존 제도의 개혁 필요성에 대해 동의하였지만 녹색당의 타르야 크론베르그Tarja Cronberg를 제외하고 누구도 기본소득을 문제의 해결책으로 간주하지 않았다. 사민당의 에로 헤이넬루오마Eero Heinäluoma는 코프라의 책으로부터 배운 바가 있었다. 그가 기본소득에 대한 주장을 펼치자, 그 누구도 의견을 달지 않았다. 그는 "기본소득은 비활동을 장려할 것이며, 지나치게 비용이 많이 들고, 이미 존재하는 다른 체계에 추가적인 제도일 뿐이며, 루터교의 노동규범Lutheran work ethics에도 어긋난다"고 말했다. 이와 같은 간명한 토론에서 녹색당의 크론베르그가 본인의 의견을 펼치기는 어려웠다.

2007년 의회선거에서 사민당과 중도정당은 각각 8석과 4석을 잃었다. 야당인 우파 연합당은 10석을 추가해 선거의 최대 승리자가 되었다. 녹색당은 1개의 의석을 획득했다. 중도정당은 51석을 확보함으로써 우파 연합당의 50석에 비해 원내 최대 정당의 위치를 유지했다. 최대 정당으로서 중도정당은 수상 자리를 확보했으며, 새 정부는 연합당, 녹색당, 그리고 스웨덴 민중의 당과 함께 구성하였다. 사민당과 좌파동맹당, 그리고 다른 소수 정당은 야당으로 남아야 했다. 이와 같은 '청-록' 정부는 그들의 프로그램에 선언문을 포함했다. 이 선언문에 따르면 사회보장체계는 노동동기의 유발을 향상하고, 빈곤을 줄이며, 생애 모든 단계에서 충분한 수준의 기본을 보장하는 방향으로 개혁할 것을 시작하는 것으로 되어 있다. 정부는 '사회적 보호체계 개혁위원회(SATA위원회)'를 설립하고 그 하위 위원회로 소이닌바라가 위원장인 '기본보장소위원회'를 두었다. 많은 이들은 소이닌바라가 기본소득의 추가적인 발전에 역할을 할 것이라고 믿고 있다.

사회적 보호체계 개선을 위한 위원회 활동 (SATA위원회)

SATA위원회는 2007년 6월 설립되어 사회보호체계의 전반적인 개혁을 준비하는 임무를 부여받았다. 이를 위해 적절한 기본보장/보호, 노동연계보장체계, 노동에 대한 동기부여의 개선책, 명료한 사회보장제도, 그리고 사회보장체계의 지속가능성을 확보할 것 등을 포함한 제안서를 개발하여야 한다.

위원회는 정부 내 정당, 사회보건부와 재정부의 대표들, 그리고 다양한 이해집단의 대표들이 포함되어 있다. 노동조합과 산업기구는 19명의 위원들 중에서 상당한 비중을 차지하고 있다. 야당으로서 사민당은 위원회로부터 배제되었다. 그러나 사민당의 의견은 노동조합의 대표를 통해 반영된다. 위원회의 위원장은 전직 사회보건부 장관인 마르쿠 레토Markku Lehto이며 부의장은 전직 재정부의 차관이었던 마티 헤테메키Martti Hetemäki이다. 4개의 소위원회는 거의 50명의 위원으로 구성되며 '기본보장소위원회'의 위원장인 소이닌바라도 그 중 하나이다. 위원회의 활동이 종료된 후 그는《SATA위원회. 의사결정은 왜 이리 어려운가?*SATA Committee. What Makes the Decision-Mak-*

ing So Difficult?》를 집필했다.

　사회정책학 교수인 루스J. P. Roos는 핀란드의 생계보호체계에 비판적이었는데, SATA위원회에 대해서도 매우 회의적이었다. 루스는 위원회의 목적과 위원구성에는 동의하였지만 핀란드의 위원회가 가능한 한 모든 조직을 다 포함하려고 시도하는 것을 문제로 보았다. 그는 이와 같은 위원회 구성이 포괄적인 개혁을 달성하는 것을 거의 불가능한 과제로 만들 뿐만 아니라 핀란드 사회보장체계와 법률을 복잡하게 만드는 요인이라고 봤다. 소이닌바라도 그의 의견에 동의했으며 위원회 구성원으로서 대부분의 위원들이 자기 그룹만의 이해에 관심을 둘 뿐이라는 점을 지적했다. 특히 노동조합과 산업기구의 대표자들은 전체 위원회를 자신들의 이익에 위협이 되는 것으로 간주할 뿐만 아니라 자신들의 소득안정성을 보장할 수 있는 소위원회를 원했다. 핀란드의 사회보장제도가 기본보장과 노동연계보장으로 이분화되어 있는 점이 위원회의 입장에서 가장 어려운 과제였다.

　노동조합과 산업기구가 전통적으로 기본소득에 반대하는 입장이었기 때문에 이들의 대표자들은 사회보장체계가 조건부적인 혜택이어야 한다는 점을 지적했다. 그들은 소이닌바라의 제안이 '기본소득의 보석'을 어딘가에 감추어두지 않았을까 항상 의심하는 경향이 있었다. 소이닌바라는 기본소득이라는 용어를 사용하지 못했지만 자연히 기본소득의 요소를 그의 제안에 활용하고자 했다. 기본소득 외에도 소이닌바라는 핀란드 사회보장체계에 광범위한 주문을 했다. 이런 이유로 그는 많은 위원회의 주제에 대해 건설적인 기여를 할 수 있었다.

이 위원회의 활동은 기본소득에 반대하는 강력한 이익집단과 사민주의 이념을 기반으로 하는 노르딕 복지국가의 제도적 저항으로 특징지어진다. 이 용어는 사회정책학자인 라이야 울쿠넨Raija Julkunen이 그녀의 연구에서 기술한 바 있다. 울쿠넨은 성공적인 중산층이 기본소득을 지지할 이유를 찾지 못했다. 왜냐하면 중산층은 모두가 자신의 생계를 스스로 책임져야 하며, 사회보장 혜택은 엄격하게 통제되어야 한다고 믿기 때문이다. 많은 현장 사회복지사들은 이와 같은 대규모 통제가 '진정한 사회사업'을 하는 데 쓰여야 할 많은 시간을 잡아먹을 것이라는 점을 이해하고 있다. 하지만 사회복지사들의 이해집단조차도 기본소득에 대해 회의적이다.

2011 의회선거

2011 의회선거 전에 기본소득은 거의 언급되지 않았다. 하지만 완전히 잊혀진 것은 아니었다. 녹색당은 그들의 사회정치 프로그램에 기본소득을 여전히 간직하고 있었으며 다른 정당에서도 지지자들이 있었다. 보수자유주의 국민연합당은 흥미로운 사례이다. 2008년, 2010년의 정당회의에서 기본소득을 위한 당원활동 제안이 제시되었다. 2008년 회의에서는 제안이 승인되었으나 2010년에는 부결되었다. 정당의 지도자들이 아직 기본소득을 지지할 준비가 되지 않았다. 하지만 모든 정당에서 많은 정치인들이 기본소득을 가장 가난한 인민의 기본보장을 향상하기 위한 가용한 방법이라는 점을 논의

하고 있다.

2009년 유럽 의회선거에서 후보자들은 신문에 제시된 질문에 답할 것을 요구받았을 뿐만 아니라 유럽 전역에 걸친 기본소득에 대해서도 질문받았다. 거의 모든 후보자는 기본소득에 반대였다. 2011년 의회선거에서 신문들은 기본소득에 대한 질문에 관심이 없었다. 선거운동에서 다른 주제들이 더 중요해졌다. 이민과 유럽연합의 경제문제가 대중정당인 진짜 핀란드인 정당이 논의를 위해 소개한 주제였고, 이들은 34개의 추가 의석을 얻었으며 최종적으로 39개 의석을 새 의회에서 확보했다. 기본소득에 대해 운동을 한 녹색당은 전체 15개 의석에서 5석을 잃고 이제는 10석만 확보한 상태다. 다른 정당들도 자리를 잃거나 더 얻었다. 유럽연합의 경제문제가 해결을 기다리고 있다. 진짜 핀란드인 정당은 핀란드의 유럽연합 정책에 동의하지 않는 관계로 야당으로 남기로 결정했다. 최대 원내 정당인 국가연합당(44석)의 대표인 위르키 카타이넨Jyrki Katainen은 유럽연합에 찬성하는 사민당이나 다른 군소정당과 녹색당을 포함한 정당들과 2011년 6월 새 내각을 구성하였다. 새 정부는 기본보장을 개선하기 원했지만, 기본소득의 개념은 정부 프로그램에서 언급되지 않았다. 녹색당은 이제 내각에 들어왔으며, 당의 새로운 대표인 니이니스퇴는 환경부 장관이 되었다. 이들이 기본소득의 발전을 위한 새로운 길을 찾을 수 있을지 지켜볼 일이다.

논의의 요약

녹색당과 소이닌바라는 이상의 논의과정에서 대중의 주목을 받아왔다. 지난 몇 년간도 지금은 새로 장관이 된 니이니스퇴와 같은 녹색당의 다른 정치인들이 기본소득에 대해 우호적인 의견을 제시해 왔다. 더 많은 연구자와 사회사상가들이 논의에 동참했다. 그러나 기본소득을 다루는 대규모 연구과제를 위한 재원은 여전히 부재한 상태다. 다양한 기본소득 모형과 수준의 성과를 평가하기 위한 새롭고 더 우수한 미시적 시뮬레이션 프로그램이 활용 가능하다.

많은 정당과 이해집단에서는 제도적 저항이 여전히 매우 강고하다. SATA위원회의 작업은 이해집단이 사회보장제도에 대한 그들의 입장과 체계를 변함없이 유지하고 있다는 것을 보여주는 하나의 예라 할 수 있다. 다른 노르딕 복지국가에서와 같이 핀란드에서 기본소득에 대한 반대입장은 '공짜 돈'이 노동의욕을 경감시킬 것이며, 그렇기 때문에 사회보장의 혜택은 면밀하게 감독되어야 하며 자격심사가 이루어져야 한다는 것이다. 현재 체계의 문제로 인해 기본소득이 저항을 받고 있다는 점은 역설적인데, 현재의 체계는 '공짜 돈'을 허용하지만 이 '공짜 돈'의 관리감독에는 거대한 관료조직이 필요하다. 노동조합들과 산업조직들은 기본소득이 자신들의 권력을 약화시킬 것이라고 생각하는 경향이 있다.

정치정당 안에는 기본소득의 지지자들도 있고 반대자들도 있다. 이와 같은 분할은 정당들 사이에서도 일어난다. 녹색당은 지지자 그룹에 속하고, 사민당은 반대자 그룹에 속한다. 뿐만 아니라 다양한 기본소득 모형들은 정치적인 입장과 무관하게 고유의 지지자들이 있다. 이와 같은 상황은 기본소득에 대한 일반적인 동의를 획득하는 것을 어렵게 하고 있다. '적절하지 않은' 정당이나 그룹이 어떤 기본소득 모형을 제안하는 경우 이것은 쉽게 받아들여지지 않는다. 우파 지지자들(대부분 부의 소득세 지지자들)은 기본소득이 사람들을 '국가의 사슬'로부터 자유롭게 할 것이며, 예를 들면 사회보장제도의 자격심사를 통한 공적 통제를 경감시켜줄 것이라고 한다. 좌파 지지자들은 기본소득이 시장, 특히 노동시장에서 '나쁜 자본가들에 대한 노예제'를 근절하기 위한 방안으로 간주한다. 조건이 상당히 가변적인 관계로 우리 사회에서 기본소득이 가능할 것인지에 대해 많은 연구자들과 사회사상가들이 의심하고 있다. 그럼에도 불구하고 이와 같은 실질적인 고민 뒤에는 우리가 인간의 본성을 어떻게 볼 것인가, 즉 인간은 믿을 만한 존재인가 혹은 인간은 통제되어야 하는가와 같은 질문에 대한 다양한 사상이 자리잡고 있다. 기본소득은 물질적 부를 재분배하기 위한 또 다른 방법일 뿐인가 아니면 보편적 투표권이나, 아동수당, 국민연금과 같은 새로운 시민적 권리인가?

핀란드 기본소득 실험 개요*

- 기본소득 실험은 핀란드 사회보장제도 개혁의 일환으로 고안되었으며 다음과 같은 주요한 목적을 가지고 있다.**
  - 노동환경의 변화에 더 잘 조응한다.
  - 사회보장제도를 좀 더 참여적이고 노동욕구 상실의 효과를 줄인다.
  - 관료제를 줄이고 복잡한 급여체계를 단순화한다.
- 기본소득 실험은 2017년과 2018년에 걸쳐 진행된다. 이 실험은 기본소득이 기존 사회보장제도의 개혁에 활용되어 자격심사와 관련한 노동동기 상실의 덫the incentive traps associated with means-tested benefits을 제거할 수 있는지 알아보기 위함이다.
- 이 실험은 2017년 1월 1일에 시작된 더 큰 규모의 기본소득 연구의 첫 번째 단계가 될 것이다. 두 번째 단계는 2018년에 시작되었다.
- 기본소득 실험의 최우선 목표는 고용장려와 연관되어 있다. 핀란드 사회보험기구Kela가 이 실험의 수행에 대한 책임기관이 될 것이다.
- 사회보험기구의 실업수당을 받는 사람들이 일정한 조건에 부합하는 경우 이 연구에 포함될 것이다. 다만 노령연금 수령자나 학생들은 제외할 것이다.
- 표적집단으로부터 2,000명이 무작위 표집과정을 통해 선택되며, 선택된 이들은 의무적으로 실험에 참여하도록 함으로써 연구결과가 편향되지 않도록 한다.
- 제안서에 따르면 기본소득의 수준은 월 560유로이다. 이 금액은 현재 노동시장 보조금과 기본생계급여 수준과 동등한 수준이다. 또한 기본소득에는 세금을 부과하지 않는다.
- 기본소득의 효과를 평가할 때, 앞서 언급한 표적집단 가운데 기본소득을 받지 않는 사람들로 구성된 통제집단과 실험집단을 비교할 것이다. 이들 통제집단의 구성원들은 기존의 실업수당을 받게 된다.

핀란드 기본소득 실험이 한국 사회정책에 가지는 함의
- 핀란드 기본소득 실험에 대한 전 세계적인 관심은 이미 잘 알려진 바와 같다.

이와 같은 관심을 반영하듯 아직 공식적인 실험연구 결과가 발표되지 않았음에도 취재에 기반한 다양한 언론기사가 나오고 있다. 과거 실업급여를 받기 위해 요구되었던 면담 등의 과정이 필요 없게 되어 스트레스가 줄었다는 등의 사례가 언론에 보도되고 있는 것이다.[***]

- 핀란드 기본소득 실험과 그 결과가 한국 사회정책, 특히 복지정책에 미치는 함의를 도출하는 데에는 핀란드 기본소득 실험의 역사적, 정치적 맥락과 한국 사회의 그것이 상이하다는 점을 충분히 고려하는 신중한 접근과 해석이 필요하다.
- 핀란드 기본소득 실험이 (표면적으로) 내세우는 주요 변수가 '노동시장참여율'인 점은 시사하는 바가 크다고 할 수 있다. 즉, 복잡한 사회보장제도에 비해 관리비용이 적은 기본소득제도가 수혜자의 노동유인에 긍정적, 혹은 부정적 영향을 미치는지를 확인하는 데 있다는 점이다.
- 핀란드 기본소득 실험이 이와 같은 연구목적을 중심으로 설계되었다면 모집단의 정의와 표본의 추출부터 다양한 변수의 구성에 이르기까지 전체적으로 해당 연구문제에 대한 답을 내는 데 최적화된 것으로 볼 수 있다.
- 이와 같은 배경 아래에 진행되는 연구의 결과가 '모든 개인에게 자격기준이나 조건 없이 제공하는 소득'이라는 기본소득제도에 대해 어느 정도까지 일반화가 가능한 함의를 제공할 수 있을지 의문이다. 결론적으로 핀란드 기본소득 실험은 일반적으로 이해되고 논의되고 있는 기본소득에 대한 실험이 아니라는 점을 충분히 고려해야 한다.

---

[*]   핀란드 기본소득 실험에 관한 입법안 의회 제출에 앞서 핀란드 정부가 발표한 보도자료를 참고하였다. (출처: http://stm.fi/en/article/-/asset_publisher/lakiehdotus-perustulokokeilusta-eduskunnan-kasiteltavaksi)

[**] Kela working paper (Working paper 106/2016) titled as "From idea to experiment: Report on universal basic income experiment in Finland" (English version found at https://helda.helsinki.fi/handle/10138/167728 retrieved at 06/09/2017)

[***] https://www.theguardian.com/inequality/2018/jan/12/money-for-nothing-is-finlands-universal-basic-income-trial-too-good-to-be-true

6

독일: 가깝지만 먼
– 독일 기본소득의 문제와 전망[*]

사샤 리버만
Sascha Liebermann

독일에서 기본소득은 1970년대부터 포괄적으로 논의되기 시작하였고, 2003년부터는 조건을 부과하지 않은unconditional dimension 기본소득이 거론되어 왔다. 기본소득은 치열한 논쟁 덕분에 뜻밖의 관심을 받았으나, 그 관심이 법률의 제정이나 법률적 조치로 이어지지는 않았다. 앞으로 나는 기본소득을 언급할 때 기본소득지구네트워크에서 제안한 기준을 따를 것이다. ① 기본소득은 가구가 아닌 개인에게 지급된다. ② 기본소득은 다른 소득에 관계없이 지급된다. ③ 기본소득은 노동여부 혹은 노동할 의지가 있는지 여부와 관계없이 지급된다. 이들 세 가지 기준의 한계와 제약은 '주장과 논쟁' 절에서 거론되기 때문에 이 장에서 나는 '시민의 돈Citizen's Money'(Mitschke 2000 참조)을 고려하지는 않았다.

대체로 기본소득은 학계에 국한되어 있거나 기껏해야 주간지의 일부 특집 기사에서나 다루는 정도였지만 지금은 대중적인 사안이 되었으며, 2005년 이후부터는 광범위한 관심이 모아지고 있다. 나는 현안의 간략한 역사를 추적하면서 논의를 시작하고자 한다. 그다음, 1980년대의 선구자들로 화제를 바꾸어, 독일 통일 이후 1990년대 기본소득이 핵심 의제에서 밀려나게 된 이유를 이해할 수 있는 단서를 제공할 것이다. 그리고 기본소득의 여러 개념을 소개하는 대신, 독일 기본소득 논의에서 전선을 형성하는 주요 논쟁과 근로소득에 대한 이의제기와 관련된 일반적인 견해를 제시할 것이다. 마지막으로 앞으로의 독일 기본소득을 전망하고, 기본소득이 한낱 꿈일 뿐인지 아니면 도입 가능한 제도가 될 것인지를 이야기해보고자 한다.

현 논쟁의 간략한 역사

영국이나 그보다 이른 시기의 미국, 스위스처럼 2000년대 독일에서도 고용은 사회정책의 최상위 목표였다. 이 목표는 실직자에 대한 조치를 엄격하게 만들었으며, 제도는 그 어느 때보다 노동의지를 고취하는 데 집중되었다. 노동연계복지는 실업에서 탈출할 수 있는 최선의 방법으로 각광받았다.

2002년, 전 수상 게르하르트 슈뢰더는 복지개혁안 설계를 담당하는 자문위원회로 폭스바겐 이사회의 전 의장 피터 하르츠Peter Hartz의 이름을 딴 '하르츠 위원회Hartz-Commission'를 출범시켰다. 이후 2003년 슈뢰더 정부는 높은 실업의 해결책으로 노동연계복지정책을 강화하는 "의제 2010"을 발표하였다(Bundesregierung 2003). 이

때 슈뢰더 수상은 노동연계복지의 정책 아이디어를 개발하기보다는 기존에 시행된 정책사례 중 선택하였으며(Fleckenstein 2008), 노동조합도 하르츠 위원회에 참여하여 해당 보고서에 서명하였다. 2004년 하르츠 법이 통과된 후 실업자는 노동부National Department of Work (Bundesagentur für Arbeit 2011)의 통제하에 놓이게 되었다. 다소 완곡하게 표현하자면, 노동부는 실업자를 "고객"이라고 불렀다(물론 이 "고객"들은 지원여부를 스스로 결정할 수 없지만 말이다). 실업자들은 급여를 받으려면 노동부 프로그램에 등록해야만 했다.

기본소득 논쟁 초기는 캠페인이 대중들의 관심을 모으는 데 활용되었다(2003년 12월 프랑크푸르트에서 시작된 단체 '완전고용 말고 자유를Freedom, not Full Employment'의 포스터 캠페인이 대표적이다).[1] 우리는 — 저자는 이 단체 발기인 중 하나이자 현 실무자임 — 몇 개의 지하철역 광고 공간을 임대하여 포스터 50개를 부착하였으며, 플랫폼에서 대기 중이거나 지하철에 앉아 있는 승객들이 이 포스터를 볼 수 있도록 했다.[2] 놀랍게도 캠페인을 시작한 지 2주 만에 우리는 엄청난 이메일을 받았으며, 몇 주 만에 그보다 많은 인터뷰 요청을 접수하였다. 지하철에서 포스터를 본 언론인들이 우리에게 연락을 취해 온 것이다.

2003년부터 2004년까지 독일 실업 관련 법률을 취재해 온 헤닝 버크Henning Burk 기자는 하르츠 위원회에 대한 5부작 〈하르츠의 여정 Hartz-Journey〉 프로그램을 제작하였다. 이 중 제5부 "완전고용 말고 자유를"에서는 로버트 커츠Robert Kurz, 클라우스 오페Claus Offe, 그리고 나의 짧은 인터뷰를 담았다. 제5부는 2004년 3월 독일 공영방송

3Sat을 통해 방영되었다(이후 5월에는 라디오 인터뷰와 토크쇼에 초대되었다). 〈프랑크푸르터 알게마이네 차이퉁Frankfurter Allegemeine Zeitung〉은 2004년 5월 관련 기사를 소개할 목적으로 '완전고용 말고 자유를'의 활동가인 토마스 로어Thomas Loer의 사설을 최초로 발행하였다. 같은 해 9월에는 독일 일간신문 〈타게츠차이퉁Tageszeitung〉에서 우리를 인터뷰했고, 〈프랑크푸르터 룬트샤우Frankfurter Rundschau〉는 "강요된 노동 대신 시민에게 자유를Freedom of Citizens instead of Coercion to Work"이라는 제목의 기사를 실었다(Liebermann 2004). 내가 아는 한, 시민들과 토론을 시작하기 위해 당시 그 어떤 다른 집단이나 개인도 공개적으로 기본소득을 옹호하지 않았다. 단지 장단점을 논하는 사람들 중에서 기본소득을 지지하거나 적어도 기본소득을 쉽게 받아들이는 몇몇 사람들이 있을 뿐이었다. 실업자와 불완전 노동자precariously employed people로 구성된 단체는 생계수당Subsistence allowance (Bundesarbeitsgemeinschaft der Erwerbslosen-und Sozialhilfeinitiativen e. V. 2008 참조)을 지지하였고, 2003년 발족한 "모두에게 충분하게enough for all"(Attac AG "Genug für alle" 2010 참조)로 불리는 아탁Attac 지부도 기본소득을 주장하였다. 울리히 오베르만Ulrich Oevermann(2001), 기본소득지구네트워크 창립 멤버인 클라우스 오페(2005), 그리고 미카엘 오피엘카Michael Opielka(2000)와 같은 몇몇 사회학자와 정치과학자들도 이들 대열에 합류하였다.

그 당시 놀랍게도 위르겐 하버마스Jürgen Habermas, 오스카 넥트Oskar Negt, 귄터 그라스Günter Grass처럼 유명한 대중 지식인들 중 그 누구도 기본소득 활동을 지지하지는 않았다. 하버마스는 1980년대에는 기본소득을 주장하긴 했으나(Habermas 1985), 그 이후로 아직까지 이를 다시 언급한 적은 없었다. 넥트는 2004년에 처음으로 투표 의무와 연동하는 다소 낮은 수준의 기본임금Basic Salary(Negt 2004)을 주장한 바 있다. 그는 2010년에는 투표 의무 연동을 포기한 것으로 보이지만, 기본소득이 다소 낮은 수준이어야 하는지 아니면 충분해야 하는지에 대해서 여전히 명확하게 밝히지 않고 있다. 그러나 그라스는 '우리 역시 시민입니다We, too, are the people'(Jürgs 2004)로 명명되는 슈뢰더 총리의 의제 2010을 지지하는 신문광고에 서명함으로써 노동연계복지정책 지지입장을 표명하였다. 이후 2009년에 그라스는 자신의 생각을 다소 수정했던 것으로 보이는데, 복지급여 지급 유예와 같은 수급자 제재조치에 공개적으로 반대하였다(Sanktions-moratorium 2009). 예를 들어 하르츠 법에 따르면 직업센터는 비협조적인 급여수급자에 대한 제재조치(예를 들어 급여삭감)를 취할 수 있다.

2004년 7월에는 독일 기본소득네트워크Network BI가 발족하였다. 이 네트워크는 학회를 조직화하는 몇몇 성과와 함께 활동가들의 교류의 장 역할을 위해 노력하였으나 운영정책과 관련한 많은 비판을 받기도 했다. 대부분의 비판은 이 네트워크가 마치 기본소득 활동가들의 범국가적 대변인 단체인 것처럼 활동하는 방식에 집중되었다. 최근의 비판은 2008년 수잔 와이스트Susanne Wiest가 독일 의회에 제출한 청원을 처리하는 방식에 모아졌다(Wiest 2008). 독일 기본소득 네트워크는 서로 관련이 없는 다양한 배경의 사람들로 구성되어 있으며, 서로 다른 기본소득 개념에도 개방적이다. 가장 활동적인 집단은 독일 기본소득네트워크에서 제공하는 지도에 등록 표기되어 있으며,[3] 이들 중 몇몇은 독일 기본소득네트워크의 멤버이기도 하다. 기본소득지구네트워크의 지부이기도 한 독일 기본소득네트워크는 지속적으로 멤버를 늘려오고 있는데, 2006년 6월 700명에서 2011년 8월 현재 96개 단체 포함 총 3,166명으로 증가하였다.[4]

독일 기본소득네트워크는 미디어의 관심을 성공적으로 활용하면서 2005년 논쟁의 분기점turning point을 맞이하였다. 〈프랑크푸르터 알게마이네 차이퉁〉, 〈남부독일신문Süddeutsche Zeitung〉, 〈벨트Die Welt〉와 같이 저명한 일간지부터 〈프랑크푸르터 룬트샤우〉, 〈타게스슈피겔Tagesspiegel〉, 〈타게스차이퉁〉 같은 소규모 일간신문, 〈레이니셰 메쿠어Rheinischer Merkur〉, 〈차이트Die Zeit〉와 같은 주간지, 월간지 〈브랜타인스brandeins〉에 이르기까지, 기본소득은 중요한 사안으로 폭넓게 인식되었다. 논평, 특집기사, 텔레비전 인터뷰, 라디오 프로그램들이 기본소득을 광범위하게 다뤘다.

이러한 대중적 홍보의 시작은 약국 체인인 DMdm-drogerie markt의 설립자이자 전 CEO인 고츠 베르너Götz W. Werner로부터 비롯되었다. 그는 2006년 세 권의 책을 출판했으며 10만 권이 판매되었다. 2005년 3월 그는 잡지 〈b〉에 "우리는 낙원에서 산다We live under paradisiac circumstances"는 제목의 인터뷰를 기고하여(Werner 2005) 서유럽 국가들의 막대한 부, 재화 및 서비스의 과잉생산능력을 강조하였다. 〈브랜타인스〉는 2005년 8월 "노동. 또 다시 완전고용하지 마라. 우리에게는 할 일이 많이 있다Work. Never full employment again. We've got better things to do"라는 제목의 기사를 통해 기본소득을 재조명하였다. 2005

년 11월, 베르너는 "미래의 이유: 기본소득A reason for the future: Basic In-come"이라는 반쪽짜리 신문광고 캠페인을 시작하였다. 이 광고에서 그는 왜 기본소득이 문제를 해결하고 새로운 계획을 발전시키는 데 도움이 되는지 설명하였다. 마지막으로, 2006년 4월 잡지 〈슈텐 stern〉의 인터뷰에서 그는 복지수급자를 마치 죄수로 취급하는 하르 츠 IV[5] 관련 사회정책을 비난하였다.

2006년에는 언론의 관심이 더 증가하였다. 초여름 독일 기독민 주당Christian Democratic Party 당원이자, 튀링겐 자유주the free state of Thuringia 의 전 수상 디터 알트하우스Dieter Althaus는 진행되던 논쟁에서 영감을 얻어 자신만의 '시민연대수당Citizen's Solidarity Allowance'(Borchard 2007; Althaus and Binkert 2010)을 제시하였다.[6] 부분 기본소득partial basic income으로 명명된 그의 제안은 완전고용에 더 이상 의지할 수 없으 며 대안을 모색해야 하는 시기가 되었음을 말하고 있다. 하지만 그 가 제안한 최저소득은 생계를 유지하기에 지나치게 부족하고 어떤 의미에서는 부의 소득세에 기반해 있었다. 그러나 '노동의지'와 급여 자격의 분리를 강조하여 정치인들이 기본소득을 진지하게 고려하도 록 만드는 중요한 기회가 되었다.

2006년 이후의 논쟁은 보다 현실적이고 진지했다. 여전히 모든 측면에서 반대와 이의제기가 있었다. 예를 들어 독일 기독민주당의 당원이자 슈뢰더 정부의 복지긴축정책을 맹렬히 비판했던 전 연방 노동부 장관(1982~1998) 노버트 블룸Norbert Blüm(Blüm 2007)은 주간 지 〈차이트〉를 통해 기본소득을 공격했다. "체계적 광기Madness with Method"라는 제목의 기사에서 그는 기본소득이 복지국가 철폐수단으로써 불공평하고 연대성을 저해하거나(Butterwegge 2007) 또는 사람들이 성가신 문제에 정신을 잃는 수단으로써 비현실적인 제도라고 규정하였다(Müller 2010). 시장자유경제학자들과 그들을 비판하던 일부 전문가들은 기본소득이 성취를 쓸모없는 것으로 만들고, 나태를 보상하는 것이라고 주장하였다(전자는 Siebert 2007; 후자는 Busch 2005; Schlecht 2006 참조). 기본소득 옹호자와 비판가들 모두 과거의 이데올로기적 지형* 양측에서 발견할 수 있다.

2007년 11월 독일 경제전문위원회German Council of Economic Experts(2007)는 알트하우스의 제안을 다룬 2007~2008년 연차보고서를 발간하였다. 위원회는 다음과 같이 결론을 내렸다.

> 법정 실업 및 연금보험제도를 폐지함으로써 기본소득으로 전통적인 형태의 복지국가를 대체하려는 것은 완벽하게 잘못된 생각이다. 반면에 빈곤이나 궁핍에 기반해 설계된 현재의 기본수당basic allowance 개념은 모든 사람들에게 생존의 사회문화적 최저생활 수준 정도의 무조건적인 공적 이전을 요구할 수 있는 자격을 부여하게 될 것이다.
>
> _독일 의회 2007, 17

기본소득은 대중적 홍보에 도움이 되는 다큐멘터리의 소재가 되어 왔다. 2006년 다니엘 헤니Daniel Häni와 스위스 바젤의 엔노 슈미트

---

* 좌파와 우파.

Enno Schmidt는 기본소득에 대한 거리면접을 촬영하여 온라인에 배포하였다. 이후 이 영상은 다큐멘터리 〈기본소득 문화충동. 영상 에세이*Cultural Impulse Basic Income. A Film Essay*〉(Häni and Schmidt 2008)의 일부로 삽입되었다. 2008년 8월에 배포된 이 영상은 독일에서 기본소득에 관한 가장 유명한 다큐멘터리가 되었으며 전 세계 여러 곳에서 상영되었다. 해당 영상은 현재 온라인에서 여러 언어로 더빙된 버전으로 시청할 수 있다. 2007년 크리스토프 쉴리Christoph Schlee는 다큐멘터리 〈모두를 위한 기본소득*Basic Income for all*〉(Schlee 2007a)과 저명한 기본소득 옹호자들의 진술을 모은 〈기본소득에 대한 여섯 가지 입장*Six Positions toward Basic Income*〉(Schlee 2007b)을 감독, 제작하였다. 조디스 헤이츠만Jördis Heizmann은 안드레아스 그레야Andreas Zgraja와 함께 같은 해 다큐멘터리 영화 〈사회 디자인*Designing Society*〉을 개봉하였다. 이 영화는 기본소득 옹호자와 비판가들의 인터뷰를 종합적으로 보여주고 있으며, 기본소득이 직면한 저항을 획기적으로 환기시키는 방식으로 구성되어 있다. 특히 기본소득으로 직접적인 이득을 얻을 수 있는 사람들 — 단지 자신의 연금 인상이 아니라 여러 사람들을 만나기 위해 비고용 노동자working off the books가 된 여성 또는 장기질환으로 노동을 할 수 없는 남성 — 의 진술은 기본소득에 대한 다양한 견해들을 제공한다. 그러나 그들이 기본소득을 지지하는 것은 아니다. 거칠게 말하자면 영상에서 한 남성은 일을 하지 않은 자는 먹어서도 안 된다고 말하고 있고, 한 여성은 집단적 무기력collective stultification과 문명의 쇠퇴를 두려워한다.

2008년 이래 매년 8월 중순에는 기본소득 주간행사Week of BI가 열린다. 독일 전역에서 지역 활동가들이 기본소득을 알리고 시민들의 관심을 모으기 위해 공개 토론회, 회담, 영화 상영을 준비한다.[7]

2008년 12월, 언론에 의해 그라이프스발트의 독립 아동보육 전문가Independent Child Day-care Professional from Greifswald로 언급되는 수잔 와이스트Susanne Wiest는 독일 하원에 무조건적 기본소득 도입을 제안하는 온라인 청원서를 제출하였다(Wiest 2008). 그녀는 그 청원서에서 무자녀 단독가구주 확정최저소득defined minimum income의 거의 두 배에 해당하는 성인 월 1,500유로, 아동은 1,000유로(현금과 현물 합산)의 기본소득을 제안했다(Federal Ministry of Finance 2008). 6주 만에 약 5만 3,000명(5만 2,973)의 사람들이 청원에 서명하였고, 2010년 11월 8일 청문회Commission that treats petitions가 열렸다.[8] 청원이 제출되고 청문회가 열리는 동안 언론의 반응은 폭발적이었다. 그 이후 수잔 와이스트는 수없이 많은 언론 인터뷰를 진행해 오고 있으며, 그녀에 대한 특집기사가 〈프랑크푸르터 알게마이네 차이퉁〉과 같은 유력 일간지에 실리기도 했다.

같은 해 베를린 기본소득 시민그룹Citizens' Group BI Berlin에 의한 캠페인은 언론의 지대한 관심대상이 되었다. 4월 1일 이 단체는 국립노동부National Department of Work를 모방한 웹사이트를 개설하고, 이를 '국립소득부National Department of Income'로 명명하였다.[9] 이 사이트도 매우 엄격한 노동연계형 실업수당제도Arbeitslosengeld II 지원양식과 매우 유사한 행정양식을 제공했다. 국립노동부는 만약 웹사이트 레이아웃 디자인을 바꾸지 않으면 소송을 걸겠다는 위협을 해왔고, 시민그룹은 이를 변경하였다.

거의 모든 정당들 — 독일사회민주당Social Democratic Party, 독일기독민주당, 녹색당the Green Party,[10] 좌파정당the Left[11] — 과 고용주 및 노조, 싱크탱크, 교회들이 기본소득 논의에 반응하는 데에는 2003년 겨울부터 2006년 겨울까지 3년이 걸렸다.

신문과 잡지의 기사뿐만 아니라, 유투브와 같은 인터넷에서도 접할 수 있는 많은 기본소득 관련 좌담과 패널 토론 영상, 음성, 그리고 날로 증가하고 있는 관련 학술논문들은 비록 매일 새로운 뉴스로 만들어지지는 않았지만 강렬하고 살아 있는 논의가 진행되고 있음을 말해준다. 포스터 캠페인, 좌담, 패널 토론, 인터넷 사이트, 블로그 같은 서로 다른 수단을 통해 활동가들은 기본소득의 아이디어를 성공적으로 전파시키고 있다.

선구자들 – 유사점과 차이점

기본소득이 독일에서 어느 날 불쑥 등장한 것은 아니다. 비록 기본소득에 대한 논의가 주로 (녹색당이 출현하게 되었던) 생태학 운동, 실업자 집단, 불안정 노동자들, 그리고 연구자들에게 국한되었지만, 1970년대 후반부터 기본소득에 대한 논의가 있었다. 그러나 이러한 논의들은 어떻게 기본소득이 시민권을 강화시키고, 이로 인해 정치 공동체를 굳건하게 할 수 있는지를 거의 고려하지 않았다. 정치 공동체의 구성요소로써 시민권 개념은 저평가되고 있다. 사회과학자 랄프 다렌도르프Ralf Dahrendorf(1986)는 기본소득을 조세제도의 관점에서 바라봐서는 안 된다고 주장한 몇 안 되는 사람 중 하나이다. 그의 주장에 따르면 우선, 시민들의 권리를 정의해야 하며, 그다음 이러한 권리를 보장하는 소득제공 수단을 찾아야 한다.

1980년대 초, 기초소득보장guaranteed income 혹은 적어도 노동의무와 관계없는 소득의 개념을 논의하기 위해 연방의회가 개최되었다. 당시 이와 관련된 문헌들이 증가하고 있었다. 다렌도르프의 유명한 글 "사라지는 고용사회Disappearing Employment Society"(Dahrendorf 1980)가 독일 월간지 〈메르쿠어Merkur〉에 수록되었다. 1980년대 말에는 두 권의 책이 유명해졌다. 첫 번째 책《잘못된 노동으로부터의 해방Liberation from false work》(Schmid 1986[1984])은 초판에 이어 개정판도 출간되었다. 두 번째 책《기초소득보장Guaranteed Income》(Opiel-ka and Vobruba 1986)은 1980년대 고전이 되었다.

1982년에는 '소득권right to income'을 요구하는 사회원조Sozialhilfe (Erster Bundeskongree der Arbeitslosen 1983 참조)[12]의 수급자와 실업자 연대가 있었다. 이 소득권은 1992년 채택되어, 이후 생계수당 (Bundesarbeitsgemeinschaft der Erwerbslosen- und Sozialhilfeiniti-aiven e. V. 2008 참조)으로 전환되었다. 같은 해 독일사회학회German Sociological Association에서 주관한 반기회의에서는 '고용사회의 위기'에 중점을 두었다. 이 독일사회학회 반기회의는 기본소득 논쟁을 이야기할 때 종종 언급된다. 녹색운동 안에서 그리고 이후 녹색당(80년대 초반 설립) 내에서, 기본소득은 사회생태계 또는 생태학적 자유주의 관점과 종종 연관되어 일부 지지를 얻었다. 그러나 사회생태계와 관련된 관점은 정식으로 공론화되지 않았으며, 녹색당 프로그램으로서 기본소득이 언급될 때에도(예를 들어, 1986년 국민대표단 회의에서 도입한 산업사회 재편성Reorganizing Industrial Society 프로그램)(Die Grünen 1986) 자산조사는 받지만 부의 소득세처럼 덜 관료적인 현금급여에 훨씬 가까운 것으로 설명되었다.

1986년 출간된 논문들을 살펴보면, 그간의 세월에도 불구하고 오늘날 기본소득 논쟁들의 윤곽을 잡을 수 있다. 예를 들어 잡지 〈차이트〉에서 울프-디터 하센쿠버Wolf-Dieter Hasenclever(1986)[13]는 "풍요의 땅으로 가는 길? 모든 시민을 위한 기본소득은 사회적 자유를 향한 첫걸음이 될 수 있다"는 기고문을 통해 기본소득의 장단점을 정교하게 설명하였다. 그의 주장 중 일부는 현재도 유효하다. 비록 기본소득은 관련 연구들도 활발하였고, 미디어, 특히 신문도 주목했던 뜨거운 쟁점이었지만, 1980년대 후반에서 1990년대 초 급격히 사라졌다. 이러한 쇠퇴의 이유를 확신할 수는 없지만 몇 가지 영향을 미쳤던 요소들을 생각해 볼 수 있다. 옹호자들은 지지자들을 얻기 위해 같은 시민을 대상으로 공론장에서 직접 소통하려고 하지 않았다. 게다가 기본소득은 현실적인 측면보다 이론적인 측면에서 논의되었다. 사실, 대중적 지지를 얻고자 했던 옹호자들은 '다른' 또는 '대안적인' 대중(일반 국민 외의 특정 국민)을 조직하는 것을 염두에 두었다(Opielka 2000). 현재 가장 주요한 논점 중 하나인 민주주의 근본으로서의 시민권을 강화하는 수단인 기본소득은 거의 조명 받지 못하였다. 오히려 국가는, 기본소득이 권리청구를 통해 보호되어야 한다는 점을 반대하는 주체로 간주되었다. '소득권' 요구는 기본소득이 (시민들이 할 수 있거나 희망하는 것에 대한) 시민들의 기여의지 없이는 지속될 수 없다는 점을 망각한 채 의무로부터의 해방만을 주창했다. 더욱이 1990년 독일 통일은 중요한 정치적 논쟁이었고 많은 도전을 수반했다. 그러는 동안 세대 간 성역할 변동으로 인해, 여성의 노동 시장 참여 증가는 기본소득 논쟁과 어긋나는 것으로 여겨졌고, 유급 노동이 궁극의 목표라는 생각을 증폭시켰다. 비록 월간지 〈브랜타인스〉의 "미래로 가는 길－기본소득Paths to the Future－Basic Income" (Spielkamp 2001) 또는 잡지 〈차이트〉의 관련 기사들이 있었지만, 1990년대 말 기본소득 논의는 거의 소멸된 것으로 보였다. 기본소득이 다시 세간의 관심을 되찾을 때까지 몇 년의 시간이 걸렸다.

주장과 논쟁

나는 이제 오늘날 기본소득 논쟁에서의 주요 주장과 반대의견에 대한 일반적인 견해를 제시하고자 한다. 또한 보다 우세한 신념인 자율성, 개인 능력, 사회정의, 민주주의, 평등으로 인해 기본소득이 직면하는 어려움을 명확하게 밝힐 수 있기를 희망한다.

무조건성

독일 내에서 최근 벌어지고 있는 논쟁 중 '무조건성'은 중요한 위치를 차지한다. 왜 '무조건성'이 그토록 중요하며, 이것이 의미하는 것은 무엇인가? 복지국가 독일은 독립적인 기금에 의해 운영되는 다양한 보험급여(예를 들어 실업급여, 연금), 공공부조, 수당 등을 종합적으로 제공하고 있다. 이 모든 급여는 조건적이다. 노동 의지(실업급여, 임금 관련), 기여 및 자격(실업급여, 연금), 특정 연령(아동수당),[14] 자산조사(공공부조) 등을 요구한다(Fleckenstein 2008). 그러나 요람에서 무덤까지 무조건적으로 급여를 제공하는[15] 기본소득의 목적은 슈뢰더 정부와 함께 시작된 노동연계복지정책과 강력하게 대치된다. 독일 논쟁에서 '성취' 조건은 급여를 수급하기 위해 반드시 충족시켜야 하는 것으로 명확하게 거론된다. 즉, 독일에서 기본소득 수혜자가 시민권이나 영주권 중 어느 하나의 '지위' 조건을 충족시켜야한다는 주장은 — 일부 전문가들의 조롱에 빗대자면 — 무조건성과 충돌하지 않는다.

교육: 기본소득의 전제조건인가 그 자체로 목표인가

기본소득 논쟁이 확산될수록, 여전히 기본소득이라 부르면서도 조건성을 옹호하는 논의를 쉽게 찾을 수 있다. 살짝 들어가 보면, 기본소득 수혜자들이 충족해야 할 교육적 의무라는 조건성을 발견할 수 있다. 볼프강 잉글러Wolfgang Engler(Engler 2007)는 교육을 자기결정적 삶을 이끄는 전제조건으로 간주하며 그를 따르는 시민들도 대체로 이에 동의한다.[16] 이들은 소외된 개인이 자유를 감당할 능력이 없는 세계에서는 '고용사회' 또는 '소비사회'의 인생 가이드라인에 익숙해지는 교육이 필요하다고 주장한다. 토마스 포레스키와 마뉴엘 엠믈러(Poreski and Emmler 2006)는 부모가 기본소득 자격을 갖기 위해서는 자녀들이 반드시 유치원이나 학교에 다녀야 한다는 조건을 제시하였다.

기본소득에 대한 교육의무 부과는 정치 공동체의 기본 요소로서 시민citizens의 지위를 약화시킬 것이다. 오히려 교육을 요구하는 대신 요람에서 무덤까지의 기초소득보장이 과거 노동 중심 정책이 직면한 교육적 비극을 전환하는 데 도움이 될 것이다. 오늘날 교육은 사람들에게 성공적인 고용의 수단인 '장인'이 되는 길master way을 제공한다. 즉, 아동 조기교육을 시작으로 하여, 직업 기술을 위한 기초작업이 준비되고, 학교에서 향상되며, 대학에서 최적화된다. 오늘날 교육의 성취는 고용과 동의어이다. 기본소득은 개인의 관심과 성향을 고려하여 교육이 그 자체로 목표가 되어야 하는지에 대한 논쟁을 발전시킬 것이다. 결과적으로, 앞으로는 자신만을 위한 게으름idle-ness도 미지unknown를 탐험하는, 보다 긍정적인 것으로 인식될 것이다. 기본소득은 삶의 모든 측면에서 공동체 혁신의 기초가 되는 호기심inquisitiveness을 지지한다.

시민권? 정치 공동체, 국제주의 그리고 인권

무조건성은 독일 복지 시스템을 전복할 것이다. 기본소득이 높을수록 조건급여는 더 많이 사라질 것이고, 임금노동은 공동체 내 수많은 활동 중 하나일 뿐이라는 인식이 확대될 것이다. 임금노동의 지위는 하락하고, 보육, 자원봉사와 같은 활동들의 지위는 상승할 것이다. 기본소득이 이러한 균등화 효과를 즉각적으로 가져오지는 않을 것이다. 오히려 이는 사람을 임금노동을 통한 기여자가 아닌 시민으로 인정한 결과이다. 의무부과 없이 제공됨으로써, 기본소득은 '수혜자'에게 자신을 위해 기본소득을 받는 것이라고 말한다. 시민권이 의무 없이 수여되는 것처럼 기본소득도 마찬가지이다.[17] 이것이 일부의 주장처럼 무조건성을 왜곡하는가?

실제 기본소득이 모든 사람들에게 제공되어야 한다는 주장이 종종 제기된다. 다양한 제안들이 세계적 요구로서 기본소득을 지지한다. '모두에게 충분하게'(Attac AG "Genug für alle" 2010)에 의하면, 기본소득은 국가적 목표라기보다 보편적·세계적 목표이며, 괜찮은decent 삶을 영위하기 위한 모든 사람들의 권리이다. 또한 좌파정당(BAG Grundeinkommen 2010) 당원들은 이러한 인권 접근을 지지한다. 이 관점에서 볼 때, 시민권은 필수적인 자격조건이 아니다 — 대신 기준은 영주권 혹은 거주권이다 — . 하지만 근본적인 질문은 누가who 누구를 위해for whom 왜why 기본소득을 결정하고 제공하는가이다.

만일 국제적 민주정부가 없는 한, 어떤 이들은 전 세계적인 기본소득을 달성하기 위한 유일한 수단이 인권이라고 말할지도 모른다. 결국 이들은 어디서든 유효한 것으로 여겨지는 인권으로부터 기본소득을 도출하게 될 것이다. 세계인권선언Universal Declaration 제23조는 노동에 대한 권리를 명시하고 있다.[18] 그러나 이 선언은 소득에 대한 권리 대신 노동할 권리(즉, 취업할 권리)에 동의함으로써, 생활양식의 다양성은 제약을 받게 되고 유급노동은 이상적인 규범이 된다.

국제적 민주정부와 그에 상응하는 정치적 통일체가 존재하지 않는 한, 기본소득을 제공하는 기관은 결국 국민국가the nation-state가 될 것이다. 국민국가는 보편주의에 장애가 된다는 관념과 달리 보편주의의 확산과 안정에 주요 추진동력이 되어 왔다. 그리고 국민국가는 특정 공동체와 그들의 정치 조직을 살아남게 하고, 번영하게 하며, 보편주의적 이상과 이를 준수할 가이드라인을 강화한다. 모든 실용적인 목적의 측면에서, 보편주의는 국가적 정치 공동체뿐 아니라 인권 없이는 존재할 수 없다. 게다가 그런 권리가 어떤 공동체를 창조하는 것은 아니다 — 권리는 그것을 준수하고자 하는 시민들만큼 강하다 — . 사실상 권리는 (공동체가 존재하고, 그 구성원들이 속해 있으며, 그 안에서 주어진 공동체 인식 속에서의) 모든 일상생활에 뿌리를 내려야 할 필요가 있다.

시민은 권리와 책임을 동시에 갖는 데 반해, 영주권자에게는 권리와 반드시 따르지 않아도 되는 책임을 갖는다. 이것이 영주권자에게 기본소득을 제공하지 말아야 한다는 점을 의미하는가? 결코 아니다. 그러나 이들에 대한 기본소득 제공은 정치 공동체를 위한 시민권이 무엇인가에 대한 의미구성 여하에 달려 있을 것이다.

노동시간의 재분배, 최저임금, 자동화기술

더 상세하게 들어갈수록 기본소득 효과의 몇몇 측면들이 어떻게 경합하는지 더욱 분명하게 알 수 있다. 서로 다른 제안들은 그들이 추구하는 자유를 얻기 위해 서로 다른 측면을 강조하고 서로 다른 의미를 결합한다.

생계에 충분한 기본소득을 통해 노동자가 협상력을 얻게 될 것이라는 데 많은 이들이 동의하고 있다. 임금노동과 무관하다는 것은 "아니오"라고 말할 수 있는 능력을 의미하며(Offe 2008), 이는 노동을 거절할 수 있는 능력(노동조합원이 노동을 거부하거나 최소한 회의적인 의사를 표현할 수 있는)을 의미한다(Neuendorff et al. 2009).[19] 한편으로, 회사는 자발적으로 일하는 의욕적인 노동자들을 필요로 하고, 다른 한편으로는 매력적인 노동조건과 환경을 제공해야 할 것이다. 이러한 두 가지 측면은 회사와 조직에서 혁신적인 분위기를 형성하는 데 도움이 될 것이다. 사회는 노동자 지위를 보호하기 위해 필요한 법적 규제 — 예를 들어 해고와 고용 관련 규제 — 를 철폐할 수 있다. 노동자가 동의한다면, 프로젝트 단위의 단기간 고용이 보편화될 것이며, 이것이 개인에게 위협이 되지는 않을 것이다.

또한 기본소득은 일자리 재분배와 노동시간 단축이 서로 결합되어야 한다는 주장이 있다(Opielka and Vobruna 1986; Neuendorff et al. 2009; Blaschke et al. 2010). 이들은 또한 노동자를 보호하기 위해 임금의 '바닥으로의 경주'에 맞서 최저임금제도가 필수적이라고 주장한다. 일반적으로 왜 노동시간은 감소하는가? 만일 기본소득 수준이 노동자가 노동을 거부하기에 충분한 수준으로 지급된다면, 노동자에게 노동시간이나 임금은 문제가 되지 않을 것이다. 개인은 자신의 삶, 의지, 능력 등에 따라 적절한 대답을 찾는 데 훨씬 더 나은 상태에 있을 것이다. 작업공간에서 보내는 시간은 노동자 자신이 합리적이라고 간주하는 정도에 따라 달라진다. 단순하게 노동시간을 물리적으로 줄이는 것은 개인의 결정과 욕구를 무시하는 것이다. 더불어 노동시간을 줄이면 임금노동의 규범적인 지위가 옹호될 것이다. 노동시간을 보편적으로 분배하는 것은, 노동이야말로 사람들이 공유하는 가치 있는 선^善이라는 것을 선언하는 행위이다.

노동시간 감축논의는 생산적이고 혁신적인 노동 — 이러한 노동은 일련의 문제들이나 질문을 해결하기 위한 개인들의 헌신과 밀접하게 연결된다 — 은 시간으로 측정될 수 없다는 점을 무시한다. 노동자에게 교섭을 일임하는 대신 업무내용으로 측정되지 않는 어떤 공식제도를 적용하는 것은 기본소득이 수행토록 하는 책임성을 노동자에게서 박탈하는 것이다. 이는 최저임금도 마찬가지이다. 왜 매력 없는 노동조건을 거절할 수 있는 사람들을 이중으로 보호해야 하는가? 두 가지 수단들 — 노동시간 감소와 최저임금 — 은 임금노동이 다른 직업이나 활동보다 바람직하고 의미 있다는 생각과 밀접하게 관련되어 있다.

기본소득을 가정하게 되면, 상대적으로 낮은 임금이 반드시 저소득을 의미하지는 않게 된다. 오늘날 임금은 두 가지 기능을 충족시킨다. ① 최소한의 소득을 보장한다. ② 조직성과의 몫을 제공한다. 그러나 기본소득이 제공된다면 상황은 변화하게 된다. 기본소득은 지속적으로 사용 가능한 최소한의 소득을 보장한다. 여기에 임금이 추가되며 최소한의 소득과는 별개의 것이다. 기본소득이 상대적으로 높다면 지금보다 낮은 임금은 더 이상 낮은 소득을 의미하지 않게 된다(기본소득+임금).[20] 기본소득은 모든 임금노동이 추가소득이 되도록 하는 일종의 토대가 된다.

노동시간 축소와 최저임금 도입은 합리화 과정을 심각하게 제약하는 결과를 가져올 수 있다. 유급노동이 '인간 노동을 대체하는 기술'을 활성화하는 데 걸림돌이 된다는 것이 바로 그 증거이다. 관리자는 (모든 편견에 맞서) 자신의 사내 정치 공동체에 충성심을 느끼고, 가능한 직원 해고를 피하려고 노력할 것이다(Liebermann 2002). 따라서 조직은 '효율적 생산을 위한 최대의 잠재력full potential'을 활용하지 않게 된다. 그러나 기술이 가능해지는 순간, 직업은 기술적 진보로 인해 경제적 존재 이유를 잃어버리게 된다. 직업이 불필요해지기 때문에 노동자는 직업에 대한 자부심을 가질 수 없게 된다. 노동자는 혁신적이거나 의미 있는 활동에 기여하는 것이 아니라 자신의 직업을 쉽게 수행하는 기계와 경쟁하게 된다. 예를 들어 계산대 직원은 보통 바코드 스캐너로 현금등록기와 입력기를 사용한다. 일부 슈퍼마켓 체인들이 시작한 바와 같이 고객에게 계산대 운영을 맡기는 것은 어떨까? 자동화기술을 합리적으로 사용하게 되면 기본소득은 사람들이 여가시간을 되찾을 수 있도록 한다. 공동체 전체가 이익을 누릴 수 있도록 이러한 합리화에 대한 그 어떤 제한도 존재해서는 안 된다.

타인과 다수의 희생으로 살기

기본소득에 반대하는 의견 중 하나는 보조금이 누군가를 '어떤 기여도 없이 타인의 희생으로 살아가도록'(Busch 2005; SPD 2009; for the Free Democratic Party[FDP], Atmiks 2009 참조) 만든다는 것이다. 언뜻 보기에는 그럴듯해 보인다. 임금노동에 종사하는 사람들은 재화와 서비스 생산에 기여하고 세금을 납부하며, 그 결과 공공기반시설이 마련된다. 그러나 소득세가 일반조세재정의 유일한 요소는 아니다. 소비자들은 부가세를 납부함으로써 기여한다. 또 다른 측면을 살펴보면 자원봉사자는 무급노동으로 서비스를 제공하고 상품을 생산한다. 예를 들어 교회, 자선단체, 정치정당 등이 여기에 해당된다. 독일에서 무급노동의 규모는 유급노동의 규모를 넘어선다. 연방통계청 데이터에 의하면(Statistisched Bundesamt 2003), 무급노동은 연간 960억 시간인 반면, 유급노동은 560억 시간으로 나타났다.[21] 이러한 활동에 급여가 없다고 해서 공동체에 중요하지 않은가?

"타인의 희생으로 산다는 것"이란 어떤 의미인가? 공동체 안에서 모든 개인은 '타인의 희생으로' 산다. 모든 사람들은 자신의 능력과 충성심에 따라 스스로 결정한 삶을 위해 자신의 동료시민에게 의지한다. 이런 의미에서 모든 사람들은 타인의 기여에 의존한다. 타인의 희생으로 산다는 것은 기본소득과 관계없는 오늘날의 '단순한 사실mere fact'이다. 오히려 이는 회피 불가능하다. 기본소득은 이 회피 불가능성을 보다 명확하게 만든다.

이러한 관점에서 보면, '기여'는 '실업'과 동일한 규범적 가정을 암시한다.[22] 이는 사회가 무엇을 '기여'라고 정의하는가에 대해 경합하는 것이다. 그러나 우리가 이를 정의하려고 하는 한, 자율성은 오히려 자율적인 삶을 정의하는 과정에서 제약을 받게 된다.

기본소득 지지자들은 기본소득이 가능하게 되면 노동시장 '외부'

의 활동들이 독립적인 지위를 획득하게 될 것이라는 점에 대체로 동의한다. 유급노동으로 소득을 벌어야 하는 의무가 없기 때문에 '두 번째 선택'*에 대한 낙인이 줄어들게 된다. 노동시장 외부활동과 직업활동은 동등한 도덕적 가치를 지니게 된다. 시민들은 유급노동과 다른 활동 — 예를 들어 자원봉사 — 사이에서 자유로운 선택을 하게 된다. 기본소득은 시민에게 선택의 가능성을 부여하고, 동시에 더 많은 책임도 부여한다.

또한 다양성이 힘을 얻게 될 것이다. 성장도 노동도 그 자체로 목표가 아니게 된다. 기본소득은 스스로 결정한 삶을 살아가는 다양한 방법들이 존중받을 수 있도록 한다. 노동시장으로 돌려보내기 위한 재정적인 고용 프로그램이나 교육훈련 대신 — 둘 다 실업자에게 다소 강제적이다 — 개인의 관심과 흥미에 따른 교육이 그 자체로 목표가 될 수 있다. 공동체는 기본소득을 제공함으로써 정치적 조직체의 안녕에 기여하고 나아가 연대하는 시민들을 신뢰하고 있음을 보여주게 된다.

가족, 보육, 그리고 해방

자녀를 위해 집에 머무는 부모는 공공복지에 기여하지 않는가? '실업자'인가? 일반적인 개념을 사용하면, 집에 있는 부모는 유급노동시장에서 일하지 않기 때문에 실업상태이다. 물론 그들은 공공복

---

* 노동시장 바깥의 활동을 선택하는 것.

지에 기여한다 — 가족 없이 정치적 공동체의 미래는 없기 때문이다
— . 그럼에도 불구하고 그들의 기여는 급여자격을 얻는 데 도움이
되지도 않고, 전일제 직업으로 인정받는 것도 아니다.[23] 노동시장 활
성화정책과 공공복지에 가장 큰 기여를 하는 바람직한 임금노동에
대한 대중의 논의는 가족돌봄과 같은 비임금활동을 평가 절하한다.

　일하는 부모를 지원하기 위해 보육제도를 확대하는 것에 대한 논
쟁은 현 활성화 정책과 관련되어 있다. 진보적이고 해방적으로 보이
는 것에는 반대하는 목소리가 있기 마련이다. 부모들은 대중적 논쟁
과 정치적 결정에 의하여 점점 더 압박을 받는다. 그들은 자녀들을
돌봐야 하는지, 즉 공동체의 규범적 기대를 충족하기 위해 전문적 경
력을 추구해야 하는지를 결정해야 한다. 기본소득과 같은 장치를 제
공하지 않고 보육제도를 확대하면, 유급노동에 대한 규범적 사고가
강화된다. 그러므로 예를 들어 스칸디나비아 보육정책을 본받아 미
래로 나아가고자 하는 전략은 오히려 한 발 후퇴하게 된다. 우리는
이러한 현상을 "고용 함정employment trap"이라고 부른다. 그러나 기본
소득은 낙인 없이 집에 머무를 수 있는 기회를 열어준다. 기본소득
은 부모들이 규범적 목표에 얽매이지 않고 스스로 의사결정할 수 있
도록 한다.

　독일의 일부 전문가는 기본소득이 여성에게 역진적이라고 주장
한다. 여성에게 요리사 역할을 부여하고(Nida-Rümelin 2008), 기본
소득보다 더 많이 벌 수 있는 어떤 기회도 없이 여성을 '주저앉힌다'
는 것이다(Schlecht 2006; SPD 2009). 내가 보기에 이러한 주장은 여
성들이 자신의 관심과 흥미를 찾고 따르는 데 충분히 강한 존재가 아

나라는 매우 비관적인 관점을 가지고 있는 것으로 보인다(Fischer 2006). 만일 여성들이 자신의 가정으로 돌아가기로 결정한다면, 왜 안되겠는가? 모든 것은 그들에게 달렸다. 이러한 결정으로 기본소득 이상을 획득하지 못하더라도 최소한 품위 있는 삶을 살 수 있다. 일리 있는 반대의견으로 보이는 것조차도 따지고 보면, 개인의 능력에 대한 불신에서 비롯되는 것이다.

조세와 사회정의에 대한 언급

독일 논쟁에서의 또 다른 이슈인 조세 및 사회정의와 관련한 간단한 정리를 덧붙여 말하고자 한다.[24] 기본소득 재정에 대한 대부분의 제안서는 소득세와 소비세를 결합한다. 그러나 고츠 베르너(Götz W. Werner 2007)와 베네딕투스 하드포(Benediktus Hardorp 2008)는 소득세를 폐지하고 소비세에 집중하는 조세체계의 전면적인 재설계를 제안한다.[25] 이러한 제안은 빈민에게 부담을 주기 때문에 부당하다는 이유로 반대되기도 한다. 베르너와 하드포는 임금, 사회보험, 세금, 인프라와 같은 기업의 모든 비용은 상품과 서비스 가격에 어느 정도 포함되어 있으므로 결국 소비자가 기본소득의 모든 재정 비용을 부담한다는 점을 지적한다. 상품과 서비스를 판매하는 것이 비용을 충당하고 이익을 창출하는 유일한 방법이기 때문에, 비용을 가격에 포함시키는 것은 불가피하다. 따라서 소비에 세금을 부과하는 것은 이 딜레마를 벗어나는 유일한 방법이다. 하지만 부자에게는 어떠한가? 베르너와 하드포는 보이는 것이 전부가 아님을 넌지시 알

림으로써, 그리고 소비나 투자로 사용하는 대신 소득(즉, 현금보유)에 집중하는 조세체계를 건설하는 것이 적절한지에 의문을 제기함으로써 사회정의에 대한 지배적인 사상에 도전한다. 그들은 지속 가능한 생산을 지원하기 위해 자원의 사용(예를 들어, 탄소발자국)에 세금을 부과하는 방법도 논의한다.

기본소득 — 가깝지만 먼?

지금까지 살펴본 바와 같이 기본소득에 대한 지지는 다방면에서 나타나지만, 그들이 무엇을 목표로 하는지에 따라 개념은 폭넓고 다양하다. 복지국가를 폐지하고 빈곤선 이하 혹은 빈곤선 수준의 기본소득을 제안하는 사람부터, 자기결정적 삶을 허용하는 높고 지속 가능한 수준의 기본소득, 기본소득을 교육의무와 최저임금, 노동시간 분배와 결합된 형태로 제안하는 사람에 이르기까지 기본소득에 대한 광범위한 개념이 제시되어 왔다. 일부에서는 기본소득을 시민권과 연결하여 민주주의를 촉진하는 것이 중요하며, 이를 통해 정치 공동체를 강화할 수 있다고 말한다. 다른 한편에서는 기본소득을 단순히 인간의 권리로 간주하고 시민권으로 자격 조건을 제시하는 방안에 대해 우려한다. 이들은 이러한 형태의 기본소득이 분명 배제적이며 국가주의 성격이 있다고 비난한다. 기본소득에 대한 지지는 모든 정치정당, 교회(가톨릭-개신교), 노동조합과 복지기관들에서 찾을 수 있다. 최상위 대표자들로부터의 지지는 드물지만, 대중으로부터 나오는 힘이 정당 내 논쟁을 가속화시킬 것이다. 기본소득 논쟁 초기 정치정당들은 기본소득 활동가들과의 접촉을 피했지만, 이후에는 정치회담이나 패널 토론에 기본소득 활동가들을 초대하는 것이 보편화되었다. 금융위기로 기본소득이 다른 어느 때보다 중요한 의제가 되었음에도 불구하고, 의미 있는 논쟁이 진행되지는 않아 왔다. 독일은 다른 유럽 국가와 마찬가지로 주로 '비용'을 절감함으로써 문제를 해결하려 한다.

유럽연합 회원국의 구성원으로서, 시민들은 기본소득이 단지 독일에서만 시행될 수 있는지 아니면 유럽연합 전역에서의 도입이 불가피한지 궁금해 한다. 물론 유럽연합 입법절차는 복잡하며, 국가 차원에서의 기본소득 시행은 도전적인 과제들을 해결해야 한다. 2008년 베를린에서 '기본소득과 유럽연합'에 대해 언급한 위르겐 에르멩거Jurgen Erdmenger에 따르면(Erdmenger 2008: 11; Brenner 2001: 224), 2009년 시행되는 리스본 조약 이후 국가 단위의 제도 도입을 위해서는 유럽연합 입법을 조정해야 한다. 그 이후에야 국가 단위의 기본소득 시행이 가능해진다.

유럽연합 법률이 독일 기본소득 도입에 대한 주요 장애물은 아니다. 오히려 장애물은 모순적인 현상에서 발견된다. 한편으로는, 민주적 제도에 이미 편입된 정치 공동체와 시민권의 근본적인 의미 사이의 불일치에서 발생하고, 다른 한편으로는 개인의 개별적인 인지 수준에 따라 기본소득 개념을 해석하는 방법의 차이에서 발생한다. 기본소득과 관련하여 지금 이 시간에도 진행 중인 대중토론은 이러한 모순들을 드러내고, 해석적인 패턴을 마련하는 데 특히 도움이 된다.

정당의 기본소득 지지가능성은 대중토론이 어떻게 발전하고 기본소득이 얼마나 많은 지지를 얻는지에 달려 있다. 2005년 의제에 기본소득을 포함시킨 것은 다름 아닌 대중토론이었다. 이는 기본소득이 앞으로 전진할 것인지, 한낱 꿈이 될 것인지를 결정하는 토론이 될 것이다. 앞으로 기본소득이 보다 더 많은 관심을 받게 되면, 정치정당들은 기본소득을 본격적으로 다루게 될 것이다. 이것이 대중토론이 우리에게 가르쳐준 것이다.

독일 기본소득의 최근 경향

독일의 기본소득 논의는 주로 언론과 시민사회단체, 연구자를 통해 제기되었으며, 그에 따른 논쟁도 주로 미디어를 통해 전개되는 경향을 보여 왔다. 이는 기본소득이 단순한 소득보장제도를 넘어 자본주의 체제 유지의 한 축으로써 노동과 자본에 대한 새로운 해석과 대응을 요구하는 거대한 사회개혁 프로그램이라는 점을 대중들에게 설명하고 지지를 결집하는 데 효과적인 전략이었음에도 불구하고 정치적 논의로는 이어지는 데 일정한 한계가 있었다. 이처럼 그 동안 소수정당이나 시민사회 차원에서 진행되던 독일의 기본소득 논의는 최근 처음으로 주요 정치권을 통해 본격적으로 제기되었다. 2018년 3월 미카엘 뮐러 베를린 시장은 실업자들이 현행 실업급여제도인 '하르츠IV'(416유로/월)와 기본소득(1,500유로/월) 중 하나를 선택하도록 하는 방안을 제안하였다. 같은 사민당 소속의 랄프 슈테이그너 부대표도 기본소득으로 하르츠IV를 대체하는 법안 마련을 제안하기도 하였다. 이는 사실상 실업자들에게 낮은 수준의 실업급여가 아닌 기본소득을 제공하겠다는 것으로, 슈뢰더 정부에 의해 주도된 '어젠다 2020'에 따른 노동시장 유연화와 불평등 악화의 문제를 해소할 수 있는 대안으로 제기된 것이다. 물론 이에 대한 독일 내 논쟁은 매우 뜨거운 상황이며 손쉽게 사회적 합의에 도달할 것으로 보이지는 않는다. 다만 기본소득을 받게 되면 일을 그만두겠느냐는 질문에, 대부분의 응답자들이 전혀 그렇지 않거나 노동시간을 조금 줄이는 정도의 변화만 있을 것이라고 응답한 점은 독일 기본소득 도입에 따른 부정적 효과가 기우일 가능성이 높다는 점을 말해준다. 2016년에는 32명의 서로 다른 직업을 가진 사람들이 모여 기본소득 도입만을 목적으로 하는 '기본소득당Bündnis Grundeinkommen'을 만들었다. 이들은 현재 창당 이후 첫 정치적 이벤트라 할 수 있는 작년 독일 총선에서 0.21%의 득표에 그쳐 의회 입성에는 실패했으나, 올해에는 기본소득에 동의하는 군소정당들과 함께 의회 입성에 필요한 5%를 확보하기 위해 노력하고 있다. 비록 이들의 활동은 음악축제와 유사한 형태의 이벤트를 중심으로 한 대중활동에 집중되어 있지만, 점차 기본소득 제도화를 위해 기존 정당과의 정치적 협상을 위한 전략을 수립하는 방향으로 전환해 가고 있다.

7

아일랜드:
아일랜드의 기본소득 경로

손 힐리 · 브리지드 레이놀즈
Seán Healy and Brigid Reynolds

이 장은 두 절로 구분된다. 첫 번째 절에서는, 1977년 첫 연구가 진행된 이후 아일랜드에서의 기본소득 논의와 연구들에 대한 개요를 서술한다. 두 번째 절에서는, 아일랜드에서의 기본소득 도입을 향한 경로에 초점을 둔다. 여기서 우리는 최근 수십 년간 연구 · 평가되어 온 다양한 경로들을 개괄적으로 보여주고, 아일랜드의 완전 기본소득체계 도입을 이끌 것으로 보이는 추가적인 정책옵션을 제시한다.

1절: 지금까지 이야기

1970년대부터 2000년대까지 기본소득은 다양하게 논의되어 왔다. 그리고 2010년대 들어 또 다시 기본소득이 주요 정책 어젠다로 등장하고 있다. 1977년 아일랜드 경제사회위원회National Economic and Social Council, NESC는 개인소득세와 복지급여의 통합방안에 관한 보고서를 발간했다(Dowling 1977). 기본소득은 이 보고서에 포함된 세 가지 통합방안 중 하나였다. 경제사회위원회는 아일랜드의 주요 '싱크탱크'로, 정부에 의해 조직되고 지원을 받는다. 위원회의 위원은 다양한 사회적 파트너(즉, 노동자 · 노동조합 · 영농조직 · 지역사회 · 자원활동 영역 · 환경조직)로 구성되며, 정부 고위관료와 다양한 배경을 가진 정부추천 인사들도 포함된다. 이 기관의 목적은 경제사회정책과 활용 가능한 관련 정책옵션들을 검토함으로써 정부를 지원하는 데 있다. (2011년 말, 정부는 경제사회위원회가 다루는 영역을 지속가능성과 환경정책까지 확대한다고 발표했다) 그러나 이 보고서의 기본소득 분석은 실질적인 영향력을 미치지는 않았다. 실제 당시 정책입안자들은 세제개혁에만 몰두하였고* 보고서의 개인소득세 관련 부분만 이후 정책형성과정으로 이어지게 되었다.

1980년대 들어 정부 위원회들은 두 가지 중요한 보고서를 발간했다. 첫 번째 보고서에서는 조세를 분석했고(Commission on Taxation 1982), 두 번째 보고서는 사회복지 시스템을 분석했다(Commission on Social Welfare 1986). 두 보고서 모두 기본소득을 검토했으나, 비용이나 영향력에 대한 진지한 분석 없이 이를 거부하였다. 조세위원회Commission on Taxation는 기본소득 소요비용이 얼마인지에 대한 어떤 분석도 하지 않은 채 너무 많은 비용이 필요하다고 주장했

---

* 다시 말해, 복지급여와의 통합에 대해서는 관심을 두지 않았음.

다. 간단히 말해 이러한 결론은 잘못이며, 이후 10여 년간 진행된 연구들은 기본소득이 가능하다는 것을 보여주었다(이 장의 후반부 논의). 이러한 무신경한 접근은 사회복지위원회가 기본소득 아이디어를 기각한 증거로 조세위원회의 결론을 단순하게 인용하면서 더 큰 문제를 야기하였다.

이들 두 위원회의 기본소득 분석이 실패했다고 해서 그걸로 논의가 끝난 것은 아니었다. 1980년대 후반 이후, 아일랜드에서는 기본소득 도입을 위한 두 가지 접근이 등장하였다. 첫 번째 접근은 대부분의 현행 구조를 유지한다는 가정에 기반하여 수행되었고, 두 번째 접근은 현행 시스템을 기본소득 시스템으로 대체하는 것으로 가정한 접근이었다. 우리는 이제부터 이 두 가지 접근 모두를 간단하게 소개하고자 한다.

1987년 패트릭 호너한Patrick Honohan[1](Honohan 1987)과 1994년 아일랜드 경제사회연구소Ireland's Economic and Social Research Institute, ESRI[2]의 팀 캘런Tim Callan 연구팀은 기본소득 이슈에 대한 연구를 발표하였다. 이 연구들은 모두 현행 조세·지출 시스템을 유지하는 입장이었으며, 활용한 연구 모델도 매우 유사하였다. 노동가능 연령의 성인에게 제공되는 비과세 기본급여가 장기실업자에게 제공되는 복지급여와 동등하다고 보았다. 노인에게 제공되는 급여는 조금 높고 아동에게 제공되는 급여는 성인에 비해 낮았다. 이러한 급여는 기본소득으로 기능하게 된다. 모든 사회복지급여는 중단되지만, '재량적discretionary' 조세 감면 조치들은 남게 되며 모든 정부지출 프로그램은 유지된다.

두 연구는 모든 개인소득에 대한 65% 이상의 세율 적용이 필요하며, 이러한 세율이 유급 노동자들의 노동의욕을 저하시켜 결과적으로 기본소득 도입을 기각해야 한다고 결론 내렸다. 또한 아일랜드 경제사회연구소 연구진은 기본소득이 많은 저소득가구의 소득분배에는 효과적이지 않다는 점도 강조하였다. 이후 수년 동안, 정부부처, 관계부서 및 산하 연구집단 실무진은 각종 보고서를 통해 아일랜드의 기본소득이 실현 가능하지 않다는 캘런 연구팀의 연구결과를 지지하였다.[3]

앞서 언급한 두 번째 접근에서는 기본소득이 현행 시스템을 대체한다고 보았다. 이는 코리 저스티스CORI Justice를 통해 발전·추진되었다. 코리 저스티스는 아일랜드 종교회의Conference of Religious of Ireland의 산하조직으로, 사회정의의 관점에서 빈곤, 불평등, 사회적 배제, 지속가능성과 같은 이슈에 집중하면서 공공정책을 분석하고 비판해 왔다. 이후 기본소득을 포함한 이들의 활동은 2009년 독립연구기관인 '아일랜드 사회정의Social Justice Ireland'로 인계되었다.

기본소득 재정 관련 사안은 워드(Ward 1994)의 연구에서 처음 제시되었다. 그는 수용 가능한 소득세율에 의해 마련될 수 있는 기금으로 도입할 수 있는 기본소득체계 마련에 초점을 두었으며, 기본소득의 주요 혜택은 유지하면서도 50% 이하의 소득세율을 제시하였다. 그의 연구 모델에 따르면, 모든 개인은 직업 유무와 관계없이 기본소득을 받게 된다. 또한 비과세 기본소득을 수령하고 있더라도 직업을 갖게 되면 번 소득에 따라 세금을 낼 의무가 있다. 이 연구는 아일랜드의 예산 상황을 매우 면밀하게 분석하였고, 공공지출 감소를 목적으로 초안을 작성하였다. 워드가 제안한 기본소득체계의 주요 구성요소는 다음과 같다.

- 노인과 아동을 위한 완전 기본소득
- 노동가능 연령층을 위한 부분 기본소득
- 실업자를 위한 '보충'급여
- 모든 재량적 세금감면 폐지
- 더 이상 필요하지 않은 공공지출 삭제
- 고용주 사회보험의 폐지
- 산업에 대한 정부지원 감축

이 연구는 다음의 입장을 취한다.

- 순소득과 노동장려 측면에서 많은 저-중소득 가구에게 이득을 준다.
- 수평적 · 수직적 측면에서 보다 많은 평등을 제공한다.[4]
- 고용 및 구직활동을 더욱 장려한다.
- 강화된 간결함과 확실성을 제공한다.
- 빈곤, 노동유인, 배제의 문제로 대결하는 현행 조세와 복지체계보다 나은 체계이다.
- 빈곤을 감소시킨다.
- 구직을 하게 되면 더 빈곤해지는 실업함정을 감소시킨다(이 같은 사정으로 취업의 기회를 놓치는 경우가 없어질 것이다. 취업과 추

가노동에 대한 이익을 얻게 될 것이다).

이러한 워드의 분석은 찰스 클라크Charles Clark와 존 힐리John Healy
의 연구[5]에서 더욱 발전·확장되었다. 이들의 연구는 코리 저스티스
(CORI Justice Commission 1997)의 발전계획Planning for Progress에 포
함된 부분 기본소득을 조망했다. 또한 발전계획에서 제시하는 아일
랜드 조세 당국의 재정 제안서를 검토하였다. 이를 통해 이들은 워
드가 대략적으로 제시한 기본소득 계획이 재원마련을 위해 동원 가
능한 소득을 과소평가했다는 사실을 발견하였다. 사실상 아일랜드
는 완전 기본소득을 3년 내에 도입할 수 있었다.

이러한 지점을 수용하면서 아일랜드 정부는 기본소득 논의와 연
구에 직접적으로 관여하게 되었다. 파트너십 2000Partnership 2000
(1996)으로 명명된 국민적 합의를 도출한 협상에서, 코리 저스티스
는 다른 사회적 파트너들로부터 기본소득에 관한 다음과 같은 합의
를 이끌어내는 데 성공하였다.

> 아일랜드 경제사회연구소, 아일랜드 종교회의CORI의 연구, 조세
> 와 복지에 대한 전문가 집단, 국제연구들을 고려하여 향후 모든 시
> 민을 위한 기본소득 도입에 대한 독립적 평가에 착수할 것이다. 기
> 초실무단은 이들 연구를 광범위하게 감독할 것이다.
>
> _Partnership 2000 for Inclusion,
>
> Employment and Competitiveness 1996, section 4.35, 23

실무단은 이 합의를 이행하기 위해 설립되었고 본 글의 저자 중 1명인 숀 힐리도 합류하였다. 실무단의 과업은 크게 두 단계로 구분된다.

- 1단계는 기본소득 재원을 위해 필요한 세율과 기본소득 도입의 분배적 함의를 조사한다.
- 2단계는 기본소득 도입에 따른 고용, 경제성장, 단·장기 예산 및 젠더 차원의 역동적 효과를 살펴본다.

두 단계를 통해 3개의 연구가 완성되어 발표되었다(Clark 1999; Callen et al. 2000a, 2000b). 이들 연구는 현행 조세와 사회복지체계와 비교할 때 기본소득이 아일랜드의 소득분배에 실질적인 영향을 줄 것으로 보았다.

- 소득하위 40% 이하 가구 70%의 소득이 증가한다.
- 전통적 빈곤선인 중위소득 40% 이하 개인의 절반을 빈곤선 위로 끌어올린다.
- 이 빈곤선보다 소득을 상향시킬 수 있는 선택지를 제공한다.[6]

이 연구들에 따르면, 이들 성과는 '전통적인' 빈곤대책을 상회하는 추가적인 재원이 없더라도 성취될 수 있다. 이러한 결론은 기본소득이 현행 조세와 복지체계보다 빈곤 감소에 보다 더 긍정적인 영향을 미친다는 코리 저스티스 주장을 정당화한다. 기본소득은 추가적인 공공지출을 요구하지 않으면서 빈곤인구를 감소시킨다. 또한 가장 빈곤한 소득하위 40% 인구집단을 대상으로 한다. 물론 조세와 복지체계도 빈곤을 감소시킬 수 있지만, 이들 연구에서는 기본소득이 추가재원을 할당하지 않더라도 더 많은 빈곤을 감소시킨다는 점을 확인하였다. 이는 그 당시 제안된 다른 어떤 연구보다 효과적이고 표적화된 접근이었다.

파트너십 2000 실무단에 이어 정부도 기본소득에 대한 녹서를 준비하고 발간하였다. 아일랜드의 녹서 발간은 특정 주제에 관한 고려사항들을 제시하였고, 정부는 이들 고려사항을 통해 자신이 제안한 바를 요약한 백서white paper를 발간하게 된다. 이는 국회 제출 전 법안의 토대가 되거나, 만일 새로운 법이 필요하지 않는 경우라면 일련의 정부 주도적 개혁의 도입을 이끌게 된다.

녹서는 2002년 가을에 발간되었는데(Department of the Taoiseach 2002), 이는 지금껏 나온 모든 연구들이 달성하고자 했던 발전된 모습이었다. 기본소득을 지지하는 관점에서 이 녹서의 가장 반가운 결론은 기본소득이 현행 조세 및 복지체계보다 빈곤 감소에 보다 긍정적인 영향을 가진다는 점이었다. 이 녹서는 또한 실무집단 연구로서, 기본소득이 아일랜드 소득분배에 상당히 긍정적인 영향을 미칠 것이며, 결과적으로 빈곤을 충분히 감소시킬 것이라 결론 내렸다. 또한 녹서는 이러한 성과가 '전통적인' 빈곤대책에 재원을 추가하지 않더라도 달성될 수 있을 것이라 보았다. 즉, 녹서는 기본소득이 현 조세 및 복지체계보다 빈곤대응에 효과적이라는 점을 보여주었다.

한편 고용 이슈와 관련하여 이 녹서는 기본소득이 긍정적-부정

적 효과를 동시에 갖는다고 보았는데,

> 소득대체율로 측정할 때 기본소득은 실업자에 대한 재정적 유인
> 을 포함하는 여러 노동유인효과를 갖지만, 높은 소득대체율의 실
> 질적인 혜택은 이미 고용되어 있거나 가사노동을 하는 여성들에
> 게 돌아가게 된다. 다만 이는 기본소득 재원조달에 필요한 세율을
> 특별히 민감하게 고려한 것은 아니다. 예를 들어, 최고세율을 납부
> 하는 임금 노동자의 한계직접세율marginal direct tax rate은 대체로 일
> 정하지만, 대부분의 임금 노동자들은 약 20%p의 세율인상을 경
> 험하게 된다. 이러한 결과를 종합할 때, 우리는 기본소득이 노동공
> 급을 증가시키기보다 하락시킬 것이라고 결론 내릴 수 있다.
>
> _Green Paper, 46

또한 이 녹서는 기본소득이 이주migration, 경제성장, 혁신, 창업,
성인교육 참여증대에 미치는 영향도 분석하였다. 이 분석에서는 다
소간의 부정적인 영향이 발생할 수 있는 것으로 나타났다.

2절: 기본소득으로 가는 길

아일랜드에서 기본소득 논의는 감당할 수 있는 비용과 그것을 실
시할 수 있는 방법이라는 두 가지 질문에 초점을 두어 왔다. 그동안
기본소득 재원마련에 대한 비관적 견해도 많았지만, 기본소득 급여

수준에 대한 일부 이견에도 불구하고 이 장의 1절과 관련된 연구들은 재정적 여력이 있음을 보여줬다. 두 번째 질문은 기본소득 시행을 위한 가능성 있는 경로의 설정과 관련되어 있다. 현재의 조세 및 복지체계가 처음부터 지금처럼 발전되었다면 오늘날과 다르게 설계되었을 것이라는 데에는 일반적인 합의가 있지만, 현 체계를 새로 설계할 경우 기본소득이 대안으로 수용되어야 하는지에 대해서는 이견이 존재한다. 어떤 사람들은 기본소득 도입을 위한 경로를 발견할 수 없다고 주장하였고, 또 어떤 이들은 기본소득의 발달이 자신들이 이념적으로 반대하는 것을 저지한다고 보아 동의하였다. 이 이슈를 다루기 위해 코리 저스티스는 클라크와 힐리(Clark and Healy 1997)에게 기본소득의 경로Pathways to a Basic Income에 관한 연구를 의뢰하였다. 이들은 기본소득 실행에 특별히 주목하면서, 코리 저스티스의 주장에 부합하는 완전 기본소득제도 실행을 위한 세 가지 방법을 제시하였다. 이러한 방법에는,

- 현 체계의 즉각적인 폐지와 기본소득 실시가 진행되는 '동시다발적all-at-once' 접근
- 아동, 노인과 같이 사회 특정 집단부터 기본소득을 도입하는 '집단별by groups' 접근
- 기본소득체계를 확립하는 동안 현 체계를 해체하는 '점진적gradual' 접근

이러한 세 가지 접근은 클라크와 힐리의 연구 제3장(1997: 24-35)

에 상세히 설명되어 있으며, 지금도 고려할 가치가 있다.

'동시다발적' 접근은 현행 소득세와 복지급여체계의 완전한 폐지와 그 자리를 대신하는 기본소득 도입을 제안한다. 과세연도 마지막 날에는 현 체계에 기반하여 세금을 징수하고 급여를 지급한다. 그리고 다음 과세연도의 첫 주, 기본소득체계에 따라 세금을 수납하고 기본소득을 지급한다. 클라크와 힐리는 다음과 같이 결론을 내린다.

> '동시다발적' 접근은 기본소득의 장점을 빠르게 실현하고 … 현 조세 및 복지체계를 신속하게 폐지할 수 있다는 장점이 있다. 단점은 너무 많은 변화가 일어난다는 것이다. 이 접근을 활용하면 사람들은 기본소득에 서서히 익숙해질 수 없게 된다. 특히 주택담보대출로 집을 구매하고 세제혜택으로 경제적 이득을 보는 사람들이 이에 해당된다. 다만 지난 수년간 고소득 가구의 주택담보대출 세제혜택이 감소함에 따라 과거에 그랬던 것만큼 중요한 문제는 아니다.
>
> _Clark and Healy 1997: 25

위의 연구를 하고 10년 반이 지나 우리가 이 장을 쓰는 2008년, 아일랜드에서는 자산 '거품'이 붕괴함에 따라 주택담보대출이 다시 논쟁이 되었다. 그러나 기본소득 실행에 대한 담보대출의 영향은 1997년 우리가 이를 평가했을 때와 동일하다. 세금 '감면breaks' 문제를 고려한 선택이 요구되는 것이다. 즉, 주택담보대출 세금감면은 유지되어야 하는가 아니면 폐지되어야 하는가? 만일 폐지한다면 깡

통주택에 처하거나 대출상환으로 분투하는 사람들의 문제가 다루어져야 할 것이다. 이러한 정책선택은 현 체계가 지속된다 하더라도 필요하다. 정부의 조세위원회는 이에 대한 개혁방안을 마련해 왔다(Commission on Taxation 2009).

두 번째 접근은 사회의 특정 집단부터 차례로 기본소득을 지급하는 '집단별' 접근이다. 클라크와 힐리에 따르면 이는 4년 안에 달성될 수 있다(Clark and Healy 1997: 26). 이를 위한 몇 가지 방법이 있다. 그중 하나는 도입 첫해 21~64세 성인에게 부분 기본소득을 도입하는 것이다. 두 번째 해에는 대부분의 아동에게 기본소득을, 세 번째 해에는 노인을 위한 완전급여를 실시한다. 마지막으로 네 번째 해에는 미지급 아동과 성인에게 기본소득을 지급한다. 4년의 제도변화에 따른 재원조달은 세제개편과 국가재정의 조정을 통해 마련한다. 이 접근법이 달성하고자 하는 목적은 다른 두 접근과 같지만 그 경로는 상이하다.

클라크와 힐리는 이 접근법에 대해 상당히 부정적인 평가를 내렸다.

> '집단별' 접근은 매력적이지 않다. 첫째, 기본소득을 집단별로 도입하면 승자와 패자가 어느 정도 임의설정될 것이며, 궁극적으로 기본소득의 완전 실시 시점에서는 이들 간의 차이가 더욱 명확해질 수 있다. 이는 필연적이다. 어떤 집단에 먼저 도입되면 다른 집단은 기다려야 한다. … 특정 집단이 기본소득 수급에 대한 우선권을 갖게 된다. 이는 특히 세율이 인상되는 집단에 속한 사람들의

분노를 야기할 수 있다. 설령 납세자가 먼저 기본소득을 받는다 하
더라도 다른 사람들이 기본소득을 지급받게 됨에 따라, 이들은 차
년도에 엄청난 세율을 경험하게 될 것이다. '집단별' 접근의 또 다
른 한계는 '점진적' 접근이나 '동시다발적' 접근에 비해 세금징수 규
모 추정이 다소 불확실하다는 점이다.

_Clark and Healy 1997: 29-30

위에서 살펴본 징수규모 추정의 한계는 1997년 클라크와 힐리가
연구를 수행했을 당시 과세기준에 대한 세부사항의 부족에 기인
한다.

세 번째 접근은 기본소득체계를 확립하는 동시에 현 체계를 해체
하는 '점진적인' 접근이다. 어떤 방식으로든 현 조세 및 복지체계에
서 기본소득체계로 전환하는 데 가장 어려운 이슈 중 하나는 현 체계
의 개혁이다. 이는 특히 아일랜드의 경우에 해당된다고 할 수 있는
데, 아일랜드의 조세 및 복지체계는 극도로 복잡하고 많은 수당, 공
제, 감면뿐 아니라 특정 목적을 위해 설계된 다양한 과세등급과 세율
을 가지고 있다. 심지어 이들 중 일부는 오래 전에 만들어져 이미 '유
통기한'이 지난 것들이다. 또한 이들 중 일부는 원래 기존의 예외조
항들에 대응하기 위해 도입된 것들이었다. 그러나 여전히 재무국
Department of Finance 혹은 조세 당국이 추산하지 못하는 세금감면이 상
당 부분 존재한다.

클라크와 힐리가 규정한 '점진적' 접근은 매우 간단한 방법으로
이러한 문제를 다룬다. 이 접근에서 기본소득은 현 조세 및 복지체

계와는 별도로 수립된다. 현 체계가 점진적으로 폐지되는 동안 기본소득을 단계적으로 도입하는 것이다. 이는 도입기간을 어떻게 선택하더라도 달성될 수 있다. 이들은 도입기간 3년을 제안하였다.

> '점진적인' 접근은 매우 간단하다. 3년 간 매해 기본소득계획의 1/3을 시행하여 3년차에 완전 기본소득을 도입하는 것이다. 또한 반대로 현행 조세와 급여체계는 첫해 1/3, 두 번째 해에는 2/3를 감소시키고, 마지막 세 번째 해에는 마침내 완전히 폐지한다.
> 이 접근은 점진적이며, 기본소득계획 도입으로 인한 이득과 비용을 기간에 걸쳐 고르게 분배한다. 이는 '동시다발적' 접근에 의해 야기되는 혼란을 피할 수 있게 한다. 모든 사람들은 기본소득 급여의 부분적인 혜택을 받으며, '집단별' 접근의 경우처럼 다른 집단의 급여를 마련하기 위한 극적인 세율 상승을 겪지 않는다.
>
> _Clark and Healy 1997: 31, 35

이 장의 저자들은 클라크와 힐리의 결론이 오늘날까지 유효하며, '점진적' 전략이 아일랜드가 완전 기본소득으로 가기 위한 가장 원활한 경로가 될 것이라 확신한다.

또한 1997년 클라크와 힐리의 분석에서 드러난 '집단별' 접근의 많은 문제점을 제거한 또 다른 버전을 소개함으로써 기본소득을 향한 경로 논의에 추가적인 차원을 제시하고자 한다. 우리는 현 조세 및 복지체계가 기본소득의 '구조structure'에 맞춰 조정될 수 있으며, 이를 통해 완전 기본소득'체계system'로 발전할 수 있을 것이라 믿는다.

이러한 접근의 핵심단계는 다음과 같다.

1. 현행 아동급여체계를 보존하고, 이 급여에 과세하지 않는다.
2. 66세 이상 모든 성인을 위하여 국가연금을 보편급여로 제공한다.
3. 두 가지 주요 환급 가능한 세액공제refundable tax credits를 만든다.

일단 이 세 가지 단계가 진행되면, 사회 모든 구성원은 일종의 공정한 급여, 즉 기본소득 구조에 접근하게 된다. 이 구조는 시간이 지나면서 합리적인 소득 수준(아동, 노동연령, 고령 등 나이에 따라 다를 수 있음)으로 설정된 완전 기본소득체계로 발전할 수 있으며, 모든 사람에게 노동의 의무를 부과하지 않고도 지급될 수 있다. 우리는 선행연구를 통해 아일랜드의 기본소득이 공평한 조세체계와 합리적 세율을 통해 재원을 확보할 수 있다는 점을 확인하였다. 우리에게 도전은 이러한 발전을 이념적으로 거부하는 평론가들로부터의 반대와 논쟁을 극복하는 것이다.

우리의 제안이 오늘날 아일랜드에 유효한가? 우리는 그것이 힘든 시기에서조차도 발전할 수 있는 매력적인 제안이라고 믿는다.

위에서 제기한 1단계에 관련하여, 아일랜드에는 보편적인 아동수당이 있고, 사실상 모든 아동에게 지급되는 기본소득 급여이다. 2011년 아동수당은 첫째와 둘째 아이에게 매월 140유로, 셋째 아이에게 매월 167유로를, 넷째 이상이 되면 매월 177유로를 지급해 왔다. 그러므로 아동과 관련해서는 사실상의 기본소득체계가 자리잡고 있는 것이다. 모든 아동을 대상으로 한 기본소득이다. 이는 정부가 세금을 징수하거나 자산조사를 실시하지 않는다면 아일랜드가 이미 위에서 언급한 1단계를 성취했다는 것을 의미한다.

2단계에서는 국가기여연금State Contributory Pension이 66세 이상 모든 성인을 위한 보편적 급여임을 보여준다. 2011년 국가기여연금은 80세 이하에게는 매주 230.30유로를, 80세 이상에게는 추가적으로 매주 240.30유로가 지급되었다. 자산조사는 실시하지 않는다. 이 연금은 과세대상 소득이지만, 만약 이것이 유일한 소득원일 경우 과세하지 않는다. 하지만 이 급여는 다음에서 확인할 수 있듯이 보편적 프로그램은 아니다.

- 약 4만 6,000명의 여성들은 많은 역사적 이유로 국가연금 수급자격이 없으며, 정부는 이들 집단의 수급요구를 지속적으로 무시해 왔다. 보편적인 급여체계는 이 여성들이 모두 국가연금을 받아야 가능할 것이다.
- 국가기여연금은 오직 아일랜드 사회보험에 충분히 기여한 66세부터 지급된다. 사회보험수급 조건은 매우 복잡하고, 이 조건에 의해 수급자격을 얻지 못하는 사람이 많다.
- 아일랜드의 무기여국가연금noncontributory state pension은 국가기여연금 수급자격이 없는 66세 이상 노인에게 지급된다. 이는 자산조사 급여이다.

그러므로 66세 이상 모든 노인들이 국가기여연금을 수급하는 것은 아니다. 이러한 상황에서 벗어나기 위해서는 국가재정으로부터의 추가지출이 필요하다. 독립 연구기관인 아일랜드 사회정의는 현재 연구를 통해 이를 위해 필요한 비용과 향후 반세기 동안의 재원 마련방안을 확정할 것이다. 이 연구는 2012년 출간될 예정이다. 우리가 이 장에서 서술하였듯이 국가의 추가지출 달성이 어렵지 않다는 점은 분명하다.

이제 우리는 3단계에 와 있다. 두 가지 주요 환급가능 세액공제를 만드는 것. 최근 아일랜드 기본소득 지지자들은 환급가능 세액공제정책을 제안했다. 이러한 혁신은 모든 아일랜드인들이 어떤 종류든 급여수급 자격을 갖는다고 간주한다(예를 들어, 모든 아동을 위한 아동수당, 모든 노인을 위한 국가연금, 사회복지급여, 그리고/또는 모든 사람들을 위한 환급가능 세액공제). 하지만 환급가능 세액공제를 만들기 위한 제안 역시 상당한 저항에 부딪쳐 왔다. 분명한 것은 이들 저항의 상당 부분이 정치정당이나 기타 관계자들보다 재무부로부터 제기되었다는 것이다.

아일랜드는 이미 2001년 예산연도부터 세액공제체계를 가지고 있었다. 세액공제체계란 벌어들인 원천first penny 소득을 기준으로 세금을 계산한 후, 계산된 세금에서 공제로 차감하여 정부에 지불하는 것을 의미한다. 만약 고지된 세금이 공제액보다 낮다면, 실제 납부세금은 제로가 된다. 이는 모든 소득구간의 사람들이 이들 공제로부터 동일한 정도의 혜택을 받을 수 있음을 의미한다. 개인은 기혼자 세액공제, 노동자 원천징수Pay As You Earn, PAYE 세액공제 등 개인 상황에 따라 세액공제 자격을 갖게 된다. 이러한 세액공제는 총임금에 대한 개인의 세금을 줄이기 위해 사용된다. 세액공제가 납부할 세금을 결정하기 위해 차감되는 것이다(공제된 총 세금=납부할 세금).

그러나 어떤 집단은 세액공제로부터 다른 집단만큼 이익을 얻지 못하는데, 이들은 충분히 많은 세금을 납부하지 못하는 저소득층이다. 세액공제를 받을 만큼 충분한 소득을 벌지 못한 경우라면, 정부가 도입한 조세감면으로부터도 이득을 얻지 못할 것이다. 이러한 일은 이렇게 발생한다. 통상 아일랜드 정부는 개인소득세를 인하하고 사회복지급여를 증가시킨다. 이는 물가가 상승할 때 개인들의 실질소득이 떨어지지 않도록 보호한다. 세액공제 가치의 증가는 납부할 세금의 감소를 의미하며, 이를 통해 더 많은 소득을 유지할 수 있기 때문에 고소득계층은 혜택을 받게 된다. 사회복지 수급자들 또한 급여율의 인상으로 이득을 본다. 그러나 어떤 집단은 아무런 혜택을 받지 못한다. 세액이 정부 예산집행 전에 공제되어 납부할 소득세가 없는 사람의 소득이 공제예산이 집행된다고 해서 증가하는 것은 아니다. 결국 이는 예산집행 시기 많은 노동빈곤계층과 같은 저소득계층이 그 어떤 방식으로든 혜택을 받지 못하는 유일한 집단이라는 점을 의미한다.

이 문제를 바로잡기 위해 놓친 세액공제에 상응하는 가치만큼의 급여를 정부로부터 받을 수 있다(예를 들어 환급). 이것이 환급가능 세액공제 시스템refundable tax credit system 또는 부의 소득세로 알려진 방식이다. 아일랜드에서는 이를 대체로 환급가능 세액공제 시스템이라고 부른다. 이는 납부를 해야만 받을 수 있는 노동자의 세액공제 일부가 국가에 의해 환급된다는 것을 의미한다.

세액공제가 환급 가능하게 되면, 노동자들은 최소한의 소득 수준에 대한 권리를 갖게 된다. (예를 들어 실업, 질병, 장애 등) 복지급여를 받는 노동연령층의 모든 사람들은 수급자격이 있는 급여를 받게 될 것이다. 실제로 노동연령층의 모든 성인들은 기본소득에 대한 자격을 갖게 된다. 그러나 급여 수준은 상당히 다양할 것이다.

아일랜드 사회정의 연구팀은 환급가능 세액공제에 관한 검토연구를 발표하였다(Social Justice Ireland 2010). 그리고 이 연구결과는 2010년 〈공정한 조세체계 개발: 노동빈민과 환급가능 세액공제의 비용Building a Fairer Tax System: The Working Poor and the Cost of Refundable Tax Credits〉이라는 보고서로 출간되었다. 이는 아일랜드 사회경제정책에 대한 두 가지 핵심 이슈를 소개하였다.

- 아일랜드 조세체계를 개혁하고 발전시켜 결국 공정하게 만들 필요가 있음.
- '노동빈민' 문제에 대한 진지한 논의가 요구됨. 직업이 있는 많은 사람들이 빈곤선 이하의 소득을 벌고 있으며, 빈곤위기 가구의 1/3이 노동하는 1명의 가구원에 의지해 생계를 유지하고 있음.

이에 대해 연구는 다음과 같은 결과를 보여준다.

- 환급가능 세액공제는 효율성과 비용효과 측면에서 저소득 개인 11만 3,000명에게 이득이 될 것임.

- 가구 내 아동과 다른 성인인구를 감안한다면, 총 수혜자는 24만 명이 될 것임.
- 이 변화를 만드는 비용은 1억 4,000만 유로임.
- 그리고 이 비용은 2009년 재무부가 아일랜드 의회 사회가족부에 제출한 예측비용인 30억 유로와 극명하게 대조됨.

이 결론으로부터 두 가지 이슈가 제기되었다.

1. 세액공제 관련: 정부는 환급가능 세액공제제도를 만들어야 한다. 환급가능 세액공제는,
   - 아일랜드의 조세체계를 보다 공정하게 만들 것이다(예를 들어, 저임금 노동자가 기존 세액공제체계로 인해 손해 보는 것을 보장).
   - 노동빈곤 문제의 일부를 해결할 것이다(이전 세액공제로부터 일부만 혜택을 받은 모든 노동빈민들이 완전한 세액공제 혜택을 받아 결국 소득이 증가할 것임).
   - 많은 아일랜드인들의 생활 수준이 향상될 것이다(24만 명 이상의 수급자들이 소득증가로 이득을 봄).
2. 비용 관련: 이 연구는 재무부의 재정계산을 심각하게 우려하였다. 정책형성은 견고한 증거에 기반해야 한다. 그러나 정부 부처에 의한 비용산출은 95% 이상 부정확했다. 문제는 이러한 제안이 빈약한 '증거'로써 매우 부적절하게 제공되어 왔고, 사실상 우리가 의존할 수 있어야 하는 출처로부터 도출되었다는 점이다.

이 작업은 계속되고 있으며, 진행상황은 아일랜드 사회정의 웹사이트(www.socialjustice.ie)에서 확인할 수 있다. 이제 이 장의 목적과 관련하여 기초적인 결론과 예측 가능한 이슈들을 설명하고자 한다.

실제 환급가능 세액공제는 모든 사람들이 기본적인 급여를 받을 수 있도록 한다는 점에서 기본소득 구조를 더욱 견고하게 할 것이다. 그러나 이것이 자산조사나 노동의무의 조건 없이 모든 개인에게 지급되는 완전 기본소득체계로 간주되기까지는 여전히 가야 할 길이 멀다. 기본소득체계는 모든 개인이 사회의 자원을 공유하고, 의미 있는 노동을 할 권리, 품위 있는 삶을 위해 충분한 소득을 받을 권리가 있음을 인정한다. 하지만 21세기 이후 지난 20년간 아일랜드에서 완전 기본소득에 가장 근접한 경로를 확인할 수 있는 것은 여기에서 소개된 것이 유일하다.

앞서 언급된 세 가지 단계 중 가장 달성하기 어려운 단계는 마지막 세 번째인 환급가능 세액공제이다. 하지만 이 과정에 협력하는 것이 지나치게 어려운 일은 아니다. 환급가능 세액공제의 주요 장점은 저소득 노동으로 저하된 노동의욕을 해결할 수 있다는 것이다. 주요 수혜자는 저소득 노동자(전일 또는 시간제)가 될 것이다. 이 정책의 도입으로 비롯된 모든 혜택은 최하위 소득자에게 직접 전달되며, 환급가능 세액공제로 추가 상승한 세액공제 수준은 모든 노동자에게 공평할 것이다. 또한 조세변화의 예산상 부담과 이득을 분배하는 이 세액공제제도를 통해 실질적 평등이 달성될 것이다. 모든 범주의 개인 소득자가 누리는 혜택은 결혼여부에 관계없이 동일할 것이다. 결국 상대적으로 분배의 바닥에 위치한 소득계층에게 최선의 제도가 된다. 이들 성과들은 기초연금 도입이라는 혁신을 수행하기 위해 충분히 큰 동맹을 형성하는 데 견고한 기초를 제공할 것으로 보인다. 아직 해야 할 일이 있지만, 기본소득체계를 향한 많은 노력이 수행되어 왔다. 체계구축을 위한 기본재료들은 적절히 배치되어 있다.

1980년대 초반 이래 본 저자들은 현행 조세 및 사회복지체계가 재고되어야 하며, 21세기 변화하는 세계에 보다 적절하도록 통합 및 개혁되어야 한다고 주장하였다. 그리고 이를 위해 우리는 기본소득 도입을 역설해 왔다. 이러한 우리의 제안은 특히 경제적 격변기인 지금의 상황과 관련되어 있다.

기본소득은 사회복지급여의 부작용을 방지하는 최저소득보장의 한 형태이다. 기본소득은 여타의 소득지원과는 다음과 같이 다르다.

- 기본소득은 가구가 아닌 개인에게 지급된다.
- 기본소득은 소득에 상관없이 지급된다.
- 기본소득은 조건 없이 지급된다(노동이나 구직활동을 요구하지 않는다).
- 기본소득은 항상 면세이다.

경제적 혜택으로부터 배제된 수많은 사람들의 역경이 무시될 수 있다는 점은 실제로 존재한다. 정부와 정책결정자, 전문가들은 모두를 위한 번영된 사회가 눈앞에 놓여 있음을 단언한다. 이와 유사하게, 직업은 빈곤에 맞서는 가장 좋은 방법이며 결과적으로 유급노동

종사가 최우선적으로 고려되어야 한다는 주장도 종종 제기되고 있다. 물론 직업은 중요하다. 그러나 '노동빈곤'의 규모만 보더라도 직업만으로는 빈곤을 해결할 수 없다는 점은 명확하다. 모든 사람들을 포괄하여 보장하는 구체적인 정책이 필요하다. 21세기 사회는 모든 사람들이 지속 가능한 발전의 혜택을 누릴 수 있도록 하는 급진적인 접근을 요구한다.

우리가 설계한 바와 같이, 기본소득은 사회복지와 세액공제를 대체한다. 이는 빈곤선 이상 모든 사람들의 소득을 보장한다. 자산조사는 실시하지 않는다. 실업자에 대한 규제나 수급조건이 없을 뿐아니라 실업자로 등록할 필요도 없다. 실제 기본소득은 사회적 자원 공유에 대한 모든 사람들의 권리를 인정한다.

기본소득은 돈을 버는 행위에서 인간이 중요한 부분을 차지할 것이기 때문에 구직활동을 하고 소득을 버는, 즉 고용을 통한 소득증대는 언제나 추구할 만한 가치가 있다는 점을 인정한다. 따라서 이는 현 체계의 빈곤함정poverty trap과 실업함정을 제거한다. 게다가 기본소득체계에서 여성과 남성은 동등한 급여를 받는다. 결과적으로 기본소득은 모든 사람들을 동등하게 대우하여 젠더평등을 증진한다.

이는 현 조세 및 복지체계보다 확실하고 가치가 있으며 간단하고 투명한 체계이다. 현 체계에 비해 훨씬 고용 친화적이기도 하다. 또한 유급노동과는 다른 형태의 노동도 존중한다. 이는 다른 형태의 노동이 인정받고 존중받아야 하는 사회에서 핵심적 사안이다. 이는 또한 모든 사람들이 추구하는 유급노동을 영구적으로 보장할 수 없는 사회에서도 중요하다. 아일랜드에서는 이러한 노동에 대한 인정과 금전적 보상을 요구하는 압력이 증가하고 있다. 기본소득은 이러한 인정과 보상을 보장하는 투명하고 효율적이며 적절한 메커니즘이다.

또한 기본소득은 생존을 위한 지독한 종속과 빈곤으로부터 벗어나도록 한다. 이를 통해 그들의 자부심을 회복시키고 시야를 확장시킨다. 그러나 빈민이 기본소득을 반기는 유일한 집단은 아니다. 예를 들어 기본소득 도입으로 사회복지체계와 경쟁하지 않아도 되는 고용주들도 환영할 것이다. 노동자들은 직업을 가져도 기본소득을 상실하지 않기 때문에 언제나 직업유지의 동기를 갖게 된다.

기본소득 시스템은 의미 있는 노동을 위한 발판을 제공할 것이다. 이는 유급노동뿐 아니라 다른 노동형태에도 이득이 된다. 또한 실질적으로 빈곤을 감소시킬 것이다. 현 조세 및 복지체계는 서로 다른 시대에 설계되었으며, 20세기 후반의 주요 사회문제들을 훌륭히 다뤄 왔다. 하지만 세계는 급진적으로 변화하고 있다. 기본소득은 21세기가 요구하는 새로운 체계이다.

기본소득이 도입되어야 하는 열 가지 이유를 소개한다.

1. 노동과 고용에 친화적이다.
2. 빈곤함정과 실업함정을 제거한다.
3. 평등을 촉진하고 모든 사람에게 적어도 빈곤을 넘어서는 수준의 소득을 보장한다.
4. 보다 공평하게 조세부담을 분산시킨다.
5. 남성과 여성을 동등하게 대우한다.

6. 간단하고 명확하다.

7. 노동시장 관점에서 효율적이다.

8. 시장경제가 무시해 온 가사노동, 돌봄 등 사회경제의 모든 노동을 보상한다.

9. 노동자에 대한 추가적인 교육과 훈련을 촉진한다.

10. 세계 경제에서의 변화를 직시한다.

아일랜드는 현재 매우 어려운 상황에 직면해 있다. 은행과 금융기관에 의해 촉발되어 지금은 아일랜드 납세자가 상환해야 하는 엄청난 부채로 인해 경제적 압력과 엄중한 재정지표라는 도전에 수십 년간 직면해 있는 것이다. 이 모든 종류의 위기는 진지하게 생각해 볼 여지를 준다. 아일랜드는 최근 몇 년간의 위기를 통해 이러한 실패가 반복되지 않는 미래로 가기 위한 길을 모색할 것이다. 본 연구에서는 기본소득을 제안하며, 적절한 시기에 기본소득의 타당성이 인정되고 실행될 수 있다고 본다.

그 사이에 환급가능 세액공제 도입은 최종 목적지를 향해 진행될 것이다. 세액공제가 환급 가능해지면 모든 사람들은 일부 급여를, 노인은 국가연금을, 아동은 아동수당을, 노동빈곤 계층은 환급가능 세액공제나 사회복지급여의 수급자격을 갖게 될 것이다. 급여 수준은 물론 다양할 것이다. 그러나 모든 사람들이 일부 급여에 대한 자격을 가지게 된다. 또한 환급가능 세액공제는 이러한 급여를 제공하기 위한 구조가 마련된다는 것을 의미한다. 시간이 지나게 되면 이 구조는 효율성과 효과성을 극대화하기 위해 간소화되고 통합될 수 있다. 이 모든 것이 아일랜드를 기본소득체계에 더욱 근접하도록 만들 것이다.

이 불안정한 시대에 세계가 여러 실행 가능한 옵션을 탐색함에 따라, 노동, 소득분배, 빈곤완화, 사회통합, 지속가능성 등에 관한 전통적 접근들이 새로운 질문에 적절하게 해답을 제공하지 않을 것이라는 점은 명확해졌다. 본 저자들은 기본소득이 모든 여성, 남성, 아동이 품위 있는 삶을 영위하는 데 필요한 소득과 자원을 가질 수 있는, 지속 가능하고 인도적이며 공정한 세상을 만들기 위해 활용 가능한 최선의 선택으로 인정될 것이라 믿는다.

아일랜드 기본소득의 최근 경향

올해 아일랜드에서는 브렉시트 이후post-Brexit 북아일랜드 농업부문 수출 저하에 대한 대처로 농민에게 제공하는 기본소득이 제안되었다. 이는 정부보조에 의존해 온 농민들을 위한 최저소득보장guaranteed minimum income으로, 수질개선이나 서식지 보호와 같이 '공공재를 위한 공적자금 투입'이라는 모델을 농업분야에도 적용하려는 것이다. 그러나 아일랜드 기본소득 논의는 주로 아일랜드 사회정의를 중심으로 학술적으로 논의되고 있어 정치적 합의나 선거캠페인과 같은 직접적인 제도화는 본격적으로 전개되지는 않고 있다. 2017년 11월에는 아일랜드 전국 사회정책 컨퍼런스에서 기본소득 관련 세션을 운영하기도 하고, 같은 해 10월에는 보편적 기본소득 실현을 위한 예산 및 사회복지, 보건, 국제개발협력, 교육 등 광범위한 주제와 기본소득과의 관련성을 논의하는 세미나를 열기도 하였다. 특히 이번 세미나에서는 개인소득세 개편을 위한 일곱 가지 시나리오를 비교함으로써 재정의 정치적 실현가능성을 타진하려는 시도가 있었다. 유럽연합 차원의 기본소득 도입을 강조하는 논의도 활발하다. 2017년 6월 아일랜드 사회정의의 숀 힐리는 유럽연합 국가들의 사회보장 시스템이 취약계층에 대한 보호에 실패하고 있으며, 연합 내 강대국에 대한 약소국가 경제보호가 여전히 부족하다는 점을 강조하면서 연합차원의 기본소득 전면 도입의 필요성을 강조하였다. 본격화되지는 않았으나 아일랜드의 정치권도 기본소득에 일부 응답을 하고 있다. 기본소득 도입에 가장 적극적인 정당인 녹색당뿐 아니라 최근에는 원내 제2당인 피어나 팔Fianna Fáil도 급진적이고 근본적인 사회보장제도 개편의 필요성에 공감한다는 논평을 발표하였다. 아일랜드 사회정의는 2018년 아일랜드 복지예산이 기본소득 도입을 위한 급격한 개혁을 담지 않은 채, 기존 사회복지급여의 폭넓은 인상만을 시도하고 있다고 비평한 바 있다.

8

네덜란드: 복지국가의
마지막 조각은 완성되지 않았다

미키엘 반 하셀
Michiel van Hasselt

1994년 12월 네덜란드 내각의 장관 2명(모두 자유주의 정당)이 공개적으로 기본소득 아이디어를 지지하고 나섰다(홀랜드[1]는 D66•과 VVD•라는 2개의 자유주의 정당이 있음). 그러나 연립내각의 다른 한 축을 구성하고 있었던 사회주의 정당 소속 장관들은 이를 반대하였다. 결국 기본소득은 당시 내각의 정책으로 채택되지 못하였다. 그럼에도 불구하고 양측의 정치인들은 신문의 헤드라인을 장식하였고 TV의 주목을 받았다. 당시의 기본소득은 과거 어느 때보다 정치적으로 받아들여질 가능성이 높았다. 1985년 정부의 정책자문기구인 WRR•이 부분 기본소득을 제안했으나 그 어떤 정당도 지지하지 않았던 것에 비하면, 1994년의 기본소득 논의는 실현가능성이 그 어느 때보다 컸던 것으로 받아들여졌던 것이다.

1995년 반 더 빈과 7명의 뛰어난 사회과학자들이 《기본소득: 복지국가의 마지막 조각? *The Basic Income: Final Piece of the Welfare State?*》이라

는 네덜란드어 서적을 출간하였다.[2] 저자들은 약 20년 후에는 급여 수준이 낮은minimum level 사회보장제도들이 기본소득으로 대체될 것으로 보았다. 그들이 제안한 개인별 기본소득 수준은 기존 사회보장 급여가 부부를 기준으로 제공했던 급여의 50%였다(2011년을 기준으로 계산하면 조건 없이 1인당 월 650유로). 그리고 이 급여 수준은 평균 소득의 변화에 따라 연동될 것이었다.

지금 이 책을 쓰고 있는 순간(2011년), 네덜란드 복지국가에서 기본소득은 아직 실현되지 않았다. 그리고 2015년 전에 기본소득보장에 도달하는 것은 실현가능성이 매우 낮다. 정치는 기본소득의 방향으로 움직이고 있지 않다. 반대로 실제 정책은 사회급여의 조건conditionality을 강화하고 급여 수준을 낮추려 한다.

1995~2011년 사이 네덜란드에서 어떤 일이 일어났는가? 왜 이 기간에 기본소득이 실현되지 못했을까? 네덜란드 정치에 무슨 일이 발생했길래 가까운 장래에 기본소득 입법이 통과될 가능성이 그리도 적어진 것일까?

우호적이었던, 그리고 비우호적이었던 주요 변화들

1995~2005년 사이의 10년간, 네덜란드 정치는 향후 기본소득의 도입과 관련하여 상당히 상반된mixed 경향을 보여주었다. 먼저 기본소득 입법에 우호적 조건을 제공했던 중요한 네 가지 변화들은 다음과 같다.

1. GNP 성장과 조세수입의 증가로 인하여, 기본소득은 네덜란드 복지국가가 감당할 수 있는affordable 선택이 되었다.
2. 몇몇 정당들이 노령연금(AOW*)에 의문을 제기하였을 때, 이 제도에 대한 대중의 지지는 매우 확고하였다(AOW는 1957년 네덜란드 복지국가의 시발점이 된 제도로 연령조건만 부과된 노인에 대한 기본소득).
3. 새로운 배우자 세액공제Algemene heffingskorting가 도입되었다. 이 제도는 자산조사 없이 배우자에게 주어지는 것으로 재정적financial 파트너십 조건만 부과된다. 일하지 않는 배우자가 있는 경우 이 세액공제는 부분 기본소득과 같은 느낌이다.
4. 일자리보다 빠르게 증가하는 인구. 1970~2010년 사이, 네덜란드의 총유급노동시간은 10억 시간에서 12억 시간으로 20% 증가하였다. 이 40년 동안, 노동가능인구(20~64세)는 700만에서 1,000만으로 43% 늘어났다. 따라서 고용을 통하여 모든 국민에게 소득을 제공하려는 정치적 목적은 점점 더 비현실적이 되어 가고 있다. 결국 무조건적 기본소득이라는 대안이 더욱 현실적으로 고려되어야 할 것이었다.

그러나 다음과 같은 네 가지의 다른 큰 변화들은 기본소득 도입에 비우호적인 조건이었다.

1. 사회보장제도가 점점 더 선별적conditional으로 변해갔다. 자산조사를 수반하지 않는 사회급여(WW*, WAO*)는 축소되고 낮

은 수준의 자산조사체계(WWB*)가 선호되었다. WWB는 가구 내에 '임금소득자의 부재'라는 조건을 부과한다. WWB뿐 아니라, 65세 미만의 네덜란드 시민들을 위한 다른 사회급여 체계에서도 '구직' 의무를 부여하였다. 아동이 있는 어머니, 57세 이상의 무직자, 부분적 장애인과 같은 기존의 노동의무 예외대상 역시 폐지되었고, 이들은 모두 구직에 나서야 한다. 2020년 65세 초과 노인들은 AOW에서의 연금수급권이 축소될 예정인데, 이는 노인들이 은퇴연령을 늦추거나 구직조건부 사회급여에 적용되는 기간을 늘리기 위한 것이다. 그리고 2025년에는 동일한 처방이 66세를 초과하는 노인들에게도 적용될 것이다. 이상의 내용들이 2011년 정치인들과 노사대표가 논의한 것이었다.

2. 정치권은 미래에 완전고용이 가능할 것이라고 지나치게 낙관함으로써 실업의 위험을 대단치 않게 생각하였다. 이러한 지나친 낙관은 당시 팽배했던 경제학적 사고와 관련된 것이다. 수요와 공급은 서로를 향해 움직인다는, 즉 수요량과 공급량이 일치하게 될 것이라는 믿음이다. 이러한 경제학적 사고는, 더 많은 노동공급(더 많은 구직)은 곧 더 많은 수요(더 많은 일자리)로 이어질 것이라 예측한다. 노동공급의 감소라는 인구학적 현실 또한 이러한 과도한 낙관론의 근거가 되고 있다. 최소한 노동수요가 감소하지 않으리라는 허구와 결합되었을 때는 말이다. 노동시장에 관한 과도한 낙관론은 기존의 정치에서 발견되는 일종의 무례함unpoliteness과 일정 부분 관련된 것이기

도 하다. 정치집단the political class은 구직자들의 수에 비해서 활용할 수 있는 일자리의 양이 훨씬 더 적다는 사실과 관련하여 국민들에 대한 책임을 인식하는 품위를 가지고 있지 못하다. 정치집단은 일자리가 없는 것은 바로 무직자들 때문인 것으로 가장한다.

3. 정치는 좋은 정책의 결과를 창출하는 것 자체보다는 좋은 정책결과로 보일 수 있는 이미지impression를 창출하려는 경향을 보인다. 이것은 네덜란드든, 다른 나라든 마찬가지이다. 일자리를 찾는 사람들을 실제로 돕기보다는 그들을 돌리고spining 틀에 끼워 맞춤으로써framing, 정치집단은 구직자들을 돕는 것과 같은 인상을 창출하려고 한다. 모든 구직자들에게 돌아갈 만한 충분한 일자리는 절대 존재하지 않는다는 사실은 억누르면서 말이다. 사실, 연간 20억 유로의 공공지출이 투입되는 재고용 업체reemployment business는 고객(구직자)들이 일을 갖도록 실질적으로 도와주지 못하고 있다. 다시 일자리를 구한 고객들은 재고용 업체가 없었더라도 구직에 성공했을 것이다(사중손실deadweight loss). 그리고 더 많은 고객들은 일자리를 전혀 찾지 못했다.[3] 그러나 재고용 업체는 일자리를 찾는 데 실패한 이유가 일자리 자체의 부족 때문이 아니라 구직자들의 문제 때문이라는 인상(이미지)을 확산시키는 데 도움을 주었다. 정치인들은 지난 몇 년간의 실제 노동시장 상황을 잘 못 파악한 것을 감추기 위하여 재고용 업체의 실패를 감추었다. 정치인들이 재고용 업체의 참여를 결정하였던 1990년대 말은 노동

시장에 대한 과도한 낙관론이 정치적 의사결정과정을 주도하던 시기였다. 이러한 과도한 낙관론은 2002년 고용이 하강하기 시작한 시점에서도 전혀 줄어들지 않았다. 지금도 정치는 여전히 그러한 이미지, 즉 네덜란드에서 재고용 업체들이 대체적으로 구직자와 고용 증대에 도움을 주고 있을 것이라는 이미지impression에서 벗어나지 못하고 있다.

4. 사회보장체계를 개혁하고자 하는 네덜란드의 폭넓은 논의(1996년 내각이 발표)가 유지되지 못하였고 바로 그 정부(사회주의와 자유주의 연정)에 의해 1998년 취소되었다. 연립정부는 사회보장체계의 개혁, 조건, 수준, 급여기간 등을 둘러싸고 절망적으로 분열되었다. 사회주의자들은 복지국가를 유지하길 바랐고 급여와 관료제 모두를 최소화하려는 자유주의적 투쟁strive에 반대하였다. 제도의 개혁을 위한 연립정부의 파트너 간 타협은 가능하지 않았다(최소한 이루어지지 않았다). 결국 그들은 시스템을 변화시키지 않았고 단지 시스템의 집행 구조만을 바꾸었다. 이렇게 관련된 행위자들의 책임을 재조정하여 집행 구조만을 개혁하는 우회로diversion는 결국 연구자들이 "네덜란드 복지국가 개혁의 늪"이라고 표현한, 그 이후의 변화를 초래하는 것으로 악화되기에 이르렀다.[4]

이러한 연구들은 1998~2008년 사이에 진행되었던 전달체계의 개편이 실업급여ww와 장애급여wao를 제공하는 데 소요되는 평균 거래비용transaction cost을 상승시킨 반면, 재고용이라는 면에서의 이

점profits은 높아지지 않았음을 밝혔다. 그들의 주장은 그때의 개편이 잘못되었다는 것이다. 그래서 네덜란드 정치에 대한 그들의 권고는, 추후의 개편은 사전에 충분히 심사숙고되어야 한다는 것이었다. 하지만 늦게나마 광범위한 논의를 요구한 것조차 받아들여지지 않았다. 2011년의 신정부는 그 어떤 광범위한 논의과정이나 사전의 충분한 고려 없이, 사회보장체계와 그 전달체계를 다시 개편하기 시작하였다.

유리한 조건이 불리한 것으로 변화

1995년 이후 기본소득은 네덜란드 정치권에서 점점 더 논의될 수 없는 아이템이 되었다. 이것은 2005년 이래 앞서 언급한 네 가지 우호적 조건들의 변화가 정치권에 의해 수용되었다는 점에서 잘 드러난다.

첫째, 우호적이었던 재정적 여건들이 변화되어 네덜란드가 기본소득을 감당하기 어렵게 되었다는 의견으로, 특히 더 많은 노동연령층이 실업상태에 놓이게 되는 가운데 고령사회가 되었다는 점이다.[5] 이러한 변화reframing는 2008년 금융위기 이후 모멘텀을 맞게 되었는데, 수십억 유로의 공적자금taxpayers money이 위기를 완화시키는 데 투입되었고 국가 부채의 급격한 증가를 초래하였다.

둘째, 강한 영향력을 행사하는 경제기획국(CPB•)이 연금체계에 소요되는 비용이 미래에 지나치게 높아질 것이라고 언급하면서, 연금체계 AOW 65를 유지해야 한다는 대중의 지지가 감소되었다. 그러자 정당들은 이 견해를 당연한 것으로 받아들이면서 이 문제에 대한 자신들의 입장을 변화시키기 시작하였다. 2006년 D66은 연금수급연령을 65세에서 67세로 상향조정할 것을 제안하였다. 2010년 자유주의, 기독교, 사회주의 등 모든 정당들이 대동소이한 입장을 표방하였는데, 미래 노인인구의 수가 AOW를 지급 불가능하게 만들 것이라고 보았다. 이들은 1997년 65세 이상 노인들에게 AOW를 지급할 수 있도록 하기 위하여 수십억 유로를 적립하는 새로운 국가기금을 창설하는 방안에 모두 찬성한 정당들이었다. 네덜란드 정치인들은 1997년도에 이미 (인구학적 요인의 결과로) AOW 수급자 수가 꾸준히 증가할 것이고, 이로 인하여 미래에 재정적 문제에 직면할 것임을 온전히 인지하고 있었던 것이다. 그럼에도 불구하고, 그 이후 수년간 네덜란드 정치인들은 약속했던 수십억 유로를 새로운 기금에 채워 넣지 않았다. 단지 가상 기금에 불과하였던 연금기금에 대하여 언급하지 않은 것은 이해할 만한 것이다. 하지만 그 기금을 채우지 못한 것이 65세에서 67세로 연금수급연령을 변화시킨 새 정책의 주된 이유였음을 상기시켜야 할 것이다. 연금수급연령을 늦추면 노동시장 참여가 증가하고 세수 역시 증대될 것이라는 CPB의 과도하게 낙관적인 견해에 정치권이 성급하게 동조한 것이다.

셋째, 우호적 변화의 세 번째로 언급되었던 세액공제, 즉 납세자의 배우자에 대한 부분 기본소득도 최근 네덜란드 정치권에 의해 '전업주부에 대한 보조금stay-in-the-kitchen subsidy'으로 변질되어 많은 주부들이 이 세액공제로 인하여 노동시장에 참여하지 못하는 상황이 되었다. 비록 이러한 인과관계에 대한 명백한 증거는 없지만 네덜란드 정치에서 이러한 단순한 제안만으로도 세액공제정책을 바꾸는 데 충분하였다. 점차적으로 이 부분 기본소득은 수년 내에 사라지게 될 것이다.

네 번째 발전과 관련하여, 네덜란드 정치인들은 유급노동에 대한 참여보다 인구가 더 빠르게 증가하고 있다는 사실을 맞닥뜨리려 하지 않는다. 정치인들은 완전고용이 여전히 가능하리라고 믿는다.

노동시장과 기본소득에 관한 정치적 왜곡

앞서 언급한 네 가지의 우호적 발전과 관련된 우여곡절vicissitudes 들은 모두 한 가지로, 네덜란드의 정치인들이 기본소득의 장점과 실행가능성을 인지하지 못하고 있음을 말해준다. 그들은 네덜란드 정치 그 자체가 고용의 성장을 추진하거나 강화시킬 수 없음을, 그리고 현대 경제는 더 이상 완전고용에 가까워질 수 없음을 인정하지 않는다.

기본소득은 노동시장에 대한 이러한 왜곡이 멈추지 않는 한 네덜란드에 도래하지 않을 것이다. 가까운 장래에 이러한 왜곡이 멈출 수 있을까? 확실히 그렇다!! 네덜란드 사람들은 매우 현실적이며 사실을 부정하지 않는 사람들이다.

점점 더 부정할 수 없는 노동시장의 여건들은 기본소득을 요구하게 될 것

　여러 사실들은 네덜란드에서 완전고용이란 더 이상 가능하지 않다는 것을 보여준다. 주당 12시간 이상의 유급노동 참여율은 2008년 최고치에 도달하였는데, 16~65세 사이의 노동가능인구의 68%였다. 그 이후로 일자리 수와 유급노동비율이 모두 하락해 왔다. 좀 더 현실적인 예측에 따르면, 그 비율은 2012년 65%로 2000년과 2006년의 수치와 같은 것으로 보인다. 다른 나라들과 비교할 때, 그리고 네덜란드의 과거와 비교할 때 이 비율은 상당히 높은 편이다. 16~65세 사이 인구인 1,100만 명 가운데 거의 750만이 주당 12시간 이상의 유급노동에 참여하고 있다. 고용이 곧 회복될 것이라는 공식적인 낙관론은 그리 믿을 만한 것이 못된다. 최근 감소되고 있는 고용상황을 면밀히 검토할 때 경기가 회복되면 고용상황이 나아질 것이라는 개연성은 매우 희박하다. 물론 어떤 부문의 일자리는 늘어날 것이다. 그러나 네덜란드 경제 대부분의 업종에서 일자리는 감소될 것이다. 2010~2015년 사이 실질적인 경기회복은 GNP 성장률을 기준으로 평균 2% 미만일 것으로 예측된다. 이 정도는 전반적인 고용의 성장을 이끌기에 충분하지 않다. 설상가상으로, 정부는 비용의 감축을 추진해 왔고 이것은 내핍을 의미하며 직간접적으로 많은 일자리의 감소를 의미한다.

　이러한 맥락에서 예측할 수 있는 마지막 사항은 모든 성인을 위한 기본소득을 구축하고자 하는 새로운 정치적 선택이다. 그러나 놀라운 것은, 변한 것은 하나도 없다는 것. 바로 그 내핍정책에 대한 의지가 기본소득을 향한 새로운 경향을 만들어낼 가능성이 여전히 있다는 것이다. 계속되고 있는 경제 위기가 우리로 하여금 고정관념에서 벗어나 새로운 사고를 하도록, 이전에 시도된 적이 없는 새로운 해결책(조건 없는 기본소득과 같은)을 발견하도록 강제하고 있다.

긴축재정에 대한 저항을 극복하기 위한 기본소득

공공지출을 축소하고자 하는 일부 정책안은 상당한 저항에 직면한다. 그것이 빈곤에 처한 저소득층을 위협하기 때문이다. 예를 들어, 장애아동에 대한 급여를 삭감하는 것뿐만 아니라, 구호사업에 대한 국가의 보조를 삭감하는 것 역시 많은 저항에 직면하는 전형적인 예이다. 결과적으로 의회는 논란이 되는 정책안의 상당부분을 거부하게 된다. 더 많은 예들이 있다. 정부가 목표로 한 2014년 180억 유로의 지출 축소를 실현시키기 위해서는 더 많은 지출감축안을 필요로 한다. 그러나 생각할 수 있을 만한 정책안들조차 적극적으로 고려되지 못하고 있다. 국민들의 강한 반발이 예견되기 때문이다. 유권자들은 자기들의 소득에 미칠 국가 재정의 결과에 공포를 느낀다. 그 유권자들은 집권 여당(VVD, CDA*, 그리고 정부의 특별한 파트너인 자유주의 포퓰리스트 정당 PVV*)을 포함한 모든 정당 지지자들이다. 예를 들어, 내각은 잘못 작동되고 있는 주택시장을 치유하기 위한 새로운 정책으로 주택소유자와 임차인에 대한 세액공제를 철회함으로써 수십억 유로를 절감하는 긴축정책을 고려할 수 있었다. 그러나 기본소득이 없는 상황에서 의회는 그러한 계획을 받아들이지 못할 것이다. 기본소득은 그러한 긴축정책의 결과로 파생될 수 있는 빈곤에 대응하는 급여provision이다.

기본소득이 유럽연합의 사회보장을 통합하는 문제를 해결

사회보장은 각 회원국의 주권적 권한에 해당하여 유럽연합이 사회보장에 관한 실질적 권한을 아직 가지고 있지 못함에도 불구하고, 유럽연합의 지속적인 통합과정에서 불가피하게 유럽차원의 사회보장체계의 조정을 요구하게 될 가능성이 커질 것이다. 현재의 국가별 사회보장체계는 매우 복잡하지만 모든 측면에서 다 그런 것은 아니다. 각국 사회보장제도의 상이성은 개별 국가의 역사적 맥락이라는 점에서는 이해될 수 있지만, 현재와 같은 유럽 시민권의 요구라는 관점에서는 그렇지 않다. 회원국 간 노동의 이동은 증가하고 있으며, 이는 사회보장에서의 더 많은 문제를 야기시키고 조정의 필요를 확대시키고 있다. 조정의 측면에서 나타나고 있는 여러 문제들은 결국엔 사회보장제도의 통합을 요구하게 될 것임은 더욱 더 명백해지고 있다. 기존의 복잡성을 간과하거나pasting 짜깁기patching하는 것으로는 충분치 않을 것이다. 유럽의 사회보장정책은 전체를 아우를 수 있는 개념을 필요로 하며, 기본으로 되돌아가야 한다. 그래야만 거래 비용은 높고 투명성은 낮은 현재의 작동 불가능한 복잡함을 피할 수 있게 된다. 사회보장의 맥락에서 '기본basics'이란 기본소득을 지칭한다.

지난 몇 년간의 네덜란드 기본소득협회: 험난한 과제

기본소득의 가치desirability와 유용성을 인식하고 있는 고지식한 사람들에게, 앞서 기술한 네덜란드와 다른 곳의 정치적 상황은 큰 문제가 아닐 수 없다. 100명이 넘는 이러한 사람들이 모여 네덜란드 기본소득협회에 참여하고 있다. 이 협회는 기본소득지구네트워크의 멤버이다. 지난 10년간 네덜란드 협회는 정치권과 여론이 더 나은 미래를 위한 선택지로서 기본소득을 얼마나 외면해 왔는지 깨달아야 했다. 2006년 협회의 15주년 기념식에서 1995년 발간된 책의 저자 중 하나였던 드 비어Paul de Beer는 기본소득이 네덜란드 정치라는 냉장고 안에 갇혀 있었다고 말했다. 이렇게 얼어붙은 정치지형은 협회로 하여금 기본소득에 더 개방적 태도를 지닌 국가들에 관심을 갖도록 유도하였다. 예를 들어, 아프리카 나미비아는 극도로 빈곤한 지역Otjivero에서 부분 기본소득 실험을 시작할 용의가 있었다. 네덜란드는 '마이크로 파트너십'에 기초하여 이 프로젝트를 지원하였다. 즉, 네덜란드의 개인 기여자와 나미비아 해당 지역의 주민들에게 무조건적인 부분 기본소득을 제공하는 중간 조직이 계약을 맺는 형태이다. 불행하게도, 당시(2008년) 네덜란드 정부는 매우 혁신적인 그 개념을 오해하면서 그 중간 조직의 출범을 허용하는 데 협력하지 않았다. 그 이후, (www.basicincome.nl에서 보듯) 기본소득협회는 벨기에, 독일, 스위스와 같은 이웃 국가에 더 많은 관심을 기울였다. 요즘 이런 국가들에서는 기본소득 지지자 수만 명이 열성적으로 활동하고 있으며, 스타이너Rudolph Steiner, 파레이스, 베르너Götz Werner와 다른 많은 사람들의 철학과 실질적인 아이디어에 영감을 받고 있다.

2011년 10월, 기본소득협회는 20주년을 맞게 되고 위트레흐트Utrecht 대학에서 네덜란드 정치권의 관심을 끌기 위한 특별 학술대회가 열리게 될 것이다. 기본소득은 빈곤을 감소시키고 국민들의 자유를 신장시키며 관료제를 제한하고 노동시장을 현대화할 것이라는 오래되었지만 천재적인 아이디어를 확산시키기 위한 것이다.[6]

네덜란드 복지국가의 마지막 조각은 여전히 완성되지 않았다.

주요 약어

AOW Algemene Ouderdoms Wet 1956: 노인을 위한 국가연금법

BIEN Basic Income Earth Network: 기본소득지구네트워크

CDA Christelijk Democratisch Appel: 기독교정치정당(기독민주당)

CPB Centraal Planbureau: 영향력 있는 경제기획국

D66 1966년 자유주의 정당을 창립한 네덜란드 민주당원

PVV Partij van de Vrijheid: 포퓰리스트 성향을 지닌 자유당 party of freedom

SEO Stichting voor Economisch Onderzoek: 경제연구재단(암스테르담 대학과 관련)

VBi Vereniging Basisinkomen: 네덜란드 기본소득협회

VVD Volkspartij voor Vrijheid en Democratie: 자유와 민주를 위한 국민의 정당, D66보다 큰 우파 자유주의 정당

WAO Wetop de Arbeidsongeschiktheid: 과거의 장애급여법

WRR Wetenschappelijke Raad voor het Regeringsbeleid: 정부정책을 위한 과학적 심의위원회

WW Wet werkeloosheid: 실업급여법

WWB Wet Werk en Bijstand(Wet Water and Bread): 자산조사체계

네덜란드 기본소득의 최근 경향

2017년 현재까지 네덜란드에서 기본소득 실험이나 전면적 시행은 이루어지지 않고 있다. 네덜란드 기본소득협회의 주도로 기본소득의 도입 필요성이 시민들에게 확대되었고, 6만 6,000명의 네덜란드 시민이 기본소득2018Basisinkomen2018을 결성하여, 정부가 2018년부터 기본소득을 전면 시행할 것을 청원하였다. 2015년 네덜란드에서 4번째로 큰 도시인 위트레흐트의 시의회가 복지 수급자들을 대상으로 대규모의 기본소득 실험을 시행하기로 결정하였으나, 최근 중앙정부가 이를 허락하지 않아 그 시행이 무기한 연기된 바 있다. 자세한 사항은 네덜란드 기본소득협회의 홈페이지(www.basicincome.nl) 참조.

이 글은 1994년 네덜란드 정치권에서 진지하게 논의된 기본소득 아이디어가 어떻게 흐지부지되었는지 보여주고 있다. 정치권에서 기본소득은 매력적인 요소를 포함하고 있으며 선거를 앞두고 소득보장의 대안으로 논의되기에 충분하지만, 막상 실질적인 정치과정을 통해 제도화되는 것이 얼마나 힘든지 명백히 보여주는 사례라 할 것이다. 유연화된 노동시장, 비관적인 고용전망, 그리고 인구의 노령화는 네덜란드뿐 아니라 우리나라가 처한 상황이기도 하다. 취업이 가능한 노동연령 집단의 재취업 알선 서비스가 민간 업체를 통해 제공되고 있다는 점 역시 한국과 유사한 측면이다. 기본소득이 필요한 이유는 네덜란드와 우리나라가 크게 다르지 않다. 무엇보다 기본소득이 도입될 수 있을지는 한 국가의 복지정치 지형에 달려 있다는 시사점을 준다.

9

스페인: 기본소득 – 사회운동에서 의회로 그리고 다시 사회운동으로[*]

다니엘 라벤토스 · 줄리 와크 · 다비드 카사사스
Daniel Raventós, Julie Wark and David Casassas

현재의 경제위기와, 스페인 정부가 2010년 5월 도입한 경제적 정책조치의 결과, 기본소득에 관한 논의는 양방향의 엉뚱한 변환을 겪게 되었다. 한편에서, 기본소득은 공식적 의제에서 사라지다시피 하였다. 단편적 형태의 정당 간 논의조차 없어졌다. 다른 한편에서 상당히 넓은 범위의 사회운동 활동가들이 보다 높은 관심을 보이고 있다. 그 정치적 의미를 이해하고 맥락을 파악하기 위해 스페인 왕국[1]에서의 기본소득의 역사를 간략히 살펴볼 필요가 있다. 그렇지 않으면 스페인 의회 진출 정당 등 정부 차원의, 그리고 사회운동진영 등 현장 차원의 기본소득에 관한 최근의 양방향 변환을 이해하기 어렵다.

스페인의 경제위기와 경제정책적 방안

호세 루이스 로드리구에즈 자파테로José Luis Rodríguez Zapatero가 이끈 스페인 사회당Partido Socialista Obrero Español, PSOE 정부는 2009년이 많이 진행된 시점까지도 스페인이 세계 경제 침체로부터 심각한 영향을 받고 있음을 부인하였다. 2009년 당시는 지난 80년간 역대 최악이라 마땅히 묘사되고 있는 위기의 시발 후 거의 2년이 지난 시점이었다. 스페인 경제에 대한 가장 치명적 타격은 다른 국가에 비해 훨씬 높은 실업률의 증가였다. 2011년 4월 발표된 가장 최근의 공식 통계에 따르면 실업자는 491만 200명으로 21.29%의 비율을 보이고 있으며, 보다 중요한 사실은 25세 미만자들의 실업률이 50%에 육박한다는 점이다. 총실업률과 청년실업률 모두가 유럽연합에서 가장 높다. 나아가, 2009년 말 통계에 따르면 노동인구의 63%, 즉 1,830만 명이 월 1,000유로 미만을 벌고 있어, "천유로인" 또는 문제의 규모를 실감케 하자면 "천유로세대"로 불리고 있다.

2010년 5월 12일, 자파테로 수상은 의회에 출석하여, 지난 한 주간의 유럽 회원국들의 공공채무에 대한 대규모 투기성 공격과 경제재정위원회ECOFIN의 최근 합의들의 결과로, 공공적자를 통제하고 그리스식 구제에 대한 우려를 불식시키기 위해 엄중한 긴축조치를 취할 것이라고 발표하였다. 며칠 후 승인받은 조치 중 주목할 만한 것은 공공부문 임금에 대한 5% 삭감, 연금동결, 공공인프라 투자금 60억 유로 삭감, 그리고 자치지역과 시 행정을 위한 공적 지출의 삭감이었다.

　자파테로는 스페인은행, 유럽중앙은행, 그리고 국제통화기금In-ternational Monetary Fund이 구상하고 요구한 세 가지의 광범위한 구조개혁도 언급하였다. 이는 노동시장과 연금에 타격을 가하고 저축은행에 대한 구조조정을 수반하는 것이었다. 2010년 5월 이후 시행된 이 모든 '개혁'('반개혁'이라고 하는 것이 현실에 더 부합하다)은 많은 이들에 의해 노동계급의 사회적, 경제적 권리에 대한 프랑코 정권 종식 이후 또는 거의 40년 만의 가장 큰 공격으로 묘사되었다. 이는 2010년 8월 29일 위 조치에 반대하는 총파업을 조직한 노동조합들의 입장이기도 하다. 이러한 상황에서 기본소득이 일견 사회적 논쟁에서 보다 큰 비중을 차지할 것이라고 생각할 수 있다. 풀뿌리 단체의 경우 실제로도 그러했지만 한때 법률안 발의단계까지 갔던 의회 무대에서는 기본소득은 완전히 사라졌다.

스페인에서 기본소득의 태동

　2001년 2월 기본소득협회RRB association를 만들기 위한 법적 절차가 개시되었다. 그 전까지 스페인 정치가, 조합, 사회운동진영 및 일반 시민들이 이 구상에 대해 알고 있는 바가 거의 없었다. 한두 권의 저서와 함께 몇 건의 기고가 있었고, 기본소득은 단지 몇 명의 학자와 활동가들에 의해서만 제안되고 있었다. 즉, 존재감이 거의 없었다.

스페인에서 기본소득이 공론화되는 과정에서 전환점이 된 때로 는, 바르셀로나에서 기본소득에 관한 첫 번째 심포지엄이 열린 2001 년 6월을 들 수 있다. 2000년, 비교적 광범위한 독자층을 가진 신문 일부(*El Pais, El Mundo, La Vanguardia, El Periodico, Gara, La Gaceta de los Negocios*, 그리고 지금은 존재하지 않는 *Egunkaria*)와 소수의 명성 있는 평 론지들(*Claves de Razon Practica, El Viejo Topo*)이 기본소득의 원칙을 설 명하는 기사를 싣고 기본소득을 지지하는 이들의 인터뷰를 게재한 것은 사실이다. 나아가, 꽤 다수의 라디오 방송 및 일부 텔레비전 프 로그램에서 기본소득 지지자들의 인터뷰를 방송하였다. 하지만 기 본소득에 대한 지식과 관심의 질적, 양적 도약은 2001년 6월 8일에 개최된 첫 번째 기본소득 심포지엄을 계기로 이루어졌다. 이 심포지 엄에 학자, 주요 노동조합들의 대표, 사회운동가들과 카탈란과 스페 인 의회의원 3명(호세 루이스 로페즈 불라José Luis López Bulla, 카르메 포르 타Carme Porta, 호르디 세빌라Jordi Sevilla)이 참석하였다. 의원들은 모두 좌 파 정당 — 환경-사회주의 카탈루냐 녹색을 위한 이니셔티브Iniciativa per Catalunya-Verds, ICV, 독립을 지지하는 카탈루냐 공화주의 좌파Esquer-ra Republicana de Catalunya, ERC, 그리고 스페인 사회당 — 소속이었다. 로 페즈 불라와 포르타는 양 정당이 카탈루냐 의회에 제출하기 위해 준 비 중인 법안의 내용 중 일부를 발표하였다. 아래에서 보다 자세히 설명하겠다.

기본소득에 관한 첫 번째 심포지엄을 이은 심포지엄들은 9회에 걸쳐 매년 개최되었다. 마지막은 2010년 히혼Gijón에서 개최되었다. 두 번째 심포지엄은 비토리아-가스테이즈Vitoria-Gasteiz에서 바스크 정부와 합동으로 개최되었다. 세 번째는 바르셀로나에서 개최되었다. 네 번째 개최지도 바르셀로나였는데, 기본소득협회가 2002년 기본소득지구네트워크의 2002년 제네바 회의에서 공식 구성원으로 인정받은 후 주관하게 된 10회 기본소득유럽네트워크 회의의 일부로 열렸다. 다섯 번째 스페인 심포지엄은 발렌시아에서, 여섯 번째는 산티아고 드 콤포스텔라Santiago de Compostela에서, 일곱 번째는 다시 바르셀로나에서, 여덟 번째는 마드리드에서, 그리고 아홉 번째는 빌바오Bilbao에서 개최되었다. 각각의 심포지엄은 적건 많건 기본소득에 대한 보다 광범위한 이해로 귀결되었다. 특히 개최지에서 그러했는데, 현지 실무자들의 추진력, 열정과 여러 언론매체에 의한 일반적으로 정확한 보도 덕분이었다.

법률안

지난 10년간, 스페인의 여러 자치지역에서 여러 개의 기본소득 법안이 제출되었고, 스페인 의회에는 2개의 법안이 제출되었다. 여기서 위 2개의 법안과 2002년 5월 카탈루냐 의회에서 논의된 선구적 법안을 다룰 것이다. 실제로, 카탈루냐에서 ICV와 ERC에 의해 제출된 법안은 이후 스페인 의회에 제출된 2개 법안에서 참조되었다.

전자의 해설전문[2]은 다음과 같이 기술한다.

시민기본소득의 도입을 제안한다. 기본소득은 보수가 있는 고용을 원하는지 여부, 다른 소득원이 있는지 여부, 가정에서의 동거형태와 상관없이 국가가 사회의 모든 구성원 또는 인정된 구성원에게 지급하는 소득으로 정의한다. 시민기본소득의 액수는 언제나 빈곤선보다 높아야 하고 다음의 원칙에 바탕을 둔다. 빈곤의 철폐, 특정 급여를 받기 위해 소득을 버는 능력이 없음을 증명해야 하는 구성원에 대한 낙인의 방지, 그리고 인구의 상당 부분에 대해 노동시장 참여와 관련된 선택의 실제 자율성과 자유의 증진.

이어진 조항의 내용은 다음과 같다.

제2조 보장의 정도

1. 기본소득은 출생 시로부터 평생의 조치로, 국가 영토 내의 영주가 인정되는 모든 시민에 대해, 반드시 빈곤선 이상의 액수로 제공하되, 엄정하게 수급자의 나이에 따라 다른 수당이 부여될 수 있다.

    …

3. 기본소득은 1년의 12개월에 걸쳐 매월 지급한다.

제3조 수급권자

시민기본소득을 받을 수 있는 권리는 스페인 헌법 제11.1조에 따른 완전한 시민의 조건에 내재한다.

법안은 목적에 대해 다음과 같이 선언하고 있다.

제5조 추구하는 목적

기본소득의 도입으로 다음의 목적을 달성하고자 한다.

a) 시민들의 빈곤한 상황의 종식

b) 현재 특정 급여를 받기 위해 소득을 버는 능력이 없음을 증명해
   야 하는 구성원에 대한 낙인의 방지

c) 인구의 상당 부분에 대해 노동시장 참여와 관련된 선택의 실제
   자율성과 자유의 증진

d) 현행 복지국가의 조건부 급여제도의 합리화

e) 일부 기망 및 지하경제의 존재 등 현행 제도의 부작용 방지

2005년 4월 스페인 의회에 첫 번째 기본소득 법안이 제출되었다. 제1조의 내용은 다음과 같다.

제1조 급여의 목적

이 기본소득 법안은 스페인 영토 내의 영주가 인정되는 시민권자 모두에게 보수가 있는 과거, 현재 또는 미래의 일자리 상황, 여타 잠재적 소득원, 그리고 가정에서의 사적 조치와 상관없이 발효되는 시민기본소득이라는 경제적 수당을 도입하고자 한다.

법안은 급여의 개시와 기간에 대해 명확하게 규정하고 있다.

제7조 권리의 개시

기본소득인 경제적 급여를 받을 권리는 출생 또는 완전한 시민권 취득과 함께 개시된다.

제8조 권리의 존속

기본소득에 대한 권리는 평생 지속된다.

제안된 기본소득의 성격에 대해서도 일말의 모호성 없이 기술하고 있다.

제5조 일반적 길잡이 원칙에 대해

기본소득의 핵심 원칙은 다음과 같다.
a) 경제적 급여의 보편성
b) 급여의 개별성
c) 보수가 있는 일에 종사하였거나 그러한 의사가 있는지 여부와 관련된 무조건성
d) 관련 법규에 따른 과세대상인지 여부와 무관하게, 그리고 가족소득이건 개인소득이건 간에 개인이 가지는 소득원에 대한 무조건성

두 번째 기본소득 법안은 2007년 10월 2일 스페인 의회 전체회의에서 논의되었다. 법안은 2년 앞서 발의된 법안과 매우 유사한 내용이었다. 토론은 흥미로웠는데 의회관보Diario de sesiones del Congreso de los Disputados[3]에 상세히 기록되어 있다. ERC의 카탈루냐 의원 호안 타르다Joan Tardà의 법안에 대한 탄탄한 방어는 다음과 같은 발언을 포함하고 있다.

> 허용해주신다면 우리 중 지금의 사회와 매우 다른 사회를 지향하는 이들에게 또 한 가지 이로운 장점에 대해 언급하겠습니다. 그것은 바로 일자리를 선택할 때의 자율성과 자유의 증진입니다. 넓은 의미에서, 저희 법안은 새로운 시민권의 인정을 추구하고 있다고 말해야 할 것입니다. 모든 시민은 수급자의 나이에 따른 차등이 있을 수 있지만 빈곤선을 하회하지 않는 비과세 금액을 지급받게 됩니다.

조금 후에 그는 다음과 같이 말한다.

> 이제, 우리는 시민권을 구성하는 요소로서의 보편적 기본소득을 논하고자 합니다. 기본소득은 우리 민주주의가 실현하려고 지향해야 하는 공화국적 가치, 즉 자유, 평등과 우애의 정치적 실현입니다. 사회가 생성하는 부의 일부를 시민들 간에 나눔으로써 존재, 생명 자체를 보장한다는 의미에서 우애를 실현합니다. 다른 사회경제적 조건과 무관하게 각각 그리고 모든 시민에게 지급되기 때문에 평등을 존중합니다. 생활의 최저조건을 보장함으로써 부를 소유하고 복종의 수단으로 활용하는 자들의 항상적 협박에 응하여 권리를 위태롭게 할 필요 없이 자신의 계발 및 노동시장 진입조건에 관하여 결정을 할 수 있는 실질적 자유를 부여합니다.

스페인 의회에서의 기본소득에 관한 두 차례 토론 결과 중 하나는 법안에 대한 대중의 상당한 관심의 촉발이었다. 가장 많이 읽히는 신문인 〈엘파이스〉의 토론에 대한 취재에 이어 2007년 10월 3일 "은행가와 걸인을 위한 임금El sueldo del mendigo y del banquero"이라는 제목의 기본소득을 옹호하는 논설이 실렸는데, 이는 다시 다양한 온라인 포럼에서의 갑론을박으로 이어졌다.⁴ 이후, 또 다른 결과는 스페인 전체에 대한 기본소득의 도입을 연구하기 위한 의회 소위원회의 설치였다. 기본소득을 지지한 의원 중 하나인 호안 헤레라Joan Herrera는 다음과 같이 주장하였다.

> 나는 오늘의 토론 외에, 기본소득에 반대하여 나온 기존의 주장들이 소위원회에서 되풀이되지 않기를 희망한다. 기본소득을 반대하는 신중하고 세심한 주장을 하거나 기본소득을 급진적으로 지지할 수 있지만, 이 안건은 2007년 10월의 본회의에서와 같은 경멸적인 방식으로 처리해버려서는 안 되며, 그러한 주장은 스페인이나 전 지구 어디에서도 다시 들리는 일이 없어야 한다. 이것은 당시 주장된 것처럼 사람들이 일하지 않아도 되도록 지급되는 급여에 관한 것이 아니다. 이것은 사람들에게 하고 싶은 일을 선택할 수 있도록 보다 많은 자유를 부여하기 위한 대단치 않은 금액이다. 내가 명확히 하고자 하는 것은, 첫째, 우리는 오늘 기본소득을 연구하기 위한 소위원회의 설치를 논의하고 있고, 둘째, 논의의 최종 목표가 위기상황에서 더욱 중요하다는 점이다. 왜냐하면 바로 오늘날 사회적 배제의 위험이 더욱 크기 때문이다.

그로부터 2년이 지난 현재까지 소위원회는 아직 일을 개시하지 않았다. 이번 회기의 얼마 남지 않은 잔여기간을 고려할 때 앞으로 영영 작업을 개시하지 않을 것이라고 생각하는 것은 합리적이다. 소위원회가 승인되었을 때 — 원내 정당 모두가 만장일치로 찬성했음은 언급되어야 할 것이다 — 경제위기가 이미 스페인 경제를 그것도 혹독하게 강타하고 있었다.

떠오르는 인권으로서의 기본소득

멀리 2001년의 첫 번째 기본소득 심포지엄 당시 연사 중 1명인 철학교수 미구엘 칸델Miguel Candel은 곧바로 사안의 핵심을 짚었을 뿐만 아니라 3년 뒤 세계문화포럼Universal Forum of Cultures에서 일어날 일을 예견하였다.

나는 기본소득이 세계인권선언의 필연적 귀결이라고 생각한다. 이해하기 어려운 '자연법'에 기댈 필요가 없다. 그보다 적어도 1948년 이후, 사회적 합의로부터 도출되며 따라서 모두가 인정하는 권리가 있다. 이 권리들은 생명이 신성하다는 점을, 또는 일반적 언어로, 인류에 속한 모든 개체들이 생명의 불가침적 권리를 가지고 있음을 인류가 결의하였음을 의미한다. 사정이 그러하다면 이 권리는 사회정치적 구조에 의해 보장되어야 한다. 왜냐하면 모든 권리는 그에 대응하는 의무를 창출하기 때문이다. 그리고 이 권리를 보장하기 위해 이 권리가 무조건적인 권리라고 한다면, 생명 유지를 위해 필요한 일정 수량의 자원의 부여에 개인의 행동, 선제 조치 또는 기여와 관련된 조건이 결부되어서는 안 된다는 점이 명백하다.

2004년 바르셀로나에서 개최되고 제10회 기본소득지구네트워크 회의를 포함한 제1회 세계문화포럼을 계기로 여러 인권단체들이 모여 후일 '떠오르는 인권에 관한 세계선언'이 될 문서의 초안을 작성하였다. 1차 초안은 2007년 몬테레이Monterrey에서 개최된 제2회 세계문화포럼에서 토의되고 수정되었다. 제1.3조는 다음의 권리를 규정한다.

> 모든 인간에게 나이, 성별, 성적 지향, 사적 지위 또는 고용상태와 무관하게, 물질적으로 인간다운 조건에서 살 수 있도록 보장하는 기본소득 또는 보편적 시민소득에 대한 권리. 이를 위해, 조세개혁을 통해 재원을 마련하고 정부예산에 포함되는, 기본적 수요를 충족하기에 충분한 정기적 현금급여를 사회의 모든 구성원-거주자에 대해 여타 소득원과 무관하게 시민권으로서 인정한다.

몬테레이 선언의 위 조항의 중요성은 물질적 생존에 대한 권리, 즉 최소한의 필수 자원에 대한 보장을 새기고 있는 데에 있다기보다, '기본소득 또는 보편적 시민소득에 대한 권리'를 명시하고 있다는 데에 있다. 기본소득이 떠오르는 권리 중 하나로서 명확하게 특정된 것이 얼마나 중요한지는 기본소득지구네트워크의 저명한 관계자인 필리페 반 파레이스가 2005년 말 베네데타 지오바놀라Benedetta Giovano-la와 가진 인터뷰에서 한 말로 요약될 수 있다.[5]

> 최저 생존을 말하며 인권을 인용하는 것 자체만으로 그러한 구상이 정당화되지 않는다. 왜냐하면 이러한 권리는 빈곤층에 초점을 맞추고 이들에게 일할 용의를 요구하는 관행적 사회복지제도를 통해서 실현될 수도 있기 때문이다. 구상은 각각 그리고 모든 사람에게 소비의 자유만이 아니라 삶의 방식을 선택할 수 있는 가능성의 부여에 대한 열망에 뿌리내린 정의관념에 대한 호소로 정당화된다.

필리페 반 파레이스에 따르면, 규범적 면에서 어떤 정의 관념에 근접한 것이 필요하다. 위에서 언급한 바와 같이, 몬테레이 선언은 직접적으로 인권으로서의 기본소득 또는 시민소득을 원용한다. 바로 이 점이 기본소득을 지지하는 몇몇 정치인들의 주장을 뒷받침하는 논거로 높이 평가되어 왔다.

스페인에서 기본소득을 위한 재원 마련하기

기본소득의 재원마련에 관한 사항은 지난 15년여간 가장 큰 진전이 이루어진 연구영역이다.[6] 2005년, 바르셀로나 소재 연구팀이 기본소득의 재원을 마련하는 방안으로서 스페인 개인소득세IRPF제도의 심도 있는 개혁을 연구하는 자세한 보고서[7]를 생산했다. 이러한 조세에 대한 연구는 기본소득의 도입에 따른 소득분배 및 여타 변화를 보여주는 데 특히 유용한 것으로 드러났다. 연구는 연구를 위해 특별히 고안되어 카탈루냐 지역의 11만 474건의 세무신고에 적용된 마이크로 시뮬레이션 프로그램에 기초하여, 기본소득을 포함하는 조세혜택을 구현하는 여러 정책안에 대한 평가를 목적으로 하고 있다. 연구는 기본소득 구상이 경제적으로 실현 가능하고 분배의 효과가 매우 진보적일 것임을 보여주고 있다. 연구대상 방안 중 가장 흥미로운 것은 스페인의 2003년(연구가 시작된 해) 최저임금에 상응하는, 연간 12번 매월 451유로 또는 연 5,414유로에 해당하는 기본소득에 관한 것이었다. 독거하는 사람의 빈곤선에 근접한 액수다. 이 모델에 따르면 사회지출이 약 92억 4,910만 유로가 절약되는 것으로 예측되는 한편, 개인소득세를 내지 않는 인구에 대한 기본소득 비용이 87억 5,640만 유로였다. 주된 결론은 최종적으로 적자가 발생하지 않으며 개혁을 통해 재원이 자체적으로 마련된다는 것, 그리고 재분배 효과는 진보적이어서 개혁 후 순익을 얻는 이들이(납세자 가정의 피부양자를 포함하여) 63.3%로 나타났다는 것이다. 이 연구는 카탈루냐와 스페인에서 상당한 관심을 끌었으며, 개인소득세가 유럽연합 회원국이나 여타 지역 간 다소의 차이가 있으나 조세의 일반적인 형태여서 다른 조세체제에 맞추기 쉬운 모델이다.

스페인에서 가장 논란이 되어 온 기본소득의 요소

지난 10년 또는 11년간의 논의 대부분은 의회에서의 기본소득 법안 발의 및 매년 열린 기본소득협회 심포지엄을 배경으로 하여 이루어졌다. 아울러 정당, 노동조합과 대학교에 기반을 둔 단체들이 여러 세미나와 공개 강연을 주최하였다. 위와 같은 보다 공식적 차원의 논의에 대한 설명을 위해 기본소득을 지지하는 측과 반대하는 측의 논거를 요약하는 것이 가장 좋은 방법일 것이다.

반대하는 이들로부터 가장 흔히 듣는 논거는 기본소득이 '무위도식', '무임승차'를 장려한다는 주장으로 시작한다. 조금 다른 버전은 "누구도 임금을 받고 일하려 하지 않을 것"이며 "기생을 장려한다"는 주로 우익 반대파들이 내세우는 견해이다. 두 번째로 주로 우익이 제기하지만 좌익에서도 제기되는 의견은 기본소득이 지나치게 많은 비용이 들고 재원마련이 불가능하다는 것이다. 세 번째로 그렇게 자주는 아니지만 좌 · 우익에서 거의 동일한 비율로 제시된 의견은 기본소득이 가난한 이민자들을 더 불러들인다는 것이다. 이러한 논거들은 세계 다른 곳에서도 들을 수 있는 논거와 크게 다르지 않다.

다만 스페인 기본소득 지지자들 간에는, 다소 선명한 두 가지 논란이 있으며, 스페인 고유의 기여도 있다. 첫 번째 논란은 기본소득을 도입하기 위한 가장 적절한 전략에 관한 것으로, 뒷문으로 도입하는 방식의 효과성이나 비효과성에 초점을 맞추고 있다. 두 번째 논란은 재원마련에 관한 것이다. 우리가 언급한 기여는 기본소득의 규범적 정당화이다. 우리는 첫 번째 논란이 아주 흥미 있는 것은 아니며 때때로 토의 참여자들 간의 서로 다른 일반적 정치적 관점으로 환원된다고 본다. 첫 번째 단계의 토의가 진전된다면 제도적 설계에 관한 문제를 고려해야 할 것이며, 이는 해당 시점의 정치적 지형에 좌우될 것이다. 그러나 사안은 아직 그 정도로 진전되지 않았다. 반면 스페인(그리고 어떤 경우 카탈루냐)에서 기본소득 재원을 어떻게 마련할 것인가에 관한 논의는 매우 유용한 결과들을 낳았다. 재원에 관한 제안들은 10년으로 거슬러 올라가며 그중 일부는 당시 삼자 정부의 좌파 정당(ICV, ERC 및 카탈루냐 사회당PSC)의 구성원들에 의해 카탈루냐 의회에 제출되었다.

스페인보다도 카탈루냐 고유의 기본소득에 대한 기여는 역사적 공화주의에 근거한 정치철학적 논거의 제공이다.[8] 혼란을 방지하기 위해 이러한 규범적 틀의 철학적 특징에 대해 짧게 설명하겠다. 잘 알려져 있는 것처럼, 퀸틴 스키너Quentin Skinner, J.G.A 포코크J.G.A. Pocock, 그리고 특히 필리프 페티트Philip Pettit를 포함한 학문적 네오공화주의 지지자들은 일반적 개입과 자의적 개입을 구분하고 자의적 개입의 부재에 근거한 공화주의적 자유관념을 역설한다. 그러나 스페인에서의 지배적인 이론적 초점은 역사적 공화주의적 자유관념(또는 기본소득의 정치철학적 논거에 대한 "카탈루냐의 기여"라고 명명된 그것)으로, 네오공화주의적 접근이 빈곤과 공화주의적 자유의 관계를 얼버무림과 동시에 민주주의와 재산의 핵심적 관련성을 축소하고 있다는 입장이다. 페티트는 공화주의적 자유를 무개입에 근거한 순수한 소극적 자유주의적 자유와 대비되는 성향개념으로 이론화한다. 이러한 공화주의적 자유는 국가를 포함한 다른 단체나 개인에 의한 지배나 자의적 개입의 부재를 의미한다. 여기에 중대한 차이가 있다. 왜냐하면 역사적 공화주의의 입장에서 취약성과 자의적 개입의 핵심적 원천은 재산의 부재에 따른 물질적 독립의 부재에 있다. 한 개인이 가지고 있는 기회의 조합은 분명 자율적인 사회생활의 영위를 좌우하는 물질적 자원의 제한을 받는다. 그것은 그냥 아무런 기회의 조합이 아니다. 완전한 시민권은 물질적 독립이나 위에서 명시한 가능성의 조합에 대한 어느 정도의 '통제력' 없이는 불가능하다. 자산의 역사적 역할의 본질적으로 물질적 근원과 자산 소유자의 지배력을 간과하는 경우, '지배'의 개념이 희석되며 그 제도적 성격이 벗겨진다. 나아가, 예를 들어 기망당한 사람의 생활에 자의적으로 개입하는 사기 또는 협잡 등, 역사적 공화주의에서 한 번도 정치적으로 의미 있다고 간주되지 않은 인간관계의 보다 사적인 모습들이 '지배'의 범주에 포섭될 것이다.

위기와 기본소득

2010년 5월 스페인 기본소득네트워크는 여러 언어로 "현행 경제위기 상황에서의 기본소득"이라는 제하의 선언문을 발표했다. 선언문은 다음과 같이 지적 또는 우려하였다.

경제위기 상황에서 일자리와 임금에 대한 공격이 난무한다. 국제통화기금, 스페인 중앙은행, 방코 빌바오 비즈카야 아르헨타리아 Banco de Bilbao Vizcaya Argentaria, BBVA, 그리고 스페인 고용주협회 Confederación Española de Organizaciones Empresariales, CEOE 등 여러 단체들은 임금조정 및 정리해고, '인건'비용 삭감 및 연금과 사회보장의 축소에 대한 동의를 명시적으로 표명하였다. 우리는 임금합의 및 직원조정에 관한 지속적인 발표들을 목격하고 있으며, 셀 수 없이 많은 소규모 사업장의 폐쇄를 목도하고 있다.[9]

다시금 위기에서 기본소득을 도입해야 하는 이유가 더욱 중요해진 반면, 정치적 장애물이 더욱 커졌음이 명백하다. 기본소득 도입을 위한 논거들은 위 선언문과 그 이전과 이후에 발표된 기고문에서 아주 명확히 제시되었다.[10]

요약하면, 기본소득이 현재 위기에서 한 가지 이상의 방면으로 효과적인 방안인 다섯 가지 주요 이유가 제시되고 있다. 첫째로, 비자발적 일자리 상실은 극도의 경제적 그리고 개인적 불안정으로 이어진다. 기본소득의 방어막에 기대할 수 있는 상태에서 일자리를 잃는다면 고통이 완화되고 사람들이 상황을 보다 나은 조건에서 직면할 수 있게 될 것이다. 실업률이 훨씬 높고 장기화되는 위기 상황에서, 그리고 특히 청년의 절반이 실업상태이고 실업급여의 취약성이 증가하거나 철저히 부재한 스페인의 극단적 상황에서 기본소득은 더욱 큰 사회적 의미를 갖는다.

두 번째, 기본소득은 노동조합의 지원을 받은 노동자와 그러한 제도적 뒷받침이 없어서 스스로 살아남아야 하는 노동자 모두를 포함한 노동자계급의 집단적 이익과 투쟁을 뒷받침하는 데 중요한 역할을 할 수 있다. 이 위기에서 기본소득이 임금의 대체물이 되거나 노동자들 스스로의 이익방어를 저해하지 않을 것이며, 오히려 직장에서건, 일자리를 구하고 있는 중이건 전체 노동력의 지위를 강화하는 도구가 될 것임이 명백하다. 파업의 경우 기본소득은 일종의 무조건적 저항기금의 역할을 함으로써 노동자들에게 보다 높은 협상력을 부여할 것임이 명백하다. 기본소득이 있다는 것은 고용주나 일자리에서의 갈등에 훨씬 덜 취약하고 불안정한 기반에서 대응할 수 있음을 의미한다. 반면 현재 상황에서 그리고 파업의 지속기간에 따라, 대부분의 노동자들이 그러하듯 다른 자원이 없는 경우, 임금이 견딜 수 없을 만큼 지속가능성이 없는 수준으로 삭감될 가능성이 있다.

세 번째, 기본소득은 자영업을 선택하는 사람들의 위험을 줄일 것이다. 자영업에 수반되는 여러 과제를 용이하게 할 뿐만 아니라, 공동으로 사업을 시작하려는 사람들 간의 협동을 육성할 수도 있다. 소규모 사업체를 실패할 경우 일종의 안전망을 제공하고 재시도를 가능하게 할 수도 있다.

네 번째, 기본소득의 가장 큰 장점은 빈곤을 감소시키는 데 있으며, 빈곤의 완전한 철폐의 가능성도 있다. 수백만 명을 빈곤으로부터 탈출시킬 뿐만 아니라, 장래에도 빈곤에 대한 보호를 제공한다. 스페인의 경우 인구의 20%가 빈곤층으로 정의되고 있으며, 위기로 인해 수가 급격히 늘어나고 있다.

다섯 번째, 위기와 관련해 많이 논의되고 있는 문제는 가계소비 유지의 필요성이다. 호황이 지속되는 동안 많은 가정들은 경제적 능력을 넘어서는 소비를 하고 있었다. 부풀려진 금융자산가치와 저당 뿐만 아니라 여타 소비를 위한 대출의 용이성 덕분이었다. 빚에 의존한 이와 같은 일반 가정의 소비주의는 인구의 보다 빈곤한 부문에 유리하지 않다. 나아가 위기에 따른 조치로 인해 모든 부가적 소득은 차단되었으며, 삭감된 임금은 적어도 부분적으로 누적된 빚을 갚는 데 사용되고 있다. 기본소득은 기본적인 소비를 안정화시킴으로써 위기 상황에서 특히 더 취약한 계층의 수요를 유지시킬 수 있다.

경제위기 상황에서의 기본소득을 뒷받침하는 위와 같은 중한 근거에도 불구하고, 의회 정당들은 신자유주의적 기관들이 강요하는 기준에 따라 공공적자를 축소하는 방향으로 경제정책을 수정하도록 커져가는 압력을 받고 있다. 이는 본질적으로 사회지출에 대한 급격한 삭감을 의미하여, 다시 기본소득을 뒷받침하는 근거를 제공한다. 진실로 악순환이다.

풀뿌리 차원에서의 기본소득에 대한 관심의 증가

기본소득의 실행가능성을 연구하기 위한 의회 위원회 2009년 4월 28일자 설치로 인한 기회는 결국 놓쳐버렸다. 다수당들, 우파인 파르티도 포풀라르Partido Popular(People's Party) 그리고 현행 집권당으로 지지율이 급격히 떨어지고 있는 스페인 사회당은 기본소득을 전적으로 반대하거나 관심이 없다. 기본소득을 지지해 온 소수 정당들은 소속 의원이 매우 적고, 있는 의원들은 다수의 전선에서 교전 중이다. 경제위기 이후 스페인 사회운동진영에서 기본소득에 대한 관심이 지속적으로 높아졌음은 의문의 여지가 없다. 따라서 인권단체, 강제집행에 대해 저당권 면제를 옹호하는 단체, 교사, 공중보건 영역 활동가, 학생단체 등등에 의해 기획된 기본소득에 관한 강연들이 훨씬 많다. 이와 같은 관심이 특히 실업의 타격을 강하게 받아 취직과 독립에 대한 전망이 낮은 젊은이들 사이에서 계속 늘어날 것임은 어렵지 않게 예상할 수 있다. 당분간 기본소득의 운명이 정당보다 활동가들의 손에 달려 있다고 말할 수 있다. 2011년 5월 수천 명의 시위대들이 마드리드, 바르셀로나 등 스페인, 카탈란, 그리고 바스크 도시들의 광장을 점령한 인디그나도스Indignados*들의 집회에서 기본소득은 논의된 주제 중 하나였다.[11] 정당들(앞서 언급한 ERC 및 IU-ICV를 제외하고)이 현재 보이는 무관심은 장래에 충분히 바뀔 수 있다. 우리의 설명은 평가를 포함하지 않으며 순전히 현 상황을 묘사하는 것이다. 예를 들어 2011년 5월 시市선거에서 득표수로 2위를 하고 바스크주 의회의 다수당인 새로운 바스크 정당 빌두Bildu가 정책 의제에 기본소득에 대한 지지를 포함시켰다는 점은 고무적이다.[12]

여타 중요한 사회정책과 마찬가지로, 스페인에서의 기본소득의 미래는 결국 규범적 원칙과 재정적 가능성의 양 측면에서의 분석의 질, 그리고 특히 기본소득을 지지하는 사람들의 수에 좌우될 것이다. 현재, 그 운명은 사회운동에 달려 있는 것처럼 보인다.

---

* '성난 사람들'이라는 의미.

책이 출판된 2012년은 2014년 3월 창당된 포데모스Podemos 정당이 같은 해 유럽 의회선거와 2015년 스페인 총선에서 돌풍을 일으키기 전이었다. 포데모스는 경제위기와 긴축재정에 의해 촉발된, 그리고 월스트리트를 점거하라Occupy Wallstreet 운동의 모태가 되기도 한, 분노한 스페인 시민Indignados들의 2011년 점거시위 운동에 원류를 둔 정당이다. 포데모스는 유럽 의회선거 당시 세제개혁을 통한 기본소득 도입을 강령으로 제시하여 스페인에서 기본소득이 널리 알려지는 공을 세우기도 하였는데, 이에 대해 다분히 상징적이었다는 평가가 있다.* 유럽연합 차원에서 회원국의 복지제도와 조세제도에 개입할 여지가 적기 때문이다. 그런데 2015년 총선에 임하여 포데모스는 기본소득을 공약으로 내걸지 않았다. 총선 상황에서 너무 급진적이었기 때문이라는 분석이 있다.** 다만 포데모스 안달루시아 대표는 2016년 11월 안달루시아 의회에 기본소득 입법을 요구하겠다는 기자회견을 개최한 바 있고, 바르셀로나시는 2017년 10월 베소스Besós 지역 2,000가구에 기본소득을 제공하는 시범사업을 개시하는 등 기본소득을 위한 실험이 계속되고 있다.

스페인에서의 기본소득 관련 논의가 처음부터 '생존권의 무조건적 실현', '노동시장에서의 선택의 자유의 실질적 보장' 등 규범적 차원에서 이루어졌다는 점이 특히 인상적이라 할 수 있다. 이와 관련, 기본소득에 관하여 스페인에서 현재 진행 중인 여러 실험 및 연구와 더불어, 기본소득을 받을 권리의 주체, 즉 노동시장에서 선택의 자유를 누릴 주체를 어디까지 인정할 것인가는 특히 비시민에 대한 관계에서 기본소득의 규범적 정당화와 근원적으로 연결될 수밖에 없는 문제로서 관련 논의가 어떻게 전개되고 있는지 지속적으로 관심을 가질 만하다.

---

* Borja Barragué and César Martínez Sánchez, 2015. "The Basic Income on the agenda of PODEMOS: A matter of political or financial viability?", 2015년 기본소득 국제학술대회 자료집, 128면
* http://www.aljazeera.com/indepth/opinion/2015/12/change-spain-podemos-podemos-151216132237115.html

다른 OECD 국가들

10

호주: 기본소득의 기회가 또 올까?

존 톰린슨
John Tomlinson

호주는 1908년 노령연금과 1910년 장애연금 법안의 통과 이후 연방 차원의 사회보장제도를 유지해 왔다. 이후 1980년대까지 사회보장제도는 점차 포괄적이고 관대하게 변해 왔다. 그것은 연방정부의 일반세입으로 제공되는 범주적categorical 시스템과 자산조사제도이다. 노인들과 아동부양 가족에게 공공부조를 제공했으며, 아픈 사람, 직장을 잃은 사람, 장애를 겪는 사람들에게도 부조를 제공했고, 일부 교육 프로그램을 신청한 사람들에게도 공적부조를 제공하였다. 연방정부제도는 민영 연금제도superannuation, 민간 실업보험 및 질병보험, 전쟁보훈급여제도와 함께 운영되고 있다.

1975년, 로날드 핸더슨Ronald Henderson 교수가 이끄는 빈곤조사위원회Poverty Inquiry는 재정적 부조 없이 방치되는 호주 영주권자들이 발생하지 않도록 보장할 수 있는 최저소득보장제도system of guaranteed minimum income의 도입을 권고하였다. 1980년대 말 이래 복지 제공과

복지 수급자들에 대한 경제적 근본주의자들과 신보수주의자들의 비판에 대응하여 각 호주정부들은 사회보장 수급자들의 수급자격을 엄격히 하고 의무를 강화해 왔다.

사회보장제도social security assistance를 둘러싼 보편주의적인 철학적 접근과 개인주의적 자산조사에 기초한 자선적 접근 사이에서 시소타기는 호주에서 1세기 넘도록 소득보장 논쟁의 중요한 부분이었다. 이 장은 가장 최근 제시된 공약들을 중심으로 그러한 논쟁들을 설명하고, 앞으로 전개될 방향을 전망하고자 한다.

연방 이후 한 세기

호주는 19세기 말 여러 주들로 구성되었다가 1901년에 연방에 통합된 영국의 여러 식민지 중 하나로 시작하였다. 호주에는 잉글랜드와 같은 빈민법poor law이 없었으며, 오히려 복지제도는 교회를 중심으로 자선단체와 지방정부들에 의해 제공되었다. 빈민법 행정관들의 부재에도 불구하고, 공공부조와 전달체계는 영국의 빈민법 시스템과 매우 유사하였다. 호주 이민자의 압도적 다수가 영국에서 건너온 점을 감안하면 이는 놀랄 일도 아니다.

20세기로 접어들 즈음에는 비스마르크의 독일 전통과 다른 대륙유럽 국가들의 전통 및 정치운동에서 파생된 다른 요인들이 영향을 미치게 되었다. 호주 원주민들은 정부 비축물과 교회사절단에 의해 통제되었다. 인종은 신생국 호주에서 매우 중요한 고려사항이었다.

이민법Immigration Act은 호주 의회에서 통과된 첫 번째 법안이었다. 아시아계 거주민들에게는 1940년대까지 사회보장이 제공되지 않았다. 이전에는 상당기간 종일노동full time에 종사했음을 입증해야만 받았던 실업급여와 질병급여를 1945년부터 일부 호주 원주민들도 실업이나 질병에 처했을 때 받을 수 있게 되었다. 1959년에는 원주민들도 다른 호주인들과 동등하게 처우하도록 연방정부의 사회보장법이 개정되었지만(Kewley 1981: 122, n, 7), 시 거주 원주민들은 1960년대 중반까지 사회보장제도에 포함되지 않았고, 멀리 떨어진 지역에 거주하는 원주민들은 한 세기를 더 기다려야 했다.

1907년 하베스터 판결Harvester Judgement에서 노사 중재위원회는 한 남성 노동자가 아내와 3명의 자녀를 부양할 수 있는 정도의 최저임금을 설정하였다. 남녀 동등급여의 판결이 내려진 1967년까지 여성 임금은 남성 임금의 60~75% 사이에서 결정되었다. 그러나 호주 산업 대부분의 성차별로 인해 여성들은 여전히 남성과 완전한 임금 평등을 누리지 못했다. 1960년대 말에 원주민 노동자들은 다른 호주민들과 공식적인 임금평등을 약속받았지만, 고용과 교육에서 계속된 차별 때문에 그리고 많은 원주민들이 살고 있던 지역성 때문에 원주민들과 다른 호주민들 사이에는 여전히 임금, 건강, 교육 측면에서의 거대한 격차가 존재하였다.

1908년 영구적 상해permanent injury를 입은 시민, 60세 여성, 65세 남성에게 연금지급을 도입하는 법안이 연방의회의 양원에서 통과되었다. 이 연금들은 선한 도덕적 품성을 가지고 있으며, 이전에 가족들을 잘 보살폈다는 점을 입증할 수 있는 노인들에게 1910년부터 지급되기 시작하였다. 장애연금invalid pension 수급자들은 그들이 호주에 5년 이상 거주했다는 것을 입증해야 했지만 품성 테스트character test를 요구받지는 않았다(Kewly 1973: 91). 자산조사와 소득조사는 연금에 적용되었고, 추가로 장애연금 신청자들에게는 그들의 친척이 그들을 부양할 수 없음이 증명되어야 했다. 결국 20세기의 첫 10년이 지날 즈음에야 정규 백인 남성 노동자들full time white-male workers과 그 가족들은 영구적 상해를 입거나 노령이 되었을 경우 최저임금과 사회보장을 누릴 수 있었다.

사회보장제도의 점증적 증가

1912년 사회보장법은 법적으로 맹인인 신청자들에게 영구히 노동불능임을 입증하지 않아도 맹인연금 지급을 허용하도록 개정되었다. 모든 다른 장애연금 수급자들은 그들이 일할 수 없음을 입증해야만 했다. 맹인연금 수급자들과 관련해서 "기대하는 바는 돈 벌 수 있는 모든 유인책을 그들에게 제공하는 것이었다"(Kewley 1973: 93). 이는 결국 자산조사와 소득조사로부터 자유로운 연금을 법적 맹인들에게 제공하는 일련의 변화를 불러왔다. 그러한 제도는 특별히 '기본소득'과 관련되는 것이다.

연방 재무부는 새로운 부서가 신설된 1927년까지 사회보장 업무를 관장하였다. 이른 시기에 책임 있는 관료적 정책결정을 가능하게 해줄 명확한 자격조건 항목이 만들어졌다. 하지만 그럼에도 불구하고 누가 선한 도덕적 품성을 가졌는지 혹은 그렇지 않은지를 결정하는 데 자의적 판단이 사용되었다. 거리에서 맹인 음악가가 연주하는 것을 일하고 있는 것으로 분류해야 할지 구걸하고 있는 것으로 분류해야 할지 판단할 수 없어 혼란스러웠던 재무부 관리들은 결국 그들이 맹인연금을 받아서는 안 되는 걸인에 해당한다고 결정하는 식이었다(Jordan 1984).

1912년에는 비아시아계와 비원주민 어머니들에게 지급되었던 모성수당을 지급하는 법안이 제정되었다. 1929년 경기불황이 호주에 닥쳤을 때 노동자의 1/3이 일자리를 잃었다. 연방차원의 실업급여는 없었다. 많은 주와 지방정부들이 실업수당·보급품을 노동의 대가로 제공했고, 곧 스스로 일자리를 찾도록 내몰았다. 1930년대 초에는 연금 지급이 축소되었고 친척들이 연금 수급자들을 부양하도록 하였다. 지급받은 모든 연금은 부동산에 대한 부채로서 유지되었다. 이 관행은 1936년 폐지되었다.

경기불황과 제2차 세계대전은 호주인들의 마음가짐에 중요한 영향을 미쳤고, 이는 연대감의 증대와 사회보장제도 확대에 대한 지지로 이어졌다. 1941년 보편적 아동수당은 첫 아이 이후 아이들에게 지급되었으며, 호주 입국 이후 1년이 경과하고 아이가 있는 이민자들에게 제공되었고, 유랑자가 아닌 원주민 어머니들과 연방정부 및 주정부에 전적으로 의존하지 않는 원주민 어머니들에게도 지급되었다. 1950년 아동수당은 첫 아이 혹은 독자에게만 지급되었다. 이 아동수당은 자산조사 없이 제공되었으며, 조세목적의 소득으로 간주되지 않았다(Kewley 1973 Chapter 10).

1940년 초에는 16세 이하 아동 또는 교육을 마쳤으나 미취업인 18세 이하 아동을 둔 미망인에게 연금을 지급하는 법안이 통과되었다. 연금은 가장 나이 어린 자녀가 16세 이상인 50대 이상의 미망인들에게도 지급되었다. 남편이 죽기 전에 3년 이상 남편과 '실질적 부부 관계ₐ bona fide domestic relationship'를 유지하며 살아온 여성들은 16세 이하 자녀를 양육했다는 점만 입증된다면 연금을 받을 수 있었다. '궁핍한 환경'에서 자녀가 없는 미망인들은 남편 사망 이후 26주까지 연금을 받을 수 있었다. 미망인들은 남편 사망 직전까지 호주에서 계속 거주해 왔음을 증명해야 했다. 1960년에 남편이 6개월 이상 감옥에 오랫동안 투옥된 여성들도 혹시 자녀가 있다면 미망인 연금을 지급받을 수 있었다.

1944년 제정되고 다음해 7월 시행된 법에 따라 실업과 질병급여가 제공되었다. 마을에서 임금을 받고 일을 했었던 호주 원주민들은 실업이나 질병 시 급여를 받을 자격이 있었다. 이 1944년 법안은 다른 사회보장급여의 자격조건 전체를 충족시키지 못한, 경제적 어려움에 처한 사람들에게 제공되는 '특별급여'를 담고 있었다. 이 특별급여는 '연령, 신체적 혹은 정신적 장애 혹은 내부적 환경, 그 밖의 다른 어떤 이유로 충분한 삶을 영위할 수 없는' 사람들에게 국장director general의 판단하에 지급되었다(Kewley 1973: 269). 이 급여는 실업급여, 질병급여와 같은 비율로 지급되었다. 다른 지급을 위한 거주요건을 충족시킬 수 없는 사람들에게 지급되었다. 특별급여는 다른 급여나 연금에 대한 자격요건을 입증할 수 없는 경제적 어려움에 처한 사람들에게 그들의 생계유지를 보장할 수 있는 충분한 소득을 제공하고자 하는 포괄적catchall인 급여로 설계되었음이 당시 문서를 통해 명확해졌다. 국장이 급여 여부를 판정하는 데 사용하는 조건은 이 급여가 프랑스식 최저소득French Minimum Insertion Income과 같은 것이 아님을 의미한다. 그렇다 할지라도 내가 1960년대 중반 그 부서에서 재직할 때, 특별급여는 다른 급여나 연금의 자격조건 입증과정에 있었던 사람들에게 지급되는 급여로 널리 활용되었다. 이 급여는 프랑스식 최저소득과 유사한 어떤 것으로 손쉽게 확대될 수 있었다.

1947년 호주 사회통합법Consolidation Act은 연방 차원의 사회보장 법들을 하나로 묶어서 광범위한 급여와 연금의 관리를 훨씬 더 용이하게 만들었다. 그때 이후 1980년대 중반까지 급여의 관대성과 범위는 점차 증가하였다. 복지제도의 일부 확대는 보편적 소득보장에 관한 논의를 담고 있는 이후의 절에서 자세하게 설명될 것이다.

이데올로기 경쟁

연방 이후 전체적으로 사회복지 시스템을 관할하는 정치인들의 열망을 완전히 지배하는 단일한 이데올로기는 존재하지 않았다. 특정한 사회복지 법안을 둘러싸고 논쟁이 진행될 때 대중들의 입장은 다양했다. 보편적인 연금과 급여에 대한 지지가 의회와 대중의 승인을 지배하던 적이 있었다. 어느 시기에는 보편주의적 제도에서 선별적이고 자산조사적인 사회보장을 지지하는 방향으로 전환된 적도 있다(May 2012).

주요 정당들은 일반적으로 다양한 입장을 지닌 후보들을 포함하고 있었다. 우파 쪽 주요 정당들은 보수주의자, 농민사회주의자, 신자유주의자(경제적 근본주의자)와 스몰 l 자유주의자*들을 유인하였다. 좌파 쪽에서는 노동당이 신자유주의자, 스몰 l 자유주의자, 노동주의자, 사민주의자, 사회주의자, 직업적 공산주의자들과 결합하고 있었다. 최근 녹색당 후보들은 자연친화적 보수주의자들이고, 대부분의 사회적 이슈들에 있어서 노동당보다 더욱 왼쪽에 위치했다. 20세기 전반의 공산당은 상당히 매력적이었다.

사회복지정책과 관련해서 수많은 경쟁적 아이디어들이 의회에서 아이디어 수만큼의 정치적 입장을 가지고 의회에 등장하였다. 전통적인 가치, 기성 질서, 사유재산의 신성함, 작은 정부에 대한 신념을 가진 보수주의자들이 '욕구'가 많은 사람들에게 복지급여를 선별적으로 지급하는 것을 옹호하고, 자신들을 스스로 부양해야 한다고 생각되는 사람들을 거부하는 것은 당연한 것이었다. 이처럼 '배부른 greedy' 것과 '배고픈needy' 것을 구분하는 것은 빈민법의 '열등처우less eligibility' 개념으로 거슬러 돌아가는 것이다. 인간의 불완전성에 대한 그들의 신념과 전통적 가치를 강화하려는 그들이 욕망 때문에 보수주의자들은 정부가 공공부조를 제공하는 대가로 수급자들에게 의무를 부여하길 원한다.

신자유주의자들은 선별적으로 공공부조를 제공하고 복지 수급자들에 부담스러운 의무를 부과한다는 점에서 보수주의자들과 견해

---

* 자유주의 관점을 갖고 있으나 자유주의 정당에는 가입하지 않은 자유주의.

를 같이한다. 왜냐하면 그들은 그러한 메커니즘이 수급자의 수를 줄이고 결과적으로 납세자들의 부담을 줄여준다고 믿기 때문이다. 사적 재산의 신성함에 대한 보수주의자들의 애착은 그들로 하여금 복지서비스는 절약을 독려해야 한다고 주장하도록 만든다. 신자유주의자들은 정부의 경제적 결산을 넘어 더 멀리 볼 수 있는 안목이 없기 때문에 그러한 입장을 지지한다.

주류 자유주의자들mainstream liberalist은 철학적으로 개인주의, 자유, 자조, 재산, 진보, 법의 지배, 자유로운 시장활동 등의 아이디어를 선호한다. 신자유주의자들은 자조와 진보에 대한 신념을 주류 자유주의자들과 공유한다. 그 결과, 모든 선체hull가 밀물이 들어올 때에 튼실한 상태에 있어야 한다는 점을 고려하지 않고 그저 "밀물은 모든 배들을 들어 올린다"는 경구에 이끌린다. 불충분한 사회보장은 번영의 시대에서 조차 많은 사람들로 하여금 빈곤탈출의 가능성을 의심하게 만든다는 점을 그들은 이해하지 못하는 듯하다. 주류 자유주의자들과 신자유주의자들은 자유와 시장세력의 자유로운 시장활동을 결합시켜 일자리의 적절성과 상관없이 수급자들은 어떤 일자리라도 찾아야 한다고 주장한다. 또한 그들은 수급자들이 무한정 복지수급 상태에 머무르지 못하도록 공공부조의 규모를 제한시키자고 주장한다.

스몰 l 자유주의자들은 평등equality을 추구하는 사민주의자들 및 사회주의자들과 달리, 공정성equity에 애착을 갖는다. 사회주의자들과 마르크시스트들은 평등을 중요하고 즉각적인 목표로 인식한다. 불평등을 평등하게 취급하는 것은 평등을 불평등하게 취급하는 것만큼 불공정하다는 사회주의자들의 믿음은 절대적 평등을 향한 그들의 소망과 모순되기는 하지만 보편적 복지제도의 방향으로 그들을 인도한다. 이런 점에서 그들은 사민주의자들과 일치한다.

사민주의자들의 대표적인 주장은 평등, 정부개입, 대의정부, 평화로운 사회주의로의 전환이다. 이러한 전통에서 호주 사회복지의 마지막 흐름은 1973~1975년 휘틀럼 노동당 정부였다. 미망인연금은 여성 한부모까지 확대되었고, 신청자가 연금을 수급하기 위해 '받을 만한 가치가 있는지'를 검증하던 품성 테스트는 폐지되었으며, 정부는 산업재해 보상과 사회복지서비스를 개선하기 위한 방안을 모색하기 위해 설계된 수많은 조사를 준비했다.

'복지부조의 필요성'을 급여 제공의 주요 정당화 논리로 사용하던 사람들은 보수주의자들과 자유주의자들뿐만이 아니다. 마르크시스트들도 "각자의 능력에 따라, 각자의 필요에 따라"라는 그들의 구호에서 나타나듯이 '필요'에 의존하였다(Wikipedia 2011). 이러한 진술을 통해 마르크시스트들은 공정과 평등에 대한 그들의 소망을 잘 나타내고 있다.

위에서 살펴본 정치적·이데올로기적 투쟁을 넘어 사회에서는 다른 이데올로기적 싸움이, 특히 복지영역에서는 존재한다. 페미니스트들은 젠더 차이에 따른 차별이 호주에서 권력을 이해하는 데 주변적인 것이 아니라 핵심적인 특징이라고 주장한다. 납세와 관련해서는 개인들이 유효한 주요 단위이지만, 사회보장 시스템에서는 가족이 수급자격 평가에 필요한 자산과 소득을 조사하는 데 적절한 단위라고 주장한다. 급여수급 자격이 있는 많은 사람들이 배우자들의 소득 때문에 지급을 거절당한다. 보수주의자들은 가족을 세대 간 재생산을 통제하고 재산을 이전하는 주된 수단으로 간주한다. 마르크시스트들은 가족을 지배계급의 압제에 대항하는 주요 방파제bulwark로 보는 사람들과 가족을 지배계급이 착취할 다음 세대 노동자들의 재생산 수단으로 인식하는 사람들로 나뉜다.

젠더 외에도 호주 사회보장제도의 주요 특징은 계급, 연령, 인종, 지역성이다. 호주는 거대한 국가이지만 대부분의 사람들은 도심이나 동부 해안가를 따라 거주한다. 주요 대도시에 사는 사람들은 건강, 교육, 기타 서비스에 접근성이 좋고, 수명도 지방에 사는 사람들에 비해 길다. 미취업한 10대와 젊은 성인들에게는 지난 15년간 노동당과 보수당에 의해 '생계형 일자리work for the dole'나 강제적 훈련과 같은 프로그램을 통해 가장 억압적인 의무가 부과되었다. 나이 든 실업 노동자들은 그들을 고용하지 않으려는 고용주의 저항에 곧잘 부딪혔다. 10대 사회보장 수급자들은 성인 수급자들에 비해 상당히 낮은 급여를 지급받았다. 계급은 수명의 정확한 결정요인이다. 인종주의는 원주민들이 타운에 살든, 도심에 살든, 멀리 떨어진 곳에 살든 상관없이 그들의 일상이다. 이데올로기적 특징과 상관없이, 상당한 장애를 가진 사람들은 고용, 교육, 주거와 관련해서 정기적으로 차별받고 있음을 알게 된다. 최근 정부들은 많은 장애연금 수급자들이 연금수급에 충분한 장애조건을 가지고 있지 않다고 주장해 왔으며, 많은 이들을 부담스러운 구직의무가 따르는 덜 관대한 실업급여 쪽으로 전환시켜 왔다(Mays 2012; Galvin 2004).

호주에서 소득보장 방안

보수당의 멘지스Menzies 정부는 아동수당 법안을 주도하였다. 미망인연금법은 1942년 노동당에 의해 시작되었지만 양 당의 지지를 받아 가능했다. 노동당은 1947년 실업급여와 질병급여를 제정하였고 사회통합법의 개선을 주도하였다. 노동당은 1949년 정권을 잃었고 멘지스가 총리직을 되찾아가 1966년까지 유지하였다. 보수당은 이후 6년간 집권하였다.

보수당이 집권에 복귀하여 멘지스가 사회복지자원과 프로그램을 점증적으로 확대하려는 노력을 기했음에도 불구하고, 빈곤 특히 노인빈곤 문제가 이슈로 떠오르기 시작했다. 존 스튜브(John Stubbs 1966)와 같은 작가들, 로널드 핸더슨 교수와 그의 동료 앨리슨 하코트Alison Harcourt, 존 하퍼(John Harper 1970)는 빈곤문제를 표면화시키는 데 중요한 역할을 하였다. 성 로렌스의 형제들Brotherhood of St. Laurence과 같은 교회 자선단체들은 옹호역할을 주도하였다. 1972년 정권을 잃은 맥마흔McMahon 보수당 정부는 핸더슨 빈곤조사위원회를 설치하였다. 휘틀럼 노동당 정부는 대대적으로 빈곤조사위원회의 범위를 확대시켰다.

1975년 빈곤조사위원회의 첫 번째 보고서에서 핸더슨은 최저소득보장의 도입에 관한 구체적 제안을 제시하였다(제1권 6장, 제2권의 부록 6번). 핸더슨이 제안한 소득보장 방안은 사회보장과 세제 시스템을 단순화시키고 통합시키고자 하였으며, 안정된 소득을 가진 사람들과 변동적인 소득을 가진 사람들을 동등하게 대우하고자 하였다. 그는 여러 가지 범주적 연금들과 급여들의 종류가 줄어들기를 바랐으며, 근로소득의 회수율withdrawal rate을 보다 투명하고 이해할 만한 수준으로 만들고자 하였다. 그 제안에서 모든 사람들은 그가 '범주적categorical'이라 부르던, 사회보장급여나 연금의 자격이 있는 사람들과 기존 지급방식에서는 자격조건을 충족시킬 수 없는 사람들로 구분되었다. 그는 '빈곤에 처한 어느 누구도 소득을 얻지 못하는 일이 없도록' 하기 위하여 자격조건을 계속해서 확대시킬 것임을 예시하였다(Henderson 1975. 제1권: 67. 30-32). 핸더슨은 그가 범주적이라 부르는 사람들을 위해 그들에게 빈곤선의 106%를 지급하고, 비범주적noncategorical 집단들에게는 빈곤선의 50% 정도로 낮은 급여를 지급하는 방안을 주장하였다. 그는 모든 범주적 소득지원의 폐지를 고려했지만, 모두에 대한 빈곤선 보장은 정치적으로 인기 없는 50%의 세율인상을 초래할 것이라는 판단하에 반대로 결론 내렸다(Henderson 1975. 제1권: 74).

핸더슨의 제안은 사회권에 기반한, 정률의, 비기여적인 수당de-mogrant의 형태라는 점에서 기존의 사회보장제도와 양립 가능하였다. 그는 이 최저소득보장이 호주의 소득보장제도를 보다 인간적이고, 덜 범주적이며, 보다 포괄적인comprehensive 것으로 변모시킬 것이라고 생각하였다. 그것이 가능했을 수도 있다. 그러나 이 제안의 기본적 취약점은 기존 제도를 해체하고 소득보장과 세제 시스템을 통합하는 방식으로 재구축하는 데 실패했다는 점이다. 핸더슨의 제안은 안정적인 고용상태에 있는 사람들과 비교해서 변동적인 소득을 가진 사람들에게 돌아갈 이익을 줄이기는 하였지만 없애지는 않았다. 기존 누진적 세제 시스템을 폐지하고 그것을 비례적 세제로 대체하려는 그의 제안은 표면상 부자들에게 이득인 것처럼 보였을 것이다. 그러나 그는 1973년 8월 기준으로 주당 240호주달러 이상의 소득에 대해 5%의 부가세금tax surcharge을 부과했다(Henderson, 1975 제1권: 78).

핸더슨 제안이 지닌 주요 문제는 범주적 집단과 비범주적 집단 사이를 구분하여 범주적 집단에게는 빈곤선과 같거나 혹은 그 이상의 소득보장을 제공하고, 그 밖의 집단에게는 빈곤선의 50~71% 사이의 소득을 제공하는 방식으로는 범주적 집단이 되고 싶은 비범주적 집단의 욕망을 감소시키지 못한다는 점이다. 비범주적 집단에게는 빈곤선 이상의 소득을 보장하지 않기 때문에 일부 호주인들이 빈곤상태에 남지 않게 될 것이라 장담할 수 없다. 빈곤조사위원회의 최저소득보장제도의 또 다른 실망스런 측면은 그것이 적정 급여율 계산의 기초로 가족 단위를 사용했다는 점이다.

1975년에도 스스로를 국가정책검토전문가집단Priorities Review Staff, PRS으로 부르는 재무부 출신 고위공무원 집단이 부의 소득세 혹은 세액공제tax credit제도를 도입할 것을 제안한 바 있다. 핸더슨의 제안과 같이, 그들은 연금과 급여의 자격이 있는 사람들을 공공부조의 자격을 증명하지 못한 사람들보다 우대하는 이층제도two-tiered를 제안하였다. 범주적 집단은 핸더슨 빈곤선의 100%를 받도록 하고(일하지 않는 사람들), 비범주적 집단은 빈곤선의 55%를 받도록 하자는 것이다(일하는 사람들). 그들은 가족 중 주요 소득자로부터 43%의 비례세와 두 번째 소득자second earner로부터 33%의 비례세를 징수하는 방안을 제시하였다. 1만 7,000~2만 호주달러의 소득을 가진 사람들에게 5%의 부가적 세금tax surcharge을 징수하고, 5만 8,000호주달러 이상의 소득을 가진 사람들에게는 25%의 부가적 세금을 징수하도록 권고하였다(Priorities Review Staff 1975: 34). 그들 역시 소득보장을 평가하기 위한 소득 단위로 가족을 지목하였다.

국가정책검토전문가집단은 세제와 사회보장제도를 결합하여, 기존의 범주적 제도에서 부조 받을 수 없는 빈곤한 사람들을 부조하고, 통상적으로 사회보장제도를 단순화시키려 했던 핸더슨과 유사한 바람을 가지고 있었다. 빈곤조사위원회가 서비스 범위의 증가를 바랐던 반면에, 국가정책검토전문가집단은 많은 보충적 서비스를 가능한 제한하거나 폐지하기를 원했다. 국가정책검토전문가집단은 그들의 제안을 우드하우스 국립보상제도Woodhouse National Compensation Scheme의 권고안(1974)과 결합시키고자 하였다.

우드하우스 국립보상제도는 유지되어 왔다. 왜냐하면 2011년에 생산성위원회Productivity Commission 역시 유사한 권고안을 제출했기 때문이다(Productivity Commission, 2011). 우드하우스 위원회Woodhouse commission는 아픈 사람이나 장애를 가진 사람들이 주당 425호주달러까지는 이전 임금의 85%의 급여를 받아야 한다고 권고했다. 주당 42.50호주달러 이하를 받는 소득자는 없어야 한다. 저소득자들은 최저임금의 100%를 지급받게 된다. 이 제도는 많은 사람들이 문제가 해결되기까지 과도한 시간을 기다려야 하고, 이후에도 어떤 사람은 횡재를 보는 반면, 어떤 사람은 한 푼도 받지 못하는 값비싼 노동자 및 차량사고와 관련된 법적 복잡성을 대체하기 위해 설계되었다. 이 제도의 재정은 임금에 대해 2% 부담금과 1갤런당 10센트의 석유세를 통해 조달될 계획이었다. 덧붙여 정부는 매년 3만 7,000호 주달러를 제공하게 된다(그 당시 상병연금과 질병급여에 지출되던 금액을 제공하게 된다)(Woodhouse 1974: 260).

또 다른 요청사항은 자산조사 노령연금age pension을 대체하기 위한 국민연금national superannuation제도를 설계하는 것이었다. 핸콕 위원회Hancock Committee는 만장일치의 결론에 도달하는 데 실패하여 결국 1976년에 다수 보고서와 소수 보고서를 제출하였다(Hancock 1976). 다수 보고서는 평균 주간임금의 25%의 연금과 별다른 소득이 없는 사람들에게는 자산조사 소득보충으로 평균 주간임금의 30%까지 제공할 것을 권고하였다. 보다 여유 있는 사람들은 자산조사 없이도 기본적으로 25%의 연금을 받고 이에 더해 기여에 따른 구매연금purchased pension을 받는다. 이 제안에 따르면 평균 주간임금의 30%를 넘는 소득에 대해 추가적으로 5%의 소득세를 부과하여 재원을 마련한다. 소수 보고서는 핸콕의 제안이 저소득자들에게 너무 높은 부담을 부과한다고 판단하여 모든 65세 이상 노인들에게 자산조사 없는 연금과 보충적인 자산조사적 급여를 제공하도록 권고하였다.

위와 같은 조사들의 공통된 특징은 그들이 기존의 범주적이고 자산조사 기반의 사회복지 시스템에 비판적이란 점이다. 그렇다 할지라도 이들 제안 중 어느 것도 전반적으로 특정 집단의 범주적인 선별화로부터 벗어나지는 못했다. 다수 보고서와 소수 보고서의 핸콕 제안들은 모두 노인의 소득을 보장하고자 했으나 노령연금은 이미 대부분의 빈곤노인들에게 소득보장을 제공하고 있었다. 우드하우스 제도는 질병급여와 상병연금제도뿐 아니라 노동자들과 차량사고 보상을 합리화하고자 했으나, 공공부조 없이 기존의 범주적 복지 시스템에서 제외된 많은 사람들이 여전히 남아 있었다. 우드하우스와 핸콕 다수 보고서는 모두 고용상태의 불평등을 인생의 노동 이후 단계까지 확장시켰다.

핸더슨(1977: 103과 108)은 공정성을 이유로 우드하우스 조사 Woodhouse Inquiry와 핸콕 다수 보고서Hancock Majority Report의 권고안을 거부한다. 그는 핸콕 조사국의 소수 보고서를 인용하여 그의 입장을 표현하였다. "1977년 핸콕의 제도하에서 지급받을 수 있는 급여는 GDP의 대략 5.1%를 요구한다. 이는 노령연금제도의 재정에 소요되는 2%와 비교된다."

핸더슨 제안과 국가정책검토전문가집단 제안만 모든 호주인들이 소득을 지급받을 수 있도록 보장하였다. 두 가지 제안 모두 평등하거나 공정한 분배를 가져다줄 수는 없겠지만, 두 제안 중 어느 것이든 모두 호주의 사회보장 시스템을 합리화 및 현대화하고, 급여환수율을 통해 조세제도와 사회보장을 단순화하며, 호주복지제도의 상징인 지나친 선별화를 희석시켰을 것이다.

조사의 결과

앞서 설명하였듯이, 휘틀럼 노동당 정부 시기는 호주에서 사민주의적인 철학적 입장을 꽃피운 마지막 시기였다. 빈곤은 청산되어야 하며, 사회보장 시스템은 공정해야 하고, 시민들은 정당한 급여를 받아야 하며, 원주민들aboriginal people은 당시 백인들의 이해관계와 연계되어 있던 전통적 토지에 대한 토지소유권land right을 인정받아야 한다는 것이 관심사였다.

품성 테스트의 폐지와 미망인연금제도의 확대, 그리고 아동부양 홀어머니에 대한 급여 제공은 노동당 정부와 휘틀럼이 1972년 선거에 승리하기 전까지 23년간 계속된 보수당 정부와 어떻게 다른지를 명확히 보여주었다. 사회보장 장관 빌 하이든Bill Hayden은 자신을 사회주의자로 자청하며 수급자들의 공정한 대우를 위해 열심히 노력하였다. 주요한 사례가 그의 재임 중에 이루어진 급여율의 획기적 증가였다.

소득조사와 자산조사에 기초해 수급권을 부여하는 연금제도는 단지 소득조사만이 적용되던 실업, 질병, 특별급여에 비해 상당히 높은 금액을 지급하였다. 전통적으로 16~18세, 18~21세, 성인에게 각기 다른 세 가지의 급여율이 적용되고 있었다. 1973년 2월 휘틀럼 정부는 '수급연령에 상관없이 연금수급자들과 동등한 급여율'을 제공하는 법안을 도입하였다(Kewley 1978: 125). 이러한 조치가 1975년 11월 마지막 시기와 정권에서 물러나기 직전에 18세 이하의 미혼인 미취업 수급자들에 대한 급여율은 다른 급여의 증가에 발맞춰 증가되지 않았지만, 4회 이상 휘틀럼 정부 내내 반복되었다.

아마도 호주 사회복지에서 관대성generosity의 리트머스 테스트는 실업급여 신청자들에게 적용되던 '노동조사제도work test provision'의 실행 정도이다. 1973년 5월 하이든은 실업급여 수급자들의 압도적인 다수가 노동을 원하고 있다고 믿었고, 따라서 "진정 노동을 원하는 사람들이 불공정하게 불이익을 받는 것보다" 이 제도를 통해 "이익을 보는 것이 좋다"라고 말하며 덜 엄격한 노동조사의 실행을 지시하였다. 하이든과 다른 장관들은 뒤범벅 상태의 급여, 연금, 수당들을 합리화시키는 방식으로 소득보장을 일반화시키는 데 찬성한다고 선언하였다(ACOSS 1975).

휘틀럼 정부가 최저소득보장 도입에 대한 빈곤조사위원회의 권고안이나 부의 소득세 방식을 제안한 국가정책검토전문가집단의 방안을 채택한 것인지, 아니면 우드하우스나 핸콕 위원회의 제안 중 일부를 채택한 것인지는 알 수 없다. 많은 정치적 사건들이 휘틀럼 정부의 발목을 잡았다. 특히 내각의 몇몇 장관들의 징계, 켐라니 해외대출사건(Whitlam dismissal 2011), 그리고 상원 과반수의 상실이 휘틀럼의 해임과 과도정부 책임자로 말콤 프레이저 임명을 야기하였다. 프레이저 정부는 다음 선거에서 승리하였다. 신빙성 있는 주장은 호주 사회서비스위원회Australia Council of Social Service가 최저소득보장의 도입을 지지하는 두 편의 논문을 제출하였다는 점이다.

많은 사회복지 연구자들과 실천자들은 그러한 소득보장정책의 변화를 지지한 반면, 다른 사람들은 그러한 변화에 비판적이었다. 당시와 그 이후의 기본소득에 관한 많은 논문들이 호주 기본소득보장Basic Income Guarantee Australia 웹사이트에 올려졌다. 휘틀럼 정부가 만일 재집권에 성공했다면 소득보장정책의 일부는 실현되었을 것이라는 것이 나의 믿음이다. 급여 수급자와 연금 수령자 사이의 공정성에 목표를 둔 급여율의 합리화는 노동당이 나아갈 방향을 보여준다.

실업자와 특히 젊은 실업자는 프레이저 정부하에서 훨씬 혹독한 노동심사와 다른 자격조건심사를 겪어야만 했다. 1976년 3월 프레이저 정부는 학령의 마지막에 있는 졸업자들에게는 새로운 학령이 시작될 때까지 실업급여가 지급되지 않을 것이라고 발표하였다. 의회에서 보수 쪽에 위치한 농민사회주의agrarian socialist의 철학적 입장은 그 전에는 실업이 부정되었던 농민들이 이제는 경제적 어려움에 처했을 때 지원받을 수 있을 것이라고 발표가 있은 그 다음해에 드러났다.

1980년대 중반과 1990년 초반을 향한 빠른 진척

프레이저 정부는 전체 세 번의 집권기간 동안 10대 수급자들의 급여율을 인상하지 않았다. 노동당이 다시 집권에 성공했을 즈음에는 연금 수준과 10대 수급자들의 급여 수준 간 격차가 상당히 벌어졌고, 젊은이들은 이러한 변화로 가장 심각하게 영향을 받고 있었다. 1977년 보수정부는 모성급여의 지급을 1명 이상 자녀를 둔 홀아버지들에게까지 확대하였다. 프레이저는 휘틀럼 정부가 마련한 북부지역토지권Nothern Territory Land Right을 수정하여 의회 통과를 강행하였다. 이러한 변화를 제외하고는, 프레이저 정부의 시기는 사회복지 전선에서 일반적으로 지속성의 시기였다.

휘틀럼은 1973년 75세 이상 연금 수급자들에 대한 자산조사를,

1975년에는 70~74세 사이의 수급자들에 대한 자산조사를 폐지하였다. 1976년에 프레이저는 70세 이상에 대한 자산조사를 폐지하였지만 소득조사는 유지하였다. 1983년에 호크Hawke 노동당 정부가 선출되었다. 그해 11월 호크 정부는 70세 이상을 상대로 다소 관대한 소득조사를 재도입하여 보다 젊은 수급자들의 그것과 비교되었다. 1985년에는 자산조사를 재도입하였다.

1980년대 중반에서 90년대 초는 사회복지지출에서 재정적 압박의 시기였다. 호크는 노조와 협상하여 세금, 메디케어, 연금의 급여를 대가로 임금인상을 자제시켰다. 노동당은 그것이 노령연금과 상병연금의 지지를 침식할까 우려하여 전통적으로 연금제도에 반대하였지만 아래의 논의에서 알 수 있듯이 많이 변하였다.

프레이저 정부는 아동수당제도를 가족수당제도family allowance로 개편하였다. 아동수당과 같이 가족수당은 소득조사나 자산조사의 대상이 아니었고 과세대상도 아니었다. 뒤이은 노동당 정부는 가족수당제도를 유지하였지만, 가족이 다른 소득이 발생했을 때 지급을 제한하는 메커니즘을 점차 적용하였다. 2000년에 보수당의 하워드 정부는 기존의 가족수당제도를 연간 15만 호주달러까지의 소득이 있는 부양아동가족에게 지원해주는 가족세금공제family tax benefit로 대체하였다. 이 급여는 세제를 통해서 지급되며, 지급금액은 다른 소득에 대해 반비례한다.

1980년대 말과 90년대 초에 불어닥친 불황은 이자율의 인상뿐 아니라 엄청난 실업률 증가를 야기하였다. 1984년 이후 사회보장 장관을 역임했던 브라이언 호위Brian Howe는 1991~1995년 키팅Keating

노동당 정부에서 부총리를 맡았다. 의회에 입성하기 전 그는 1967~1969년 시카고에서 신학을 공부하였고, 호주로 돌아가 빅토리아주의 여러 곳에서 감리교 목사로 재직하였다. 그는 최소한 1987년 이후 세대 간 복지의존intergenerational welfare dependency이라는 아이디어에 사로잡혔다. 그는 기금을 마련할 기회를 가졌다. 1988년 미니 예산에서 가장 절실한 감축은 13주 미만 동안 급여를 받았던 (단기)특별 수급자들에 대한 엄격한 소득조사의 부과였다. 급여를 받은 사람들의 다수는 출산 전후의 한부모였다. 급여를 받기 위해서 어머니들은 일하지 않았으며, 실질적 가족관계bona fide domestic relationship를 유지하지 않았고, 다른 상당한 소득이 없었다는 점을 입증해야만 했다. 이 소득조사는 100%의 급여회수율을 주당 20호주달러를 초과하여 소득을 얻은 사람들에게 부과하였다. 이러한 조치가 취해졌을 때 나는 호위가 교구 자선함에서 꺼낸 돈으로 적선하는 빅토리아 교구 목사처럼 행동했다고 주장했다.

경제적 근본주의자들은 호크와 키팅 정부에 상당한 영향을 미쳤다. 사회복지 강조가 수급 신청자의 지원에서 직업적 급여와 가족지원 전달로 이전되었다. 마보 고등법원 판결Mabo High Court Judgement에 따라, 키팅은 원래 거주했던 전통적 소유자들이 멀리 떨어져 있지 않은 토지의 소유권을 주장할 수 있도록 기회를 제공하는 원주민권리법Native Title Act의 제정을 강행하였다.

실업은 키팅 정부에서 상당한 문제점이 되었으며, 총리는 이를 해결하기 위해 그의 처방을 담은 《일하는 국가Working Nation》라는 백서를 1994년 발간하였다(Keating 1994). 그 계획은 18개월 동안 일하지 않은 모든 실업자들에게 고용을 보장해주는 내용을 포함하고 있었다. 그러나 이러한 고용보장과 다른 지원의 대가로 실업자들은 구직을 위한 모든 것을 다 한다는 '상호주의 의무reciprocal obligation'를 수용하고 자신들을 '일할 준비가 된job ready' 상태로 만들 것을 요구받았다.

연금

기여식 연금제도는 호주에서는 정치적으로 보수 쪽에 의해 촉발되었으며 몇몇 시도가 이루어져 왔다. 노동당은 사회보장 프로그램에 대한 지지를 침해할 것이란 이유로 반대해 왔다. 호크 · 키팅의 집권시기 동안 노동당은 기존의 접근을 변화시켜 유럽에 널리 알려진 사회보험 방식의 연금과 달리 강제적인 사적 기여 방식의 연금형태compulsory privatized contributory form의 연금제도를 도입하였다.

변화는 협정accord과 직능제조업 노조craft unions의 슈퍼 노조super unions 통합에서 시작되었다. 노조 지도자들은 구성원들의 기여금을 안전하게 보호하고 노동자들을 노조에 더욱 친밀하게 묶어둘 수 있도록 연금기금을 구성함으로써 그들의 권력을 강화시킬 기회로 파악했다. 은행과 보험회사들은 사적 연금을 제시하며 막대한 확장의 기회를 환영하였다. 강제적 연금에 앞서 일부 기업들은 노동자들을 위한 연금제도를 마련하였고, 정년 공무원들에게는 확정급여식 연금이 월급의 일부로 제공되었다. 대부분의 확정급여제도는 새로운 신청접수를 마감하였고, 사람들이 받고 있는 연금은 기금투자자들의 지혜, 투자전략의 선택, 단순한 운에 의해 대체로 그들이 납입한 것에 비례적이었다. 계절, 파트타임, 임시직 고용상태에 있는 사람들은 많은 고용주들이 연금의 기여를 공제하지 않고, 혹은 한다고 하더라도 연금기금superannuation funds으로 들어가지 않는다는 점을 알게 되었다.

은행과 보험회사들이 관리하는 기금은 기업의 연금기금보다 많은 수수료를 청구하고, 사람들이 퇴직할 때 받는 금액에 너무나 많은 영향을 미친다. 사회보험방식의 연금은 일반적으로 기여와 한 나라의 지불능력에 맞추어 연금지출을 결정한다. 사적 연금은 종종 덜 공정하며 재정적 자원을 많이 가진 사람들에게 이익이 되는 경향이 강하다(Hughes 2008).

하워드 정부

존 하워드John Howard는 1996년 3월 폴 키팅에 승리했다. 하워드는 자신을 사회적 보수주의면서 경제적 자유주의로 묘사한다. 그가 추구했던 정책들의 상당수는 그를 확실히 신자유주의에 입각한 경제적 근본주의 반열에 올려두었다. 부총리인 피터 코스텔로Peter Costello는 그의 이름을 가혹한 고용주의 옹호자employer's advocate로 만들었다. 그들의 첫 목표는 코스텔로가 "일자리 속물job snobs"이라 칭했던 젊은 노동자들이었다. 해결책은 강제적인 직업훈련 반복, 강제적인 '생계형 일자리', 그리고 '상호주의 의무'의 부과였다.

하워드의 다음 목표는 원주민권리법이었다. 그는 이른바 '문화전쟁'을 시작했다. 그는 친 원주민 역사학자와 인류학자들을 대륙에서 백인이 증가하던 시기의 '검은 문양의 집단black arm band'을 상징하는 것으로 묘사하였다. 반대로 초기 원주민/백인 간 상호관계에 대해서는 '눈가려진 백인white blindfolded'이라는 견해를 갖고 있었다. 하워드는 원주민권리법을 개정하여 원주민들이 그들의 토지권을 입증하기 어렵도록 만들었다. 개정안에 원주민 신청자들이 권리를 주장하는 토지에 대해 지속적이고 단절되지 않은 연관성을 입증해야만 하는 조항을 포함시켰다. 이는 전통적 토지에서 총기의 위협하에 강제적으로 분리되어 구제시설이나 정착지로 쫓겨났던 수많은 원 소유주들이 권리주장을 성공적으로 할 수 없도록 만들었다.

하워드 정부의 산업 무기고에서 주된 무기는 허가받지 않은 노동행위를 일삼는 노동자와 노조에게 상당한 처벌을 가능하게 해주는 노동선택법Work Choices 법안이었다. 초기에는 이 법안이 정부가 원했던 것만큼 강력하게 친기업적이지 않았다. 왜냐하면 그들의 열망이 상원에서 절대과반수 획득 실패로 억제되었기 때문이다. 마지막 임기 중에 비로소 상원을 장악하여 보다 억압적인 산업제도를 통과시킬 수 있었다. 이는 반발을 야기했다. 노조는 성공적으로 강력한 반대를 동원하는 데 성공하였다.

하워드 정부는 보트를 타고 도착한 난민들(보트피플)에게 노동당이 시작했던 강제적 수용mandatory detention 정책을 지속하였고, 가혹한 수용조건을 부과하였다. 정부는 뉴기니아에 있는 나우루Nauru와 마누스Manus 섬에 수용캠프를 설치하였다. 이러한 난민의 처리는 '태평양 해결책Pacific Solution'으로 알려졌다. 난민 옹호자들은 단호하고 지속적인 캠페인을 벌였고, 하워드 임기 말 무렵에 고참 하원의원들 중 5명이 정부로 하여금 수용 중인 아동들을 풀어주도록 만들었다.

하워드는 가족급여를 확대하였고, 경력자 급여를 인상하였으며, 연금 수급자와 자가펀드self-funded 은퇴자들을 위한 약제급여를 상당 수준으로 인상하였고, 민영 연금제도에 사람들이 막대한 기여금을 낼 수 있도록 허용하였다. 하워드 보수당 정부는 장애연금을 받는 사람들의 수의 폭증에 놀라 그 수를 1/3 수준으로 줄이는 과정에 착수하였다(Galvin 2004; Mays 2012).

2007년 6월 하워드 정부는 북부지역개입Northern Territory Intervention 을 73개 원주민 지역사회에 공표하였다. 이 개입은 렉스 와일드와 팻 앤더슨(Rex Wild and Pat Anderson 2007)이 공저한 〈어린 아이는 신성하다the little children are sacred〉라는 보고서에 대한 대응 차원에서 유발되었다. 이 개입은 원주민 아동들을 방치와 소아애로부터 보호하고, 여성들과 장애인을 돈으로 인한 폭력과 방치로부터 보호한다는 명분으로 정당화되었다. 개입을 시행하기 위해 하워드는 인종차별금지법Racial Discrimination Act을 미루었고, 사회보장지출의 절반을 보류하였으며, 이 돈을 승인된 목적에만 사용될 수 있는 '기초생활Basics' 카드에 배당했다(Altman and Hinkson 2007). 그것은 강제적인 마을 임대town lease와 건강검진을 부과하였다.

21세기의 노동

케빈 러드Kevin Rudd는 2007년 노동당을 승리로 이끌었다. 하워드 총리의 노동선택법 남용에 대한 노조의 거대한 동원이 그 승리에 적지 않은 영향을 미쳤지만, 노동당은 말horses을 놀라게 하지 않을 리더를 필요로 했다. 러드는 재정적 보수주의자이며, 교회에 다니는 기독교인이고, 최소한 1년 이상 북부지역개입을 지속할 사람이며, 자기 부인이 부유한 여성 기업가라고 소개하였다. 러드는 신뢰할 만한 사람처럼 보였다. 러드는 난민들을 해양에서 수용 관리하는 활동 offshore processing을 중단하고, 노사관계의 균형을 회복하며, 행정에 새로운 휴머니티를 불러일으키겠다고 공약하였다. 반대 진영의 하워드는 낡고, 지치고, 형편없어 보였다.

러드 정부는 다른 발전국가들이 겪고 있던 불황을 피하기 위해 준비한 케인스안적인 경기조절방식을 통해 노동선택법의 가장 가혹한 내용들을 제거하였고, 태평양 해결책을 폐지하였으며, 보트피플의 증가에 적극적으로 대처하였다. 북부지역개입의 영향에 대한 조사가 이루어졌다. 이 조사는 인종차별금지법의 연장을 종료하고, 아동방치를 실제로 이행했거나 원했던 사람들에 대한 복지지출의 절반을 강제적으로 보류하는 것을 제한하며, 개입intervention의 다른 억압적 측면을 제거할 것을 권고하였다. 러드는 개입이 지속될 것을 주장하였다. 러드는 다국적 광산 기업에 대한 높은 세금과 탄소오염감소제도의 시행을 지지하였다. 다국적 회사들은 세금인상에 반대하는 대대적인 미디어 캠페인을 개시하여 러드를 저지시켰다. 그는 탄소배출을 적대적인 상원에서 통과시키려는 두 번의 시도가 실패하자 그것을 최소한 2013년까지 연기하기로 결정하였다.

러드의 부총리이자 압도적인 초계파적 지지(노동당 내)를 받고 있던 줄리아 길라드Julia Gillard는 2010년 6월 그녀의 상관을 누르고 호주의 첫 여성 총리가 되었다. 길라드는 즉각 광산 기업들과 타결을 보았다. 길라드 정부가 선거에 임할 때인 2010년 8월, 노동당은 하원에서 과반수 획득에 실패하고 국정운영을 위해서 무소속 의원들의 지지에 의존할 수밖에 없게 되었다.

길라드 정부는 하워드가 시작하고 러드가 지속했던 장애연금 수급자들에 대한 일제단속을 계속하였다. 2011년 2월, 길라드는 ABC의 4코너 프로그램Four Corners program에 출연해 '노동이 가져다주는 단순한 존엄성을 위해' 사람들에게 일자리를 제공함으로써 가능한 많은 사람들을 복지에서 떼어놓는 것이 본인의 꿈이라고 주장하였다.

길라드 정부는 보트피플들에게 혹독한 태도를 취했다. 2011년 중반 즈음, 길라드 정부는 보트피플들을 말레이시아로 되돌려 보내기 위한 협상타결을 주장했다. 말레이시아는 난민보호 서명국이 아니었기에 영토 내로 입국한 난민들에게 정기적 태형을 가했다. 정부는 동행자가 없는 광부들과 임신여성들을 말레이시아로 되돌려 보낼 것이라고 발표하였다(ABC News 2011.6.4.).

2007년, 진보진영은 1년 후 북부지역개입이 인종차별금지법을 회복함으로써, 원주민 사회와 협상, 사회보장지출 억제 중단, 건강 · 주택 · 교육 프로그램의 확대를 포함하는 지역발전 해결방식community development approach에 의해 대체될 것으로 예상하였다(Tomlinson 2011). 진보주의자들이 이해하지 못했던 것은 하워드가 '문화전쟁'에서 승리했음에도 러드와 길라드는 그 이데올로기 전투에서 흥미를 갖지 않았거나, 혹은 하워드와 동일한 가치를 공유하였거나, 혹은 사민주의적 가치를 이데올로기적으로 방어할 수 있는 능력이 없었다는 점이다.

보편적 기본소득

호주에서 완전한 보편적 기본소득이 빈곤 퇴치를 위해서라면 모든 영주권자에게 기존 노령연금 비율 혹은 그 이상으로 지급될 필요가 있다. 혼인 여부, 인종, 연령, 젠더, 다른 사회적 지위와 상관없이 개인에게 지급되어야 한다.

간단히 말해, 핵가족과 관련된 여론과 가족수당의 역사 등의 이유 때문에 가족과 함께 사는 16세 이하 아동들의 부모에게는 성인의 절반 비율로 지급하는 것이 필요하다. 고용과 교육에 상관없이 빈자와 부자 모두에게 지급해야 할 것이다. 어떠한 노동과 기타 의무도 기본소득 수급조건이 부과될 수 없으며 정부와 기관들은 그것을 압류할 수 없다(Tomlinson 2003 참조).

기본소득: 장애물과 진행상황

호주에서 기본소득 도입의 주요 장애물은 재정여건, 민영 연금 시스템의 존재, 그리고 사회복지, 이민, 노동윤리, 인종, 연령, 젠더, 장애 등의 논의와 관련된 이데올로기적 혼란과 관련된 문제들이다. 이 중 몇 가지 이슈들은 앞에서 논의했으므로 여기서는 이슈 중 일부에 대해 좀 더 논의해 보고자 한다.

정부와 야당은 사회임금 개선책을 도입하고 환경을 보호하며 임금을 인상하고 다른 지출을 늘리거나 축소할 수 있는 국가의 능력에 대하여 그동안 국민을 속여 왔다. 정당들은 카본 디옥사이드carbon dioxide 수준을 낮추는 데 관하여 얘기하면서 다른 한편으로 페트로카본petrocarbon을 먹어치우는 항공기, 탱크, 트럭, 선함에 대한 국방부의 무제한적 접근을 허용하였다.

모든 호주 방송의 뉴스와 시사 프로그램이 이것의 경제적 함의와 우리 경제에 미치는 특성을 다룬 아이템을 가지고 있다. 그러나 대중은 그러한 많은 논의들의 함의를 이해할 만큼 충분히 경제를 아는 사람들이 아니다. 그들은 똑똑한 사람들의 10초만으로도 흔들린다. 그에 대한 속담으로 "내게 경제학자 10명만 주면 나는 15개의 다른 답변을 제시해주겠다"라는 말이 이 나라에 적용된다.

평균임금의 25%의 소득을 모든 개인에게 지급할 충분한 돈이 이 나라에는 분명히 있다. 재정여건의 문제가 아니라, 이것은 대중이 그러한 평등주의적 재분배를 위한 준비가 되어 있느냐의 문제이다.

1975년 호주는 모든 거주자들에 대한 소득보장을 도입할 뻔 했다. 빈곤조사위원회와 국가정책검토전문가집단은 그럴 재정능력이 있다고 믿었다. 호주는 당시에 비해 현재 훨씬 부유한 국가이다. 문제는 전 국가적으로 우리가 보편적 기본소득을 원하는가 여부이다.

민영 강제적 연금제도superannuation는 호주 사회의 부유한 계층에게 상당한 급여를 제공한다. 평균임금 이상의 소득을 버는 호주 국민의 1/3이 주요 수혜자이다. 평균임금 이하를 버는 2/3의 대부분은 그들이 받는 연금을 권리로 인식한다. 즉, 복잡하고, 조건과 관련되며, 기분 나쁘게 제공되는 사회보장이나 가족세금공제와 다르다고 인식한다. 2/3의 대부분은 소득의 사다리에 오르고 싶은 열망이 있으며, 부자들의 거만을 봐줄 준비가 되어 있고, 그들에 합류하는 꿈을 꾸고 있다. 2/3의 대부분은 민영 연금제도가 얼마나 불공정한 것인지 잘 모른다. 정부로부터 받는 노령연금에 비해 수천의 부자들만이 정부의 지원(그들의 연금에 대한 원천징수 형태로)을 받는다는 점을 이해하는 사람은 적다.

연금의 기여는 15%로 과세된다. 벤 엘트햄(Ben Eltham 2011: 4)은 3만 7,000호주달러 이하를 버는 사람들에게는 전혀 이득이 없다고 지적한다(그들은 월급의 15%를 납세하기 때문). 연간 수백만 달러의 월급을 받는 사람은 그들 월급의 45%를 납세하지만 연금에 기여하는 것은 겨우 15%이다. 엘트햄은 가구당 원천징수되는 자본이득의 세제면제는 2011~2012년에 235억 호주달러가 될 것이며, 실업급여와 장애연금을 합친 지출규모와 맞먹는 수준이라고 주장한다.

하워드 정부는 많은 노동당의 블루컬러 노동자들을 유인하기 위하여 키팅이 정부 돈으로 원주민들, 난민들, 홀어머니, 복지수당으로 놀고먹는 사람dole bludger들에게 낭비하고 있다고 선전하였다. 이 노동자 집단은 주로 시 교외 출신으로, 나중에 '하워드의 전사들'로 알려졌다. 그들은 하위계층에 대한 시기심downward envy에서 저소득 한부모, 장애연금 수급자, 실업자, 난민들, 원주민들에 대한 사회보장 지급을 비판하였다. 본인들은 그러한 급여를 받지 못하고 있다는 이유에서였다. 이 '전사들'은 본인들이 빈곤선 이하의 한부모가 아니라는 점, 장애를 가지고 있지 않다는 점, 실업자나 환자가 아니라는 점을 잊은 듯했다. 이러한 노동계급 연대성의 균열은 부자들이 계속 그들의 급여를 즐길 수 있도록 해주었고, 정부가 사회보장급여의 선별화와 조건을 엄격하게 강화하도록 만들었다.

현재 상황은 그러한 하위계층에 대한 시기심이 수면 아래로 내려갔지만, 대신 중산층은 자녀부양을 위한 도움이 필요 없는 사람들이라는 주장이 등장하였다. 다른 말로 가족세액공제family tax credit의 대부분이 '중산층 복지middle class welfare'에 낭비되고 있다는 것이다. 엘트햄은 중산층 복지란 표현은 잘못된 것이라고 지적한다. 왜냐하면 호주는 "많은 자격조건에서 가파른 기준을 가진, 서구에서 가장 선별적 국가이며, 유권자들의 '하위계층에 대한 시기심'이 여전히 살아 있는 이슈란 점에서도 이를 확인할 수 있다"는 주장이다. 평균임금의 이하를 버는, 전체인구의 2/3가 실질적인 소득분배 논의에서 배제되거나 자기들끼리 싸우는 반면, 부자들과 매우 부자인 사람들의 부수입은 제대로 조사되지 않고 있다.

정부는 장애연금 수급자의 수가 줄어들기를 원한다. 왜냐하면 실업과 같은 다른 급여의 수급자들에 대한 일제단속과 여성들의 노령연금 자격연령의 상향조정으로 인해 장애연금 수급자들의 수가 증가하고 있기 때문이다. 35세 이하 사람들은 장애연금 지급기관과 그들의 노동참여 계획에 관하여 약정을 체결해야 할 것이다. 하워드와 러드는 그 수를 줄이고자 하였다. 현재 길라드 정부는 사람들이 2년간 주당 30시간까지 일할 수 있도록 허용함으로써 계속 부분연금의 자격이 되도록 노력 중이다(Karvelas 2011). 이는 장애 연금자들을 하워드가 2005년에 자격조건을 엄격히 통제하기 이전의 상태로 돌려놓는 것이다.

대중들은 장애문제에 대해 마음을 정하지 못하고 있다. 일부는 장애 연금자들을 긍정적으로 바라보지만 일부는 대중 일간지인 〈시드니 데일리 텔레그라프Sidney Daily Telegraph〉의 헤드라인처럼 복지수당 받아 놀고먹는 식객들로 바라본다. 헤드라인은 "우리는 뉴사우스웨일즈NSW의 게으름뱅이 군대army of shirkers이다 ─ 장애연금은 승산 없는 싸움이다"(Jones 2011).

호주가 이전에 비해 현재 부유해졌다는 사실에도 불구하고, 핸더슨의 빈곤선 이상 수준으로 영구 거주민들에게 제공하는 보편적 기본소득 법안이 가까운 미래에 제정될 것 같지는 않다. 만일 앞으로 대단한 사회복지 개혁이 이루어진다면, 그것은 아마도 '추가적인 부조의 가치가 있는worthy of extra assistance' 사람들이 그 대상에 해당될 것이다.

그런 징표 중 하나는 2011년 2월, 생산성위원회가 무과실 국가 상해보험제도no-fault National Injury Insurance scheme의 설립과 상당한 장애를 가진 모든 영주권자들에게 적절한 서비스 제공 업무를 수행할 독립기관의 설립을 권고했다는 점이다. 이 제안이 채택된다면, 심각한 장애를 입증할 수 있는 모든 영주권자들은 빈곤선 이상의 소득을 보장받게 된다. 이는 국가상해보험제도를 통해서도, 장애연금을 통해서도 혹은 둘의 결합을 통해서도 가능하다. 부유하지 않은 노인들은 부양아동가구가 그러하듯이 이미 그러한 보장을 받고 있다.

해당 범주별로 자격조건을 충족시키고, 연관된 '의무'를 이행한 그 밖의 영주권자들은 일부 소득을 제공받는다. 그러나 풀타임 학생, 실업자, 일시적 질병자들에 대한 급여 수준은 빈곤에서 탈출하기에 충분치 않다. 젊은 수급자들은 겨우 빈곤선의 40%에 불과한 급여를 받고 있다.

그러나 하워드와 러드 정부는 모든 노동자에게 단일한 급여를 제공하여 현재의 시스템을 단순화시키는 방안을 진지하게 고민했다. 2010년 최근에 은퇴한 재무성 장관 켄 헨리Ken Henry는 저소득층들의 급여를 인상하는 방식을 통해서 보다 평등적인 연금 시스템을 시행할 것을 권고하였다.

여전히 보편적 기본소득이 곧 도입될 것이라는 분명한 조짐은 없다. 러드 정부가 불황 탈출을 위해 케인스안적 경기조절방식을 사용하였음에도 불구하고, 신근본주의 경제학자들은 호주의 정부와 기업 내에 막강한 진지를 구축하고 있다. 사민주의적이었던 노동당이 진보적인 복지 어젠다를 가지고 집권하기까지 23년간의 보수집권기가 있었다.

신근본주의자들Neofundamentalist이 25년간 호주를 휘저어 왔다.

광산 붐은 최소한 앞으로 20년 지속될 것이며, 조만간 '큰 변화가 있기를' 희망해본다. 호주 국민들은 경제번영과 절충하지 않고도 모든 거주민들에게 (빈곤선 이상 수준으로 지급되는) 소득보장을 제공할 여유가 있다는 점을 다시 한번 깨닫게 될 것이다.

호주 기본소득 현황

호주는 오래전부터 가부장주의적 온정주의에 기초한 포괄적 자산조사와 최저임금보장에 기반한 높은 생계부양자 기본임금으로 대표되는 임금소득자 복지국가를 발전시켜 왔다. 그러나 높은 임금과 정부 규제를 통해 사회적 보호를 달성하고자 했던 임금소득자 복지국가모델은 1980년대 경제위기를 겪으며 초기의 모습에서 크게 벗어나기 시작했다. 그나마 호크나 키팅과 같은 노동당 정부 집권시기에는 임금소득자제도의 해체가 느리고 완만하게 진행되었지만, 1996년 정권교체에 성공한 보수연립의 하워드 정부가 장기집권하면서 부당하고 방지책이 제거되고, 임금계약이 개별계약으로 변경되는 등 노동시장정책에 큰 변화가 생겼다. 그러나 호주의 가부장주의적 온정주의 덕분에 다양한 가족지원정책과 최소한의 사회보호는 어느 정도 유지되고 있다. 하워드마저 메디케어와 가족급여 등에서는 비교적 온건한 복지정책을 전개하였으며, 전체적으로 호주의 복지정책은 노동시장정책과 연계되어 전형적인 노동연계복지의 형태를 보여주고 있다. 따라서 기본소득 연구는 다른 국가들에 비해 활발하게 논의되지 않고 있다. 이 책도 대체로 호주의 복지제도의 역사를 개괄하는 데 집중하고 있을 뿐 정작 기본소득 논의에 대한 언급은 거의 없다. 기본소득에 가장 근접했던 제안은 1975년 빈곤조사국 보고서에서 핸더슨이 제안한 최저소득보장 방안이지만, 이후 논의는 핸더슨 제안으로부터 오히려 멀어지고 있다. 아직도 인종차별적이고 원주민 편견이 강한 호주에서 '보편적인' 기본소득이 도입될 가능성은 거의 없다고 보인다. 여전히 많은 복지제도가 선별적이고 노동조건적이며 의무부과적이다. 게다가 현재 집권 정당인 자유국민연합이 법인세 인하, 중·고소득층 세금감면 등을 단행하고 친기업적 성장정책을 주도하면서 사회보장제도 확장에 대한 기대는 줄어들고 있다. 오히려 '복지개혁'이라는 명분하에 진행된 정부의 조치는 수급자격을 엄격하게 적용하고, 급여를 축소시키며, 수급자 감독을 강화하는 내용들이다. 자산조사와 강제의무를 당연시하는 호주에서 시민권에 기초한 '보편적인' 형태의 기본소득이 조기에 이루어지기를 바라는 것은 지나친 환상에 불과할 것이다.

위와 같은 점에 있어서 기본소득과 관련된 호주의 경험이 한국에 주는 직접적인 함의는 사실상 없다. 같은 영연방 출신 국가인 캐나다나 뉴질랜드의 기초연금과 같은 보편적 소득보장제도를 시행한 경험이 전무하고, 가부장주의와 가족중심적인 복지국가이며, 상·하원과 연방제 등 거부권이 강한 협의제적 환경은 호주에서 혁신적인 개혁을 기대하기 어렵도록 만든다. 게다가 우파(자유당과 국민당의 보수연립)가 상대적으로 우세적인 정치지형을 갖고 있어 향후 개혁도 점진적이거나 온건한 방식을 추구할 것 같다. 다만 경제적으로 풍요로운 이 나라가 가족중심의 복지를 전개하는 과정에서 주로 선호했던 정책수단이 세액공제나 세금공제 등 복지와 조세제도를 결합시키는 조세지출tax expenditure 방식이었다는 점에서, 노동당으로 정권교체가 이루어질 경우 부의 소득세 방식의 차등적 기초소득보장과 같은 정책이 의제에 올려질 가능성은 없지 않다.

11

캐나다: 빈곤과 불평등에
대처하기 위한 기초소득보장

제임스 P. 멀베일 · 야닉 밴더보트 ▪
James P. Mulvale and Yannick Vanderborght

캐나다도 다른 선진국가들과 같이 어떻게 하면 보다 효과적인 소득보장정책을 제공할 수 있을지에 대하여 논의해 왔다. 이러한 논의는 1960년대 캐나다 사회 프로그램들의 빠른 성장기 이후 정기적으로 등장하였다. 수많은 보고서와 학계 출판물뿐 아니라, 노조에서 작은 협회에 이르기까지 여러 단체들의 실천을 통해 혁신적인 제안들이 제시되고 논의되어 왔다. 이러한 제안들 중에 가장 논란이 많았던 것은 무조건적이고 보편적인 '기본소득'을 캐나다 국민들에게 제공하는 아이디어일 것이다. 이는 캐나다에서는 보통 연간 기초소득보장Guaranteed Annual Income, GAI으로 불린다. [1]

1960년대 말 이후 이 아이디어는 연방정부와 지방정부(특히 불어를 사용하는 퀘벡주) 수준에서 공식적 출간을 통해 정기적으로 표면에 등장해 왔다. 1970년대에는 양 정부 수준에서 매니토바Manitoba에서 연간 기초소득보장의 부의 소득세 버전을 실험하였다. 그리고 2000

년도에 기초소득보장 아이디어는 다시 한번 등장하였는데, 이때 언론은 연방정부 총리인 장 크레티앙Jean Chrétien이 "연간 기초소득보장으로 불리는 요람에서 무덤까지의 프로그램을 통해 그의 족적을 남기기" 바랐다고 보도했다.[2] 시선을 끄는 기사 제목하에, 언론은 총리가 전문가 그룹에게 연방차원의 연간 기초소득보장의 실현가능성을 연구하도록 지시하였다고 보도하였다. 보수당의 거친 비판으로 크레티앙은 그러한 아이디어를 제시한 적이 없다고 부인함으로써 그 시도는 막을 내렸다.[3]

더욱 최근에 연방 상원의원 휴 시걸은 연간 기초소득보장의 부의 소득세 버전을 옹호 중이다(Segal 2011). 그리고 그 아이디어는 의회 위원회 보고서에 나타났다. 2011년 연방 선거운동 중에 떠오른 중대 이슈는 저소득층 노인들을 위하여 부의 소득세와 유사한 최저소득보충제도Guaranteed Income Supplement, GIS를 포함하여, 노인들에게 보다 나은 연금을 제공할 필요성에 관한 것이었다. 이 선거는 연방 의회에서 녹색당이 처음으로 의석을 얻은 선거이기도 하다. 이때 녹색당은 '생활소득보장제도Guaranteed Liveable Income, GLI'를 공약하였고, 당수인 메리Mary는 이 아이디어를 이미 하원에서 제기한 바 있다.[4]

이 장에서 우리는 캐나다 소득보장제도의 도전과 전망, 캐나다 기본소득 논쟁의 역사적 배경과 현재 논의 수준, 가까운 미래에 정치적 실현 가능한 기초소득 형태를 검토할 것이다. 오늘날 연간 기초소득보장 아이디어는 정치적 가능성이 없는 것은 아니지만, 많은 정치인들과 사회정의 옹호자들의 마음속에 각인되지도 않았다. 다만 여전히 비교국가론적 시각에서 캐나다는 1960년대 이후 기본소득에 관한 논의가 진행 중인 OECD 국가들 중 하나라는 점은 분명하다.

캐나다 복지국가: 도전과 대비

캐나다는 종종 이념형 분류상 '자유주의적' 복지체제에 가까운 것으로 묘사되곤 한다. 에스핑 앤더슨Esping-Andersen은 그의 《복지자본주의 세 가지 세계Three Worlds of Welfare Capitalism》에서, 심지어 캐나다는 미국과 함께 낮은 수준의 탈상품화를 특징으로 하는 자유주의 복지국가의 '전형'이라고 주장한다.[5] 그러나 캐나다 복지 프로그램들을 자세히 들여다보면 보다 균형 잡힌 이해를 할 수 있다. 예컨대, 건강과 연금영역에서, 캐나다는 통상 '사회민주주의적' 체제(즉, 스칸디나비아)에서 전형적으로 나타나는 보편적 제도들의 오랜 전통을 간직하고 있다. 또한 사회정책에 있어서 연방과 지방정부의 복잡한 권한 분담을 보면, 그저 단순하게 "캐나다 복지 모델"이라고 지칭하는 것이 매우 문제가 있다. 하지만 캐나다가 다른 '영어권' 국가들과 마찬가지로 높은 수준의 불평등과 빈곤이라는 특징을 지니고 있음은 주지의 사실이다.

여기서 캐나다 복지국가에 대해 구구절절 설명하고 분석하는 것은 이 장의 범주를 넘어서는 것이다. 우리는 독자들에게 간단히 개요 정도를 설명하는 데 그치고자 한다. 이러한 배경지식을 바탕으로 우리는 기본소득 논의로 넘어갈 것이다.[6]

소득불평등과 빈곤

캐나다는 부유하고, 산업적으로 발전되었으며, 자원이 풍부한 국가이지만, 상대적으로 높은 빈곤율과 소득불평등을 가지고 있다. OECD(2011)에 따르면 평균 가계소득의 50% 미만으로 살아가는 캐나다인들 비율은 2000년대 말 기준으로 11.4%였다. 이러한 수치는 OECD 평균인 11.1%에 근접하며, 이웃 국가인 미국의 17.3%에 비해서도 매우 낮은 수준이다. 그러나 체코(5.4%, 가장 낮음), 네덜란드(7.2%), 프랑스(7.2%), 독일(8.9%), 이 외 스칸디나비아국가들과 같은 다른 OECD 국가들에 비해서는 상대적으로 높다. 2000년대 말, 캐나다 아동의 14.8%가 빈곤가정에 살고 있어 OECD 평균인 12.3%와 대비된다. 유사한 경향이 소득불평등 수치에서도 나타나는데, 캐나다는 지니계수가 OECD 평균 0.31보다 높은 0.32로 OECD 국가들 내에서도 가장 불평등한 국가들 중 하나이다.[7]

캐나다는 공식적인 빈곤선이 없지만 가장 자주 사용하는 측정법은 저소득 컷오프 방식Low Income Cut-Off이다.[8] 이 측정법을 사용하여 캐나다 통계청(2011)은 "세금과 소득이전 이후 대략 320만 명의 캐나다인들이 2009년에 저소득으로 살고 있으며, 사실상 2008년에 비해 변한 것이 없다. 이는 전체 캐나다 인구의 9.6%에 해당한다"고 지적하였다. '여성(특히 젊은 엄마와 독거노인), 최근의 이민자들, 장애인들, 원주민들'을 포함하여 매우 높고 심각한 빈곤율을 겪고 있는 국민들이 캐나다 전체 빈곤율에 감춰져 있다(Hay 2009: 5). 원주민 아동 빈곤율은 캐나다 모든 아동들의 빈곤율에 비해 훨씬 높다.

2006년 데이터를 활용한 한 연구에서 원주민 아동 빈곤율은 36%로 다른 아동 빈곤율 18%에 비해 두 배였다(Campaign 2000, 2010: 5 [Chart 3]).

공공부조

캐나다의 마지막 수단으로서의 소득지원 프로그램은 공공부조이며, 종종 "복지welfare"라고 지칭된다. 그것은 급여 신청자들이 그들의 재정적 도움의 필요성을 사회복지 담당자나 공무원에게 입증해야만 하는 자산조사 프로그램이다. 공공부조는 순전히 지방정부들의 책임이기 때문에 여기에는 연방 차원의 최저소득제도minimum-income scheme나 연방차원의 기준은 없다. 다만 캐나다 소득지원제도Canada Social Transfer, CST*에서는 그 비용을 연방정부와 분담할 뿐이다.

캐나다의 상대적으로 높은 경제적 불평등과 취약성은 부분적으로 매우 낮은 공공부조 탓이다. 국가복지위원회(national council of welfare 2011)는 10개 주와 3개 준주territories에서 살고 있는 4인가구, 총 52명의 급여 수준을 조사했다. 위원회는 "사용한 측정방법에 상관없이 그들의 복지소득은 사회적으로 허용된 급여충분성 수준보다도 매우 낮았다"고 결론 지었다. 전국 52개 사례 중 3개 사례에서만 급여 수준이 퀘백Quebac, 뉴파운드랜드Newfoundland, 라브라도Labrador,

---

* 이 제도는 2004년 1월부터 캐나다 건강 및 소득지원제도로부터 분리되어 독립적으로 운영되고 있다.

사스케추완Saskatchewan 지역에서 한부모에 지급되는 급여 수준인 빈곤선Low-Income Cut Off, LICO에 가까웠다.

　1980년대 중반 이후 캐나다 주정부 및 준주정부는 "워크페어workfare"로 불리는 다양한 형태의 노동연계복지welfare-to-work 프로그램들을 채택하였다.⁹ 공공부조가 '소극적'에서 '적극적'으로 전환된 것은 '실업자들의 태도와 동기부여를 개선하여' 궁극적으로 '조속한 노동시장 진입을 목표로 급여 여부가 구직활동이나 취업의지의 입증에 달려 있도록' 하기 위한 것이었다(Lightman et al. 2010: 523).

　이러한 전환은 공공부조 재정지원을 돕기 위하여 연방 재정이 지방으로 흘러가는 방식상의 중요한 변화 덕분에 빠르게 촉진되었다. 1995년 캐나다 공공부조Canada Assistance Plan, CAP(1966년 처음 도입)는 캐나다 건강 및 소득지원제도Canada Health and Social Transfer, CHST로 대체되었다. 이때 자유당 정부는 연방 적자를 해소해야 한다는 강박에서 그동안 지역적으로 전달되던 소득보장과 공공부조 프로그램의 연방 비용분담에 사용되던 캐나다 공공부조 기준을 완전히 폐기하였다. 데이와 브로드스키(Day and Brodsky 2006: 7)는 캐나다 공공부조의 '기준들은 상당히 불완전하기는 하였지만' 빈자에 대한 경제적 부조의 보장에 기여했다고 평가하였다. 기준들에는 접근성(요보호자에 재정적 지원이나 다른 지원을 제공), 충분성(기본적 요구 정도와 일치하는 소득 제공), 보편성(거주요건 폐지), 복지기관들의 결정과정에 호소할 권리, 그리고 공공부조를 받는 사람에 대한 노동요구 부과 억제 등이 포함되어 있었다. 라이트만Lightman 등(2010: 524)은, 캐나다 공공부조는 "어쩌면 캐나다 역사상 가장 진보적인 공공부조 법안"이었다고 주장한다. 캐나다 공공부조하에서는 금전적 절박함이 수급조건이었다. 정부 관리들은 어떤 다른 조건을 부과할 수 없었다.

캐나다 공공부조를 승계한 캐나다 건강 및 소득지원제도는 '자발성보다는 강제성, 인센티브보다는 제재, 집합적 권리보다는 개인주의적 의무사항'을 강조하였다. 이러한 변화는 캐나다 복지국가의 기초가 점차 쇠퇴해가던 그 시기 동안 점증적 변화의 세기를 공식화하였다.

노동연계복지 프로그램의 캐나다 버전은 그들의 이웃인 미국에 비해서 다소 덜 가혹했다. 스나이더(Snyder 2006: 315)는 "캐나다 법안은 현재 워크페어를 허용하지만 미국 법안은 그것을 요구한다"고 지적한다. 그러나 이는 논쟁의 여지가 있다. 공공부조 수급자들을 도와준다는 워크페어에 관한 정치적 수사에도 불구하고, 경험적 증거들은 공공부조 해당건수가 줄어들면서, 이전의 많은 수급자들의 경제적 여건이 악화되었음을 보여준다(Snyder 2006: 325). 고릭과 브렛아워(Gorlick and Brethour, 1998a와 1998b)는 1997~1998년간 주정부 및 준주정부의 워크페어와 관련된 데이터들을 수집하였다. 그들의 연구는 캐나다 사회발전위원회Canadian Council on Social Development, CCSD로 하여금 최근의 복지개혁들이 수급자들의 급여를 낮추고 일부 수급자들을 공공부조에서 내쫓아 불안한 취업상태로 몰아감으로써 캐나다의 빈곤악화에 기여했다는 결론을 내리도록 만들었다(CCSD 1999).

2004년, 캐나다 건강 및 소득지원제도는 캐나다 보건부조Canada Health Transfer, CHT와 캐나다 소득지원제도로 분리되었다. 캐나다 소득

지원제도는 연방정부가 공공부조와 사회서비스, 취학 전 아동 서비스(초기 아동발달과 학습 및 아동케어), 중등 이후 교육과 관련된 재정 분담을 주정부 및 준주정부에 이전하는 방식이었다.[10] 이러한 방식에 따라 연방정부로부터 주정부 및 준주정부로의 이전되는 2013~2014년 현금수당의 규모가 결정되었다. 그 직전에 연방정부와 주정부는 이전과 관련한 협상을 하였으며, 이러한 협상의 결과는 소득보장안전망으로서 공공부조의 미래에 지대한 중요성을 갖게 될 것이다. 향후 결정되어야 할 사항으로는 연방정부가 주州와 준주에 이전할 규모, 3개 정부 단위 사이의 자원할당, 공공부조급여 전달에 부가될 조건의 수준과 종류 등이 있다.

사회보험

연방 수준에서 시행되는 캐나다 기여식contributory 주요 프로그램은 고용보험Employment Insurance, EI과 캐나다/퀘벡 연금제도Canada/Quebec Pension Plan, C/QPP이다. 그 모순된 명칭에도 불구하고 고용보험은 '본인들의 과실이 없음에도' 일자리를 잃은 사람들에게 급여를 지급한다. 캐나다/퀘벡 연금제도는 국가 기여식 노령연금제도이며, 역시 장애인과 배우자 및 아동에게 유족급여를 지급한다. 노동자뿐 아니라 고용주도 고용보험과 캐나다/퀘벡 연금제도에 보험료를 납입한다. 노동 중에 발생한 상해, 질병, 사망에 대한 급여를 지급하는 노동보상제도Worker's Compensation, WC도 존재한다. 다양한 노동보상제도 프로그램은 고용주로부터 나오는 기금으로 지방정부들이 관리한다.

　물론 이러한 사회보험 프로그램들은 급여가 보험료를 납입한 사람들로 제한되고, 급여의 자격조건, 급여 수준, 지급기간을 관장하는 규정에 따르기 때문에 기본소득 모델과는 다르다. 하지만 이러한 급여들은 많은 캐나다인들의 소득보장을 위한 중요한 원천이다.

기타 현금급여들

　캐나다는 보편주의에 기반한 '수당'을 특정한 조건의 전 국민들에게 지급하는 한 가지 급여를 가지고 있다. 65세 이상 노인들에게 주어지는 노후보장제도OAS인데 보편주의적이긴 하지만, 1989년 이후에는 고소득자에게 과세되었다. 노후보장제도 기본급여는 2011년 중반 기준으로 매달 534캐나다달러가 주어진다. 다른 소득이 없는 노인들에게는 추가적으로 자산조사적인 최저소득보충제도의 적용을 받는다.

　캐나다는 다층적이고 다양한 아동을 위한 소득조사적 급여제도를 갖추고 있다. 이러한 급여는 1993년 연방정부에 의해 폐지된 보편적 '수당'인 가족수당을 대신한 것이다.[11] 현행 급여에는 '세금면제의 18세 이하 아동 양육비용이 해당 가족들에게 지급되는' 아동세금공제Canada Child Tax Benefit, CCTB, '6세 이하 아동을 둔 가족에게 세금이 부과되는 100캐나다달러를 매달 지급하는' 일반아동양육급여Universal Child Care Benefit, UCCB 프로그램이 포함된다. 또한 연방정부와 지방정부, 그리고 캐나다 원주민 공동체가 저소득가족들을 대상으로 국

가아동급여National Child Benefit, NCB를 제공한다. 국가아동급여는 현금
급여, 부모의 유급노동 조건, 저소득 부모를 위한 개입 서비스 등의
복잡한 구조로 이루어져 있다.[12]

다른 현금급여는 근로소득세제혜택Working Income Tax Benefit, WITB이
있는데, 저소득노동자들을 위한 소액환급가능세액공제a small refund-
able tax credit와 연방·지방정부가 부과하는 역진적인 판매세가 저소
득자들에게 미치는 재정부담을 덜어주기 위해 고안된 프로그램인
재화 및 서비스세제/통합판매세Goods and Services Tax, GST/Harmonized
Sales Tax, HST 혜택이 있다. 비록 연간급여 규모가 매우 작기 때문에 만
일 급여 수준과 대상범위를 확대하는 데 대중지지와 정치적 지지가
있다면, 부의 소득세 방식negative income mechanism에 기초한 재화 및 서
비스세제/통합판매세 세액공제는 캐나다의 소득보장 프로그램의
씨앗으로 해석할 수 있다.

기본소득과 캐나다의 정책

공식보고서

기본소득은 1935년의 앨버타에서 집권했던 사회신용당social cred-
it party의 등장 덕분에 1930년대 정책 어젠다상에 존재해 왔다.[13] 그
러나 실질적인 논의는 '수당demogrants'과 부의 소득세에 대한 미국의
논의에서 영감을 받은 몇몇 사회과학자들에 의해 1960년대에 시작

되었다.[14] 1970년대 초와 80년대 중반 사이에 연간 기초소득보장에 관한 수많은 인상적인 공식보고서들이 연방정부와 주정부 차원에서 발간되었다. 그들 대부분은 단기간에 그러한 개혁을 시도한다는 아이디어에 대해 신중했지만, 일부 제안들은 캐나다(혹은 해당지역)를 이 방향으로 유도하기 위해 만들어졌다.[15] 가령 퀘벡의 캐스통귀-넵뷰 보고서(Castonguay-Nepveu report 1971)는 미국 닉슨Nixon 대통령의 가족지원계획Family Assistance Plan, FAP에서 영감을 받은 부의 소득세 스타일의 '보편적 공공급여체제General Social Benefits Regime'의 도입을 제안하였다.[16] 같은 해 비슷한 맥락에서 연방 상원이 발행한 크롤Croll 보고서(1971)는 가장 높게는 빈곤선 70%까지 급여를 제공하는 부의 소득세 제도를 옹호하였다.[17]

아마 최대 널리 논의된 문서는 국립 경제발전전망위원회(이른바 맥도널드 위원회)가 발행한 보고서일 것이다.[18] 이 중에서 중요한 보고서는 연방 총리인 멀로니에 제출된 권고안들로서 미국과의 자유무역협정 아이디어, 그리고 보편적 소득보장 프로그램Universal Income Security Program, UISP의 도입이었다. 보편적 소득보장 프로그램은 대부분의 기존의 이전 프로그램들을 부의 소득세 혹은 훨씬 소액의even a modest '수당' 형태로 모든 캐나다인을 위한 단일 소득보장으로 대체하는 것이었다.[19] 이 보고서는 너무 경제적 효율성에만 집착하고, 보편적 소득보장 프로그램이 복지국가의 해체를 유도하는 프리드만류의 시나리오에 가깝다는 이유로 좌파 일부(아래의 노조 논의 참조)로부터 비판을 받았다. 우파 일부에서는 연간 기초소득보장제도가 자격 없는 빈자undeserving poor에 급여를 지급하게 될 것이라며 우려하였다.

토론토 스타Toronto Star의 한 칼럼니스트가 보고서에 대해 표현한 것처럼, 그들은 기본소득이 "게으름을 양산하게" 될 것이라고 믿었다(Jones 1985).

흥미롭게도 인터뷰 후에 위원회의 위원장인 자유당의 도널드 맥도널드Donald Macdonald는 위원회 내 경제안정에 관한 논의기간 중 주요 이슈는 자격 있는 노동빈곤층에 관한 질문, 즉 "일하기를 원했으나 지원 시스템의 구조에 의해 피해를 입게 된 사람들의 수였다"라고 주장하였다. 맥도널드에 따르면, 보편적 소득보장 프로그램은 "노동빈곤층이 일로부터 얻을 수 있는 것을 위하여 일터로 향하도록 만드는 대표적인 방법"이었다.[20]

실업보험과 보편적 소득보장 프로그램류의 시나리오를 주장했던 1986년 포겟Forget 보고서를 제외하면, 기본소득은 최근까지 연방 차원의 공식문건을 통해 다시 등장하지 않았다. 2008~2011년 기간 중 예외적 정치상황은 소득보장 개혁의 지지자들에게 새로운 기회를 제공하였다. 이 회기 중 보수당은 선출직인 하원과 (회기 초의) 임명직인 상원에서 소수 의석을 차지하였다. 스티븐 하퍼Stephen Harper가 이끌던 보수당이 자유당, (사민계열의) 신민주당NDP, (퀘벡 자치에 올인하던) 블록 퀘벡Bloc Québécois 등의 야당들에 포위된 것이다. 상원과 하원 모두 각 위원회마다 야당의원들이 다수를 차지하고 있었고, 그 결과 보수당이 지지하거나 입법화하고 싶지 않은 독창적인 아이디어들을 논의하고 권고할 수 있는 상황이 조성되었다.

이러한 정치적 맥락에서 소득보장 혹은 기본소득은 두 가지 중요한 포럼을 재등장시켰다. 상원의 서브위원회는 〈주변부에서In from the Margins)라는 보고서에서 빈곤, 주택, 홈리스에 대처할 광범위한 방안들을 제시하였다. 그들은 소득보장에 대해 특별히 두 가지 권고안을 제시하였다.

> 연방정부는 2010년 12월 31일에 발간한 녹서에 부의 소득세에 기초한 연간 기본소득안basic annual income을 포함하여 빈곤을 해소할 방안과 관련된 비용과 급여를 다루고, 뉴 브룬스위크New Brunswick 와 매니토바에서 기본소득의 실험 프로젝트를 구체적으로 평가할 것.
>
> _권고안 5

> 연방정부는 심각한 장애를 가진 사람들을 위하여 빈곤선 혹은 그 위 수준의 기본소득보장을 개발하고 실행할 것.
>
> _권고안 53

한편으로 하원위원회House of Commons는 정부가 "장애를 가진 시민들을 위하여 연방 기본소득 프로그램을 시작해야 하며, 장애와 관련된 지원 프로그램들이 지방정부에서 실행될 수 있도록 지지해야 한다"는 권고안을 보수당 정부에 제출하였다(House of Commons 2010: 143). 다른 한편으로 하원위원회는 "한 번에 한 단계씩 진행하기 위해 장애를 가진 사람들에게만 급여를 주는 프로그램을 시작하는 게 좋겠다고 판단하여 보편적인 연간 기초소득보장과 관련된 권고안을 만들지 않기로 결정하였다"(위의 자료: 194). 비록 하원위원회가 상원에 비해 연간 기초소득보장을 덜 지지하였다 할지라도 전자는 보편적 소득보장 목표를 포기한 것은 아니었다. 오히려 위원회 의원들은 우선 연간 기초소득보장을 장애가 있는 사람들에게 적용시키는 점증적인 접근법을 권고하였다.

연방정부 차원: 모든 정당에서 논의, 일부의 개별적 지지

(위에서 보았던) 비판에도 불구하고, 1985년 맥도널드 사회정책 권고안의 핵심이었던 기본소득 시나리오는 좌파와 우파의 일부로부터 지지를 받았다. 보편적 소득보장 프로그램 제안과 관련된 논의가 진행되는 동안 〈위니펙 자유신문Winnipeg Free Press〉은 심지어 헤드라인을 "기초소득이 모든 정파로부터 지지를 얻고 있다"고 뽑았다.[21] 사실 모든 정치적 스펙트럼을 가로질러 기초소득에 대한 찬성과 반대가 발견되었다. 그러나 주요 정당들은 결코 연간 기초소득보장을 선거공약으로 제시하지 않았다. 1960년대 신민주당과 자유당은 연간 기초소득보장에 찬성하는 듯한 자세를 취했으나(Bryden 1969; Head 1969) 오래가지는 못했다. 전반적으로 기본소득 지지는 개인들의 문제로 남아 있었고 현재도 그렇다.

특이한 점은 기본소득의 옹호자 중 저명한 인사 중 1명이 이른바 "레드 토리Red Tory"로 불리는 보수당의 상원의원인 휴 시걸이란 점이다. 최근 수년간 그는 캐나다는 모든 시민들이 존엄하게 살 수 있도록 해줄 수 있는 돈을 가지고 있다고 주장하면서 연방 연간 기초소득보장 도입을 공개적이고 반복적으로 옹호해 왔다. "우리가 사회정책에 현재 사용하고 있는 수십억을 생각하면, 우리에게 능력이 있음은 분명하다"고 그는 주장한다.[22] 2008년 2월 그는 '연간 기초소득보장 … 혹은 빈곤완화 수단이자 캐나다 빈곤선 이하에서 현재 살고 있는 사람들에 대한 빈곤완화 수단이자 실질적 해결책을 제공하는 수단으로서의 부의 소득세의 실현가능성에 관한 집요한 연구'를 요구하는 발의안을 연방 상원에 제출하였다.[23]

2011년 소수 정부의 마지막 달에 신민주당의 빈곤 전문가인 토니 마틴Tony Martin은 ― 흥미롭게도 자유당과 블록 퀘벡의 동료들로부터 지지를 받는 ― Bill C-233, 즉 '캐나다 빈곤해소법안An Act to Eliminate Poverty in Canada'을 도입하였다.[24] 이 법안은 기초소득을 특별히 제안한 것은 아니지만 "사회통합을 촉진하고 빈곤을 해소할 의무를 연방정부에 부과하는" 조치들을 담고 있다. 이 법안은 채택되지 않았지만, 국가 수준에서 정치적으로 행동할 필요성과 캐나다의 빈곤문제에 대한 방안에 관하여 정치적 메시지를 보낼 의도였다. 토니 마틴은 뉴욕에서 개최된 2011 북아메리카 기본소득 컨퍼런스에서 휴 시걸과 기본소득에 관하여 토론하였다.

오늘날, 기초소득제도를 명백하게 지지하는 유일한 연방 차원의 정당은 오타와Ottawa에 하원의석 1석을 가지고 있는 작은 녹색당이다. 녹색당은 모두를 위한 부의 소득세, 즉 생활소득보장제도를 제안한다. 기본소득의 녹색당 버전은 "복지, 장애연금, 실업보험, 노령급여… 등등의 다양한 '빈곤분야' 프로그램들이 세금을 통해 관리되는 단일한 지급 시스템 속으로 함몰될 것"으로 전망한다. 그것은 소득에 상관없이 모두에게 분배되지만 부자로부터는 완벽하게 환급된다. 녹색당에 따르면 그들의 기초생활소득 제안은 빈곤을 영속시키는 수치심에 기초한 시스템의 부정적인 것을 동시에 역전시키면서도, 연방, 지방정부, 자치시 등 각 정부들 간의 '정책 통일'을 통해 중대한 예산절감을 가져다줄 것이라고 한다(Green party 2011: 91-92).

주정부 차원: 퀘벡의 특별한 사례

기본소득이 연방 차원에서만 논의된 것은 아니고 캐나다 전역의 주정부 차원에서 연간 기초소득보장을 도입하려는 제안들이 만들어졌지만, 독특한 퀘벡의 경우를 제외하면 대중들의 관심을 끌지 못하였다.

2010년 9월 유콘Yucon(캐나다 3개 연방구)의 신민주당 대표인 스티브 카디프steve cardiff가 유콘 정부가 '최저소득보장제도Guaranteed Minimum Annual Income Allowance'를 도입하도록 하는 발의안을 제출하였다. 유콘의 의회에서 나온 공식 보고서에 따르면, 그는 연방 상원의원 휴 시걸의 저서와 맥도널드 위원회 보고서를 인용하며, "유콘 정부가 모든 자격이 되는 유콘 시민들에게 최저소득보장제를 실행할 것을 촉구"하였다.[25]

2010년 11월 (캐나다에서 가장 인기 있는 지역 중 하나인) 브리티시 콜롬비아British Columbia의 녹색당은 생활소득보장제도 형태로 기본소득제도를 옹호하는 성명을 발표하였다. 성명서는 생활소득보장제도가 "국민들의 존엄성을 회복시켜주고 국민들이 가족과 본인을 위해 가장 원하는 바를 생각해볼 수 있게 만들어줄 것"이라고 주장하였다. 특이하게도 녹색당은 현재의 보수 정부에서 이 방향으로 변화되는 일은 없을 것이라는 견해를 피력한다. 따라서 녹색당은 브리티시 콜롬비아 정부가 그러한 변화를 위해 스스로 어떻게 재원을 마련할 것인지 고민해야만 한다고 주장한다.[26]

한 지역은 심지어 작은 석유배당금 형태로 소액 기본소득을 실시하기도 하였다. 2005년 말에 진보적 보수당Progressive Conservative Party의 총리 랠프 클라인Ralph Klein이 이끄는 앨버타 정부는 그 지역 주민들은 1인당 400캐나다달러의 '앨버타 자원 리베이트Alberta Resources Rebate'를 2006년 1월에 받게 될 것이라고 발표하였다.[27] 당시 재무장관이던 셜리 맥클레란Shirley McClellan은 "앨버타 주민들은 열심히 일하고 지역에 공헌하였다. 앨버타는 쌓인 부채를 해소하였고 우선순위의 프로그램에 투자하였으며, 캐나다에서 가장 낮은 조세부담을 유지해 왔다. 이것은 앨버타 주민들이 스스로 소비하고 저금할 수 있는, 자신들을 위해 사용할 수 있는 돈"이라고 말하였다.[28] 그러나 이듬해 배당금은 지급되지 않았고 이 논쟁적이었던 번영 보너스prosperity bonus는 한 차례 시도로 그쳤다.

그러나 기본소득에 관한 논의는 불어를 사용하는 퀘벡 지역보다 열성적인 곳은 없었다. 몇몇 정치인들과 운동단체들이 그 지역의 연간 기초소득보장에 대한 우호적 견해를 피력하였다. 1970년대 퀘벡 정부의 공식 발간문서인 〈캐스통귀-넵뷰〉 보고서(1971)와 〈더 프레세테The Fréchette〉 보고서(1978)는 모든 그 지역 주민들을 위한 일종의 기초소득의 실시를 분명하게 검토하였다. 1990년대 불어 사용 유럽(특히 프랑스와 벨기에)에서 진행된 논의의 영향 아래 기본소득은 언론매체에서 규칙적으로 등장하였다. 이러한 발전은 퀘벡과 유럽에서 기본소득 논의에 기여했던 고용부 내 한 관리가 미발행한 보고서 초안을 이끌어내었다. 결론은 신중하였다. 한마디로 그 실행은 "매우 힘들 것 같다"고 저자는 주장하였다.[29]

2005년 10월 전 퀘벡 총리 루시엥 부샤르Lucien Bouchard를 포함한 비공식적인 한 지식인 집단은 퀘벡의 미래에 대한 공약을 발간하였다. 〈퀘벡의 밝은 미래Pour un Québec lucide〉에서 이 집단은 교육과 혁신에 대대적인 투자와 전면적인 조세개혁을 포함하여 변화를 위한 몇 가지 방안을 제안하였다. 그들 역시 기본소득을 강하게 주장하였다. "퀘벡은 최저소득보장제도의 도입을 고려해볼 수 있다. 이 제도는 각 시민들에게 직접적인 이전을 하는 것이며 기존의 소득이전 프로그램을 대체하는 것이다. … 그러한 제도는 다양하고 복잡한 프로그램들을 관리하기 위해 필요한 관료주의를 줄이는 장점을 갖고 있다. 퀘벡 모델은 우리가 확신을 가지고 신봉해 온 사회적 연대라는 이상에 기반하고 있다(Bouchard et al. 2005: 9)."

부샤르가 전 대표였던 퀘벡당Parti Québécois, PQ 내부에서 기본소득은 2005년 정당대표 후보였던 파우린 마로이스Pauline Marois와 길버트 파퀘티Gilbert Paquette, 두 사람에 의해 공식적으로 승인되었다. 짧지만 구체적인 문건에서, 파퀘티는 그가 독립된 퀘벡에서 실행되어야 할 주요 개혁으로 보았던 '시민소득'을 요구하였다.[30] 마로이스는 2007년 당대표가 되었지만 기본소득에 대한 지지를 다시 확인하지는 않았다.

여기서 다시 한번 연방 정당들의 경우처럼, 개인적인 지지가 퀘벽당의 공식 당 노선으로 전환되지는 않았음을 강조해야만 한다. 그 정당의 다른 저명한 인사들은 지역 차원의 연간 기초소득보장에 대한 회의적인 입장을 대외적으로 표명하였다. 예컨대 2001년에 새롭게 창당된 군소 좌파 정당인 진보적대안을위한연합Rassemblement pour l'alternative progressive, RAP은 '무조건적인 시민소득'에 대한 지지를 밝혔을 때,[31] 당시 퀘벡당의 대표이자 퀘벡 총리였던 버나드 랜드리Bernard Landry는 연간 기초소득보장에 거부입장을 분명하게 표명하였다. 그것은 우리를 포함한 모든 서구 민주주의국가들에서 신중하게 검토되어 왔다.[32] 모두 그러한 보편적인 조치의 엄청난 비용에 발목이 잡혔다. 그 이후 진보적대안을위한연합은 다른 정당들과 합병하여 퀘벡연대Québec Solidaire, QS를 형성하였다. 이는 2008년 지역 총선에서 한 석을 얻었던 거대한 좌파 정치운동이었다. 비록 당내에서 기본소득이 널리 논의되기는 하였지만, 퀘벡연대는 2008년 선거공약에 그것을 포함시키지는 않았다(Douville 2010).

다소 놀랍게도 퀘벡에서 연간 기초소득보장 관련 정치적 논의의 새로운 발전은 정치적 스펙트럼상 우측에서 나왔다. 새로운 정당인 퀘벡의미래를위한연합Coalition pour l'avenir du Québec, CAQ이 2011년 가을 출범하였다. 두 공동창당인 중 1명인 기업가 찰스 시로이스Charles Sirois는 오랜 기본소득 옹호자였다(Sirois 1999). 여론조사는 퀘벡의미래를위한연합이 만일 다음 지역총선에 참가한다면 상당한 표를 획득할 것이며, 심지어 퀘벡에서 제일의 정치세력이 될 것임을 보여주었다.[33]

기본소득과 시민사회

노조와 풀뿌리 운동

2008년 OECD가 측정한 캐나다 노조응집률은 27.2%로 지난 10년간 거의 변동이 없었음을 보여주었다.[34] 캐나다 노조응집률은 (비록 미국의 11.2%에 비해서는 매우 높은 편이지만) 다른 유럽 국가들에 비해 매우 낮은 편이다. 수적으로 취약한 점을 제외하면 캐나다 노조는 캐나다 복지시스템의 자유주의적 특징 덕분에 사회정책논의에서 주변적이었다. 하지만 퀘벡의 노조는 전체 노동자의 40%에 이를 정도로 매우 중요한 사회세력이다(Statics Canada 2009).

해도우(Haddow 1994)에 따르면 캐나다 노동운동은 기본소득에 일관된 입장을 갖고 있지 않았다. 사실 해도우는 "조직노동의 기본소득에 대한 초기반응은 뭐라 말을 못하고 혼란스러워 하는 것이었다. … 그 프로그램의 부의 소득세의 의미를 둘러싸고 일관된 평가를 형성하는 데 시간이 걸렸다"고 주장했다. 전체적으로 부정적인 기운이 만연했고, 캐나다 노조들은 "연간 기초소득보장을 항상 예의주시하였으며, 그것을 그들의 사회정책 목표에 잠재적으로 정반대적인 것antithetical이라고 인식하였다"(Haddow 1994: 350). 맥도널드 위원회가 1985년 발간한 묵직하고 영향력 있는 보고서는 거센 반발을 야기하였다. 1986년 캐나다에서 가장 큰 노조협의체인 캐나다노동협의회canadian labour congress, CLC는 그러한 개혁들의 소망에 관해 심각한 의심을 표명하였고 그 '신자유주의적' 특성을 비판하였다. 캐나다 노동협의회는 연간 기초소득보장이 최저임금법과 나아가 전체 복지국가를 침해할 것이라고 주장하였다(Haddow 1993). 이러한 견해가 캐나다 노동운동 내에서는 깊게 퍼져 있다. 캐나다 자동차노조 Canadian Auto Workers를 위해 일하는 유명한 짐 스탠포드Jim Standford에 따르면, "만일 기본소득이 제정된다면 그 급여 수준은 선의의 옹호자들이 기대했던 것보다 매우 낮을 것이다"(Canadian Center for Policy Alternatives 2000: 10에서 인용).

　그러나 다시 한번 얘기가 퀘벡에서는 완전히 다르다. 1985년 맥도널드 보고서에 대하여 노동운동 지도자인 퀘벡 노동운동연합FTQ의 루이스 라베르지Louis Laberge는 "노동운동은 오랫동안 기초소득 아이디어를 선호해 왔다"고 공개하였다.[35] 그의 동료이자 퀘벡 노동운동의 전설적인 인물인 미첼 채트랑Michel Chartrand은 2010년 그가 죽기 몇 년 전부터 공개적으로 기본소득을 지지하였다.[36] 1999년 퀘벡에서 노조원이 가장 많은 주요 노조이며 채트랑이 이끌던 노동조합연맹Confederation of National Trade Unions, CSN은 그 제안에 대한 합리적 논의를 위하여 기본소득에 관한 상세하고 균형 잡힌 연구결과를 발표하였다(Aubry 1999). 심지어 다른 노조들(퀘벡 노동운동연합과 퀘벡 노동조합Trade Union of Quebec, CSQ)도 유사한 입장을 표명하지는 않았지만, 무조건적인 최저소득 구상에 대해 적대적이지도 않았다. 하지만 이는 그들이 이러한 방향을 지지하고 있음을 의미하는 것은 아니다.

　사실 퀘벡 노조 관료들과의 인터뷰는 그들이 캐나다나 퀘벡에서 기본소득의 도입가능성에 관하여 혼합된 느낌을 가지고 있음을 보여준다(Wernerus 2004). 그들 대부분은 윤리적 이유 때문에 그 제안을 사실 승인하지만 실용적 이유 때문에 거부한다. 그들은 진정으로 진보적인 개혁안들을 부과하는 데 필요한 권력자원이 결여되어 있다고 인식한다. 현재 그들은 기본소득 도입 논의가 1985년 맥도널드 위원회가 옹호했던 프리드만류의 시나리오로 변질될 것을 우려하고 있다. 다른 말로, 퀘벡 노조들은 확실히 방어적이다. "우리는 우리가 이미 가지고 있는 것을 방어해야만 한다"고 한 퀘벡 노동운동연합 관리는 말한다(Wernerus 2004: 113). "우리는 고임금을 위해 싸워야 한다. 그리고 진보적으로 현재의 복지 시스템을 향상시켜야 한다"고 어느 노동조합연맹 대표는 주장한다(Wernerus 2004: 114; Vanderborght 2006).

시민사회 내에서 다른 그룹은 최소한 1980년대 이후 점차 기본소득에 대한 옹호에 적극적이 되어갔다. 특히 국가반빈곤협회National-al Anti Poverty Organization, NAPO는 직접적으로 맥도널드 위원회의 청문회와 관련되었다. 국가반빈곤협회는 맥도널드 위원회가 연간 기초소득보장을 캐나다 사회정책의 미래를 검토하는 데 포함시키라고 촉구하였다. 국가반빈곤협회의 실무국장인 패트릭 존슨Patrick Johnson은 도널드 맥도널드에게 쓴 편지에서 "나는 위원회가 독자적으로 하든 다른 제3자와 같이 하든 연간 기초소득보장 연구에 착수할 것을 제안하고 싶다"라고 썼다.[37] 1970년대에 이미 국가반빈곤협회는 부의 소득세와 '데모그란트'의 차이를 설명하기 위하여 몇 가지 문건을 발간했었다. 보다 최근에는 '충분소득보장제도guaranteed adequate income'를 요구하는 전국적인 캠페인을 벌였다.[38] 2009년 이 그룹은 명

칭을 "빈곤 없는 캐나다Canada without Poverty"로 바꾸고 그 아이디어를
계속 지지하고 있다.

싱크탱크와 학계

맥도널드 위원회 공청회에서 연방 차원의 기본소득에 대한 가장
강력한 호소는 캐나다 가족의 이익 옹호에 애쓰는 독립 연구기관인
바니어 가족연구소Vanier Institute of the Family에서 나왔다. 이 단체는
1983년에 "기본적인 생활소득이 정률의 데모그란트나 부의 소득세
를 통해 보편적으로 캐나다 국민들에게 제공되어야 한다. 그러한 보
편적 프로그램의 재정은 모든 기초적 · 보조적 소득이전 프로그램들
이 혼합된다면 아마 충분한 수준으로 확보될 수 있을 것이라고 권고
하였다"고 주장하였다.[39] 다소 급진적이지만, 바니어 연구소는 연간
기초소득보장 프로그램이 시민들의 무급활동들, 노동이 보다 다양
화되고, 자기 규정적self-defined이며, 자기 계획적이고self-scheduled, 자
기 관리적인self- managed 활동들을 가치 있게 만드는 좋은 방식일 것
이라고 판단하였다(Dyson et al. 1983: 15).

그러나 대조적으로 대부분의 사회정책 싱크탱크들은 기본소득
에 대해 열성적이지 않았다. 가장 영향력 있는 칼레돈 사회정책연구
소Caledon Institute of Social Policy는 아동, 노인, 장애인 등을 위한 선별적
이고 소득조사적인 급여를 지속적으로 주장해 왔다. 2000년 연방
총리 장 크레티앙이 연방 수준의 연간 기초소득보장을 선호하고 있
다고 알려져 있을 때, 그는 짧은 코멘트를 하였다. "이 제도가 단순성

으로 어필하고 있지만, 모두에게 한 가지 맞춤one-size-fits-all식의 연간 기초소득보장은 어느 누구에게도 맞추지 못할 것이다. 왜냐하면 소득보장욕구는 너무나 다양하기 때문이다. … 빅뱅과 같은 모두에게 한 가지 맞춤식 기초소득제도는 가야할 길이 아니고 … 충분한 소득보장의 목표를 달성하기 위한 유일한 마법 탄환magic bullet이 아니다 (Battle and Torjman 2000: 2)."

보다 최근 발간된 출판물 중 하나는 '기본소득' 용어를 심각한 장애를 가진 특정한 개인들에게 주어지는 급여로 해석하여 오해의 소지를 남겼다(Mendelson et al. 2010). 실제로 칼레돈 연구소는 "자격조건의 결정과 관련해서 기본소득 프로그램 수급을 위한 높은 장벽"의 필요성을 주장한다. 즉, 수급자는 '심각한 장애'를 갖고 있다는 진단이 있어야 한다는 것이다. 그러나 "일단 그 장벽을 넘으면, 상대적으로 관대한 처분을 누리고 규정도 대폭 줄어들 것이다"(Mendelson et al. 2010:18). 흥미롭게도 저자들은 "기본소득 프로그램들이 심각한 장애를 가진 사람들을 위한 주된 조치가 되어야 할 뿐만 아니라 고용으로부터 충분한 소득을 기대할 수 없는 사람들에게 유용한 조치가 되어야 한다"는 의미의 '미래를 위한 비전'을 제안하였다.

널리 알려진 온건좌파 정책 싱크탱크는 캐나다 정책대안센터Canadian Centre on Policy Alternatives, CCPA이다. 여기서 기초소득보장과 관련된 보고서를 발간하였는데(Young and Mulvale 2009), 저자들 중 기본소득을 지지하는 멀베일과 이에 반대하는 융Yung의 주장을 반영하여 이 모델의 찬반을 다루었다.

프리드만(Friedman 1962)의 주장이라는 기본소득의 신자유주의적 태생을 감안하면, 캐나다에서 가장 잘 알려진 우파 싱크탱크인 프레이저 연구소가 기초소득보장에 관심을 두지 않는 것은 특이하다. 복지 및 빈곤과 관련해서 프레이저 연구소의 주요 관심사항은 빈곤선을 낮출 필요성과 빈곤의 상대적 측정보다는 절대적 측정의 필요성이다(예컨대 Sarlo 2008). 이런 식이라면 캐나다에서 빈곤한 것으로 판단되는 사람들이 엄청나게 줄어들 것이며 아마도 소득지원 프로그램이 훨씬 덜 필요하게 될 것이다.

싱크탱크의 보고서들과 달리 기본소득에 대한 중요한 성과도 있었다(예컨대 Lerner et al. 1999; Blais 2002; Araar et al. 2005; Mulvale 2008 참조). 최근 학계에서는 1970년대 매니토바, 다우핀daupin 마을에서 실시된 민컴Mincome이라 불리는 기초소득보장 실험에 주목한다. 에블린 포겟Evelyn Forget은 민컴이 저소득층에게 기본소득보충을 제공한 시기에 이 지역의 건강과 교육 데이터를 분석하였다. 포겟은 민컴 실험기간 동안 병원 입원율, 사고, 상해, 정신건강 문제들이 현저하게 떨어졌고, 고등학교 졸업률이 증가하였음을 발견하였다. 한편으로 불만족스러운 건강상의 결과와 학교졸업 실패, 다른 한편으로 소득불평등과 빈곤 사이의 연계를 설명하는 것이 가능하다고 그녀는 주장한다. 그러므로 민컴은 그 마을에 확실히 유용한 효과를 미쳤으나 동시에 노동시장 참여에는 다소 부정적인 영향을 준 것으로 보인다(Forget 2011).

캐나다의 민컴과 기본소득에 관련된 다른 주제에 대하여 보다 많은 학계의 연구가 이뤄져야 할 필요성이 있다. 그러한 연구 성과물들이 미래의 정치적 논의에 유용할지 여부는 정치인들이 자신의 기존(아마도 고정관념적인) 견해와 그들의 유권자들의 입장에 앞서 드러난 증거를 받아들일지에 대한 정치인들의 의지에 달려 있음은 의문의 여지가 없다. 이 주제에 대한 진전된 논쟁 분위기를 조성하기 위하여 일부 학자들과 기본소득 활동가들이 2008년에 캐나다 기본소득네트워크를 만들었다. 2010년 이후 기본소득지구네트워크는 미국의 기본소득보장네트워크USBIG와 함께 연례적으로 컨퍼런스를 개최한다.

페미니스트들의 마지못한 기초소득보장 지지

기본소득은 페미니스트 작가와 연구자들 사이에서 반대자와 지지자를 두고 있다(Robeyns 2008). 캐나다에서 여성들에게 혜택을 주게 될 기본소득 형태를 요구하는 페미니스트들의 요구는 계속되어 왔지만, 단지 제한적인 수준이었다.[40] 1998년까지 여성지위에 관한 전국실천협의회National Action Committee, NAC는 영어권 국가인 캐나다에서 주요 페미니스트 조직이었으며 많은 산하 조직들과 지지자들을 대표하고 있었다. 전국실천협의회는 기본소득을 정의와 여성평등을 향한 진전으로 지지하였다(Mulvale 2001: 103). 그러나 전국실천협의회는 정치인들과 언론을 대상으로 페미니스트의 입장을 개진하는 데 성공한 이후 연방 지원의 손실로 인해 전혀 적극적이지 않다. 전국실천협의회의 영향력의 쇠퇴로 기초소득보장에 대한 페미니스트적 입장을 표명하던 주요 조직들의 지지도 잠잠해졌다.

전국실천협의회의 프랑스어권 파트너는 퀘벡 여성연합La Féderation des femmes du Québec, FFQ이다. 퀘벡 여성연합(2008a)은 최소한의 생활 수준에 대한 권리는 〈퀘벡 권리와 자유 헌장la Charte des droits et libertés du Québec〉의 일부이지만, 헌장은 "빈곤예방을 위해 유효한 법적인 보장을 제공하지 않고 있다"고 지적한다. 퀘벡 여성연합은 빈곤예방과 여성의 경제적 자율권 캠페인을 적극적으로 참여한다. 그것은 또한 여성평등을 위한 집단적이고 공적인 조치들을 단호하게 옹호한다. 2008년 야당 지도자 마리오 듀몽Mario Dumont이 아동케어 시스템에 등록되지 않은 5세 이하 아동을 부양하는 퀘벡주의 가구들에게 주간 100캐나다달러 지급을 요구했을 때 퀘벡 여성연합은 강하게 이 제안을 거부하였다. 퀘벡 여성연합은 그러한 정책들은 여성들의 노동시장 진입을 막으며 — 그 결과 여성들의 빈곤을 증가시키고 — 퀘벡의 자랑거리인 고도로 발전된 아동케어 시스템을 훼손시킬 것이라고 주장하였다.

퀘벡 여성연합과 전국실천협의회는 기초소득보장 원칙에 찬성하지만 이 새로운 경제안정 모델은 각 조직의 사회 캠페인에 있어서 주요 우선순위가 아니었다. 두 조직 모두 기업연금이나 캐나다/퀘벡 연금제도로부터 상당한 소득을 받는 남성들에 비해 급여를 덜 받는 여성들을 위하여 최저소득보충제도와 같은 기존 소득지원 프로그램을 향상시키는 데 초점을 두어왔다. 이러한 페미니스트 단체들은 아동케어와 같은 서비스나 남녀평등을 달성할 수 있는 고용균등과 같은 정책에 우선순위를 두었다.

캐나다의 국제적실천을위한페미니스트연합feminist alliance for international action, FAFIA은 '국제인권협약의 국내 실행을 통한 캐나다 여성

평등의 발전'을 추구하였다.[41] 국제적실천을위한페미니스트연합은 어떻게 하면 캐나다의 사회 프로그램들이 모든 여성차별 형태 제거에 관한 UN협약, 경제·사회·문화적 권리에 관한 국제서약과 같은 국제적 문서에 제시된 기대에 근접할 수 있을 것인가를 고민한다. 국제적실천을위한페미니스트연합은 연방과 지방정부 간 사회 프로그램 비용부담, 급여의 공정성, 아동케어, 주택, 가정폭력 예방을 포함한 중요하고 다양한 이슈들을 여성들에게 제시한다. 국제적실천을위한페미니스트연합은 소득지원을 위해 연방이 지방에 급여를 이전하는 것을 규정하는 새로운 사회 프로그램 법안의 채택을 요구해왔다. 그러한 법안은 "지원 규칙과 기준을 제공할 것이고, 캐나다 소득지원제도가 지원하고자 의도했던 프로그램과 서비스를 규정하며, 감독과 책임성을 부여할 것이다"(Day and Brodsky 2006: 16). 그러한 조치들은 1995년 연방정부의 캐나다 공공부조 폐지로 남겨진 간극들을 메꿔줄 것이다.

소득보장 프로그램들의 연방 비용분담에 관한 새로운 기준을 발표하고 채택하며 시행하는 일을 13개의 주정부 및 준주정부들과 협력적으로 처리하는 것은 매우 복잡하고 정치적으로 어려운 작업이었다. 국제적실천을위한페미니스트연합이 주장하는 것처럼 소득보장의 국가 기준을 마련하는 어려움은 논점을 회피하는 것이다. 아마도 캐나다 여성들의 경제적 안정을 위한 보다 좋은 페미니스트들의 전략은 사회정책의 우선적인 전제조건의 하나로 충분한 소득의 무조건적이고 보편적인 보장을 밀어붙이는 것이다. 페미니스트들 — 모두의 경제적 안정을 추구하는 싱크탱크, 노동운동, 기타 다른 조직들의 진보주의자들뿐 아니라 — 은 기초소득보장으로의 보다 급진적인 방침을 채택하게 될까? 최소한 장기적으로는, 그와 같은 보다 분명하고 개념적으로 단순한 모델이 긍정적인 성과를 달성할 수 있다는 희망을 더 많이 제공할 것이다.

결론: 기본소득의 정치적 전망?

캐나다가 지난 세기 동안 기본소득 논쟁이 주목할 정도로 진행된 서구국가들 중 하나임은 의심의 여지가 없다. 그 구상은 수많은 정치사회적 행위자들에 의해 발전되어 왔으며, 심지어 간헐적이지만 상당한 언론의 주목을 끌어왔다. 그러나 그 지지자들이 정치적 스펙트럼을 따라 분산되어 있어 정치적 실현가능성은 여전히 상대적으로 낮은 상태에 머무르고 있다. 의심할 나위 없이 캐나다에서 기초소득보장을 위한 진척은 이익과 지지의 지점들을 형성하고 연결하느냐에 달려 있을 것이다. 모든 사람들이 그들이 이루고자 하는 목적과 이루기 위한 방법에 차이가 있기 때문에 쉬운 문제는 아니다. 진보적 영역이나 좌파에서조차 연간 기초소득보장의 특정한 변형이 노동자들과 빈자들을 지금보다 악화시키지 않을지 우려한다. 살펴본 것처럼 이것은 1985년 맥도널드 위원회 보고서 이후 논쟁의 핵심이었다.

캐나다에서 완전한 기본소득이 조만간 실시될 것이라는 전망은 밝지 않다. 그리고 도입된다면 아마도 불가피하게 절충의 결과일 것이다. 캐나다의 과거 사회정책 발전방식은 항상 점증적이고 실용적이고 재정적으로 신중한 단계들로 진행해 왔다. 기본소득 옹호자들을 위한 가장 전망적인 방식은 기초소득보장 프레임워크에 근접한 프로그램들의 발전을 촉진하기 위하여 정치적 기회의 창을 이용하는 것이다. 그러한 프레임워크는 완만한 무조건적 소득 지원, 향상된 노동시장 접근과 동원, 강건한 공공서비스를 포함할 것이다.

첫 번째 현실적 단계는 1993년까지 존재하였던 프로그램인 보편적 아동급여universal child benefit의 재도입이다. 현재 아동급여제도는 그저 복잡하기만 하다. 사람들은 이 급여제도가 설계와 전달에 있어서 기본소득 모델과 거의 대조적이라고 주장할 정도이다. 기본소득 모델은 종종 상대적으로 이해하기 간편하고, 관리하기 복잡하지 않고 비용과 급여에 있어 투명한 것으로 알려져 있다(De Wispelaere and Stirton 2011).[42] 이러한 특성들은 선별적 제도의 미로와 같은 복잡성에 자주 헤매곤 했던 빈곤가정에게 매우 중요한 부분이다. 두 번째 단계는 아무도 떨어지지 않을 소득하향 기준을 설정하는 연방 차원의 법안을 수립하는 것이다. 두 단계는 사회서비스에 대한 지방정부의 책임성을 유지시키는 동시에 소득안정을 연방 차원에서 책임지는 역사적 역할을 강화시킬 것이다.

항상 그래왔던 것처럼, 그러한 프레임워크를 향한 실천적 진전은 누가 무엇을 할 것인지와 누가 부담을 지불할 것인지에 관련된 법적 판단과 권력분담의 미로를 잘 찾아가야만 한다. 이 도전의 일부는 아마도 비대칭적인 연방주의 혹은 연합주의federalist or cofederalist 거버넌스 모델에서 퀘벡의 특수성을 수용하느냐의 문제일 것이다.

더 나아가 한눈에 봤을 때 정치적 환경은 다소 어두워 보인다. 다른 국가들처럼 캐나다 복지국가는 최근 정치적 우파의 이데올로기적 공격을 받아왔다. 신보수주의는 부의 재분배와 여성, 소수인종 등을 위한 평등과 정의를 촉진하기 위하여 설계된 공공 프로그램들의 적법성을 부정하였다. 신자유주의는 세금 삭감, 공공세입 축소, 공공 프로그램 축소를 자행하였다. 2011년 5월 선출된 보수 정부는 글로벌 재정위기의 부정적인 경제효과를 저지시키는 데 소요된 막대한 지출 때문에 발생한 연방 적자를 줄이기 위하여 지출규모를 삭감하였다. 그러한 재정환경에서 대담하고 새로운 지출계획이 있을 것 같지는 않다. 이는 사람들로 하여금 기초소득보장 프레임워크와 같은 방안은 잘못된 것이거나 이룰 수 없는 것이라고 믿도록 만들 것이다.

그러나 이데올로기적 배경이 변하는 조짐도 보인다. 빈곤의 지속과 불평등의 증가에 대한 우려가 증가하면서 연방정부가 이러한 문제들에 대처하기 위하여 조치를 취할 필요가 있다는 점에 관심이 주목되고 있다(CCPA 2007). 이는 2011년 5월 연방선거에서 중도좌파 신민주당의 승리를 부분적으로 설명해 준다. 현재 공식 야당인 신민주당은 기존의 현금 및 현물 프로그램의 대대적인 개선과 확장을 공약하였다.

기본소득 아이디어가 캐나다에서 유효할 것인지, 그리고 기초소득보장 프레임워크를 이행하는 방향으로 진전이 이루어질 것인지는 시간이 답해줄 것이다. 기본소득과 관련된 캐나다의 최근 논의과정은 사람들이 기본소득의 정치적 기회를 지나치게 낙관해선 안 된다는 점을 보여준다. 그러나 다른 많은 OECD 국가들에서 일어나는 것과 반대로 캐나다에서 기본소득은 단순한 괴상한 아이디어 같은 것으로 무시될 수 없다는 점 또한 분명하다. 이 제안을 현실화시키기 위해서는 경제적 안정에 대한 보다 보편적이고 무조건적인 접근을 지지하는 사람들을 계속해서 동원하고, 비판적 분석과 정교한 연구를 수행하며, 정치적 지지를 이끌어내기 위한 유효한 방식을 개발하고 실행해야만 한다. (기본소득지구네트워크 소속인) 2008년 캐나다 기본소득네트워크Basic Income Canada Network/Réseau Canadien pour le Revenu Garanti의 시작은 그러한 동원, 연구, 지지를 촉진하는 데 도움이 되는 단계로 이해될 수 있다.

캐나다 기본소득 현황

2016년 2월, 캐나다 온타리오 주정부는 기본소득보장 시범사업의 재원을 마련한다는 예산 약속을 공표했다. 그리고 2017년 5월 새로운 빈곤완화정책으로 기본소득 시범 프로그램Basic Income Plan Pilot을 6월부터 시행하기로 결정하였다. 자유당 정부가 발표한 시행 내역에 따르면 해밀턴, 선더베이, 리지 등 3개 지역의 빈곤층 4,000명을 선정하여 이들에게 3년에 걸쳐 연소득을 보장하게 된다. 구체적으로 개인당 최고 1만 6,989캐나다달러, 부부는 2만 4,027캐나다달러를 받는다. 이와 관련하여, 최근 여론조사에서도 응답자의 과반수 이상이 이 정책에 찬성한 것으로 밝혀졌다. 최근 전국 성인 1,969명을 대상으로 실시된 여론조사에서 53%가 찬성한다고 응답했고, 실질적 지급액을 증가해야 한다고 주장하였다. 정당별로는 진보 정당인 신민주당과 중도적인 자유당 지지자들이 각각 63%와 62%로 평균치를 상회하여 이 프로그램에 찬성하였다. 온타리오주의 자유당 정부는 향후 3년간 시범시행을 거쳐 성과를 정밀 분석한 후 이를 전면 도입하는 여부를 결정할 방침이다.

이 책의 내용에서도 알 수 있듯이 캐나다는 1974년에도 매니토바주에서 한시적으로 기본소득을 시행한 바 있다. 그 당시나 지금이나 변하지 않은 것은 부의 소득세 방식을 사용한다는 점이다. 완전한 기본소득제도universal basic income는 노동 유무를 묻지 않고 소득을 보장하려다 보니, 노동에 대한 비유인 효과, 상호호혜성의 위반, 막대한 재정소요 등의 이유로 유토피아적 정책구상이라는 비판이 끊이지 않고 계속되고 있다. 캐나다가 선호하는 부의 소득세를 활용한 기초소득보장 방안은 완전한 형태의 기본소득과는 다소 차이가 있는 것으로 목적 자체가 참가자들의 총소득이 빈곤선을 넘어서도록 기초적인 소득을 보장하는 데 있다.

캐나다의 경험과 현재 진행되고 있는 실험이 한국에 주는 함의는 매우 많다. 부의 소득세 방식의 기초소득보장제도를 통해 근로소득자의 순소득 증가, 조세환수율로 인한 고소득자들의 기본소득 점감과 소멸, 복잡한 각종 공제와 세제혜택 등의 정리와 다양한 현금성 지출의 기본소득으로의 통합, 행정체계의 단순화와 비용절감 효과 등을 기대할 수 있기 때문이다. 진보와 보수 양측으로부터 폭넓은 관심과 지지를 끌어올 수 있으며, 재정적 역량에 따라 대상과 급여, 자격조건을 탄력적으로 설계 · 시행할 수 있다는 점에서도 우리에게 정책적으로 시사하는 바가 적지 않다.

12

일본: 경제위기 이후의 정치적 변화가 보편적 급여를 소개시켰다

야마모리 도루 ▪
Yamamori Toru

2007년 경제위기 이후 고용불안정은 "우리는 모두 중산층이다" 라는 신화를 결국 무너뜨렸다. 위기의 또 다른 결과는 자민당의 패배였다. 반세기 이상 의회 다수당이었던 자민당은 2009년 선거에서 민주당에게 지고 말았다. 한 유명한 경제학자는 다음과 같이 말했다. "민주당의 성명에 등장한 소득보장과 가구보조금의 논리는 궁극적으로 서유럽의 기본소득 논의와 연결되어 있다(Ito 2009)." 이 같은 맥락에서 민주당의 조세정책조사위원회는 기본소득을 주제로 한 세미나 개최를 기획하였고, 2명의 전문가와 저자는 그 세미나에서 주제발표를 하였다.

그러나 민주당은 공식적으로는 기본소득정책을 지지한 적이 한 번도 없었다. 언론에서는 기본소득에 대해 거의 다루지 않으며, 심지어 이 정책을 알고 있는 사람들조차도 기본소득보장이 일본 사회의 전통적인 윤리와 조화를 이루지 못한다고 생각한다.

이 장에서는 우리가 주지하는 바와 같이 지난 수년간의 경제적 위기와 정치적 변화가 있었고 이 시기에 기본소득에 대한 논쟁이 시작되었음을 보여주고자 한다.

첫 번째 절에서는 지난 반세기에 걸친 일본 소득보장제도의 변화에 대해 개괄적으로 살펴보고, 현재 소득보장제도의 역기능이 생겨난 다양한 원인을 보여줄 것이다. 두 번째 절에서는 경제정책과 정치상황에 대해 다루면서 이 상황을 기술하는 데 사용되고 있는 (전문)용어를 분석할 것이다. 민주당 집권하에서 점진적으로 취해진 새로운 정책방향을 기술하는 데에 있어, 적절한 용어 사용의 부족이 있었음을 지적하고자 한다. 세 번째 절에서는 기본소득을 둘러싼 논쟁에 대해 간단히 소개하고, 네 번째 절에서 현재 경제·사회정책에 대한 논의를 설명함에 있어 부족한 부분을 채우기 위해서 기본소득 논쟁에서 지속적으로 사용된 용어를 사용할 것을 제안하고자 한다.

신화, 현실, 그리고 '일본 복지사회'의 붕괴

제2차 세계대전 이후, 일본은 베버리지 보고서를 청사진으로 하여 소득보장제도를 설계하였다. 사회보험은 연금pension, 실업보험, 그리고 건강보험health insurance으로 구성되었다. 사회부조정책은 보충적supplementary으로 설계되었다. 경제활동인구에 대한 연금과 건강보험은 전 국민에게 보편적으로 적용하기 위해 1961년에 도입된 자영업자와 실업자를 위한 국민연금the National Pension, 국민의료보험

National Health Insurance보다 먼저 제도화되었다.

1960년 중후반에 사회주의와 공산주의 정당 후보들이 여러 가지 '진보적인' 행정을 추구하는 지자체의 단체장으로 선출되었다. 이는 알려진 바와 같이 1973년을 '복지원년'으로 만드는 데 기여하였는데, 이 해에 자민당이 존립의 위협을 느껴 사회복지예산을 대규모 증액시키는 정책을 통과시켰기 때문이다. 자민당이 1955년 창당선언에서 '복지국가의 완전한 보장'을 목표에 포함시켰던 것에서 보듯이, 자민당은 공식적으로 복지국가에 반대하는 입장은 아니었다. 1950년대에서 1970년대 초반까지 적어도 슬로건으로서의 복지국가는 시민들로부터 광범위한 지지를 받았다.

복지국가에 대한 시민들의 지지는 1973년 석유파동 이후 경제재건과 함께 허물어졌다. 1979년 자민당의 '일본식 복지사회'의 정책문건이 나온 것은 1980년대 사회보장정책의 이념을 담은 청사진으로 간주할 수 있다. 정책문건을 보면, 자민당이 창당선언에서 복지국가를 완성하고자 했던 시도를 강하게 비판하고 있다. 이 문건에는 영국과 스웨덴의 경험이 완전히 실패했다고 기록되어 있다. 영국이 '평등과 사회보장의 확장을 추구했고', 일종의 '경제당뇨병'인 '영국병'에 걸렸다고 진단하였다.

> 스웨덴 노인의 생활은 외롭고, 고립되어 있고, 추운데, 이는 극단적인 개인주의 사회의 특성에 기인한다. … 규제와 통제보다는, 모든 사회보장 분야에 대해 완전급여full benefits를 제공하고자 하는 스웨덴의 복지철학은 개인적인 문제의 비용을 사회로 전가시키는

경향을 낳았다. 미혼모가 아이를 출산하면, 미혼모와 아동이 복지 급여에 의존하기 때문에 이 비용은 사회로 전가된다. 이런 제도가 일단 정착되면, 사람들은 '자기만족적'이 되고 사회가 그들의 개인 문제에 대한 비용을 책임질 것이라고 인식하고 행동하게 된다. 그들은 시스템을 착취하는 데 익숙해진, 일종의 기생충 같은 존재가 된다. 일본에 '이혼보험'과 유사한 제도를 만들고 이혼녀에게 보험 급여를 제공하거나 미혼모와 그들의 자녀에게 그들을 돌보기 위한 시설을 설립하는 것과 같은 관대한 보호와 보조금을 지급한다고 가정해 보자. 이는 '자유연애' 또는 남성의 관점에서 보면 '자유로운 성생활'이라는 결과로 이어지고, 우리는 스웨덴에서 전부 나타난 현상인 결혼율 감소, 이혼율의 증가, 사생아의 증가를 확실히 목격하게 될 것이다. 이것이 우리가 자랑스러워 할 문명화된 진보인가? 절대 아니다. 이것은 문명과 지혜가 극히 결핍되어 있음을 보여주는 우둔함에 불과하다.

'국민생활 최저선National Minimum' 그리고 '결과의 평등Equality of Outcome' 원칙은 아무런 이득도 없는, 문명화를 해치는 것으로 무시되었다. 가족과 기업이 우선시되었고 개인의 복지는 개인이 책임져야 할 문제가 되었다.

1985년부터 시작된 2대 사회보장개혁의 특성은 개인 단위가 아닌, 가족 단위로 보조하는 원칙에 기반을 둔 정책으로 표현할 수 있다. 미혼모의 부양자녀에게 지급되는 급여는 공격을 받아 감액되었다. 이 '개혁'을 일반적으로 경제성장이 둔화되어 예산을 삭감할 재정적인 필요의 결과물이라고 설명한다. 그러나 같은 해에 있었던 또 다른 개혁을 고려하면 우리는 이러한 설명을 수용할 수 없다. 정규직으로 고용된 남성의 전업주부들에게 국민연금보험료에 대한 세금면제가 새롭게 시행되었다(전업주부를 둔 정규직 남성에 대한 세금면제 역시 2년 후에 더 확대되었다).

일본은 '전통적'인 성별분업에 기반한 노동사회로, 남성은 집 밖에서 일을 하고 여성들은 전업주부인 사회라고 종종 여겨져 왔다. 이런 '전통적'인 사회라는 관점은 정확하지 않다. 1970년대 일본의 여성 고용률은 OECD 국가 중 두 번째로 높았다.[1] 그 후 일본 여성의 고용률은 다른 OECD 국가보다 줄곧 떨어지고 있다. 일본의 전업주부 수가 많다는 특징은 '전통적'이지 않으며, 1973년 석유파동 이후 도입된 정책이 의도하여 만든 결과이다. 이런 체계적 변화는 자민당의 1979년 정책 문건으로 선언되었고, 1985년 개혁으로 정책입안자의 의도는 최고점에 이르게 되었다.

사회보장의 성차별적인 내용이 비판을 받았는가? 불행하게도, 한 줌의 여성해방론자들이 비판한 것을 빼면 대다수 일본인들은 사회보장의 성차별적인 성향을 당연하게 여기는 것 같았다. 이런 관점은 오늘날에도 변하지 않았다. 물론, 미혼모와 몇몇 소수자들이 벌이는 사회운동은 이를 비판하였고, 그 당시 '개혁'에 반대하여 투쟁하였다(Yamamori 2010).[2]

'일본식 복지사회'는 가족에 의존하며, 동시에 기업에 의존하고 있다. 복지제도가 기업에 의존하고 있기 때문에 대기업의 피고용인(그들의 가족)과 대기업 고용에서 배제된, 운이 별로 없는 사람들 사이에 불평등한 격차가 생겨났다. 이러한 격차에 대해 학자들은 상대적으로 강한 비판을 가했다. 그러나 이런 비판을 하는 사람들은 학자들과 소수 노동운동집단에 한정되어 있는 반면, 언론을 보면 "모든 일본인은 중산층이다"라는 신화의 관점을 가진 사람들로 넘쳐난다. 현실은 오직 대기업 노동자와 그들의 가족만이 중산층의 생활양식을 누릴 수 있었다. 일본식 복지사회는 실제로 이들 노동자와 가족, 그리고 일본 사회의 나머지 사람들 간 격차의 문을 열어주었다. "모든 사람은 중산층이다"라는 신화와 '일본식 복지사회'의 존재가 이런 불평등한 사회에서 어떻게 이렇게 오랫동안 살아남을 수 있었을까? 남성 대졸자들이 대기업(그리고 중견기업)에 고용이 보장될 기회를 가졌기 때문에 이 신화는 사라지지 않았던 것 같다. (대기업 고용으로 가는 길은) 때로는 남성 고졸자, 그리고 여성 — 여성은 일을 하든 안 하든 간에 남성과 결혼할 것이라고 여겨져 왔다 — 에게도 열려 있었다.[3]

이 신화는 1990년대 중반까지 살아남았다. 이 시점에서 '복지사회' 자료를 들여다 보자. 사회지출social expenditure에 대한 국제비교자료부터 시작해 보자. 1995년 OECD 자료에 의하면, 일본은 GDP 대비 14.3%로 15.4%의 미국보다 더 '작은 정부'로 볼 수 있다. 복지지출의 '작은 정부' 기준에서 보면 일본이 미국을 능가하였고, 일본이 복지를 등한시함에 있어 영국(19.9%), 프랑스(28.5%), 스웨덴(32.0%)과 같은 다른 OECD 국가들을 뛰어넘었음은 말할 필요도 없다.[4] GDP 대비 사회부조지출만 보더라도 일본은 0.3%로 '작은 정부' 국가들 사이에서조차 두드러진다. 다른 국가들을 비교해 보면 미국은

3.7%, 영국은 4.1%, 프랑스는 2.0%, 스웨덴은 1.5%인 것으로 나타났다.[5]

이 '작은 정부'예산은 빈곤문제가 심각하지 않음을 반영하는 것인가? 불행하게도 상대적 빈곤, 심지어는 절대적 빈곤을 고려해도 그렇지 않다. 1994년 OECD는 일본의 상대적 빈곤율을 13.7%로 계산하였다. 이 비율은 OECD의 평균인 10%보다 높으며, 심지어 대처리즘의 황량함 이후의 수치보다 높다. 이에 비해 스웨덴은 이 수치가 3.7%이다.[6] 통계수치로 절대빈곤을 규정짓는 것은 어렵지만 사회부조의 기준을 사용해 보자. 1995년에 사회부조의 자격요건에 부합하는 가구소득의 기준선 이하인 가구는 7.45%였다. 이들 중 실제로 부조를 받은 비율(수급률)은 19.7%밖에 되지 않았다(Tachibanaki and Urakawa 2006). 사회부조에 대한 실질적인 욕구를 가지고 있는 계층은 정부 지출보다 5배 이상의 예산이 필요할 정도로 더 많이 존재하였음을 알 수 있다.

어쨌든 이 시기까지 일본은 평등한 사회이고, 경제적 계층에 있어 서구와는 다르다는 신화는 도전받지 않았다. 그러나 빈곤율을 고려하여 일본식 복지사회를 보면 이 신화는 거짓임이 드러나며, '복지사회'라는 용어는 안정적인 중산층과 빈곤층의 '이중사회'의 또 다른 명칭에 지나지 않았음을 보여준다.

일본식 복지사회는 당신이 남성이라면 대졸자, 여성이라면 그런 남성들과 결혼하면 중산층으로 진입할 수 있다는 가능성에 기초하였다. 그러나 이는 1990년대 거품(경제)의 붕괴와 현재 우리에게 닥친 '잃어버린 20년'으로 끝이 났다.

복지국가를 해체하기 위한 기업의 선언은 1995년 경제단체연합회에서 시작되었다. 이 선언문의 제목은 "새로운 시대를 위한 일본식 경영: 우리가 분투해야 할 방향과 필요한 구체적 수단"이다. 이 문서는 노동자들을 "축적된 전문성을 가진 핵심적인 성원", "고기술 전문가", "유연하게 고용된 자"의 세 집단으로 나눈다. 이전에는 거의 모든 남성 대졸자에게 영구적으로 고용이 보장되었던 것이 지금은 소수의 '축적된 전문성'을 가져 대체하기 어려운 소수 노동자에게만 지속된 것이다. 다른 집단은 '유연한' 방식으로 고용된 것이다. 실제로 1985년에 통과된 노동자파견법은 몇몇 규제철폐를 야기시켰고 1990년대에는 규제가 더 많이 철폐되었다. 비정규직 노동자 비율은 1990년대 중반부터 현재까지 지속적으로 증가하고 있다.

기업에 의존적인 일본식 복지국가는 이미 붕괴되기 시작하였고 기업은 이 체제에서 탈출하였다. 경제위기 이후 고용불안정은 이러한 추락을 단지 촉진시킬 뿐이었다.

'시민공학 케인스'에서 '신고전주의 규제철폐'까지

자민당은 제2차 세계대전 이후 반세기 동안 아주 극도의 예외적인 단기간을 제외하면 2009년 9월 선거까지 계속 집권당이었다. 자민당은 1955년 보수주의 캠프의 합병으로 생겨났다. 사회당은 자민당의 경쟁자인 가장 큰 야당이었으나 냉전의 시대적 배경하에서 마르크스-레닌주의자들의 사회주의의 기반으로서 활동하였다. 미일

동맹의 결과, 자민당은 정치적으로 실제적인 힘을 가진 유일한 정당으로 남아 있다.

그러나 자민당은 그 당시의 지리적 · 정치적 요인에만 단순히 의존하는 정치를 하지는 않았다. 테오도르 로위(Theodor J. Lowi 1969)는 미국 정치형태를 '이익집단 자유주의'로 묘사하였다. 자민당은 권력지배체제를 합리화하기 위해서 일본에서 유사한 조건을 성공적으로 사용하였다. '이익집단 자유주의'에서 분배와 규제에 대한 결정은 의회나 국회에서 논의되지 않고 공식적 · 정치적인 과정을 통하지 않고 외부에서 이루어지는데, 이는 다양한 이익집단이 관료와 정치인들에게 압력을 가하기 때문이다.[7] 이익집단이 기반이 되어 2개의 정당이 정권 교체되는 미국과, 일본은 다르다. 일본에서는 집권당의 교체가 일어날 가능성이 없기 때문에 이익집단과 정치정당의 권력 역동은 자민당을 계속 집권할 수 있는, 유일한 정당이 되게 하는 유리한 조건을 형성하였다.

일본의 '이익집단 자유주의' 상황에서 자민당이 분배정책의 대리인이 되었던 요인 중의 하나는 일종의 '시민공학 케인스주의'라 할 수 있다. 대공황을 치유하기 위한 루즈벨트Roosevelt 대통령의 경기부양정책은 두 가지 측면을 가지고 있다. 이 정책의 공공사업 측면은 잘 알려져 있다. (일본 경제학자들은) 이 경기부양정책의 사회적 측면에 대해서는 별로 주목하지 않았다. 루즈벨트는 사회보장법과 함께 사람들의 소득과 연방정부 차원의 최저임금을 보장함으로써 경제의 유효수요를 창출하고자 노력하였다. 제2차 세계대전 이후 이는 서양세계 전역으로 전파된 '케인스주의 복지국가', 사회부양정책social support policies이 되었으며, 이 정책은 주류 경제정책이 되었다.

자민당의 '이익집단 자유주의'는 뉴딜의 루즈벨트 공공사업과 유사한 맥락에서 볼 수 있는데, 이 프로그램이 공공사업을 통해 유효수요를 부양하는 특화된 정책이기 때문이다. 공공사업을 통한 부양은 제2차 세계대전 이후 재건을 위한 1950년대 정책이 의도하지 않았던 결과로 볼 수 있다. 다나카 가쿠에이Tanaka Kakuei는 1960년대를 "국가소득의 2배 증대계획"기간으로 소개한 이후, 경제부양에 있어 그 역할을 의식하여 1972년 "새로운 일본의 건설: 일본열도 개조계획"이라는 제목하에 그 자신이 정책을 수립하고, 동년도에 총리가 되었다. '국가소득의 2배 증대계획'은 수출산업의 발전을 통해 완전고용을 성취하는 것을 목표로 하였으며, 동시에 일본의 여러 지역별, 산업별 소득과 발전의 불균형을 교정하고자 하였다. 일본의 불균형을 목표로 하는, 두 번째 종류의 정책은 '다나카 총리의 일본열도 개조계획'하에 수립되었다. 표면상 '국토의 균형적 발전'이라는 깃발 아래 국가의 부를 주변부의 시골지역까지 재분배하기 위해서 철도, 고속도로, 댐을 중점적으로 건설함에 따라 공공사업은 늘어났다.

'국토의 균형적인 발전' 정책의 시민공학적인 프로젝트가 실제로 일본의 저개발된 지역의 불균형을 줄이는 데에 기여했는지에 대해서는 이견이 존재했다. 그러나 상대적으로 저개발 지역의 정규직 고용이 공공사업 프로젝트를 통해 생겨났다는 점은 부인할 수 없다. 다나카 가쿠에이가 총리를 사임한 이후에조차 다나카 계파는 1990년대까지 그들의 권력을 유지하고 자민당 내 핵심적인, 권위 있는 집단으로 남기 위해서 공공사업비용의 분배에 대한 통제를 활용했다(민주당의 사무총장 오자와 이치로Ozawa Ichiro는 다나카 계파 출신이다).

시민공학 케인스주의적 방식으로 운영되어 생긴 거대한 적자는 재경부와 몇몇 경제학자들 사이에서 정책을 전환할 필요성이 있는지에 대한 논쟁을 불러왔다. 일본의 자산가치 거품이 붕괴된 이후인 1990년의 '잃어버린 10년'의 경제적 슬럼프는 자민당의 전통적인 경제정책이 작동하지 않고 멈추었음을 확연히 보여주었다. 동시에 냉전 이후의 정치적인 재편이 이루어짐에 따라 자민당의 주된 경쟁자는 마르크스-레닌주의, 사회당이 아니라 처음에는 신진당이었고, 그다음으로는 민주당이 되었다. 이 두 정당은 과거 대부분 자민당원이었던 사람들로 구성되었다. 도시유권자들은 관대했던 공공사업으로부터 혜택을 누리지 못하였기에 신생 야당에게 투표하기 시작했으며, 자민당은 대중성과 표심을 얻기 위해 새로운 정책을 추구하기 시작했다. 이 시기를 대표하는 것은 "자민당을 해체하라"와 "개혁 없이는 성장도 없을 것이다"의 구호를 외친 고이즈미Koizumi 행정부이다. 고이즈미 행정부가 시민공학 케인스주의에서 신고전주의 경제정책으로 전환하였음을 상징적으로 보여주는 것은 경제학자 다케나카 헤이조Takenaka Heizo가 고이즈미 내각에 입성하여 재무성 대신의 자리를 차지한 것이었다. 이 정책의 두 기둥은 규제철폐와 민영화였다.[8]

시민공학 케인스주의에서 신고전주의 정책으로 전환한 것은 자민당만이 아니었다. 고이즈미 행정부가 우체국(우편서비스) 민영화를 2005년 선거에서 핵심적인 논쟁으로 만들었을 때, 민주당 역시 신고전주의 정책을 장려했다. 후보자들이 선호하는 정책에 대한 조

사는 민주당이 신고전주의에 더 가까운 정책을 추구했음을 보여주었다.[9]

고이즈미 행정부 이후 자민당의 경제정책은 균형예산을 위해 재정적인 재구조화를 강조하는 계파와 규제철폐를 통해 경제성장을 강조하는 분파 간의 내부 갈등을 발생시켰다. 2007년 금융위기 이후, 이러한 쟁탈전은 시민공학 케인스주의를 함께 엮는 것으로 끝이 났다.

50년이 지난 후 여당이 2009년에 정책을 바꾼 것은, 재계와 유권자들이 시민공학 케인스주의의 부활에 대해 "아니오"라고 말한 것에서 보듯이 거부의사를 표명한 것이 가장 큰 요인이었다. 그러나 민주당이 주도하는 연립정부의 경제정책을 예견하기는 어려운데, 이는 연립정부와 민주당조차도 경제정책에 대해 상충된 이념을 혼합하여 추구하기 때문이다.

한편 오자와 이치로 주변 그룹(민주당이 처음 집권하였을 때 사무총장)과 국민신당 둘 다 전통적인 자민당 스타일의 케인스주의의 유산을 이어받은 것으로 보인다. 반면에 하토야마Hatoyama 수상 주변 그룹과 민주당의 이전 사회당 분파들은 1990년대 이후, 댐과 같은 공공사업에 대해 매우 비판적이었다. 그러나 오래 지속된 지방개발사업 방식의 케인스주의를 대체할 만한, 원칙적이고 일관성을 가진 경제정책은 아직 가시적으로 보이지 않는다. 아동돌봄수당과 같은 정책은 "콘크리트에서 사람으로의 전환"과 같은 슬로건하에 정당화되었으나, 이 정책이 실행될 수 있었던 것은 두 분파 간의 일시적인 동맹 때문이었다. 민주당 내에서는 신고전주의 경제를 설계하는 오카다 가츠야Okada Katsuya(최초 민주당 내각의 외무성 대신이자 현재 민주당의 사무총장)와 마에하라 세이지Maehara Seiji(최초 민주당 내각의 국토교통성 대신)를 포함한 제3의 집단 역시 존재한다.

"콘크리트에서 사람으로의 전환"으로 불리는 새로운 정책의 가장 큰 문제점은 일본 경제정책의 대중적인 담론으로서 절대적인 신뢰를 전혀 받지 못한다는 점이다. 경제정책에 대한 대중적인 담론은 단순히 "케인스주의는 오래된 스타일의 지방정부개발과 같다"와 "신고전주의 경제학은 개혁과 같다"이다. 개혁주의의 경제적 논쟁은 '규제철폐를 통한 경제성장'과 '고소비세율과 예산축소를 통한 경제회복'의 선택에 한정되어 있다. 민주당이 두 가지 정책 모두에 전념하지 않는 한, 문제의 범위를 이렇게 제한된 선택으로 협소화시켜 놓은 경제학자들은 민주당을 "경제정책이 부재하다"고 비판할 것이다.

기본소득의 옹호자인 우리는 경제정책에 대한 대중적인 담론에서 사용되는 용어의 간극을 채움으로써 논쟁을 확장시킬 수 있는 잠재력을 가지고 있다. 우리는 새로운 케인스주의 정책으로서 기본소득을 홍보할 수 있다. 이 논점에 대해 충분히 진전시키기 전에 일본에서의 기본소득에 대한 논쟁에 대해 개괄적으로 기술하고자 한다.

일본의 기본소득 논쟁의 역사에 대한 간단한 개괄

우리가 기본소득지구네트워크 웹사이트의 역사적 설명을 따른다면, 기본소득의 아이디어는 토마스 무어Thomas More의 저서 《유토피아*Utopia*》가 1616년에 발간된, 유럽의 루뱅Leuvain에서 처음 나타난 것처럼 보인다. 그러나 우리가 오직 유럽역사에만 초점을 맞추는 한계로부터 자유로워진다면 기본소득에 대한 개념의 싹은 6세기 중국과 7세기 일본에서도 발견할 수 있다. 고대 동아시아에서는 과세와 군복무의 필수조건으로서 '생계수단'을 세속적인 방법으로 제공하는 것을 추구하였다.

이런 역사적 시기를 별도로 하더라도 기본소득에 대한 현대적 논의는 존 스튜어트 밀John Stuart Mill, 버트란드 러셀Bertrand Russell, 그리고 C. H. 더글라스C. H. Douglas의 번역을 통해 세계대전 기간에 일본에 소개되었다. 더글라스의 《사회신용*Social Credit*》은 어느 순간 인기를 누렸다. 더글라스의 추종자들은 그들 자신을 "더글라스"적인 경제학자(예술가 등)로 명명하고 그들 자신을 마르크스주의 경제학자(예술가 등)와는 구분하였으나 그 열기는 오래 가지 못하였다.

1970년대 일본의 급진적인 장애인운동으로 인해 같은 시기 이탈리아의 사회운동과 유사한 철학이 발전하였다. 이탈리아의 사회운동은 기본소득을 요구하였지만, 일본의 급진적 장애인운동은 실질적인 기본소득에 대해 주장한 적이 없었다. 그들의 사회보장에 대한 요구는 그 당시 무시되었고 그 이후로는 잊혀졌다. 보다 최근인 1990년대에 기본소득을 요구한, 이탈리아 사회운동 전문가인 오구라 도시마루Ogura Toshimaru는 "개인임금"이라고 불리는 기본소득을 요구하였지만 이에 대한 반응은 그다지 크지 않았다.

기본소득에 대한 학문적으로 진지한 논의는 10년 전, 사회정책 연구자와 분석적인 정치철학자들 사이에서 시작되었다. 그들 중 한 사람인 마르크스주의 공공경제학자 오자와 슈지Ozawa Shuji는 2002년에 기본소득에 대한 책을 발간하였다. 이는 기본소득을 찬성하는 최초의 일본 출판물이라고 말할 수 있다(Ozawa 2002). 이후 여러 학문적인 출판물이 출간되었다(예를 들면 Takegawa 2008; Yamamori 2002, 2009).

2007년대 초반에 언론에서 처음으로 기본소득에 대해 다루었다. 저자는 4월에 〈마이니치Mainichi〉 신문에 기사를 썼고, 한 달 뒤인 5월에는 〈아사히Asahi〉 신문에 오자와 슈지의 기사가 나왔다. 라디오 분야의 보도는 2008년 1월에 저자가 일본 NHK에서 출연한 것이 최초임이 분명하다. 같은 해 12월에 유명한 IT 기업가인 호리에 다카후미Horie Takafumi가 TV에서 기본소득에 대해 이야기했는데, 이는 인터넷에서 기본소득에 대한 논쟁이 분출되기 시작한 이후에 나타났다. 사이버공간에서 잘 알려진 경제시사 전문가인 야마사키 하지메Yamasaki Hajime의 블로그는 기본소득에 대한 논쟁의 촉매제로서의 큰 역할을 했음에 분명하다. 야마사키는 나와 자치주의Autonomia 지식인 집단 VOL 집합체 간의 언쟁을 특집기사로 다룬 출판물에서 기본소득을 인용했다. 우리의 논쟁을 인용한 야마사키의 블로그를 읽은 후, 호리에는 그 자신의 블로그에서 기본소득을 옹호하는 글을 쓸 정도로 감동을 받았으며, TV 쇼에서 기본소득에 대한 아이디어를 추천하기까지 하였다. 2010년 이후, 여러 위성 TV 채널에서 기본소득을 조명하였는데, TBS Newsbird에서 저자가 40분간 설명한 것, 주요 TV 채널 중 하나인 BS뉴스가 포함된다.

기본소득에 대한 인터넷 논쟁은 신고전주의 또는 신자유주의 전통의 용어와 함께 진보하고 있다. 인터넷에서는 이러한 제안들을 둘러싼 좋은 논쟁들이 존재한다. 사람들에게 인터넷 논쟁의 역할을 알리기에 좋은 사건 중 하나로 2010년 2월 방영된 인터넷 TV 프로그램을 들 수 있다. 이 프로그램은 저자의 강연으로 시작되었고, 여러 신자유주의자들과 1명의 좌파 운동가의 논쟁이 뒤따랐다. 비록 이 프로그램이 자정 이후에 방영되었음에도 불구하고, 5만 명이 시청하였다. 비록 저자가 다양한 논쟁을 요약할 수 없지만, 그들의 주요한 관심사는 사회적 취약계층disadvantaged에 대한 품위 있는 생활을 보장하기보다는 정부의 행정비용을 줄이는 것이라고 말할 수 있다. 혹자는 일본에서의 논의는 신자유주의 관점에서의 정당화와 맥락을 같이 한다고 말할지 모른다. 호리에의 기본소득 옹호는 신자유주의라는 흐름 위에 있다.

정치인과 관련해서 살펴보자. 이 장의 도입부에서 언급한 것처럼 민주당 의원들이 2009년 4월에 기본소득에 대해 저자에게 강연해달라고 초청하였으며, 이 사례는 기본소득 제안에 대한 관심이 늘어났음을 보여준다고 볼 수 있다. 그러나 일반적인 흐름은 정치적인 단순한 '관심'에서 더 이상 진전된 것이 없다고 볼 수 있다. 예외적 사례로는 소규모 정당인 '신토니폰'을 들 수 있다. 이 당의 지도자(그리고 이 당의 유일한 의원)는 유명한 작가로 기본소득의 아이디어에 매혹되었다. 그는 2009년 봄에 정당 선언문에 기본소득을 포함시켰다. 고이즈미/다케나카 개혁 트랙을 지지했던 경제학자였던 나카타니 이와오Nakatani Iwao는 스스로 시장 근본주의를 비판하며 자신의 입장을 바꾸었으며, 소비세의 역진적인 요소를 줄이기 위해서 매우 낮은 수

준의 기본소득을 제안했다. 기본소득에 대한 대다수의 인터넷 논쟁
과 언론 보도는 신자유주의적 정당화 논리에 의해 알려지고 있다. 사
람들은 이를 유리하게 해석할 수 있으며, 인간의 얼굴을 가진 신자유
주의로 명명할지 모른다.

　　기본소득을 찬성하는, 시위 수준의 행동주의를 고무하는 가치관
은 신자유주의와는 뚜렷하게 대조를 이룬다. 일부 미혼모단체와 여
성노동조합은 급여형평성과 함께 기본소득을 요구한다. 일부 프레
카리아트 운동은 노동보호에 대한 규제와 기본소득을 같이 요구한
다. 또한 장애인운동에서 기본소득을 지지하는 목소리가 있다. 농촌
지역에서 저개발로 고통 받은 사람들 역시 기본소득에 대한 희망을
걸고 있다. 예를 들면 나가노Nagano 지역의 나카가와Nakagawa 마을의
시장은 기본소득을 지지하는 목소리를 내었다. 기본소득을 요구하
는 제안은 2009년 6월 건설노동조합 대표자회의의 구시로Kushiro 지
부에서 통과되었다. 이들은 일본의 '복지사회'에서 오랫동안 배제되
었던, 취약계층의 목소리들이다.

우리는 어떻게 취약계층의 목소리가 들리게 할 수 있는가?: 한 가지 전략

　　언론에서 일본의 복지사회에서 배제된 사람들의 목소리를 방송
하면, 논의는 개인적인 비극사에 제한되고 경제, 사회정책 논쟁으로
는 거의 확장되지 않는다. 언론은 금융위기 이후 고용불안정과 실업

에 많은 시간을 할애하였고 대상자는 남성 노동자에 국한시켰다. 언론에서 다루는 문제는 일본 복지사회의 '이중 시스템'의 '승자'에 제한시켰다. 중산층으로서의 위치를 더 이상 유지할 수 없는, 이전에는 보장된 지위를 누렸던 남성들의 불평만 방송되었다.

대표적인 사례를 소개하면, 2009년 12월 18일, 〈마이니치〉 신문은 "빈곤을 치료할 처방"이라는 기사제목으로 경제정책 전문가의 관점, 노동조합 활동가의 관점, 그리고 저자의 관점인 세 가지 관점을 기사화하였다. 경제정책 전문가는 일본이 더 이상 빈곤퇴치 수단을 유지할 재정적인 자원이 없다고 보았고, 주요한 쟁점은 금융위기로 시작된 침체된 경제를 개선시키는 것이었다. 그는 통화량 확대와 보다 유연한 노동시장을 위한 규제철폐를 처방했다. 노동조합 대표는 중년 남성을 위한 고용안정을 처방했다. 선택은 규제철폐 또는 고용안정이었으며, 논쟁의 양측 모두 마음속으로 일본 복지사회의 유일한 '승자(남성 노동자)'라는 점에서 공통점을 갖고 있었다(저자가 빈곤에 대한 치료로서 기본소득을 처방했음은 말할 필요가 없다).

물론 일본 복지사회에서 배제된 취약집단 모두가 기본소득을 요구하는 것이 아니듯이, 기본소득이 빈곤문제에 대한 만병통치약은 아니다. 그러나 다수가 사회취약계층의 목소리를 고려하기 위한 수단으로서 기본소득을 홍보하는 것은 그 자체로서 세 가지 이점이 있다. 처음의 두 가지 이점은 사회적 취약계층에게 필수적이며, 세 번째 이점은 전략적이다.

첫 번째 이점은 일본의 노동윤리를 재점검할 필요가 있다는 점이다. 왜 일본은 스웨덴이나 영국처럼 될 수 없었을까? 저자가 이 장의

1절에서 설명한 것처럼 일본은 서양국가와 동일한 복지체제를 갖추고 있는 것처럼 보인다. 그러면 왜 일본은 유사한 시스템을 가졌음에도 영국의 수급률은 90%인데 반해 일본의 사회부조 수급률은 고작 20%에 불과할까? 이러한 격차는 사회적으로 노동을 할 수 없는 것으로 보이는 사람 수와 실제로 노동을 할 수 없는 사람 수의 차이에서 생겨난다. 일본이 충분히 실제적으로 기능하는 복지국가가 될 수 없었던 큰 이유는 서구 사회와 비교하여 일본 사회는 사람들이 노동을 할 수 없다는 점을 덜 수용하기 때문이다. 기본소득 논쟁은 일본의 노동윤리를 되묻게 하는 잠재력이 있다.

두 번째 이점은 기본소득 논쟁이 잠재적인 '무임승차자'의 숫자로 인해 비판을 받는 반면, 이러한 비판은 일본 복지사회가 처음부터 줄곧 여성의 무급노동 위에 무임승차를 해왔다는 점을 드러낼 가능성을 불러일으킨다.

세 번째 이점은 전략적이며 현재 민주당이 집권한 정부의 경제정책으로 다시 돌아가게 한다. 민주당 정부는 댐 건설과 같은 공공사업을 줄이는 정책을 설명하면서 "콘크리트가 아닌, 사람에 대한 투자"와 같은 슬로건을 가지고 아동수당을 실행하였다. 언론은 공공사업투자의 감소에는 박수를 치지만 아동수당은 경제정책이 아니라 유권자의 비위를 맞추고자 하는 시도라고 비판한다. 2010년 예산작업을 하면서 그 당시 재무성 대신이었던 후지이 히로히사Fujii Hirohisa는 이 정책이 수요를 창출함으로써 산업구조가 수출의존형에서 내부 수요창출형으로 변환될 것이라고 발언함으로써 이 비판을 저지하였다.

이 장의 도입부에서 소개된, 민주당의 논리적인 성과를 기본소득 제안으로 연결시키고자 하는 분석은 이토 미즈하루Ito Mitsuharu가 재무성 대신인 후지이의 주장을 지지하고자 하는 시도였다. 저명한 케인스주의 경제학자인 이토는 세금을 줄임으로써 소비를 증진시키는 반면, 공공지출에 대한 투자를 전반적으로 증가시키는 전통적인 자민당의 정책을 알고 있었다. 이제 민주당은 '가구에 대한 직접적인 지원'을 선호하여 공공사업 부양을 중지하였고, 그는 이 변화를 증가된 소비를 통해 경제를 진작시키는 것으로 이해한다.

현재 케인스주의 주장을 활용한 기본소득 주창자는 많지 않다. 아마도 저자(Yamamori 2009)가 케인스를 활용하여 기본소득 제안을 지지하는 유일한 사람일 것이다. 대부분의 일본인은 케인스주의 정책과 기본소득 제안은 상호 배타적이며, 한쪽을 찬성하는 자는 경제논쟁에서 반대편에 있다고 생각한다. 그러나 우리가 기본소득에 대한 국제적인 논의로 눈을 돌린다면, 제임스 미드James E. Meade, 더 최근에는 안토니오 네그리Antonio Negri, 안드레아 푸마갈리Andrea Fumagalli 등과 같은 많은 주창자들이 기본소득이 효과적인 케인스주의 부양이 될 수 있다고 주장해 오고 있다. 이제는 기본소득의 케인스주의적 효과에 대해 설명할 중대한 시점이다. 이토의 논문과 같은 드문 예외를 제외하면 일본에서 취해진 새로운 정책의 방향은 경제적으로 긍정적인 효과에 대한 정당성을 획득하지 못하였다. 기본소득을 찬성하는 케인스주의 주장은 이런 정책의 전환에 대한 정당성을 제공하면서 주류가 될 수 있다.

민주당은 경제 · 사회정책의 새로운 방향을 아직 완전히 정하지 못하였다. 우리는 이들 정책이 합리적이고 효과적이라고 설명하고, 정책적으로 기본소득을 제안하도록 추진하게 만들 기회를 가졌다. 이를 통해 '이중 사회' 문제와 기본소득을 언론과 정책입안자 양쪽 모두의 의제로 설정함이 가능할 수 있다.

후기

이 장은 일본 수상이 하토야마 유키오Hatoyama Yukio에서 2010년 6월 간 나오토Kan Naoto로 바뀌기 이전에 쓰였다. 간 나오토 역시 후쿠시마의 최근 지진과 원전사고에 대한 대응으로 인해 지지율이 감소하였기 때문에 단기간에 사임할 것으로 보인다. 민주당 정부의 지난, 그리고 다가올 '전면 표지front cover'의 변화에도 불구하고, 이 정부는 야누스의 얼굴을 여전히 하고 있고, 아마도 앞으로 지속적으로 그럴 것이다. 이러한 이유로 저자는 이 장의 결과를 바꾸지 않았다. 원전사고로 인해 일본 사회의 정책 논의에서 환경주의자들의 주장을 받아들이고, 저자가 이 장에서 언급하지는 않았지만 저자 역시 헌신해 왔던 기본소득의 정당화에 대한, 환경주의자들의 지적이 어느 정도 신뢰를 받을 잠재적 가능성이 있다.

일본 사회에서 기본소득과 같은 보편적 급여제도가 도입될 것인가?

일본 사회에서 기본소득에 대한 논쟁 자체가 미약하다는 점에서 향후 기본소득과 같은 보편적 소득보장제도의 도입은 쉽지 않을 것으로 예상된다. 다만 2017년 일본 선거를 앞두고 일본형 기본소득에 대한 논쟁이 있었던 점은 고무적이라고 볼 수 있다. 한국의 청년수당에 대한 논쟁이 과거 야당이었던 민주당의 지자체장(서울시, 성남시)에서 촉발되어 실제 성남시에서 청년수당이 지급되고 있는 상황과 비교할 때, 일본의 상황은 더 열악한 것으로 보인다.

일본의 기본소득에 대한 논의 자체가 미약한 것은 저자 야마모리의 지적처럼 일본의 강한 노동윤리를 첫 번째 요인으로 손꼽을 수 있다. 한국과 유사하게 일본에도 노동윤리가 강한 이념으로 뿌리박혀 있다. 세금으로 저소득층을 지원하는 공공부조에 대한 낙인감이 높다는 점, 저소득층이 아닌 일반인 모두에게 일정한 수준의 급여를 제공하는 기본소득에 대한 대중적 지지가 높지 않다는 점이 이를 뒷받침해 준다. 이로 인해 노동과 연계되지 않은 급여인 기본소득에 대해 대중적 지지가 확산되기를 기대하기는 어렵다고 본다.

한국에 비해 급속한 저출산·고령화를 일찍 경험한 일본은 이로 인해 경제활동인구가 줄어들면서 오히려 구인난이 심각한 사회문제가 되고 있다는 점 역시 기본소득 도입을 찬성하는 입장에게는 불리한 경제상황이다. 또한 자민당의 아베 총리가 기업들에게 임금 수준을 높이라는 압력을 가할 정도로 보수적인 자민당 역시 최소한의 사회안전망을 제공하고 있고, 이로 인해 대중들로부터 지지를 받고 있다(2017년 가을 현재 여러 가지 스캔들로 지지율의 하락을 겪기는 하였지만)는 점 역시 기본소득에 대한 대중의 관심을 낮추는 원심력의 역할을 한다.

일본은 자민당이 장기집권을 하고 있어 정권교체의 경험이 거의 부재하다는 점 역시 기본소득 도입에 대한 전망을 어둡게 하는 요인이다. 민진당(과거 민주당)을 포함한 야당은 그 힘이 약하여 정치권에서 기본소득을 정치적인 선거쟁점으로 형성할 가능성 또한 낮다. 일본인들이 정치에 무관심하고 한국 사회의 참여연대와 같은 시민단체를 찾기 힘들다는 점에서 당분간 일본의 기본소득 논쟁은 이론적 수준을 벗어나지 못할 가능성이 크다.

13

멕시코: 기본소득으로 가는 첫걸음

파블로 야네스
Pablo Yanes

　멕시코에서 기본소득을 둘러싼 논의는 비교적 새로운 것이다. 기본소득은 학계에서는 독점적으로 자리 잡고 있지 않지만, 주로 사회정치적인 영역에서 멕시코의 빈곤, 불평등 및 사회정책의 변화에 대해 생각할 때 꼭 필요한 참고자료로 사용된다. 멕시코에서 이 논의가 강화된 여러 시기와 계기들이 있었던 것을 주목할 필요가 있다. 노령자를 위한 보편적 연금의 도입(2001년 이후), 2006년 한 후보자가 선거 공약의 일부로 기본소득을 포함한 일, 2007년 전국적으로 기본소득을 설치하기 위한 두 가지 법안 발의, 2008년 기본소득지구네트워크 멕시코 지부의 설립 및 정식 승인 등이다. 2007년, 2010년에 두 번의 기본소득 세미나가 멕시코시티에서 개최되었다.

　또한 이 문제에 관한 공공 라디오 프로그램이 2008년부터 매주 방송되고 있으며, 70세 이상의 시민을 위한 '세텐타 이 마스Setenta y Más('70세 이상'이라는 뜻)'라는 농촌연금이 있다. 기본소득은 이제 '멕시코시티 시의 권리에 대한 서신'의 한 부분이기도 하다. 이 문제를 연구한 여러 전문가에 의한 기사, 논문, 그리고 서적이 있다. 이것은 멕시코에서의 논의가 여러 측면을 가지고 있음을 의미한다. 학술적 측면, 홍보 측면, 정치적 홍보의 측면, 입법적 측면, 그리고 공공정책과 프로그램 측면 등 이들은 모두 기본소득 제안을 위한 실질적인 참고서 역할을 한다. 즉, 멕시코시티의 시민연금 또는 멕시코 연방의 '농촌연금' 프로그램과 같이 참조할 만한 사례가 있다는 것은 멕시코에서의 논의에서 특이한 강점이며, 어려움이 없는 것은 아니지만 이러한 제안(기본소득)이 쉽게 받아들여지고 이해될 수 있는 계기가된다.

프로그램, 법, 그리고 논의

의심의 여지없이, 멕시코시티의 정부수반('시장')인 앙드레스 마뉴엘 로페즈 오브라도르Andrés Manuel López Obrador*가 2001년에 '시민연금citizen's pension'을 창안했을 때는 국가의 현금지원 프로그램 설계에 있어 중요한 순간이었다. '오포르튜니다데스Oportunidades**', '프로

---

* 멕시코의 정치인. 2000~2005년 사이에 멕시코시티 시장을 했고, 2006년, 2012년 대선 후보였으며, 국민쇄신운동MORENA이라는 좌파 정당을 창당하여 2018년 예정된 멕시코 대통령선거 후보자로 나섰으며, 현재 지지율 1위를 달리고 있다.
** 멕시코에서 프로그레사를 기반하여 2002년 도입된 사회부조 프로그램으로, 조건부 현금지원 프로그램. 스페인어로 '기회'라는 뜻.

그레사Progresa*'와 같은 조건부 현금이전 프로그램의 지배적인 논리를 대신하여, 시민연금은 보편적이고, 개인적이며, 무조건적인 지원의 논리를 수립했다. 국가 차원에서 멕시코는 임시적이며 가구별로 지급되는 목표지향 조건부 현금이전에 관하여, 무엇을 해야 할지를 보여주는 세계적 사례였다. 그러나 멕시코시티는 대안적 길을 열었다. 바로 일생 동안, 무조건적이며, 개인별로 지급되는 보편적 현금지원으로, 연방** 프로그램과 비교할 때 지급금액, 적용범위, 법적 지위라는 세 가지 유의미한 차이가 있다. 오포르튜니다데스는 월별 이전금액은 70달러지만, 시민연금은 가구에서 68세 이상인 사람에게 75달러를 준다. 오포르튜니다데스는 프로그램의 목표가 설정되어 있어서 잘못 배제되거나 포함되는 사례가 많았지만, 시민연금에서는 도시 밖에서 살지만 여전히 거주증명을 가지고 있는 사람이 포함되거나, 또는 접근성이 부족해서 배제되는 오류를 제외하고는 그러한 오류는 당연히 없다. 또한 프로그램을 자발적으로 포기하는 사람들도 있다. 마지막으로 오포르튜니다데스는 언제든지 사라지거나 축소될 수 있는 정부 프로그램이지만, 시민연금은 시의 사법체계 내의 권리로서 인정되어, 보편성과 무조건성 및 최저임금의 절반 수준이라는 금액이 보장된다. 기본소득과 시민연금 사이의 철학적이고 자명적인 연결고리는 이제 분명하다. 본질적으로, 2003년에 보장된

---

* 멕시코에서 1997년 도입된 사회부조 프로그램으로 정기적 학교 출석, 병원 방문, 영양공급 등을 조건부로 지급되는 조건부 현금지원 프로그램. 스페인어로 '진보한다'는 뜻.
** 국가로서의, 멕시코 합중국United Mexican States을 의미함.

권리로 만들어진 시민연금은 이 도시의 노인을 위한 기본소득이다. 시민연금은 전체 인구에게 주어지지 않고 68세 이상인 경우에만 기본소득 역할을 하기 때문에, 엄밀히 말하면 보편적인 기본소득은 아니다.

프로그램으로 시작된 시점부터 권리로써 인정된 시점 사이인 2001~2003년 사이의 논쟁에서 멕시코시티 정부가 승리해야 했던 주된 싸움이 보편적이고 무조건적인 현금지급의 정당성에 관한 것이었다는 점을 주목해야 한다. 그 시기에 재정적 지속가능성에 대한 비난이 있었지만, 그로부터 10년이 지나며 이러한 비난이 근거가 없음이 입증되었다. 그럼에도 불구하고 가장 큰 대중의 반대는 이 프로그램의 보편적이고 무조건적인 성격에 관한 것이었다.

필요하지 않은 사람이 연금을 받을 수 있기 때문에 보편성은 역진적이라는 빈번한 반대의견이 있었고 여전히 그런 반대의견을 들을 수 있다. 소득 수준, 사회보장의 부재 또는 거주지역의 경제적 문제 수준과 같은 목표로 하는 기준이 필요하다는 제안들도 있었다. 그러나 가장 큰 문제는 무조건적이라는 점이었는데, "사람들에게 거저 주는 것handouts이 없어야 한다", "연금이 무엇인가와 교환되어야 한다", 심지어 "노인은 연금이 아니라 일을 필요로 한다"는 점들이 반대 근거로 언급되었다. 또한 수혜자들이 받은 연금으로 담배나 주류를 사도록 허용해서는 안 되며, 기본적인 가정용품 구매에 제한하는 방식으로 연금으로 구매할 수 있는 물건을 제한하라는 요구들도 있었다. 이러한 조건들은 시민연금의 기본소득으로의 측면을 약화시키고 노인을 아이 취급하는 것이었다.

그러나 노인들과 그 가족들의 광범위한 사회적 공감 및 지지로 인하여, 이러한 반대의견들은 보편성과 무조건성의 논리에 항복하게 되었다. 이러한 공감과 지지는 너무나 강력해서, 2003년에 시민연금이 권리로써 인정되었을 때는 여당 의원들만이 지지했었음에도 불구하고, 2008년에 68세 이상 사람들에게 시민연금을 확대할 때에는 시의회에서 만장일치로 통과되었다. 아무도 기권하지 않았고, 아무도 반대하지 않았다.

이 때문에 시민연금은 기본소득과 그 설명에 관한 논의에 이르는 중요한 관문이다. 멕시코시티에서 기본소득을 설명하는 가장 쉬운 방법은 "노인연금과 비슷하지만 모든 사람들을 위한 것"이라고 하는 것이다. 그것은 일종의 기본소득이자 보장된 소득이고, 2011년 말 기준으로 52만 명의 사람들, 자격요건을 갖춘 사람 중 98%가 보장을 받았다.

멕시코시티에서 2003년 이후부터 이 소득은 법으로 보장되고 있으며, 2008년의 법 개정으로 도시의 68세 이상의 노인들을 위해 식량연금권을 보장하는 법률이 존재하는 것은 주목할 가치가 있다. 이는 도시에서 가장 중요한 사회정책 수단 중 하나로 굳어졌고, 단순함과 간결함으로 정의되는 법이다. 그것은 오직 5개의 조항만 있다.

조항 1. 멕시코시티에서 60세 이상의 고령자는 멕시코시티에서 현재 최저임금의 절반에 상응하는 일일연금을 받을 자격이 있다.
조항 2. 멕시코시티의 정부수반은 멕시코시티 예산안에 68세 이상의 모든 도시 거주자를 위한 식량연금권을 보장하기 충분한 액수를 포함시켜야 한다.

조항 3. 멕시코시티의 입법부는 연례예산법령 내에서 식량연금권 효력을 발생시키기에 충분한 금액을 승인해야 한다.

조항 4. 연금이 유효하게 되는 방식은 멕시코시티 정부가 제작한 전자카드를 통해 멕시코시티의 주요 공인 쇼핑센터 및 시장에서 사용할 수 있을 것이다. 이 법에 의해 만들어진 권리를 행사하기 위한 거주의 증명, 수혜자명부 작성 및 영구 갱신과 기타 필요사항 및 필요절차는 해당지침에 명시되어 있다.

조항 5. 이 법의 집행을 담당하는 모든 공무원은 평등 및 공평성 원칙을 염두에 두고 행동해야 하는 의무를 이행하지 않으면 제재를 당할 수 있으며, 적용 가능한 법적 절차에 따라 처벌된다.[1]

2006년 대통령선거운동 기간 동안 앙드레스 마뉴엘 로페즈 오브라도르가 전국의 노인연금을 제안한 것은 이 맥락에서 볼 수 있다. 다른 당의 후보자들은 노인을 위한 여러 가지 다른 형태의 현금지급을 제안했다. 소수 정당인 사회민주대안당Social Democrat Alternative Party의 후보자들은 자신의 공약에 기본소득을 포함시켜, 이러한 제안(기본소득을 의미함)은 대통령 경선에서 처음 등장했다.

그러나 다른 문제들이 대중의 관심을 끌었기 때문에 이 제안은 거의 눈에 띄지 않았다는 것은 유념해야 한다. 그럼에도 불구하고 이러한 제안이 대통령 공약에 포함되었다는 사실은 여전히 상징적으로 의미가 있다.

이러한 맥락은 국가 차원에서 기본소득을 도입하기 위한 두 가지 법안이 국회에서 발의될 때 참고자료로 사용되었다. 민주혁명당Democratic Revolution Party 당원들이 발의한 법안은 기본소득을 권리로 확립하는 내용이고, 사회민주대안당의 엘자 꽁데Elsa Conde*가 발의한 또 다른 법안은 헌법에 기본소득에 대한 권리를 포함시키는 것을 목적으로 했다. 법안들은 다음과 같다.

민주혁명당의 법안

이런 종류의 소득은 어떠한 제한이나 자격 없이 지급될 것이다. 성별, 종교적 성향, 소득 수준 또는 성적 지향에 상관없이 받게 될 것이다. 그것의 직접적인 기능은 현대 자본주의의 두 가지 사악한 효과인 광범위한 빈곤과 대량 실업에 대응하기 위한 것이다. 고용 부족이나 저임금은 더 이상 개인의 정상적인 생계를 유지하는 데 장애가 되지 않을 것이다. 기본소득 발상의 두 가지 핵심적인 특성은 보편성과 무조건성이다. 보통의 소득이라 할지라도, 모든 사람들이 생계를 유지하기에 충분한 보편적 기본소득을 받아들여야 한다는 생각에 무관심하기는 어렵다.

이러한 소득은 유급노동을 대체하는 것이 아니라 오히려 시민들에게 더 많은 선택권을 준다. 또한 이 권리를 보장하는 것은 무급노동, 자원봉사 및 비영리 활동의 사회적 중요성을 인식하는 것과 동일하다고 말할 수 있다. 이 때문에 기본소득은 빈곤의 뿌리를 퇴치하고, 우리를 괴롭히는 끔찍한 불평등을 줄이고, 시민권과 새로

---

* 엘자 꽁데 로드리게즈Elsa Conde Rodriguez, 멕시코의 정치인.

운 사회적 응집력을 구축하기 위한 강력한 조치이다.[2]

더 관련성 높은 조항 중에서 이러한 내용이 포함되었다.

조항 2. 구별 없이 멕시코의 모든 주민들은 기본적인 필요 충족, 자유의 확대, 개인의 자율성 및 존엄 있는 생활에 대한 접근을 보장하는 기본소득을 받을 자격이 있다.

조항 3. 기본소득은 요구할 수 있는 권리이다. 그것은 무조건적이고, 평생 동안, 비과세로 지급되며, 국가의 최저임금의 절반 액수보다 낮지 않은, 개인에 대한 현금이전으로 구성된다. 금액은 5년마다 결정되며 인플레이션을 고려해 매년 조정될 것이다.

조항 4. 기본소득을 받기 위해서 멕시코 국적을 가진 사람들은 멕시코에 거주한다는 증거를 보여주기만 하면 된다. 다른 국적의 사람들은 이 법의 제정 이후 최소 5년 동안 멕시코에 거주했다는 증거를 제시해야 한다.

조항 5. 기본소득은 점진적으로, 꾸준하게, 누적되는 방식으로 도입될 것이다. 이 법의 제정 이후 3년 이내에 전체적 보편성을 달성해야만 할 것이다.

조항 6. 연방정부는 효과적으로 즉시, 조건부 현금이전 프로그램을 기본소득으로 전환해야 한다. 자동적으로, 이러한 프로그램의 수혜자인 모든 사람들은 대신 기본소득을 받을 것이다.[3]

사회민주대안당의 법안

이 법안의 발의는 평등권을 보장하는 기본소득을 우리 헌법 내에 확립하는 것을 목표로 하고 있다.

사회민주당의 법안에 따르면, 기본소득은 각 개인이 그들의 교육, 식량, 주거 및 의료서비스의 기본적 필요를 충족시킬 수 있는 충분한 금전급여를 국가로부터 지급받는 것으로 구성된다. 이는 무조건적이고, 공식적으로 세속적이며,* 평등하고, 영구적이며, 보편적이다. 이는 '1인당 기본식료품Basic Staples Per Capita'의 금전적 표현이다. 동시에, 평등을 보장하기 위한 자양분을 제공하고 이것으로 우리의 권리기본법Magna Carta에 확립된 개별적인 보장의 행사를 효과적으로 하는 것을 적절한 목표로 하고 있다. 이 법안은 사회적, 정치적, 철학적, 물질적 및 도덕적으로 중대한 영향을 가진다. 그것은 모든 유형의 무급노동의 사회적 가치를 인정하는 것을 의미하며, 사회의 모든 구성원의 집단적 책임과 연대를 재건하여 누구라도 존재하기만 하면 기본이 결여되지 않도록 한다. 루이스 비요로Luis Villoro**가 말했듯, 여성, 젊은이, 노인 및 차별 상황에 처한 모든 사람들에게 보다 위엄 있는 생활을 위한 물질적 조건을 조성할 수 있는 가능성을 나타낸다. 또한 평등이 자유와 보완되고, 공동체의 형성이 개인의 자율성 발휘와 조화되는 사회를 창조할 수 있는 가능성을 나타낸다.[4]

---

* 성직자가 아닌 평신도에게 주어진다는 뜻.
** 멕시코의 철학자(1922~2014).

엘자 꽁데는 헌법 제1조에 추가 조항을 제안함으로써 다음과 같이 결론을 맺는다.

이 헌법이 부여하는 평등권의 보장으로, 모든 개인은 기본소득을 누릴 수 있다. 이를 위해 주정부는 교육, 음식, 의료서비스 및 주거에 관한 개인의 기본적인 필요를 충족시키기에 충분한 금전적 급여를 제공하여 개개인이 자신의 역량개발을 방해하는 빈곤의 상태에 처하지 않도록 보장한다. 그것은 요구할 수 있고, 영구적이며, 무조건적이고, 보편적인 권리이며, 국적의 상실이나 자유를 제한할 수 있는 범죄로 기소된 경우 외에 어떤 상황에서도 정지, 축소 또는 거부될 수 없다.[5]

기본소득에 대한 권리를 멕시코에서 인정하기 위하여 처음 발의된 두 가지 법안은 의회에서 논의되거나 평가되지 않았다. 가까운 미래에 논의될 것으로 예상되지 않지만, 그러나 그 법안들의 가치는 일관성을 가지고 법안의 중대한 의미를 포착하고, 조건부 현금지원의 개선된 버전으로 축소시키지 않고, 오히려 빈곤 및 사회적 지배와 종속의 결속으로부터 사람들에게 자유를 주는 해방적 성격, 자유와 자율성을 확정하는 능력인 변화의 힘과 기본소득을 연결시키는 것이다. 기본소득 법안이 국가에서 최상위의 입법 논의에 도달하게 된 것은, 제한된 임시적 조건부 현금지급이 사회정책의 유일한 모델이자 가장 완성된 제안이었던 것으로 보였던 국가에서 상징적으로 가치가 있다.

그럼에도 불구하고 기본소득의 논의는 2012년 선거운동과 관련이 있다고 할 수 있다. 왜냐하면 멕시코 주요 정당의 하나인 제도혁명당Partido Revolucionario Institucional에서 대통령 예비후보자 중 1명인 상원의원 만리오 파비오 벨트호네스Manlio Fabio Beltrones는 그의 사회정책 제안에서 최소한의 보편적 소득이라고 불렀던 것을 멕시코에 수립하는 것을 2011년 10월에 제안했다. 이는 멕시코 내에서 좌파 출신이 아닌 유력 정치인이 기본소득 옵션에 동의하고 지지한 첫 번째 사례였다.

오포르튜니다데스 프로그램과 정밀조사에 따른 조건부 이전

멕시코의 오포르튜니다데스 프로그램은 세계은행과 미주개발은행Inter American Development Bank에 의해 빈곤퇴치 프로그램의 상징적인 사례로 제시되고 추진되어 왔다. 두 기관 모두 그 지역의 정부들에게 이 프로그램을 각국에서 재창조해 줄 것을 제안했다. 라틴 아메리카 및 카리브해 경제위원회ECLAC 데이터에 따르면, 2011년에 라틴 아메리카와 카리브해 지역에 있는 18개 나라가 그와 같은 프로그램을 가지고 있다. 멕시코는 오포르튜니다데스로 사회기술의 수출국이 되었다고 말할 수 있을 것이다.[6]

지난 11년 동안 점진적으로 멕시코에서 적용되었으며 과거에 프로그레사Progresa라고 불리기도 했던 이 프로그램이 특히 단기적으로 가족소득에 긍정적인 영향을 미치지 않거나, 일부 사회지표 개선에 도움이 되지 않는다고 말하는 것은 아니다. 그것의 연속성 및 대상 범위, 그리고 관련된 자원의 순환 때문에 긍정적이지 않게 되기는 불가능할 것이었다.

대신 중요한 문제는 오포르튜니다데스 또는 대상을 한정한 조건부 현금이전 프로그램이 지속적인 방식으로 빈곤을 극복하는 올바른 방법인지 여부를 결정하는 것이다. 부분적인 문제는 다음과 같은 중심적인 가설과 프로그램의 운영상 추정이 맞는지의 여부이다. 빈곤은 사람들의 인적자본 부족의 결과이다. 가난한 사람들이 학교에 가고, 그들의 건강을 관리하게 하려면, 조건과 보상 및 불이익체계가 필요하다. 이 프로그램의 시행 및 운영은 사회적 권리 향유를 확장시키고 시민권을 확립한다.

2011년에 이 프로그램에 580만 가구의 등록과 48억 달러의 예산이 있었다. 평균적으로 각 가구는 연간 827달러 또는 매월 69달러에 상응하는 금액을 지급받았다.[7] 가족에 대한 지원액은 크게 다르지만 고등학생을 위한 장학금이 있는 경우에 가구당 매월 최대 203달러가 지원된다. 이러한 예산이 중요하다는 사실에 관계없이, 그것은 연방예산의 약 1.68%라는 아주 작은 부분을 차지한다.

이 프로그램은 최근 설계가 부분적으로 변경된 새로운 구성요소로 인해 최근 몇 년간 수정되었다. 2005년에 "시골에서 더 이상 가져갈 수 없다"라는 맥락과 멕시코시티에서 도입된 보편적인 시민연금의 영향으로 70세 이상의 사람들을 위한 20달러 지급이 도입되었다. 이 주제는 추후에 언급할 것이다.

사회적, 정치적 압력의 산물인 노인 대상 급여의 도입은 특정 계층을 대상으로 표적되고 조건부일지라도 큰 변화가 있었다. 빈곤의 세대 간 전이를 막는다는 주요 목표 때문에 프로그램의 중심은 9~21세 사이의 아이들을 위한 장학금으로 구성되어 있었다. 그것은 더 이상 현재 아이들의 빈곤문제를 해결하는 것이 아니라, 현재 노인들에 관한 것이다. 그러나 이 프로그램의 측면은 세텐타 이 마스라는 노인을 위한 현금이전 프로그램의 존재로 인해 상당히 감소되었다.

마찬가지로 최근 몇 년간 두 가지의 새로운 수정이 있었다. 2007년에 에너지 자원(전력, 석탄, 목재, 연료 또는 양초)에 대한 지출을 보상하기 위하여 가구에 현금을 지급하는 소위 에너지 구성요소가 추가되었는데, 이는 이 프로그램이 영양을 공급한다는 측면에 포함시킬 수 있지만, 그 의미를 넘었다고 볼 수 있다.

그러나 가장 중요한 변화는 2010년에 일어났다. '자녀양육비 지원Apoyo Infantil Vivir Mejor, Live Better Child Support'이라는 새로운 급여가 추가되었는데, 0~9세 사이의 모든 어린이에 대해 8달러가 조금 넘는 적은 월급여로, 가족당 최대 3회까지 지급이 가능하다. 이 급여는 비록 아주 적은 금액이지만, 근본적으로 학교입학 증가로 이해되는 인적자본 증가의 논리에 기반한 프로그램의 성격을 변화시켰다.

2010년까지 오포르투니다데스의 현금 인센티브는 3학년과 9세에서 시작되었다. 0~5세의 가장 어린 자녀를 둔 가정이 지원이 가장 많이 필요하다는 점을 지적하면서 강하게 비판받았다. 그러나 비판에 대한 대답은 현금 인센티브가 주어진다면 가난한 사람들은 더 많은 급여를 받기 위해 더 많은 자녀를 낳을 것이라고 가정하면서, 출산율 향상을 위한 인센티브로 프로그램을 설계할 수 없다는 것이었다.

아주 어린 자녀를 둔 가정을 지원하기를 거부하는 것은 체계적 증거보다 편견에 더 중점을 두고 있다고 말할 수 있다. 그러나 2008년 세계금융 위기가 시작되고 가난한 가정의 식량 위기가 급격히 부각됨에 따라 멕시코 연방정부는 정책을 변경하고 출생부터 9세까지의 아동을 위한 급여를 추가하기로 결정했다.

오포르튜니다데스는 조건부 및 목적적 지급의 성격을 포기하지 않았지만, 학령기 아동에게만 혜택을 제공하며 세대 간 빈곤의 전이를 근절하기 위한 전략적 목표에 따라 9~22세 사이의 아이들에게만 급여를 지급하는 초기의 개념을 수정하는 조정사항을 도입해야만 했다. 사회적, 정치적인 역동성 때문에 이 프로그램은 현재 9세 미만의 아이들(오포르튜니다데스 제도 내에서)과 70세 이상의 성인들(세텐타 이 마스를 통하여)을 포함한다.

두 가지 새로운 프로그램은 상당한 예산이 소요된다. 자녀양육비 지원의 경우, 예산은 6억 4,900만 달러를 초과하고, 세텐타 이 마스를 통한 노인에 관한 예산은 11억 달러에 이른다. 두 가지 새로운 구성요소인 어린 아이들과 노인 대상 프로그램은 전체 프로그램 예산의 약 25%를 차지한다.

세텐타 이 마스의 경우 개인에 표적화된 조건부 프로그램에서 아무 조건 없는 지역 표적화된 프로그램으로의 전환이라는 점에서 매우 흥미롭다. 2010년까지 이 프로그램은 시골지역과 소도시에 약 230만 명의 사람들을 포함시켰다. 그리고 2011년 연방 예산안에서 연방정부는 의회에 이 프로그램의 자원을 62% 늘리라고 요청했다. 이는 약 55억 달러를 의미한다. 만약 의회가 동의할 경우에 세텐타 이 마스는 멕시코와 라틴 아메리카에서 가장 큰 현금이전 프로그램 중 하나가 될 것이다.

우리가 보았듯이, 세텐타 이 마스의 철학적인 근거는 전통적인 목표, 자산조사, 그리고 조건부 특성의 오포르튜니다데스와 라틴 아메리카의 조건부 현금이전 프로그램보다 보편적이고 무조건적인 접근방식에 가깝다.

엄격히 말하면, 세텐타 이 마스는 연방정부가 설계한 프로그램이 아니고, 농촌연금을 요구한 농민 동원에 대한 대응으로 의회 내에서 결정했다. 이 프로그램은 오포르튜니다데스와 달리, 3만 명 미만의 주민이 거주하는 지역의 70세 이상의 모든 사람을 대상으로 보편적으로 적용되는 프로그램이다. 그것은 공동 책임이나 조건을 가지고 있지 않다. 세텐타 이 마스는 적용범위와 자원이 모두 큰 프로그램으로, 규모와 적용되는 지역을 증가시키는 것을 목적으로 하는 프로그램이다. 그것은 오포르튜니다데스가 받는 주목이나 홍보를 받지 않는다. 두 프로그램은 사회개발부Secretaria de Desarrollo Social를 통하여 멕시코가 현금이전정책의 다른 경로를 가지고 있고, 조건부 이전에서 무조건적인 이전으로, 개인 표적화 모델에서 보편성을 향한 중간 지점인 지역 표적화 모델로 변화할 수 있는 것을 시사한다.

오포르튜니다데스와 세텐타 이 마스의
정책과제와 모순

현금이전을 위한 두 가지 모델의 병행으로 인하여 연방정부의 사회개발부 내에서의 긴장감을 이해하려면, 오포르튜니다데스와 세텐타 이 마스의 운영규칙을 비교하는 것이 유용하다.

두 프로그램에 대한 그러한 규칙을 검토하면,[8] 예를 들어 수혜자 가족의 의무에 관한 부분[9]에서 책임이 가족에게 옮겨질 때 실제로 여성에게 추가의무가 부과된다는 것을 알 수 있다. 전통적인 젠더 역할을 변형시키는 것과는 거리가 멀고, 오히려 이러한 역할을 강화시킨다. 이것은 다음과 같은 의무사항에서 볼 수 있다. "초등교육 장학생을 정규수업에 참여시키고 교육의 이점을 최대한 활용할 수 있도록 지원하시오."[10] 수업에 참여할 수 있도록 지원하는 것은 매우 모호한 의미지만, 가족을 구성하고 어머니가 되는 것을 이해하는 것은 매우 섬세한 것이며, 학교교육의 개선에 대한 책임은 본질적으로 어머니의 의무가 아니라 학교 시스템의 객관적이고 전적인 책임일 것이다.

같은 방식으로 주목할 만한 다른 의무는 다음과 같다. "중등교육에서 장학생을 지원하여 건강 자체 관리에 대한 학급 및 지역사회 워크숍을 지원하고 각 연방기관에서 학습계획과 프로그램을 표시하는 활동에 역동적인 방식으로 참여할 수 있도록 한다."[11] 누군가가 '학습계획과 프로그램을 표시하는 활동에 역동적인 방법'으로 참여하도록 아이들을 만들 의무가 있는지 최소한 알고 싶다. 그러나 실제로는 어떤 주제인지가 실제 제공, 품질, 관련성 및 어린 아이들에게 제공되는 교육의 매력과 더 많은 관련이 있다.

마찬가지로, 동일한 부분에서 시작되는 또 다른 의무는 '모유수유 중인 임산부 및 어린이를 위하여 의료기관에서 제공되는 영양보충제를 수령하고 섭취하는 것'이다(Dario Oficial de la Federación 2010: 30). 이것은 자신의 의지, 맛 또는 향미에 관계없이 제공되는 보충제를 섭취해야 한다는 놀라운 의무를 수립했다.

또한 세텐타 이 마스보다는 오포르튜니다데스에 남아 있는 노인들과 관련한 의무도 있다. 그 의무는 '노인에게 제공되는 금전지원을 전달'하는 것이다(Dario Oficial de la Federación 2010: 30). 가정에 있는 어린아이의 어머니는 대개 오포르튜니다데스에서 수령 명의자이기 때문에 노인에게 전달되어야 하는 것이 딸에게 지급되어 간접적으로 전달되는 어리석은 상황이 뒤따른다. 이것은 노인이 어린아이로 묘사되고 권리로써는 자신의 것인데 직접 접근하지 못하고 따라서 딸의 개입에 전적으로 의존하는 가족 안에서 힘의 유감스런 관계를 보여준다.

더 안 좋은 것은, 동일한 운영규칙에 따라, 지원은 '노인이 가족을 떠날 때' 확실히 종결된다(Dario Oficial de la Federación 2010: 33). 따라서 독립적인 삶이나 최소한 분리된 가구의 가능성은 부정된다. 오포르튜니다데스에서 노인은 딸로부터 지원을 받아야 하며, 다른 집에 살면 반드시 지원을 잃게 될 것이다.

이것은 동일한 그룹의 사람들을 대상으로 하는 두 가지의 연방지원 프로그램, 오포르튜니다데스와 세텐타 이 마스를 지원받는 노인들의 차이점을 설명하는 역할을 한다. 첫 번째 경우 시민은 매월 25달러를 지급받고, 두 번째 경우는 40달러를 지급받는다. 첫 번째 프로그램에는 조건이 있으며 두 번째 프로그램에는 조건이 없다. 첫 번째 경우, 그들은 딸을 통해 돈을 받아야 하고, 두 번째는 그들이 직접 받는다. 첫 번째 프로그램에서 그들은 집을 떠나게 되면 그들의 소득을 잃고, 두 번째는 오직 3만 명이 넘는 지역으로 이사하는 경우에만 잃게 된다.

학교교육, 교육, 소득 사이의 연계성의 핵심문제 외에도 오포르튜니다데스 또는 목표된 조건부 현금이전 프로그램은 빈곤퇴치 및 세대 간 빈곤이전을 끊는다는 목적과 관련하여 매우 중요한 취약성으로 고통을 받고 있다. 그것은 다음과 같다. 모든 표적 프로그램의 부분인 배제오류, 오직 식별된 빈곤층에 대한 사후 개입, 따라서 위험상황에 놓인 인구가 가난해지지 않도록 하는 예방정책의 부재이다. 빈곤퇴치는 직접적이며, 빈곤을 떠난 이들은 결코 되돌아오지 않는다고 가정하므로 정책과 프로그램은 빈곤선을 넘어가거나 문턱에 있는 사람들을 무시하게 된다.

그러나 가장 큰 취약점 중 하나는 이러한 프로그램의 효과와 영향이 경제주기의 발전에 의존하는 것이다. 그들은 경기순행적인 프로그램으로 대부분의 (빈곤 탈출) 결과를 경제순환의 성장단계에서 얻고, 그동안 얻은 결과를 1년 또는 2년 동안의 위기에서 모두 잃게 된다. 중간의 추세로 보아 멕시코의 오포르튜니다데스를 보면, 우리는 빈곤과의 싸움에서 다시 (빈곤으로) 돌아가지 않는 지점이 발견되었다는 확고하고 지속적인 경향에 도달했다고 말할 수는 없을 것이다.

이와 반대로, 느린 상승과 갑작스런 추락으로 확고하고 지속적인 빈곤 감소를 무효화하는 롤러코스터 같은 역동성이 존재한다. 그것은 빈곤의 강도가 지속적으로 감소하는 방향으로 향하고 있다고 보는 것이 더 맞다. 즉, 지속적인 효과는 빈곤층은 덜 빈곤해지지만 빈곤한 사람의 숫자는 줄지 않으며, 빈곤층으로 떨어지는 것은 경제순환에 크게 좌우되는 항상 현존하는 위험이라는 것이다.

오포르튜니다데스와 세텐타 이 마스의 정책대안

나는 멕시코의 경우, 연방 차원에서 그들이 관리하는 자금의 규모와 도달하는 범위 때문에 두 가지 관련 프로그램에서 드러나는 현금이전을 위한 두 가지 공존 모델이 있음을 강조했다. 오포르튜니다데스와 세텐타 이 마스. 앞서 언급한 모순과 과제는 정책대안을 고려할 적기임을 시사하고, 그 대안 모델들은 멕시코의 지방정부와 다른 국가에서 볼 수 있다.

멕시코의 경우, 우리가 살펴보았듯이 멕시코시티 정부는 2003년에 서명하고 2008년에 개정된 법에 따라, 권리로서 지난 3년간 도시에 거주한 68세 이상의 모든 시민을 위한 보편적인 시민연금을 가지고 있다. 그것은 법에 따라 매월 최저임금의 절반에 미달할 수 없는 무조건적인 이전이다. 현재 연금은 1인당 75달러를 동등하게 52만 명이 받는다. 마찬가지로 볼리비아에서 에보 모랄레스Evo Morales* 정부는 '존엄소득Renta Dignidad'이라는 제도를 도입하였는데, 이 제도는 60세 이상의 사람들을 위한 보편적이고 무조건적인 연금이고, 탄화수소 판매수입으로부터 부분적으로 자금을 조달받는다. 이러한 정책은 라틴 아메리카에서 모든 프로그램이 오포르튜니다데스 또는 조건부 현금이전 프로그램 설계가 아님을 나타낸다. 이러한 맥락에서, 라틴 아메리카 및 카리브해 경제위원회는 최근 보고서 〈평등을 위한 시간: 격차를 닫고, 길을 열다Time for Equality: closing gaps-opening trails〉[12]에서 어린아이들, 노인, 실업자가 있는 가정에 중점을 둔 재분배 시민현금이전 시스템으로 나아갈 필요성을 제시한다.[13]

라틴 아메리카 및 카리브해 경제위원회는 다음과 같이 주장한다.

> 반면에, 부분적 보증소득의 기본 시스템을 방어하기 위한 충분한 이유가 있다. 앞에서 언급했듯이 첫 번째는 시민과 관련된 사회권의 평등이다. 외생적 충격 또는 생애적 변화의 상황에 직면하고 빈곤과 취약성의 영향을 받는 가정은 충격의 효과를 넘어 자본형성이 방해de-capitalized되는 경향이 있으며, 최소한 보장이 부족하거나 불리한 상황에 직면했을 때 소득흐름을 부드럽게 하는 도구가 부족하기 때문이다. 실용적인 면에서 그리고 윤리적인 관점에서 볼때, (부족분을 지급함으로써) 인구의 상당 부분과 라틴 아메리카의 생산을 대표하는 가정경제의 붕괴를 피하는 일은 금융 시스템의

---

* 볼리비아의 정치인. 2006년부터 대통령으로 재임 중임.

붕괴를 피하는 것만큼이나 필요하다.

_ECLAC 2010: 208

의무를 가진 가난한 사람을 없애는 해방의 논리가 아니라, 권리
가 있고 빈곤으로부터 자유로운 시민이라는 개념이 사용되도록 논
의를 다른 용어로 진행하도록 프레임을 설정하는 것이 근본적으로
필요하다. 그러한 프레임 설정은 사회정책(특히 현금이전)이 사회통
제 수단이 되지 않게 하고 시민권 구축의 도구가 되도록 할 것이다.

따라서 인구로의 소득이전을 수행하는 최선의 방법에 관한 논쟁
은 정치적이고 자명한 것이며 종종 제시되는 것처럼 기술적이 아니
라는 점은 명백하다. 보다 정확하게는 시민의 권리를 행사하는 내용
과 방식에 관한 논의이다. 이러한 논쟁이 라틴 아메리카 및 다른 지
역에 진출하기 시작한 기본소득 제안이 조건부 현금이전 프로그램
과 분리되는 지점이다. 무조건적이고, 보편적이며, 보장되고, 개인
적이며, 평생 동안이라는 점에서 기본소득 제안은 표적화 프로그램
에 통상적인 포함 및 배제 오류에서 비롯된 문제를 극복하기 때문에
강력한 대안이 될 것으로 보인다 — 그것은 가족이 아니라 사람을 중
심으로 한다 — . 그리고 자율성과 개인의 자유 확대에 기반한 사회
관계의 재정립을 가능하게 한다.

중요한 자원이동을 수반함으로써 기본소득은 중요한 재분배 과
정을 수반하는 진보적인 재정개혁을 하게 만든다. 마찬가지로 기본
소득은 빈곤을 극복하는 방법이며, 빈곤을 작거나 일시적인 비율로
만들거나 축소할 뿐만 아니라 무엇보다 빈곤에서 벗어난 사람들이

빈곤으로 돌아가지 않도록 예방 차원을 조성한다.

기본소득에 포함될 금액으로 인해 기본소득은 사람들이 기본적인 필요를 충족시키고 평생 프로젝트를 포함한 장기계획을 세울 수 있는 효과적인 물질적 지원이 될 것이다. 기본소득이 시민권의 권리, 사회적 보장이 될 것이기 때문에 시민권의 차원이 넓어지고 사람들은 조건부 현금이전 프로그램에서 공통되는 후원patronage, 불안정 및 불확실성의 결점을 벗어날 수 있다.

이 모든 것을 넘어서, 기본소득계획에는 사회에 대한 제안과 조건부 현금이전 프로그램과 다른 시민권의 개념이 포함되어 있다. 효과와 결과에 있어 기술적으로 강력한 제안이며 현재의 사회정책과 빈곤퇴치정책에 대한 또 다른 행동방침일 뿐만 아니라, 물질적 의존과 물질적 존재를 보장할 능력이 없는 것으로부터 파생된 사회적 종속을 끝내려는 해방 프로젝트의 일부이다. 이 때문에 기본소득계획은 신흥 인권운동 안에 새겨진다.[14]

멕시코의 기본소득에 대한 대중적 지지 구축

그런 맥락에서, 멕시코에서 기본소득에 전념한 주간 라디오 방송에서 3년째 진행되고 있다는 것은 중요한 경험이었다. 방송의 공동사회자인 마키에제 메디나Makieze Medina는 2008년 10월 이후 방송된 약 160편의 쇼에서 기본소득 제안, 즉 존엄한 생활을 가능하게 하는 최소한의 물질소득 보장을 목적으로 영토의 모든 구성원에게 정부가 보증하는 무조건적이고 보편적인 수당을 홍보하였다.

라디오 방송은 국제적인 수준에서 구축된 제안들과 학자, 공무원, 국회의원, 연구원, 지도자 및 시민사회 활동가들에 의해 정교하게 가다듬어진 멕시코에서 기본소득을 구현하기 위한 방안들을 홍보하는 데 진전을 가져왔다. 즉, 기본소득 제안의 분석 및 확산을 위한 플랫폼이 되었으며, 기본소득지구네트워크의 차원에서 혁신적인 제안을 제시한다. 마찬가지로, 그것은 대중, 시민, 사회, 인권 및 다른 조직들의 가장 다양한 요구와 운동들 사이의 가교역할을 해왔다.

또한 2010년 멕시코시티에서 "도시에 대한 권리를 위한 멕시코시티로부터의 서신"이라는 제목의 문서가 작성되었음을 주목할 필요가 있다. 그것은 시민사회단체의 광범위한 그룹에 의해 만들어지고 정부청장 마르셀로 에브라르Marcelo Ebrard가 서명했다. 이것은 사법적으로 구속력이 있는 문서가 아니라, 정부청장 및 모든 서명기관이 도시의 헌법 창설을 위한 기초로 제안한 프로그램적인 플랫폼이다.

이 문서에는 많은 것들이 포함되어 있는데, 그 중 하나는 '기본소득 수립의 촉진'이다. 이것이 포함된 중요한 의미는 기본소득에 대한 요구를 사회운동을 위한 정치적 의제로 만드는 데 있으며, 도시 헌법에 대한 토론과 성립의 적법한 과정에서 기본소득이 의제 및 의제 건설과정의 일부가 된다는 것이다. 결과적으로 적절하면서, 적합한 단계이다.

첫 번째 단계 이후 가장 어려운 단계가 온다

몇 년 전에 그 제안이 사실상 알려지지 않았고, 거의 인식되지 않았으며, 실행 불가능하고 괴상한 제안으로 보였던 상황과 비교할 때, 국가가 먼 길을 왔다는 것은 의심의 여지가 없다.

오늘날 기본소득은 공공정책 토론 포럼에서 알려지고, 논쟁하고, 토론되는 제안이다. 하나는 헌법 개정안이고 다른 하나는 의회 공청회를 기다리고 있는 법안인, 두 가지 법안이 언론과 다른 매체에서 자주 언급된다. 게다가 기본소득 관점에 다소 근접한 두 가지 넓은 범위의 사회 프로그램인 노인연금과 세텐타 이 마스 연방 프로그램이 있다.

이들 마지막 두 가지 프로그램 특히 멕시코시티의 프로그램은 권리로서 제정되어 기본소득에 대한 토론의 가능성을 열었다. 멕시코시티는 사회정책에서 패한 것으로 보이는 몇 가지 원칙 — 보편성, 무조건성, 영속성 — 에 합법성과 새로운 개념적 장소를 부여함으로써 큰 공헌을 했다. 이들 원칙은 지난 10년 동안 멕시코시티에서 도입된 연금의 구성요소이며 기본소득의 기본개념이기도 하다. 그 전투는 국가 차원에서 승리했다고 할 수 있고, 단기적으로 노인연금이 국가 수준으로 확대될 수 있는 가능성이 있는 것으로 보인다. 세텐타 이 마스의 급속한 성장은 이 방향을 가리키는 것으로 보인다.

그러나 이러한 연금에서 기본소득으로의 도약은 사회 정당성이 아직 확립되지 않은 중대한 변화이며, 그 물질적 기반에 따라서 그것의 실현가능성은 여전히 새로운 정치적 연합이 없는 한 임박하지 않은 조세구조의 급진적인 수정에 달려 있고, 국가를 지배하고 멕시코의 재정적자 상태를 유지하는 거대한 이해관계에 영향을 줄 가능성이 있다.

그러나 나는 진정한 기본소득을 제안하기 위해 여전히 많은 문화적 전투가 벌어져야 한다고 강조하고 싶다. 관점으로 볼 때, 노인을 위한 사회연금의 사회적 정당성을 구축하는 것은 비교적 간단했다. 그 제안은 초기에 약간의 저항을 만났고, 이것은 빠르게 극복되었으나, 그럼에도 여전히 일할 수 있는 나이를 가진 사람들을 위한 제안으로는 그리 쉽지는 않을 것이다.

핵심적으로, 논쟁은 기본소득 자체가 아니라 연금에 관한 것이었다. 노인은 평생 동안 일해 왔고 사회에 기여하였으며, 여성의 경우에는 오랜 세월 동안 수행한 모든 가사노동에 대한 보답으로 사회연금에 대한 권리가 있음을 가정했다. 아직도 생산적인 시기productive years에 사람들이 소득을 얻을 자격이 있음을 받아들이는 것은 여전히 어렵다.

노동시장에서의 활동과 연계되어 있지 않지만 ― 그럼에도 무상으로 지급되는 ― 소득에 관한 생각에 대하여 여전히 강한 반대가 있다. 소득은 유급노동이나 자영업을 통해서 나올 수 있다는 생각이 여전히 문화적으로 매우 강력하다. 매우 광범위한 사회분야와 압도적으로 그렇게 조직된 정치세력에서 핵심 아이디어는 여전히 성경에 뿌리를 두고 있다. 일하지 않는 사람은 먹지 않으며, 이마에서 땀을 흘려야 빵을 얻는다.

이 때문에 소위 (노동시장) 생산적인 시기에 포함되지 않거나 노동력에 합류되는 능력이 어느 정도 제한된 사회적 그룹에 대한 무조건적인 보편적 지급을 통해서 기본소득의 개념은 계속 발전할 가능성이 높다. 앞으로 멕시코에서 기본소득과 다소 가까운 공적 이전 public transfers으로 인한 소득의 확대는 노인의 권리 확대에 초점을 맞출 가능성이 높다. 예를 들어, 연금수급연령을 낮추는 것(이미 멕시코시티에서 나이가 68세까지 떨어졌거나, 가장 인구가 조밀한 지역인 이차팔라파Iztapalapa에서는 더 적은 액수로 65세까지 떨어졌다), 시골지역에서 지급되는 세텐타 이 마스의 범위와 대상을 넓히고, 이를 도시지역으로 가져가는 것, 장애인을 위한 무조건적 이전을 만들고, 어린이와 청소년을 위한 기본소득을 만들거나 실업자를 위한 현금지급으로 보호 프로그램을 확대하는 것이다. 그것은 오포르튜니다데스의 조건을 보다 유연하게 만들 수도 있다.

그러나 공공이전의 대상 확대라는 현재 프로세스가 중단되고, 광범위한 사회부분을 포괄하지만 여전히 빈곤과 특정 연령 그룹으로 제한되는 거대한 이전 시스템이 만들어질 위험이 있다. 멕시코의 주요 과제는 기본소득에 가깝지만 특정 사회 그룹에만 제한되는 프로그램을 확대하는 것이 아니라 논쟁을 확대하는 것이다. 이러한 논쟁은 임금사회가 직면한 위기 한가운데에서 유급노동 이외의 보장된 소득이 있는 사람들과 여전히 생산능력이 있는 시기에 다른 소득을 가지지 못하는 사람들 사이의 분열된 사회에 대한 논쟁이 아니라, 진정한 기본소득의 바람직함에 관한 것이어야 한다. 이것은 앞으로 멕시코 사회가 직면하게 될 가장 중대한 논쟁일 것이다.

따라서 공적 이전이 그들의 확장과정을 계속하여 필자가 지적했던 것처럼, 멕시코의 기본소득을 위한 중요한 기반이 될 자원의 범위를 넓히고, 이러한 종류의 소득이나 이전의 사회 내에서 정당성을 강화시키는 것을 계속하여 논리적 단계에서 기본소득의 궁극적 구현이 필요하도록 하는 것이 실현 가능할 것이다. 이러한 방식으로, 기본소득은 보편적이지만 표적화된 현금이전을 통해 연령 그룹에서 시작하여 점진적으로 살며시 확장되는 오랜 세월에 걸친 경로를 통하여 역설적으로 도달될 것이다.

최근의 경향과 함의

멕시코에서의 현금수당은 빈곤을 인적 개발 문제로 보고, 학교 출석, 병원 방문 등을 조건으로 지급했던 조건부 현금지급 프로그램에서 보편적 권리로서 일정 나이와 지역을 기반으로 무조건적으로 지급되는 연금제도(세텐타 이 마스, 멕시코시티의 시민연금)로 발전하고 있다. 저자는 불합리한 배제가 발생할 수 있다는 점, 가정 내 여성에게 가족의 의무에 대한 책임을 부과하여 전통적 젠더 역할을 강화시킬 수 있다는 점, 위험상태나 경계에 놓인 가구에 대한 대책이 될 수 없다는 점, 빈곤은 개인의 능력 문제보다는 경제주기의 발전에 좌우되는 현존하는 위험이라는 점 등 조건과 보상 및 불이익체계에 기반한 조건부 현금수당제도가 가진 한계를 지적하며, 시민의 권리로써 보편적으로 주어지는 보편적 기본소득의 중요성을 강조한다.

그러나 저자가 멕시코 내의 의미 있는 시도로 들고 있는 세텐타 이 마스나 시민연금은 한국에서의 기초연금에 해당하는 비기여 노령수당으로, 일정한 연령과 지역으로 제한하여 지급하고 있다는 점에서 보편적 수당제도이기는 하나, 기본소득의 도입이라고까지 보기에는 어려운 측면이 있다. 보편적 수당제도는 아동수당의 경우 이미 많은 나라에서 도입되어 있고, 한국에서도 곧 도입될 예정이며, 멕시코는 한국, 미국과 더불어 OECD에서 아동수당을 아직 도입하지 않은 몇 안 되는 나라이기도 하다. 즉, 멕시코에서의 보편적 노령수당의 도입은 그 자체로도 상당히 의미가 있는 일이기는 하나, 저자도 인정하듯이 노인이나 아동, 장애인의 경우와 달리 노동능력이 있다고 인정되는 사람을 대상으로 기본소득을 도입하는 일은 전혀 다른 차원의 훨씬 어려운 논의가 될 수 있다.

그럼에도 불구하고 멕시코에서의 시민연금에 대한 논의가 시민의 보편적 권리로 논의되고 국회에서 보편적 기본소득에 대한 법이 발의되기까지 한 것을 보면, 기본소득에 대한 멕시코 사회의 논의가 지속적으로 발전되고 있다고 볼 수 있다. 멕시코는 OECD에서 상대적으로 GDP 대비 세금과 사회지출이 낮으므로, 향후 복지의 확대를 위하여 기본소득의 실험을 하기에 오히려 적합한 상황일 수도 있다. 멕시코는 현재 장기 집권당인 제도혁명당의 엔리케 페냐 니에토가 2012년부터 대통령으로 집권하고 있으나, 2018년 예정된 대선에서 2001년 멕시코시티 시장으로 시민연금을 최초로 창안한 앙드레스 마뉴엘 로페즈 오브라도르가 좌파의 유력 후보로 지지율 1위를 달리고 있는 상황이다. 정권이 교체된다면, 기본소득에 관하여 보다 활발한 논의와 시도가 이루어질 수 있을 것으로 예상된다.

14

영국: 오직 아동만을 위한?

말콤 토리 ■
Malcolm Torry

영국은 이미 아동을 대상으로 하는 무조건적이고 회수 불가한 nonwithdrawable 소득을 제공하고 있다. 따라서 가족수당이 어떻게 등장하게 되었고, 어떻게 아동급여가 되었으며, 오늘날 어떻게 작동하고 있는지에 대해 살펴보도록 하겠다. 그리고 각 단계별로 왜 그러한 제도가 도입되게 되었는지에 관해 살펴보도록 하겠다. 의회위원회의 청문회 이전에는 모든 성인 시민들에 대한 무조건적이고 회수 불가한 소득과 관련된 입법활동이 나타나지 않았으나, 1970년대 초기 부의 소득세와 다소 유사한 형태의 세액공제Tax Credit 혜택 관련 입법의 시도가 있었다. 이로부터 몇 가지 함의를 배울 수 있는데, 1970년대 초에 제시된 세액공제제도는 지난 노동당 정부의 자산조사 임금보조('세액공제'라는 유사한 용어로 사용됨)와는 상이한 것이다. 본 장에서는 성인을 대상으로 한 보편적 급여와 관련된 의회위원회의 토론, '시민연금'과 같은 최근의 제안들을 살펴보고, 마지막으로 영국의 시민소득에 대한 입법화 여부에 영향을 미치는 요인들에 대해 이야기하고자 한다.

아동급여는 영국 복지국가의 보편적인 성격을 보여주는 하나의 사례만은 아니다. 이미 1948년에 자선적이고, 지역 중심, 그리고 보험원리에 기반한 사적 건강보호급여를 국가가 운영하는 국가보건서비스National Health Service로 대체한 경험이 있었다. 국가보건서비스의 운영방식은 이후 여러 변화를 겪었고 지금도 계속 변화하고 있지만, 양질의 보건서비스를 제공하고 있으며, 비용 대비 효과성이 높고, 무료로 제공되고 있다. 재집권을 꿈꾼다면 그 어느 정부도 이러한 점을 바꾸고자 하지는 못할 것이다. 1950년대까지, 약 처방, 치아관리, 틀니, 안경 등이 무료로 제공되었다. 지금은 일부 집단에 선택적으로 제공되고 있지만, 일반의사 방문, 입원, 내원, 외원 치료 등이 여전히 무료로 제공되고 있다. 국가보건서비스는 보편주의를 적용한 드물게 훌륭한 사례이다.

국가가 운영하는 학교의 교육서비스는 무료이며, 75세 이상의 연금 수급자는 무료로 텔레비전 시청권을 제공받는다. 학생들은 학교에서 우유를 무상으로 제공받을 수 있으며, 모든 종류의 국가연금 수급자는 겨울철 연료비를 지원받을 수 있다.

하지만 영국 복지국가의 이와 같은 보편적인 여러 제도들을 본 장에서 모두 다루지는 않을 것이다. 본 장에서 다루고자 하는 주제는 보편적인 현금급여에 관한 것으로, 아동과 같은 인구집단이나 모든 시민을 대상으로 지불되는 급여에 대한 것이다.

용어

스픽커는 '보편적 급여'를 '다른 자격조사 없이 아동이나 노인과 같은 전체 범주의 인구에게 주어지는 것'으로 정의하고 있다(Spicker 2011: 117). 하지만 이와 같은 정의는 급여 수준을 결정하는 기여 기록을 '자격조사'로서 보아야 하는지 여부에 대해 의문의 여지를 제공하고 있다. 이 장에서 나는 '보편적인 급여'를 '모든 개별 시민에게 시민권으로서 제공되는 무조건적 그리고 회수할 수 없는 현금급여'를 의미하는 것으로 정의하고자 한다. 아동에게만 제한적으로 주어지는 아동급여는 이러한 점에서 보편적이라 보긴 어렵지만, 그럼에도 불구하고 개념상으로는 적절하다고 볼 수 있다. 왜냐하면 아동급여는 같은 수의 아동을 양육하는 모든 주 돌봄제공자에게 소득이나 고용상태, 가구구조 또는 어떤 다른 요인과 상관없이 같은 수준의 급여를 제공하기 때문이다. 또 다른 측면에서 아동급여를 보편적으로 보기 어려운 이유가 있는데, 아동급여는 아동이 전일제 학생일 경우 19세까지만 지급되고 있어, 엄격하게 말하면 학교를 다니는 연령 이하의 아동에게만 보편적으로 제공되기 때문이다. 마이클 힐은 아동급여를 오직 아동만 받기 때문에 '조건부contingent' 급여로 부른다(Hill 1990: 82-83). 하지만 나는 특정 거주조건을 충족하는 모든 아동들에게 무조건적으로 회수가 불가능하게 지급되기 때문에 "보편적"이라 부를 수 있다고 생각한다.

이 책의 구성맥락에서 볼 때, 보다 중요한 용어상 고려할 점은 영국적 맥락에서 "보장된guarantee"이라는 용어를 피할 필요가 있다는 것이다. 여기에는 두 가지 이유가 있다.

1. 이전 정부는 연금 수급자들을 위한 '최저소득보장Minimum Income Guarantee' ― 이후에 '보장 크레디트guarantee credit'로 불림 ― 을 입법화하였으나, 이는 가구소득을 일정 수준까지 보충하기 위한 자산조사 형태의 급여로서 보편적인 급여와는 거리가 멀다.

2. 학술문헌에서 근로소득의 수준에 따라 급여를 사전에 설정한 순소득 수준까지 제공하는 '최저소득보장'이라는 용어가 사용되고 있다. 예를 들면, 제임스 미드는 보편적 급여 형태의 '수정된 사회배당(안)'과 개개인의 소득을 '최저소득보장' 수준까지 올리는 추가적인 자산조사 형태의 급여를 고안하였다(Meade 1978: 269-279).

영국에서 모든 시민들을 위한 무조건부, 회수 불가한 소득을 위한 일반적인 용어는 '시민소득' 또는 '기본소득'이다. 영국 영어로 '기본'이라는 다소 경멸적인 의미가 있어, 이 장에서는 시민소득이라는 용어를 주로 사용하기로 한다(한편에서는 아동을 시민으로 간주할 수 있는지 또는 간주해야 하는지에 대한 의문을 제기할 수 있으나, 본 장의 목적상 아동을 시민으로 간주하기로 한다).

'수당'은 어떤 돌봄욕구를 가진 대상을 포함하는지를 지칭하는 용어 중 하나이다. 즉, '아동수당', '가족수당' 또는 간략히 '수당'은 특정 대상을 위해 만들어진 급여를 말한다. (아동수당의 경우, 아동을 주로 돌봄 대상으로 함). '소득공제Income Tax allowance'는 세금이 부과되지 않은 근로소득의 양을 의미하며, 여기서 세금은 '세금부과 기준점tax threshold' 이상의 소득에만 부과된다.

엘레노 라스본의 '가족기부협회'

영국 사회보장급여의 초기 역사를 살펴보면 지방정부가 운영하는 자산조사 방식의 급여가 중심이었다. 최근의 역사는 자산조사급여에 의해 보완되는 사회보험급여를 중심으로 운영되거나 점차 그러한 급여 중심으로 재편되고 있다. 따라서 가족수당으로부터 발전한 아동급여는 단 하나의 보편적인 급여로서 매우 중요한 의미를 지닌다.

1796년, 수상 윌리엄 피트는 "많은 수의 아동들은 비난이나 경멸의 대상이기보다는 권리나 명예로 대우해야 하며, 다자녀가구는 비난받기보다는 축복받아야 한다는 점에서 이들을 위한 급여를 만들기"를 원했다(Macnicol 1980: 4). 이러한 급여는 재무부 장관이었던 로이드 조지가 1909년에 '아동소득공제child tax allowance'를 도입하기 전까지는 이루어지지 않았다. 제1차 세계대전 동안, 참전군인 가족에게 아동 몫을 포함하여 일정액이 지급되었다. 이러한 급여는 제대 6개월까지 지급되었다. 1918년 비아트리스 웹은 그 이후에도 이러한 급여가 계속 지급되도록 요구했다. 1890년대 독립노동당은 모성에 대한 '기부endowment'를 요구했고, 시봄 라운트리는 요크시의 빈곤 조사 결과에 기반하여 3명의 자녀가 있는 가족이 생활하기에 충분한 '국가최저임금national minimum wage'과 넷째 이후 출생 아동을 위한 아동수당의 도입을 제안하였다. 같은 맥락에서 엘레노 라스본이 1911년에 팸플릿을 통해 제시한 아동양육은 사회적 책임이라는 주장과 1917년 남성 임금은 대가족을 충분히 부양할 정도로 충분하지 않다는 주장은 더 이상 새로운 것이 아니었다. 새로운 것은 1917년에 그녀가 설립한 '가족기부협회family endowment society'나 '아동의최소권리 보장위원회Children's Minimum Council'에서 (부)모가 자녀를 양육할 수 있을 정도의 급여를 제공할 필요가 있음을 주장했다는 것이다.

1924년에 라스본은 《유산을 빼앗긴 가족The Disinherited Family》이라는 책에서 가족의 크기와 상관없이 모든 가족에게 동일한 임금이 제공되는 것이 적절한지 그리고 특히 남성 임금의 얼마나 많은 부분이 그의 아내에게 전달되는지 등에 대해 의문을 제기하였다. 라스본은 다른 국가들에서 시행되고 있는 아동수당에 대해 언급하며, 계급갈등을 감소시키기 위해서는 보편적인 국가 제도설계가 필요함을 주장했다(Rathbone 1986[1924]: 139, 167, 353).

윌리엄 베버리지와 그의 보고서

윌리엄 베버리지William Beveridge는 이에 대해 "나는 즉각적이고 총체적인 전환을 경험했다"라고 1949년 판 《유산을 빼앗긴 가족》의 서문에 기록했다. 그는 런던 정경대학의 학장이었던 1924년에 이 책을 읽었다. 1925년에 베버리지는 광산산업 관련 왕립위원회의 의장으로서 임금 인상 대신 광부가족에게 고용주의 부담으로 지급되는 아동수당을 제안했다. 1926년 총파업으로 인해 시점을 놓쳤지만, 아동수당은 얼마 지나지 않아 지급되기 시작하였다.

1934년에 베버리지는 실업보험법정위원회 의장으로 취임하였다. 아동수당은 실업급여와 함께 지급되었으며, 이는 대가족가구의 저임금 노동자는 소득 부족을 경험할 수밖에 없다는 베버리지의 생각이 반영된 것이었다. 모든 아동에 대한 아동수당은 오직 하나뿐인 해법이었다. 따라서 베버리지가 통합부서위원회의 의장에게 사회보험의 미래와 관련된 내용을 제시할 때 아동수당은 당연히 그 보고서에 포함되었다. 보편적인 급여가 그의 요약본에 포함되지 않았다는 것은 사실 큰 문제는 아니었다. 그는 베버리지 보고서의 나머지 결과들을 도출하기 위한 기본적 가정으로서 아동수당을 제시하였다 (Berveridge 1942: 154).

베버리지는 가족을 위한 국가최저national minimum를 달성하는 것, 일하지 않는 자의 소득이 일하는 자의 소득보다 높아서는 안 된다는 것, 출산율이 저하되는 것을 막아야 한다는 것 등을 아동수당의 기본 전제로 간주하였다. 라스본은 여러 이유들 중 아동수당을 통해 여성이 남성에 대한 의존으로부터 벗어날 수 있다는 점에 방점을 두었으나, 베버리지를 설득한 그녀의 주장 중 하나는 아동수당이 "아동에 대한 지역사회의 직접적인 관심의 표현"이라는 점이었다(Beveridge 1942: 155).

베버리지 보고서는 세 가지 가정에 기반하고 있다.

1. 완전고용
2. 모든 사람은 '보편적인 의료처치와 재활 그리고 장례비용을 제공받아야' 한다.
3. '부모가 보험급여나 연금의 수급자인 모든 아동들, 그리고 그 외 사례 중 하나를 제외한 모든 아동들에게 국가재원으로부터 지급되는 아동수당'

베버리지가 상정하는 사회보험체계의 세 가지 기본토대 중 두 가지는 보편적인 급여들이란 점이 매우 중요하다.

베버리지는 아동수당이 보편적으로 제공되어야 하며, 그 이유는 "소득조사 프로그램으로 절약되는 비용은 크지 않기 때문"이며, '아동소득공제'의 조정을 통해 부자들이 아동수당으로부터 실질적으로 받을 혜택이 없게 되기 때문이라고 했다. 재무국의 장관 또한 정액flat-rate의 보편적 급여는 행정비용이 적게 들기 때문에 바람직하다는 점에 동의했다. 베버리지는 아동수당이 평균 주당 8실링(현재가치로 40파운드) 정도 지급되기를 원했고, 이를 위해 첫째 아동에게는 수당을 지급하지 않도록 했다. 하지만 1945년 가족수당법은 5실링(25파운드)을 지급하는 것으로 명기하였다. 재무부는 아동수당보다는 가족수당을 도입함으로써 또 다른 승리를 거두었다. 수상은 아동수당이 아동을 양육하는 데 충분한 급여가 주어져야 한다는 논쟁을 유발하는 반면, 가족수당은 가족을 지원하기 위한 수당으로, 누구도 가족의 생계비용 전부를 국가가 제공해야 한다고 기대하지는 않는다는 점을 강조했다(Macnicol 1980: 193). 이러한 논쟁에서 살아남은 것은 급여의 보편성이었고, 1945년에 가족수당법이 모든 정당의 지지 하에 통과되었다.

1945년 가족수당법: 어떻게 입안되었나?

힐러리 랜드Hilary Land가 "3년 만에 가족수당이 정부의 관심을 받게 되었고, 이는 지난 20년 동안 가족기부협회가 캠페인을 통해 이루고자 하였으나 실패한 것이었다". 그러한 성공의 몇 가지 요인은 아래와 같다.

1. 대가족의 빈곤 문제: 임금체계가 대가족의 생계를 유지할 만큼 충분한 임금을 제공하지 못했거나 할 수 없다는 주장이 광범위하게 받아들여지기 시작하였고, 1930년대에는 빈곤과 관련된 다양한 조사연구들의 결과가 공개되었다(Macnicol 1980: 93). 라스본과 가족기부협회는 의회 내외부에서 아동수당이 대가족을 빈곤으로부터 벗어나게 한다는 점을 매번 주장하였고, 그러한 주장은 결국 정치가들이 받아들였다.
2. 영국 노동조합의 반대가 잦아듦: 1928년과 1929년, 영국 노동조합회의는 아동수당과 관련된 논의를 진행하였고, 아동소득공제를 지지하기로 결정했다. 이는 노동조합 구성원의 대부분이

남성으로, 주로 근로소득이 있는 남성이 아동소득공제의 혜택을 받는 반면, 아동수당의 경우 아동을 양육하는 여성(남성 노동자의 아내)이 주로 혜택을 받는다는 점 때문이다. 1930년 영국 노동조합회의 총회에서 아동수당보다는 아동소득공제를 옹호하는 노사공동위원회의 소수파 보고서를 채택했다(Land 1975: 169). 이후 제2차 세계대전 중에 영국 노동조합회의에서 아동수당에 대한 논의가 있었다. 이 당시에는 많은 여성이 노동조합의 구성원이었고, 정부와의 협력 창구로 노동당 출신의 장관이 있었다. 따라서 노동조합이 정책과정에 소외되었다는 느낌을 적게 받았다. 노동당은 아동수당과 (최저) 생활 임금 모두 필요하다고 주장했고, 아동수당 없이 대가족이 빈곤에서 벗어날 수 있는 생활임금은, 특히 전쟁 기간 동안에는 현실가능성이 없다고 확신하였다. 1941년 총회에서 노동조합회의는 가족수당에 보다 적극적인 호감을 보였다(Thane 1996: 226).

3. 인구 감소: 1936년, 정부의 인구조사위원회Population Investigation Committee는 출산율의 하락에 대해 우려를 표명했고, 노인인구의 증가와 부양할 청년층의 부족을 예상하였다. 가난한 사람들뿐 아니라 모든 계층의 출산율을 유지하고자 하는 요구는 자산조사 형태보다는 보편적인 형태의 아동수당제도 도입 주장을 뒷받침하게 되었다(Land 1975: 173).

4. 청년층의 상태: 군 징병관들은 청년층의 건강상태에 대해 우려를 표명했고, 아동수당은 후세대에 보다 나은 영양을 공급하는 수단으로서 간주되었다.

5. 노동시장 참여의욕 감소: 베버리지는 동일한 크기의 가족의 경우 노동시장에 참여하는 사람의 순소득net income이 그렇지 않은 사람보다는 높아야 한다는 점을 강조했다. 오직 노동시장에 참여하는 사람들을 위한 아동수당만이 그러한 목적을 달성할 수 있을 것으로 보았다(Thane 1996: 228). 저임금 노동자의 경우 소득공제의 혜택을 충분히 받을 정도로 소득이 높지 않기 때문에, 소득공제의 확대를 통해서는 그러한 목적을 달성하기 어려웠다(Land 1975: 196).

6. 물가상승 우려: 경제학자인 존 메이너드 케인스J. M. Keynes는 제2차 세계대전 동안 내각의 비상임고문이었다. 당시 경제정책의 주요 목표는 가격통제와 배급을 통해 물가상승을 억제하는 것이었다. 임금규제는 자발적으로 이루어졌으나(Thane 1996: 225-226), 전후에 가격통제를 완화함에 따라 임금이 매우 빠르게 상승하였다. 케인스는 아동수당이 임금인상 없이 대가족이 빈곤에서 벗어나게 할 수 있는 방안임을 주장하였다(Macnicol 1980: 176).

7. 보다 나은 영국: 다른 여러 정당들도 다양한 주장을 제기하였다. 보수주의자는 정부가 가족의 재무계획financial arrangement에 개입하지 말 것을 주문했고, 의회 노동당 의원들은 아동수당이 임금을 낮게 유지할 수 있는 수단임을 강조했다. 그러나 전후 새로운 시작을 위한 사람들의 열망은 아동수당과 같은 포괄적인 정책이 일반인뿐 아니라 의회 여러 정당들로부터 광범위한 동의를 획득할 수 있는 기회를 제공하고 있었다. 아동소

득공제가 저소득층보다는 부유층에 보다 많은 혜택을 줄 수 있음을 이해하기 시작하였고, 아동수당은 전쟁 후 시민들이 살아가기 원하는 새로운 형태의 국가와 보다 잘 조응될 것처럼 보였다(Land 1975: 179).

의회에서의 논쟁

1943년 베버리지 보고서와 관련하여 벌어진 의회에서의 논쟁은 오히려 악의에 가득 찬 것이었고, 결과적으로 베버리지의 아이디어에 대한 보수당의 반대는 1945년 총선거에서의 패배의 이유 중 하나가 되었다. 하지만 보고서에 내제된 아동수당과 관련된 가정은 광범위한 지지를 이끌어내었다(Land 1975: 205). 이에 재무성은 지연전략을 채택하였으나(Macnicol 1980: 191), 1945년에 가족수당법은 통과되었다.

그러한 논쟁과정에서 제기된 중요한 쟁점 중 하나는 수당이 부(아버지)에게 주어져야 하는지 아니면 모(어머니)에게 주어져야 하는지였다. 라스본은 만약 수당이 아버지에게 주어진다면 그 법에 대해 반대해야 한다고 주장하였다. 자유투표하에서 모(어머니)에게 수당이 지급되는 수정안이 통과되었다(Land 1975: 221; Macnicol 1980: 193). 첫 번째 가족수당은 1946년 8월 6일에 지급되었다.

하지만 의회에서 벌인 논쟁에 있어 아동수당의 '목적'에 대해서는 토론이 거의 이루어지지 않았다(Land 1975: 221). 이는 각 의원들이 아동수당으로부터 자신에게 필요한 것들(빈곤 구제, 임금 억제, 노동시장 참여, 또는 노동계급의 소득 증가가 다음 총선거에서 지지표를 증가시킬 수 있을 것이라는 몇몇 보수파의 바람 등)을 찾을 수 있었기 때문이었다. 그들 모두는 서로 다른 이유로 아동수당을 지지하고 있었고, 따라서 아동수당을 잃을 위험을 내포하는 까다로운 논쟁을 원하지 않았다. 정부의 목표는 임금을 계속 낮게 유지하는 것(Macnicol 1980: 172, 202)이었다. 하지만 아동수당이 여성의 상태를 개선시키지 못한다는 점은 명백했다.

엘레노 라스본에 대한 전기에서, 메리 스토크Mary Stokes는 이렇게 기록했다.

> 가족수당은 … 다양한 적용성과 강조점에 따라 여러 방향에서 접근이 가능하다. 가족수당은 생명 관련 통계, 주택행정, 최소임금 법안, 아동영양, 국가사회보험, 교사의 급여체계, 탄광산업 경제, 페미니즘, 사회철학 또는 재정 등 다양한 의제로 다루어질 수 있다. 그것이 아마도 엘레노가 반복된 논의를 되풀이 하지 않고도 아동수당을 다룰 수 있었던 이유 중 하나였을 것이다.
>
> _Mary Stokes' [1949] Eleanor Rathbone: A Biography
> quoted in Freeman 1998: 2

이러한 통찰은 라스본이 아동수당의 법제화를 성공적으로 이끌어낼 수 있었던 이유를 설명해 준다. 그녀는 아동수당을 각 개인이나 집단들의 이익과 연관지어 설명하였다. 아동수당은 광범위한 문제를 해결할 수 있는 해법 중 하나였다. 따라서 노동조합뿐 아니라 일반적으로 잘 알려지지 않았던 남성에 대한 여성의 의존을 줄이기 위한 잠재적인 목적 등에 따라 다양한 지지가 이루어졌다.

특히 베버리지와 케인스의 대화는 핵심적인 내용을 담고 있었다. 베버리지는 아동수당을 노동시장 참여의욕 감소를 해결할 수 있을 것으로 보았고, 케인스는 아동수당이 물가상승을 통제할 수 있을 것으로 보았다(Land 1975: 227).

그래서 어떻게 가족수당이 나타나게 되었을까? 그 이유는 다음과 같다.

1. 장기간에 걸친 지속적인 캠페인
2. 좋은 책 하나
3. 하나의 정책변화에 대한 다양한 이해관계들의 갑작스러운 수렴
4. 두 가지의 중요한 대화

라스본의 목표 중 가장 중요한 것은 여성에게 동기를 부여하고 불평등을 감소시키는 것이었고, 이러한 것들이 그녀가 아동수당 도입에 나서게 된 핵심적인 요소였다.

1960년대 빈곤의 재발견과 아동급여의 도입

베버리지의 국가사회보험법National Insurance Act은 1946년에 통과

되었고, 기여기록이 불충분한 사람을 대상으로 자산조사급여를 제공하는 국가공적부조법National Assistance Act은 1948년에 통과되었다. 그러나 일반적으로 국가사회보험급여는 국가공적부조의 급여 수준보다 낮게 지급되었는데, 이는 국가사회보험급여가 지급하지 않는 주거비용을 국가부조가 포함하고 있었기 때문이었다. 따라서 영국의 경우 여전히 자산조사를 기반으로 하는 복지체계의 수령에 빠져 있었다(Atkinson 1969: 24). 1960년대 오직 주당 8실링(40파운드), 둘째부터는 주당 10실링(50파운드) 정도만 지급하는 가족수당으로서는 이러한 상황을 개선하지 못하였다(Townsend 1979: 162-163). 1960년대 중반에 이는 큰 문제가 되었는데, 자산조사급여를 받은 가족도 모든 아동에 대해 급여를 청구할 수 있었고, 아동의 연령에 따라 급여가 책정되어 어린 아동에 비해 나이가 많은 아동은 보다 많은 급여를 제공받았다. 여섯 자녀 이상 양육하는 가족의 14%는 국가공적부조 지급대상 수준 이하에서 생활하고 있었고, 국가공적부조 대상 수준 이하에서 생활하는 모든 가족의 절반 정도가 3명 이하의 아동을 양육하고 있었다(Atkinson 1969: 24).

아동소득공제는 높은 소득을 가진 가족에게 보다 많은 급여를 제공하는 심각한 문제를 가지고 있었다. (공제는 세율이 높은 고소득자의 경우 벌어들인 과세소득 중 상대적으로 많은 금액을 공제받게 되는 대신, 저소득자의 경우 낮은 과세소득을 공제받게 된다. 세금공제선보다 다소 높거나 낮은 사람의 경우 복잡한 셈법을 거치게 된다. 따라서 이들의 경우 아동소득공제로 인한 순소득의 변화가 거의 없게 된다) 이러한 문제점은 가족수당을 지급받는 아동에게 지급되는 세금공제액을 감액하는 '환수장치claw back mechanism'를 통해 일정부분 완화되어 왔다. 중요한 것은 조세와 급여체계 간의 관계가 이때 처음으로 다루어졌다는 것이다(Banting 1979: 95).

영국의 보편적 급여 발달에 있어 다음 단계의 도약 — 가족수당에서 아동급여로의 변화 — 을 이끈 중요한 배경은 1960년대 동안 시행된 다양한 형태의 빈곤 관련 사회조사연구였다. 리차드 티트머스(1962)의 《소득재분배와 사회변화Income distribution and social change》, 브라이언 아벨스미스와 피터 타운젠드(1965)의 《빈자와 극빈자들 The poor and the poorest: A new analysis of the Ministry of Labour's Family Expenditure surveys of 1953-54 and 1960》 등은 중요한 서적으로 꼽힌다. 가족지출을 포함한 공식 통계를 사용하여 진행된 연구들은 심각한 소득불평등과 거의 다섯 가족 중 한 가족이 평균소득의 절반 이하에서 생활하고 있음을 보여주었다. 빈곤의 실재에 대해 일반대중의 이해를 보다 높인 것은 1996에 방영된 "케티 집에 오다Cathy Come Home"라는 TV 프로그램인데, 이 프로그램은 남성 생계부양자가 사고로 부상을 당하고 직장을 잃게 됨으로써 실업과 노숙, 그리고 그로 인해 아이들을 사회서비스 시설에 맡기게 된 어느 가족의 이야기를 다룬 것이었다.

이와 같은 '빈곤의 재발견'은 1965년에 아동빈곤행동연대Child Poverty Action Group의 출현을 가져왔고, 이들은 첫째 자녀에 대한 가족수당과 아동세금공제를 없애고, 보다 높은 수준의 가족수당 도입이 필요함을 주장하였다(Hill 1990: 41). 1968년에 가족수당은 아동 1인당 15실링(75파운드), 이후에 18실링(90파운드)으로 인상되었다(Atkinson 1969: 85). 노동시장에 참여하지 않은 가족은 일정 부분의

(자산조사)급여를 공제한 수준의 가족수당을 받거나, 또는 아동의 연령에 따른 아동수당을 받았다. 주당 90파운드의 가족수당은 당시 5세 이하 아동에 대한 자산조사수당의 74%, 11~13세 아동에 대한 자산조사 수당의 50% 정도의 금액이었다(Atkinson 1969: 86). 이는 만약 대가족가정의 부모가 다시 일을 시작하게 되면, 상당부분의 소득을 상실한다는 것을 의미했다. 더 복잡한 것은 가족수당은 과세대상인 반면 자산조사급여는 그렇지 않았다는 점이다.

따라서 아동빈곤행동연대의 아동소득공제(임금이 낮은 가족에게 급여가 주어지지 않는)를 폐지하고 현재 가족수당급여보다 높은 수준의 모든 아동을 대상으로 한 아동수당 지급을 위한 캠페인에는 상당한 논리적 타당성이 있었다. 노동시장 참여에 대한 인센티브를 강화시키고자 하는 그러한 변화는 중요한 주장 중 하나였다(Atkinson 1969: 141). 1968년 가족 내 모든 아동에게 지급되는 아동수당은 "아동급여"로 명명되었고, 정부에서 상당한 지지를 획득했다. 하지만 당시 노동당 행정부는 에드워드 히스Edward Heath의 보수당 정부로 교체되고 말았다.

1974년 노동당이 재집권했을 때, 보편적인 아동급여(즉, 모든 아동에 대한 지급)가 필요하다는 점과 아동소득공제의 단계적 폐지가 수반되어야 한다는 점에 대한 합의가 있었다. 1975년 5월 관련 법안이 위원회에 세부 심의를 위한 검토단계에 들어갔으나, 심의가 되지는 않았다. 다음해에 내각 의사기록이 아동빈곤행동연대의 수장인 프랭크 필드에게 유출되었고, 1976년 6월 17일 〈새로운 사회New society〉에 기사화되었다. 그 내용은 세제 관련 급여를 없애고 가족수당보다 높은 수준의 아동급여를 제공하는 것이 남성의 실질소득을 감소시키고, 따라서 임금 상승을 유발한다는 것과, 이전의 세수가 여성(어머니)에게 제공되는 급여로 전환되는 것이 마치 실제 그렇지 않음에도 정부의 지출이 증가하는 것처럼 보인다는 정부의 우려를 반영한 것이었다(Spicker 2011: 118).

아동빈곤행동연대는 "지금 바로 아동급여를Child benefit now"이라는 캠페인을 전개하였고, 이에 노동조합(특히 많은 여성 노동자를 보유한)들은 지지를 보냈으며, 바바라 캐슬 의원은 의회의 지지를 보냈다. 노동조합과 정부가 여전히 서로 분리된 상태였지만, 아동급여가 마침내 도입되었다(McCarthy 1968: 274).

왜 아동급여가 도입되었는가?

다시, 여러 개인들의 노력이 중요했다. 마가렛 허빈슨Margaret Herbison 의원(전 사회보장부 장관)이나 바바라 캐슬Barbara Castle 등은 의회 의원들과 언론인들의 아동급여에 관한 지지를 이끌어내었고, 프랭크 필드는 지속적으로 캠페인을 벌였으며, 내각의 스파이mole도 중요한 역할을 수행했다. 시간이 흐르고 수상이 바뀜에 따라 노동가구의 빈곤을 줄이기 위해 자산조사형식의 접근을 주장하는 사람들과 반대되는 방향으로 내각이 구성되었고, 자산조사방식에 대해 오랫동안 회의적이었던 노동당이 아동급여에 대한 비판을 제지하는 데 기여했다(Banting 1979: 102-103) (많은 노동당 당원들은 급여를 산정할 때 가구 구성원 모두의 소득과 자산을 고려하였던 1930년대의 가구 자산조사방식을 기억하고 있었다). 또 다른 중요한 부분은 20여 년간의 긍정적인 가족수당의 경험과 보편적 급여 수급률이 높아지면서 이에 대한 국민들의 이해 — 즉, 간단하고, 행정비용이 적게 들며, 낙인이 없고, 아빠보다 엄마가 자녀를 위해 수당을 사용할 가능성이 높고(따라서 엄마에게 주어지는 보편적 급여는 아빠에게 주어지는 세액공제나 자산조사급여에 비해 평균적으로 아동에게 보다 가치가 있다), 빈곤과 실업의 덫(세제혜택이나 자산조사급여와는 다르게 추가소득에 대한 순소득 감소효과를 유발하지 않음)을 완화시킬 수 있다는 점 등 — 가 높아졌다는 것이다(Barr and Coulter 1991: 279-280; Spicer 2011: 119).

아동급여는 수당 도입의 여러 필요성을 공감한 의원들, 성공적인 공공 캠페인, 그리고 내각의 기록물 유출로 인한 반대의견 감소, 노동조합에 보다 많은 여성의 참여와 이로 인한 노동조합원들의 의견 분산 등으로 인해 법제화되었다. 여성에 대한 평등의 추구는 아동급여에 일부 사람들이 참여하는 동기가 되었고(Barr and Coulter 1991: 295) 중요한 역할을 담당했다. 하지만 더 중요한 것은 노동자 가족의 빈곤문제와 그것을 해결하기 위해서 무엇인가를 해야 한다는 점에 대한 인식이었다.

아동급여의 유지

1979년부터 1997년까지 보수정부가 다시 집권하였고, 1979년에 임금보다는 물가에 연동된 아동급여의 인상이 있었다(Hill 1990: 57). 1985년에 사회보장부 장관인 노먼 파울러Norman Fowler는 사회보장급여에 대한 검토를 진행했다. 노동자계층을 대상으로 한 자산조사급여인 가족소득보조Family Income Supplement를 보다 관대하지만 여전히 자산조사 프로그램인 가족세액공제Family Credit로 대체한 반면 아동급여는 동결되었다. 그 결과, 자산조사방식으로 상당한 이전이 이루어졌다(Barr and Coulter 1991: 282). 자산조사급여는 '표적화Targeting'가 목적이었으나, 누진세와 함께 작동하는 보편적 급여에 비해서 오히려 비효율적이었다.

아동빈곤행동연대는 모母의 아동급여 수급경험에 관한 연구보고서를 발간하면서 논쟁에 가세했다.

> [아동급여는 대부분의 여성(모)들이 자녀의 욕구를 충족시키기 위해서 꼭 필요한 것이다. … [그리고] 아동급여는 확실히 여성(모)에게로 직접 지급되는 급여이다. … 대부분의 여성(모)들은 각 아동에게 지급되는 보편적인 아동급여가 지속적으로 제공되는 데 지지를 보낸다.
>
> _Walsh and Lister 1985: 42

1980년대 후반 보수정권은 아동급여의 미래에 대해 회의적인 목소리를 내었다. 아동빈곤행동연대는 아동급여를 지키기 위해 이러한 회의적인 목소리에 격렬하게 저항했다. "정부는 아동급여를 얼마나 절약할 수 있는지가 아니라, 21세기 미래를 위한 투자로서 다양한 목적 달성이 가능한 아동급여를 어떻게 유지하고 개선시킬 수 있는지 고민해야 한다. … 아동급여에 대한 강조는 부분적으로 결함이 많은 — 특히 노동의욕을 꺾는 효과 — 자산조사급여의 과도한 사용에 대한 반대를 의미한다(Brown 1988: xiii, 15)." 아동급여는 가구소득의 안정적인 기반을 제공하며 다음 세대의 양육에 대한 모든 지역사회의 책임을 인식하는 것이기 때문에 자산조사에 비해 보다 더 선호되었다(Brown 1988: 20, 35, 43; Brown 1990: 15). 아동급여가 도입되었을 때 이는 소득공제와 유사한 제도로 보아야 한다는 정당 간 합의가 있었고, 1979년 보수당 정부가 세액공제tax credit와 유사한 제도로 보고 있었음에도 불구하고(Brown 1988: 25), 아동빈곤행동연대는 아동세액공제child tax credit와는 다르게 아동급여가 공공지출로 간주되기 때문에 세금공제의 역진성과 아동급여의 보편성 및 누진성과 관련된 논의가 제대로 이루어지지 않고 있다고 호소하였다(Brown 1988: 63). 런던 정경대학교의 서든랜드Holly Sutherland와 파커Hermione Parker는 청구인, 행정가 및 납세자의 관점에서 아동급여는 아동소득공제보다 더 나은 제도이며, 자산조사에 따른 급여means-tested benefits보다 더 나은 제도가 될 것이라고 결론지었다(Parker and Sutherland no date: 133). 결과적으로 아동급여는 논쟁에서 살아남았고, 메이어John Major가 수상이 되었을 때 그의 첫 번째 법안은 아동급여를 실행하기 위한 것이었다.

2010년 보수당 전당대회에서 재무부 장관은 적어도 1명 이상의 고소득 납세자가 있는 모든 가정에게는 아동급여를 제한하는 안을 제시했다. 이를 위한 행정적 방안administrative mechanism은 결정되지 않왔지만, 정부안은 고소득 납세자가 있는 가정에서 아동의 주 돌봄제 공자main carer가 아동급여를 청구하지 않도록 하거나, 고소득 납세자가 가정의 아동급여를 세금환급tax return으로 받는 방식으로 바꾸는 것 등이 논의되었다. 급여 수령을 신청하지 않은 사람들에 대해서는 제재가 전제되었고, 이를 위해 새로운 조사부서의 설치가 예상되었다. 아동급여 수혜자 중 고소득 납세자가 포함되어 있는지를 파악하고자 하는 국세청Her Majesty's Revenue and Customs, HMRC의 시도는 고소득층을 제외함으로써 얻을 수 있는 재원절감 이상의 상당한 행정상의 복잡성, 추가적인 공무원과 비용을 수반하게 될 것으로 보였다 (Spicker 2011: 120). 제시된 안에서 특히 불공평한 점은, 가구 내 2명의 소득자 모두 고소득 경계선 바로 아래에 있는 가정은 아동급여를 받는 반면, 1명의 소득자가 소득 기준을 초과하는 가구는 아동급여를 받지 못한다는 것이었다. 우리는 재무부 장관이 아동급여의 효율성을 스스로 인지하고 개정안을 포기하기를 희망한다. 이후에 다시 제안하겠지만, 정부의 안은 새로운 조사 또는 행정 시스템의 설립과 공무원의 충원을 필요로 하며, 이로 인해 법을 제정하고자 하는 담당부처의 욕망을 자극할 수 있다는 점에서 철회되어야 한다.

세액공제

우리는 지금까지 법률로 제정된 보편적인 수당인 아동급여에 대해 공부해 왔다. 우리는 이와 관련하여 입법화되지 않은 제안 중, 히스 정부의 세액공제안을 살펴보고자 한다. 왜냐하면 이 안은 보편적인 수당의 도입보다는 세액공제의 도입을 주장한 안으로서 시민소득의 도입을 바라는 사람들에게 교훈을 줄 수 있기 때문이다.

1970년대 초반의 세액공제는 개인이 아니라 가구 단위로 세금에 대한 공제를 받았고, 이것이 진짜 세액공제제도라 할 수 있으며, 이 제도는 소득공제를 대체한 것이었다. 세액공제는 근로소득이 0으로 떨어지면 완전급여를 받을 수 있고 근로소득이 증가할수록 일정한 비율로 회수되도록 설계되었다. 따라서 근로소득이 계속 증가하면 급여는 점차 줄어 중단되고 노동자는 세금을 납부하기 시작하게 된다(2003년 도입된 노동당 정부의 '세액공제'제도는 자산조사에 따른 급여로, 세액공제와는 다른 제도이다).

히스 정부의 컨설팅 보고서에 따르면,

> 세액공제제도는 세금을 크레디트로 지불하는 사회적으로 가치 있는 장치를 구현하는 개혁으로 세금납부액 범위 내에서 급여의 형태로 제공된다. … [하기 위해서] 사람들이 지불해야 하는 것과 받아야 하는 것을 함께 고려하여 … 보다 소수의 사람들이 자산조사를 받게 되고, 대부분의 사람들은 자산조사를 덜 자주 받게 될 것이며, 지역사회에서는 행정관리를 위한 사무직원이 줄어들어 세금을 절약할 수 있을 것이다.
>
> _Her Majesty's Government 1972: iii

히스 정부의 세액공제(안)에 따르면 모든 사람이 혜택(급여)을 받는 것은 아니며, 자영업자나 주당 8파운드 이하의 근로소득자는 제외되고 기혼여성 노동자도 급여대상에서 제외된다(Her Majesty's Government 1972: 5). 여성의 근로소득이 남편의 세금환급에 포함되었던 이전과는 달리, 1971년에 결혼한 여성의 경우 근로소득을 남편과 분리하여 신고할 수 있도록 하였다. 기혼 남성의 경우 독신자보다 높은 소득공제를 받을 수 있었으나, 기혼 여성의 경우 소득을 분리함으로써 독신수당만 받게 되어 결과적으로 남성에게 재정적으로 유리하게 작동하였다. 히스 정부의 세액공제(안)는 이와 유사하게 독신에게는 주당 4파운드, 기혼 남성에게는 주당 6파운드 그리고 각 기혼 여성에게는 소득공제를 계속해서 제공하도록 하였다(Her Majesty's Government 1972: 18).

실업자의 경우 보건사회보장부the Department of Health and Social Security 또는 고용부the Department of Employment로부터 세액공제를 받을 수 있었고, 그 외 근로소득에서 30%의 세금을 제외하고 급여를 제공하던 고용주에 의해 납부한 세금에 대한 세액공제액을 계산할 수 있었기에, 이 제도로부터 혜택을 받는 사람의 수는 시간이 지날수록 증가했다. 세액공제와 소득공제의 가장 큰 차이점은, 소득공제는 1년 단위로 산정되지만 세액공제는 주별 산정이 가능하기 때문에, 고용주가 연말까지 정확한 액수의 세금이 공제되었다는 것을 확정하기 위해 복잡한 계산과정을 거치지 않아도 된다는 것이었다. 그리고 소득공제는 저소득층이 최대 혜택을 받을 정도의 소득이 없어 혜택에서 제외될 수 있는 반면, 이 세액공제는 빈곤한 가정도 그 혜택을 누릴 수 있다는 것이 가장 큰 장점이었다(Her Majesty's Government

1972: 28).

히스 정부의 세액공제(안)를 검토한 의회특별위원회The parliamentary select committee는 세액공제에 대한 회수율을 30%로 하고(자산조사 프로그램인 가족소득보조의 회수율은 50%임), 추가적인 세액공제는 무작위로 배당되어야 하며, 기혼 여성은 소득공제보다는 독신의 세액공제를 받도록 해야 하고, 남편이 자격이 없으면 남편에게 세액공제의 절반을 이전할 수 있어야 하며, 아동세액공제Child Tax Credits는 어머니(또는 자녀 양육자)에게 현금으로 지급되도록 할 것 등을 제안하였다(Her Majesty's Government 1972: 5, 20-24). 가족소득보조는 폐지되었지만, 다른 자산조사를 통한 급여는 여전히 유지되었다(House of Commons Select Committee on Tax-Credit 1973: 7). 세금공제제도가 성숙함에 따라 자산조사를 통한 수당을 필요로 하는 가구의 수는 점차 감소하였다.

소수파 보고서는 히스 정부(안)에서는 오직 가족소득보조만 세액공제로 대체되므로, 노동빈곤 문제해결을 위해서는 국가최저임금을 도입하고, 소득공제를 증가시키는 것이 바람직하다고 제안했다(House of Commons Select Committee on Tax-Credit 1973: 74). 반대로 다수파 위원회의 위원들은 세액공제(안)를 받아들일 것을 주장했다. 왜냐하면 세액공제(안)가 "수입을 증가시키고 이로 인해 가구의 총소득액이 증가될 가능성이 크기 때문이다. … 이 제도의 효과는, 욕구가 큰 사람들에게 선택적으로 도움을 제공하고 고소득자에게 차별적으로 과세하는 등의 차등적인 조치에 집중함으로써, 보다 많은 대다수의 사람들에게 동일한 대우를 하는 데 있다"(House of Commons Select Committee on Tax Credit 1973: 7).

보수당 정부는 1974년 총선에서 패배했고, 신노동당은 세액공제보다는 가족소득보조를 더 선호했다. 그 이후 가족소득보조제도를 일부 수정한 가족세액공제와 가족소득보조제도를 폭넓게 수정한 고든 브라운Gordon Brown의 '세액공제'가 시행되었다(현재는 사회보장국the Department of Social Security보다 국세청에 의해 관리되고 있다).

왜 세액공제(안)가 받아들여지지 않았을까? 아서 콕필드 경Arthur Cockfield과 같은 열성지지자도 있었고, 하원의원들이 세액공제(안)를 지지할 수 있는 충분한 이유도 있었다. 세액공제제도는 노동빈곤을 줄이고, 근로소득 증가를 위한 인센티브를 제공하며, 행정 효율성을 향상시키는 등의 (완전하지는 않지만) 효과를 달성할 수 있었을 것이다. 만약 히스 정부가 1972년 노동조합trades unions과의 갈등에서 이겼다면, 약 40년 동안은 진정한 세액공제제도를 운영할 경험을 쌓을 수 있었을 것이다. 이 제도가 보편적이거나 개별화되어 있지는 않았지만, 더 많은 사람들을 제도 내에 포괄할 수 있었다. 또한 아동급여, 기여에 따른 급여contributory benefits, 자산조사급여 등과 더불어 추가적인 패러다임의 전환을 가져오거나, 세금과 사회보장급여체계가 서로 통합될 수 있는 수준에 대한 논란이나 세액공제와 보편적 급여의 통합으로 인해 나타날 수 있는 장단점을 검토할 수 있는 기회를 제공할 수도 있었다. 특히, 세액공제의 경험은 정부에게 이전의 국가 재정수입과 사회보장급여를 기록할 수 있는 다른 방안을 제공할 수 있었을 것이다.

이후에도 (진정한) 세액공제(안)들은 어젠다에서 완전히 사라지지는 않았다. 1979년 필립 빈스Philip Vince는 자유당을 위해 일부에게는 보편적이면서 소득이 증가할수록 급여혜택이 축소되는 비과세세액공제taxfree credits제도를 제안하였다(Vince 1986: 5). 그리고 1983년에 리차드 웨인라이트Richard Wainwright 하원의원은 재무부 및 시민서비스위원회Civil Service Committee의 "개별소득세제Personal Income Taxation와 소득지원Income Support 구조"에 대한 청문회에서 이 제도의 개정된 버전을 발표했다(Parker 1989: 168-189; Vince 2011). 세액공제제도는 정당의 정책이었지만, 적은 의원을 가진 영향력도 크지 않은 정당의 정책이었다. 1990년대 초 동안 시민소득은 자유민주당의 정책이었고, 같은 이유로 아무런 변화도 일어나지 않았다.

줄리엣 라이스 윌리엄스의 소수파 보고서

세액공제가 법제화되지 못했듯이, 시민소득제도도 법제화되지 못했다. 시민소득은 정부 녹서*의 대상이 아니었지만, 의회특별위원회에서 논의됐으며, 이러한 논의를 통해 얻을 교훈이 있다.

영국의 시민소득에 관한 논쟁은 18세기에 생존에 필요한 소득subsistence income에 대한 모든 시민의 자연적 권리를 인정한 토머스 패인Thomas Paine과 그 지지자들로까지 거슬러 올라간다. 이 권리는 "하나의 신분one degree … 모든 사람은 동등하게 태어났고 동등한 자연

---

* 국회에서 토의할 정부 시안을 설명한 문서.

적 권리”를 갖는다는 것을 의미한다(Paine 1992: 273-276; Claeys 1989: 125). 이를 바탕으로 패인은 빈곤층을 위한 소득제도를 개발하였다(Paine 1992: 198). 그가 주장한 동등한 자연적 권리가 동등한 소득을 의미한다는 결론은 다른 사람들이 이끌어냈다.

그 중에는 모든 시민에게 9실링의 ‘국가보너스’ 캠페인을 벌인 ‘국가보너스연맹’을 창건한 마벨과 데니스 밀러Mabel and Dennis Miller, 버트람 픽카드Bertram Pickard, 그리고 퀘이커 교도들이 있었다(Macnicol 1980: 9; Van Trier 1995: 31-142). 노동당집행위원회The Labour Party Executive Committee는 이 아이디어를 1921년에 논의하였지만 채택되지 못하였다.

1942년 윌리엄 베버리지가 사회보험 및 관련 서비스에 관한 보고서를 발표했을 때, 여성자유동맹the Women’s Liberal Federation의 사무총장인 줄리엣 라이스 윌리엄스Juliet Rhys Williams는 소수파 보고서를 발간했고(Harris 1981: 258), 이를 더욱 발전시킨 《기대되는 무엇 Something to Look Forward to》을 출판했다(Rhys Williams 1943). 그녀는 사회보험과 자산조사급여의 조합이 소득이 증가할수록 높은 공제율 marginal-deduction rates이 적용되어 생계유지를 위해 필요한 소득을 벌어들이고자 하는 데 인센티브를 거의 제공하지 못하는 점을 우려했다. 따라서 그녀는 사람들을 일하게 하려면 강제가 필요하고, “일단 국가의 권력이 사람이 노동을 할 수 있도록 만드는 기제로 사용된다면”, 다른 강제도 쉽게 실행될 수 있을 것으로 보았다(Rhys Williams 1943: 13). “인간의 노동동기는 형벌에 대한 두려움이나 결핍에 대한 두려움보다 무엇인가 얻는 것gain에 대한 희망에 달려 있다. … 베버리지 제도는 결핍want을 해소할 수는 있지만, 일할 의지를 약화시킨다는 점에서 거부되어야 한다(Rhys Williams 1943: 45, 141)." 특히, 적은 노동을 필요로 하는 산업에서는 파트타임 노동이 가능하지만, 파트타임 고용은 생활에 필요한 소득을 제공하지 못하고, 다른 일을 할 수 없게 만들며, 국가실업보험급여national insurance unemployment benefit를 받을 수 없게 한다고 주장했다.

라이스 윌리엄스는 새로운 '계약'을 제안했다. "국가는 시민 모두에게 주어야 할 급여를 빚지고 있으며, 같은 성별, 연령의 사람에게는 동일한 급여가 주어져야 한다. … 그러므로 일을 하는 사람이나 건강한 사람뿐 아니라 빈둥거리거나 아픈 사람들에게도 동일한 급여가 주어져야 한다. … 결핍을 예방하는 것은 단지 몇몇 사람이 아니라 모든 시민에게 국가가 제공해야 할 의무로 간주되어져야 한다(Rhys Williams 1943: 139, 145)." 윌리엄스의 제안에는 "더 이상 남에게 의존하여 자신의 삶을 살아가야 하는 사람이 없고", 여성은 그들 자신의 권리로서 소득(흥미롭게도 여성은 주당 19실링[95펜스], 남성은 주당 21실링[1.05파운드])을 보장받아야 한다고 주장하였다. 그 결과는 노동자들이 '전체 임금을 급여(더 적은 세금을 내고)'로 받는 것이었다(Rhys Williams 1943: 147). 또한 주거비용의 차이를 반영하여 지역에 따라 상이한 수준의 급여를 제공하는 것을 제안했다.

여기서 '계약'이란 이러한 급여 제공에 상응하여, 미취업자는 직업소개소를 방문해야 하며 제공되는 일자리를 받아들여야 함을 의미하였다. 이러한 제도는 (국가로부터 제공되는 소득의 상실이라는) 공포가 아니라 고용에 대한 인센티브를 제공할 수 있을 것으로 보았다

(Rhys Williams 1943: 167). 윌리엄스는 줄어드는 한계공제율이 정부가 제공하는 모든 노동조건을 사람들이 수락하는 데 충분한 인센티브가 될 것으로 예상하였다.

1953년 윌리엄스는 '모든 시민에게 동등한 급여를 제공'하고자 하는 그녀의 제안의 장점들로 행정적 간소성, 고용 인센티브 강화, 자산조사 불필요, 실업기간 동안 유용한 활동가능성 증가, 기혼여성의 상황 개선 등을 언급하였다(Rhys Williams 1953: 138). 이와 관련하여 부커H. S. Booker는 "만약에 적절한 보호장치가 있다면, 임금에 대한 보조금 지급이 근본적으로 잘못된 점이 있는지"(Booker 1946: 232), 그리고 "개인의 소득이 증가할 때 정부의 소득보조가 없어지지 않도록 하는 것보다 더 나은 보호 장치는 무엇인지" 등을 제안하였다. 국민건강보험법National Insurance Act하에서는 남성이나 아내, 자녀들은 주당 3파운드를 받을 수 있는데, 이는 불과 5실링(25펜스)을 더 받는 것이었다. 반면 윌리엄스의 제안에 따르면, 그들은 1파운드 16실링(1.80파운드)을 더 받게 되는 것이었다.

그 어머니에 그 아들

줄리엣 라이스 윌리엄스의 아들인 브랜든 라이스 윌리엄스는 보수당 의원으로 1973년 3월에 세액공제(안)를 평가하기 위한 의회위원회의 증인으로 참석하였다. 1982년 재정및시민서비스위원회는 "개별소득세와 소득지원제도의 구조"에 관한 증언을 듣는 청문회를 열었고, 여기서 민주당의 세액공제(안)도 다루어졌다. 브랜든 윌리엄스는 이 안을 '기본소득보장Basic income guarantee'안으로 추천하였고, 이것이 바로 시민소득이었다(여기서 보장의 의미는 '무조건적으로 소득을 제공받는다는 것을 보장'받는다는 것을 의미함). "모든 영국 시민은 그들이 가진 자원이 아니라 개인의 (법적) 지위와 관련된 가치에 부합하는 개별수당을 받아야 한다(House of Commons Treasury and Civil Service Committee Sub-Committee 1982: 423; cf. Rhys Williams 1989)."

브랜든 윌리엄스 경은 그의 동료인 헤르미온느 파커Hermione Parker로부터 받은 제도(안)의 개요를 제출했다. "모든 시민은 개별기본소득Personal basic income, PBI을 받을 자격이 부여되어야 하고, 이와 같이 보장된 기본소득은 모든 현존하는 급여와 수당을 실질적으로 대체하는 것이다(House of Commons Treasury and Civil Service Committee Sub-Committee 1982: 425; cf. Parker 1982, 1989, 1995)." 영국하원 재정및시민서비스위원회는 브랜든 윌리엄스의 제안서에 대해 검토했다. 마지막 대화내용이 교훈적이다.

의장(C): 내가 보기에 이 제도에는 많은 이점이 있는 것 같습니다.
브랜든 윌리엄스(B): 네, 그렇습니다.
C: 확실히 당신은 그것들을 아주 능숙하게 잘 표현하고 있네요. 분명히 그것들이 실업과 빈곤의 덫이라는 문제를 보다 쉽게 해결하기 위한 긴 여정을 해야 할 것으로 보입니다.
B: 이 제도하에서 실업은 없을 것입니다. 당신은 실업자로 등록할

필요가 없을 것입니다. 풀타임 노동을 하지 못하는 사람이 있을 수 있겠지만, 그들이 그들 자신을 실업자로 이름 붙이는 일은 없을 것입니다. 만약 그들에게 일 또는 일상적인 일을 할 수 있는 기회가 주어진다면, 그들은 할 수 있고 누구도 그 사실을 알 필요가 없습니다.

C: 실업급여는 사실상 이것으로 사라질 것이라고 말하는 것입니까?

B: 확실합니다.

C: 또한 이 제도는 관리하기가 훨씬 간단하겠군요.

B: 예, 그렇습니다.

C: 나는 자원의 재분배가 어느 정도 이루어질지, 아니면 이러한 문제가 시스템 내에서 유연하게 다루어질 수 있는 문제인지가 궁금합니다.

B: 그것은 선택사항입니다. 당신이 선호하는 방식으로 이 제도를 설계할 수 있기 때문에 이와 관련된 내용은 제 보고서에 넣지 않았습니다. 저임금 또는 저소득층 사람들을 돕고 싶다면 특정한 방향으로 재분배하는 방식으로 세금 및 급여제도를 만들 수 있습니다.

C: 우리는 세 번째 멤버를 잃어 이제는 (회의가) 정족수에 달하지 않으므로, 당신은 이 제도와 관련하여 다른 개입 요청을 받을 수 있을 것입니다. 감사합니다.

_House of Commons Treasury and Civil Service

Committee Sub-Committee 1982: 459

위원회는 정부가 기본소득을 제도개혁을 위한 하나의 대안으로 고려해야 한다고 제안했지만, 그러한 아이디어가 실행되기 위해서는 보다 많은 작업이 필요했다. "우리는 정부가 그러한 일을 해야 한다고 제안한다(House of Commons Treasury and Civil Service Committee 1983: para 13.35; as cited in Parker 1989: 100)."

하지만 이러한 제도가 시행되지는 못하였다.

의회 조사위원회

1984년에 기본소득연구회Basic Income Research Group, BIRG는 자원기관국가위원회the National Council for Voluntary Organisations의 직원 피터 에쉬비Peter Ashby에 의해 창립되었다. 기본소득유럽네트워크의 설립 후, 기본소득연구회는 공익 신탁기관charitable trust이 되었고, 1994년 시민소득신탁기구Citizen's Income Trust, CIT가 되었다. 지난 27년 동안 시민소득에 관한 다양한 논쟁이 있었고, 정기 저널(원래 〈기본소득연구회 게시판BIRG Bulletin〉)이었으나, 지금은 〈시민소득 뉴스레터the Citizen's Income Newsletter〉로 발간되고 있으며, 연구모임 조직과 도서관 및 웹사이트 등이 운영되고 있다. 지난 몇 년 동안, 가장 중요한 활동은 아마 의회위원회에 기본소득에 관한 실증적 근거를 제공하는 것이었다.

2007년, 시민소득신탁기구는 하원노동과연금조사위원회the House of Commons Work and Pensions Committee의 질의에 급여개요(안)를 증거로 제출했다. 위원회 보고서에 필요한 소요재원이 포함된 시민소득(안)이 관련 증거로 기록되었지만, 시민소득신탁기구가 증인으로 채택되지는 않았다. 위원회에서의 논의 동안, 도널드 히쉬Donald Hirsch는 라운트리 재단Joseph Rowntree Foundation의 추정에 따라 시민소득을 위해서는 46%의 기본세율이 필요하다고 증언하였다. (그는 여기에 사회보험기여금National Insurance Contributions을 포함했는지 여부에 대해서는 언급하지 않았다) 이에 따라 그는 "영국이 시민소득(안)을 도입하기에는 아직 이르다"고 증언하였다(House of Commons Work and Pensions Committee 2007: Ev 14). 시민소득신탁기구가 신중하게 계산한 세율 33%(소득세 22%+사회보험기여금 11%)는 전혀 언급되지 않았고, 따라서 위원회 위원 중 누구도 그 제안을 읽지 못했다.

2010년 아인 스미스Iain Duncan Smith 의원이 사회보장청의 장관이 되었다. 그는 반대에도 불구하고, 시민소득신탁기구와 관계를 가지며 〈역동적인 급여Dynamic Benefits〉라는 보고서를 발간한 사회정의연구소Centre for Social Justice, CSJ를 설립했다(Centre for Social Justice 2009). 그 보고서의 주요 내용은 자산조사급여인 '보편적 세액공제'에 대한 것으로, 기존의 몇 가지 자산조사급여들을 하나의 급여로 대체함으로써 전체적인 한계-소득공제율marginal-deduction rate을 낮추는 방향으로 작동하는 것이었다. "보편적 세액공제제도는 노동강조 부분과 생활비용 부분으로 구성되며, 가구형태에 따라 결정되는 근로소득공제earnings disregard 이상의 소득에는 단일 회수율이 적용된다(Centre for Social Justice 2009: 265)." 이 아이디어는 새로운 연합정부협의회 보고서인 〈21세기 복지21st Century Welfare〉에 포함되었다

(Department for Work and Pensions 2010a). "보편적 세액공제는 세후 가구소득이 증가함에 따라 점차 감소될 것이다. … 단일 회수율은 노동을 통해 얻을 수 있는 재정적 이익을 보다 간단하고 명확하게 산정할 수 있으며, 또한 사람들이 일자리를 가지고 좀 더 많은 시간을 일하면 그리고 임금이 높아질수록 더 좋아질 것이라는 확신을 갖게 한다(Department for Work and Pensions 2010a: 21)." 〈보편적 세액공제: 작동하는 복지Universal Credits: Welfare that works〉는 입법안으로 제출되었는데(Department for Work and Pensions 2010b), 그 내용은 "근로소득이 증가함에 따라 보편적 세액공제액은 순근로소득 1파운드당 약 65펜스의 일정한 비율로 회수하는 것"이었다(Department for Work and Pensions 2010b: 13). 각 단계에서 시민소득신탁기구는 사회정의연구소와 상호협력하며, 의회 협의에 대해 답변서를 제출하고, 입법 초안에 의견을 제시하며, 〈시민소득 뉴스레터〉에 기고를 하는 등의 활동을 통해 논쟁에 참여하였다(Citizen's Income Trust 2010, 2011; Miller 2011). 그들의 메시지는 보편적 세액공제가 시민소득으로 한걸음 더 다가간 제도이며, 소득보장, 고용장려, 빈곤 감소, 사회통합 등을 제공할 수 있다는 것이었다. 물론 보편적 세액공제가 한계소득 공제율을 줄임으로써 자산조사급여를 보다 수용가능하게 만들 수 있고, 그로 인해 새로운 소득보장제도의 필요성에 대한 논쟁을 뒤로 미룰 가능성은 있었다.

통합된 급여가 '보편적 세액공제'라 불리는 것은 유감스러운 일이다. '세액공제credit'라는 용어는 고든 브라운의 '세액공제'라는 용어와 일치하지만, 1972년 히스 정부가 진정한 세액공제(안)에서 사용한

'공제'의 의미와는 일치하지는 않는다. 자산조사를 통해 지급되는 급여를 '급여benefit'라고 하는 편이 더 적절할 것이다. 또한 '보편적universal'이라고 불리는 것도 유감이다. 제안된 안은 보편적이 아니라 '통합된 급여Unified Benefits'라고 묘사하는 것으로 보다 적절할 것으로 보인다.

1994년 고든 보리Gordon Borrie가 의장인 노동당 사회정의위원회는 〈사회정의: 국가 혁신을 위한 전략Social Justice: Strategies for National Renewal〉이라는 보고서를 발간했다. 사회정의연구소와 같이, 위원회는 기존의 세제 및 사회보장급여 제도의 난맥상을 연구하고 이를 개선하기 위한 대안을 모색했다. 위원회의 보고서에는 시민소득과 관련된 중요한 언급이 있다. "미래 시민소득을 향한 움직임을 배제시키는 것은 현명하지 못하다. 만약 근로소득이 안정적인 소득을 제공할 수 없는 경우가 밝혀진다면, 노동시장 밖에서 획득할 수 있는 '보장된 소득'의 개념이 점점 매력적인 대안이 될 수 있다(Commission on Social Justice 1994: 263-264)." 또한 사회에 어떤 형태로든 참여하는 것을 전제로 지급되는 '참여소득Participation Income'에 대해서도 호의적으로 언급했다(Commission on Social Justice 1994: 264-265). 브랜든 윌리엄스가 증거자료를 제출했던 1982년의 의회특별위원회의 청문회에서는 아무런 일도 발생하지 않았고, 노동당도 시민소득과 관련하여 앞으로 나아간 것은 없었다. 1997년 노동당이 재집권한 후, 국가최저임금이 시행되었다. 이것은 그 자체로 좋은 것이었지만, 자산조사를 통한 급여의 복잡성과 노동의욕 감소효과를 해결하는 데에는 별로 도움이 되지 못했다.

시민연금

2010년 말, 연합정부의 연금부 장관인 스티븐 웹Steven Webb은 단일한 정률의 국가퇴직연금a single flat-rate state retirement pension을 제안했다. 2011년 3월 8일, 아인 스미스는 주당 140파운드의 기본국가연금basic state pension계획의 승인을 표명하였다. 2011년 4월, 노동과연금국Department for Work and Pensions의 보고서인 〈21세기를 위한 국가연금A State Pension for 21st Century〉에는 30년의 국가사회보험 기여기록을 가진 모든 개인을 대상으로 주당 140파운드의 정액연금a single tier state pension을 지급하는 대안이 포함되었다(Department for Work and Pensions 2011: 10, 29-35). 이것은 완전한 시민연금은 아니지만, 기여기록이나 거주조건을 제외하면 시민연금으로 기능할 수 있다.

현재 영국의 국가 연금제도는 근로소득과 연계된 기여 부분과, 퇴직소득이 국가 최저수준에 미치지 못하는 사람들을 대상으로 한 자산조사 부분 두 가지로 구성되어 있다. 현행 제도는 은퇴 시에 사람들이 얼마나 많은 급여를 수령할 수 있을지 알기 어려우며, 자산조사연금 급여산출 시 저축량이 고려대상이 되기 때문에 저소득층이 사적 연금에 가입하거나 은퇴준비를 위해 다른 방법으로 저축할 인센티브가 거의 없다. 진정한 시민연금은 저축이나 사적 또는 직업연금 여부와 상관없이 지급되므로, 사람들에게 이러한 형태의 은퇴준비에 인센티브를 제공할 수 있다. 30년 기여기록을 가진 모든 사람에게 지급하는 국가정액연금(안)은 이미 현재 보장된 퇴직소득 수준 이상을 지급하기 때문에 동일한 효과가 있다.

스티븐 웹도 시민소득 관련 논의에 참가했다. 1990년 그는 사무엘 브리탄Samuel Brittan과 함께 《복지국가를 넘어: 시장경제하에서의 기본소득 실험Beyond the Welfare State: The Examination of Basic Incomes in a Market Economy》이라는 제목의 책을 출간했다. "기본소득은 모든 개인 또는 가족이 받는 급여로서, 최저소득을 제공하고 연령이나 가족 형태에 기초하며 그 외에는 무조건부로 지급한다(Brittan and Webb 1990: 1)." (제안된 안은 개인이 아니라 가구 단위의 급여를 제안하고 있어 엄밀한 의미에서 시민소득은 아니다. 만약 개인별로 지급된다면 시민소득의 한 형태로 볼 수 있을 것이다.) 2004년에 연금정책연구소Pensions Policy Institute는 뉴질랜드의 시민연금을 연구했고(O'Connell 2004; James and Curry 2010), 그러한 아이디어는 이미 시민소득신탁기구를 비롯한 여러 공적 논쟁의 대상이 되어왔었다(Citizen's Income Trust 2004). 그러므로 새로운 연금제도와 관련된 제안은 이전과 마찬가지로 관심을 가지고 있는 개인들과 기존 토론이나 논쟁 과정에서 나온 것이었다.

물론 시민소득신탁기구는 〈21세기를 위한 국가연금〉에 대해 자문의견을 제출할 것이며, 그러한 의견들을 〈시민소득 뉴스레터〉의 차기판future edition을 통해 출판할 것이다.

토론

그렇다면 왜 아무도 줄리엣 윌리엄스의 소수파 보고서를 따르지 않았을까? 우리는 세금과 사회보장급여 시스템의 미래와 관련된 논쟁의 맥락과 그러한 논쟁과정에 중요한 역할을 했던 서적들을 제시했다. 그럼에도 왜 브랜든 윌리엄스의 개입 이후에도 아무 일도 일어나지 않았을까? 우리에게는 철저한 연구와 실행 가능한 제도가 있었다. 보편적인 세액공제(안)를 보면, 우리는 역할을 수행할 장관과 철저한 연구를 했었고 스티븐 웹의 연금(안)도 유사한 조건을 가지고 있었다. 두 사례 모두, 수정이 필요한 문제점(높은 한계 공제율, 그리고 퇴직을 대비한 저축을 저해하는 요소 등)들을 파악하고 있었다. 보편적인 세액공제(안)의 경우, 우리를 대변할 국무장관이 있었고, 그는 비록 이 제도를 시행하는 초기에 비용이 들겠지만 중기적으로 예산을 절약할 수 있다고 재무부 장관을 설득하였다. 보편적인 세액공제는 시행될 가능성이 높았다. 스티븐 웹은 차관이었으며, 연립정부의 소수 정당의 당원이지만, 국무 장관은 그의 계획을 이해하고 지지했다. 〈21세기를 위한 국가연금〉에 나열된 두 가지 대안 중 첫 번째는, 현재 1차, 2차 국가연금 구조를 유지하고, 2차 국가연금이 정액급여가 되도록 비율을 증가시키는 것이다. 두 번째 대안은, 단층정액연금이다. 두 번째 대안과 마찬가지로 첫 번째 대안도 정부 부처의 자체 개혁 기준을 충족시키지 못하는 것이 명확해 보인다. 30년 동안 기여기록이 있는 모든 사람에게 지급되는 국가 단층정액연금

flat-rate single-tier은 도입될 가능성이 높다.

최근의 시민소득 관련 논의들이 의회위원회의 논쟁과정에 기여한 것은 그뿐이었고, 의회에서 우리의 주장을 대변할 국회의원이 부족했다. 줄리엣 윌리엄스도, 브랜든 윌리엄스도 장관은 아니었다. 이것은 주요 개혁에 장관급 의원이 필요하다는 것을 암시한다. 그러나 여기에서 구분을 해야 할 것이 또 있다. 줄리엣과 브랜든 윌리엄스 둘 다 전체 급여 시스템을 변경하려고 시도했지만, 반면에 보편적인 세액공제와 정액연금은 특정한 인구 집단이나 일정 조건을 만족하는 집단, 즉 자산조사에 따른 급여를 받는 사람과 노인을 위한 것이었다. 유사하게, 가족수당과 아동급여는 단지 아동을 위한 것이었다. 영국의 공적 급여체계의 마지막 주요 개혁이 심각한 경기 침체와 주요 전쟁 중에 발생했음은 주지의 사실이다. 이러한 상황에서 주요한 재정개혁 과정에서 직면하게 되는 어려움은 다른 국가들에 비하여 그리 크지 않은 것으로 보인다. 우리의 질문은 이것이다. 현 상황이 전체 시스템의 개혁을 기대할 수 있는 유일한 상황일까?

분명히 시스템이 직면한 문제와 관련된 몇몇 이전 논의들이나 여러 대안들과 관계없이 이러한 변화가 일어나지는 않을 것이다. 그러한 조건들은 일정 부분 충족되어왔다. 비록 정책입안자보다 전문가나 학계에 관심이 있는 사람들 사이에서 논쟁이 이루어지고 있지만 말이다. 1980년대 중반부터, 소득보장제도 개혁과 관련된 여러 제안들에 대한 학술토론의 규모가 기하급수적으로 증가했다. 부의 소득세, 세액공제, 시민소득 등등. 이 중 몇몇은 학계 내에서 나타났는데, 원래 비교적 연구가 많지 않은 분야는 논문과 책, 소논문 등의 출판 기회를 많이 제공하기 때문이었다. 일부 논쟁은 싱크탱크들에서도 나타났다. 사회정의연구소는 이미 언급했지만, 이외 일부 일반목적으로 설립된 싱크탱크들은 드물게 논쟁에 참여하였다. 물론 시민소득신탁기구는 시민소득에 대한 논쟁을 알리고 홍보하는 등 자체적인 역할을 수행했다. 학술 분야에서 관심을 갖는 이유 중 하나는, 보편적 급여가 경제학, 사회정책, 사회학, 도덕철학, 신학 등 다양한 학문 분야에서 연구 및 토론을 위한 주제가 될 수 있었기 때문이었다. 오히려 정책입안자들에게는 다소 좁은 영역의 분야가 관심의 대상이 될 수 있었다.

비록 이런 논쟁들에 대해 보다 체계적인 연구나 다른 분야에서 제기된 논쟁들은 환영하지만, 여기서는 보편적 급여에 반대하거나 옹호하는 수많은 논쟁점들을 되풀이하지는 않을 것이다. 여기서 우리의 임무는 과연 영국의 정책형성 과정이 보편적 급여의 법제화와 관련된 연구와 토론으로 전환할 수 있는지? 그리고 아마도 우리가 현재 가지고 있는 복지국가의 보편적인 것들(아동급여와 국가보건서비스)이 현 정부에서 살아남을 것인지에 대해 좀 더 긴급한 질문을 던지는 것이다.

일반적인 정치 변화경향이 중요한 요인이 될 것이다. 아동급여의 개선(안)은 '조건부성'을 향한 전반적인 변화과정 중 일부로 나타난 것이다. 이러한 경향은 보수당과 노동당 모두에서 나타나고 있으며, 특히 구직수당 수혜자, 장애급여 수혜자, 아동급여 수혜가구에게 좀 더 까다로운 조건을 부과하는 상황과 관련이 있다.

보다 보편적인 급여가 법제화에 도달하는지를 결정짓는 다른 요인은 줄리엣 윌리엄스의 제안이 시행되지 못했던 이유를 제시한 헤리스Harris로부터 찾을 수 있다. "관료제를 폐지하기 위해 고려되었던 대부분의 제도와 마찬가지로, 줄리엣 여사의 제안은 공식적인 침묵의 벽에 부딪혔다(Harris 1981: 258)." 가족수당으로 인해 아무것도 없어지지는 않았고 오히려 공무원은 추가로 늘어났다. 아동급여가 도입되었을 때, 아동소득공제는 사라졌지만, 내국세 담당 직원이 관리하고 있는 다른 많은 세액공제혜택이 있었다. 이러한 부분이 가족수당과 아동급여를 시행하는 과정에 영향을 미치는지 여부를 판단하기는 어렵지만, 그럴 가능성은 충분하다. 두 윌리엄스가 제안한 안들은 소득세, 국민보험기여금, 자산조사에 의한 급여를 관리하는 행정관료의 수를 줄였을 것이다. 아마도 이 점이 그들의 제안이 제대로 고려되지 못한 이유일 수 있다. 제안한 입법안에 대한 공무원의 태도는 공무원이 개혁안을 공식화하거나, 장관에게 권고하든 안하든, 비용과 편익을 계산하는 방법을 선택하는 것 등에 영향을 미칠 수 있다 — 비록 어떤 특정 사례에 이 요인이 얼마나 중요한지를 결정하기는 어렵지만 말이다 — . 1970년대 세금공제제도가 얼마나 공무원 수를 줄였는지 분명하지는 않다. 따라서 공무원들은 이 프로젝트를 실행하는 데 동의했을 것이다. 보편적인 세액공제는 현재 자산조사급여의 불합리성을 어느 정도 합리화하고, 한계 공제율을 줄일 수 있을 것이다. 이로 인해 공무원 수가 감소할 수도, 그렇지 않을 수도 있다. 국가단층정액연금에 대한 제안은 기여기록을 유지해야 하기 때문에, 제도 변경으로 인한 관련 공무원 수의 감소는 크지 않을 것이다. 아동급여 대상에서 고액 납세자가구를 제외하려는 정부의 제안은 그것을 폐지하는 것보다 국세청에 더 많은 일자리를 늘릴 수 있다.

우리가 이미 언급한 바와 같이 더 중요한 요인은 이것이다. 영국의 국민계정national accounts은 국가에서 제공하는 급여를 공공지출로 산정하는데, 소득공제를 통해 정부가 공제해 준 세금은 공공지출로 산정하지 않는다. 이것은 소득유지정책 중 소득공제로부터 현금지급으로의 전환을 상정하는 정책은 반대에 부딪힐 가능성이 크고, 반대방향으로의 정책 전환은 긍정적인 반응을 얻을 수 있다는 것을 의미한다. 이는 완전히 비합리적이다.

이와 같은 회계상의 난맥은 당연히 현재 제안된 국가연금(안)에는 아무런 문제가 되지 않는다. 이로 인해 공공지출은 거의 영향을 받지 않을 것이며, 〈21세기를 위한 국가연금〉에서 제안한 두 번째 방안은 현재 시스템에서 인지한 몇몇 문제점들을 해결할 수 있을 것이고, 현재 제시(안)에 대한 연구와 토론이 진행되고 있으며, 이를 지지할 장관급 관료가 있다. 따라서 아마도 시행될 가능성이 높다.

이러한 점들은 모든 시민에게 지급되는 시민소득에서는 다소 다르게 나타날 수 있다. 자산조사급여를 받는 사람이 소수이긴 하지만, 모든 시민을 대상으로 한 시민소득은 행정관리가 거의 필요 없고 따라서 공무원도 적게 필요하다. 개별 소득공제는 현금지급으로 전환하게 될 것이므로 국세청은 더 적은 직원이 필요하게 될 것이다. 비록 국가에서 지급하는 급여액이 증가하는 만큼 소득공제는 감소하기 때문에 국가 세입은 줄어들겠지만, 국민계정상의 공공지출은 증가할 것이다. 그것은 시민소득에 좋지 않은 영향을 미칠 것이다.

영국의 시민소득에 대한 한 가지 바람은 세금 및 급여 시스템과 이것이 노동에 미치는 부정적인 영향을 이해하는 국회의원이 나타나는 것이다. 그는 보편적 급여와 관련된 논점들을 국회 내외에 제시하고, 현재 급진적인 변화가 필요한 시점이며, 세금 및 급여제도가 문제가 있다는 것을 동료에게 설득할 수 있는 충분한 영향력을 지닌 사람이어야 한다.

다른 바람은 아동급여가 보편적 급여로 존속하는 것 ─ 시민연금은 현재 제시된 단층정액연금(안)의 자연스러운 확장판이기 때문에 앞으로 제정이 될 것이다 ─ 이다. 청년들에게 교육과 훈련을 장려하기 위한 '보편적 보조금universal grant'도 도입될 것이다. 50대 이상에게 유연한 노동시장 패턴을 장려하기 위해 보편적인 '중장년 노동자 보조금worker's grant' 또한 도입될 것이다. 25~50세 사이의 간격을 메우는 제도는 필히 도입될 것이다.

아마도 불가능한 일은 영국 대중에게 시민소득이 좋은 아이디어라는 것을 설득하는 것이다. 1991년 스미스 등D. V. L. and Smith의 연구에 따르면, "소수의 응답자만이 영국의 연금과 급여체계를 명확하게 이해하고 있는 것으로 나타났다"(D. V. L. Smith and Associates 1991: 5). 그리고 많은 사람들이 광범위한 개혁안들을 이해하지 못했다(D. V. L. Smith and Associates 1991: 29). 정부의 현 아동급여 수혜가구 중 일부 가구로부터 혜택을 박탈하자는 안("그들은 아동급여가 필요없는 집단이다")에 대한 보수당 구성원들의 논쟁은 보편적 급여의 효율성과 이점, 진보적인 세금체계(부유한 가정으로부터 제공되는 아동급여보다 훨씬 많은 금액을 회수하는 것)의 맥락, 자산조사의 단점을 제대로 고려하지 못한 것이었다.

우리가 요구하는 것은 재무부 및 노동연금부의 장관들 사이에 합리적인 논쟁이 진행되는 것이다. 즉, 시민소득이 가져올 국민계정의 안정적 유지, 자산조사에서 발생하는 행정적 낭비 감소, 고용장려 및 사회통합 등과 같은 효과에 대해 합리적인 논쟁이 진행되는 것이다. 우리는 물론 이러한 것들을 이해할 수 있는 재무부 장관을 필요로 한다. 시민소득신탁기구의 연구는 소득유지정책의 전반적인 검토와 대안으로서의 시민소득의 고려에 대한 의회의 지원이 필요함을 보여주고 있으며(Citizen's Income Trust 2007), 보첼과 데프티는 보수당 하원의원들 사이에서 사회정책 문제에 대한 다양한 견해와 이전의 정책적 입장에 의문을 제기하는 의원들이 있음을 발견했다(Bochel and Defty 2007; Bochel 2011: 13). 그러므로 보편적 급여의 확장에 대해 협의하기로 결정한 장관은 의회에서 기대한 것보다 많은 의원들의 환영을 받을 수 있을 것이다.

한국적 함의

이 장에서 살펴본 영국의 기본소득 관련 논의는 보편적 아동수당을 처음 도입하려고 하는 우리나라에 다양한 논의와 정책적 함의를 제공할 수 있을 것으로 생각된다.

먼저 아동수당이 매우 단순한 제도인 것 같지만, 영국의 1945년 가족수당 도입과정에서 나타난 바와 같이, 제도가 갖는 다양한 정책적 효과와 의미에 관해 학자뿐 아니라 정치인, 국민 모두에게 인식시키는 것이 필요하다. 당시 가족수당제도는 대가족의 빈곤문제 해소, 전쟁으로 인한 인구감소 문제 해결, 건강한 청년층 양산, 노동시장 참여의욕 촉진, 물가상승 우려 종식, 여성의 권리 보장 등 여러 정책적 효과를 가정하고 있었고, 스토크가 기록한 바와 같이 경제, 재정, 건강, 페미니즘, 사회철학 등 다양한 의제로 다루어질 수 있는 제도였다. 우리나라의 아동수당 도입과정에서도 한쪽 측면을 과장하거나 또는 다른 측면의 효과를 보지 못하는 오류를 범하기보다는 다양한 정책적 효과에 대한 심도 있는 논의가 필요하며, 특히 제도의 도입과 안정적인 시행을 위해서는 정치인과 행정관료 및 시민들의 인식과 이해를 높이는 과정이 필수적이다.

다음으로는 아마도 아동수당제도의 '보편성'이 갖는 의미와 관련된 논쟁이다. 2019년 예산안 합의과정에서 아동수당과 관련하여 상위 10%의 고소득자를 제외한 선별주의 형태의 제도의 도입이 기정사실화되었다. 이 과정에서 우리나라에서 나타난 사회적 논쟁은 이미 영국에서 아동급여 도입과정에서 나타났던 여러 논쟁과 거의 일치하고 있다. 특히, 선별주의제도에 비해 간단하고, 행정비용이 적게 들며, 낙인이 없고, 여성이 자녀를 위해 사용할 가능성이 높으며, 빈곤과 실업의 덫을 완화시킬 수 있다는 점 등 60년 전 영국에서 다루어졌던 논제들은 현 한국적 상황에서 다시 한번 '보편적' 아동수당제도의 필요성을 대변하고 있다.

마지막으로 기본소득과 관련된 논의이다. 최근 우리나라에서 학계와 일부 시민사회단체를 중심으로 기본소득에 관한 논의가 활발히 진행되고 있다. 기본소득의 실현가능성에 대해서는 여전히 논란이 있지만, 이 장에서 살펴본 바와 같이 보편적 아동수당제도의 도입은 모든 시민을 대상으로 하지는 않지만 아동을 대상으로 한 기본소득이라 볼 수 있다. 아마도 이 책 전반을 통해 저자들이 주장하는 바와 같이, 여러 측면을 고려했을 때 현실적으로 실현 가능한 기본소득 도입을 위해서는 아동, 노인, 장애인, 청년, 장년 등 다양한 인구집단을 대상으로 기본소득의 원리가 반영된 형태의 수당을 확대하는 방안에 대한 고려가 필요하다는 주장이 설득력을 얻고 있다. 따라서 2018년 9월부터 시행되는 아동수당제도는 한국형 기본소득제도의 시발점이 될 수 있으며, 이러한 점에서 기본소득의 가치를 공유한 '보편적' 형태의 아동수당 도입은 매우 중요한 과업 중 하나가 될 것이다.

미국: 기본소득에 근접했던 1970년대 연간 기초소득보장과 그 이후의 쇠퇴

리차드 K. 카푸토
Richard K. Caputo

연간 기초소득보장제도에 대한 미국의 경험은, 비록 연간 기초소득보장의 채택과 운용을 보장하는 것은 아니지만, 특정한 사회문제의 해결방안으로 연간 기초소득보장을 연결시키는 것이 연간 기초소득보장에 대한 정치적 수용성을 높일 수 있다는 점을 시사했다. 기존의 사회복지급여 프로그램과 정책에 가까운 대안들이 대중과 정책결정자들에게 더 심각하게 받아들여지는 경향이 있다. 이 장은 1980년부터 오바마 행정부 집권 첫해까지 사회복지정책의 전환에 관해 조사한 나의 방대한 연구에서 발췌한 관련 자료를 종합한 것이다(Caputo 2011). 이 장은 미국 의회가 저소득가족 특히 어린 아동을 양육하는 한부모가족을 위해 만든 주요 복지 프로그램의 최선의 개혁방법을 숙고하던 시점에, 어떻게 연간 기초소득보장 제안이 미국 의회에 의해 심각하게 고려되고 거의 도입될 뻔 했는지에 대해 논의한다. 이 논의는 무조건적 기본소득보장의 아이디어에 대한 대중적 지지를 약화시키는 결과를 낳음으로써 노동시장 존속labor force at-tachment에 주어진 우선권과 호혜성의 중심성을 강조한다. 또한 이 논의는 개인의 책임성과 결부되어 있는 기존의 사회복지급여와 가치들에 더 잘 조응하는 근로소득세액공제제도와 같은 대안 정책들이 어떻게 도입되었는지 보여준다.

이 장은 팔그래이브 출판사의 기본소득 총서 중 하나인 다른 책에서 다루었던 알래스카 영구기금을 간략히 살펴본다. 알래스카 영구기금으로부터 출현된 배당금은 기본 거주요건을 충족하는 모든 알래스카 시민들에게 매년 분배된다(Butler 2005). 끝으로 이 장은 2000년대의 첫 10년 동안, 정치적 배후에서 기본소득 구상을 실현하고자 했던 시도들을 다루고자 한다. 알래스카 시민들이 알래스카 영구기금의 배당금으로 받은 연소득에도 불구하고, 이 중 어떤 아이디어나 구체적인 제안들도 미국에서 가까운 미래에 (기본소득의) 정치적 촉발자가 되지 못할 것으로 결론 내린다.

1960년대의 빈곤 감소

미국에서 시민에게 연소득을 보장한다는 아이디어는 1960년대 부의 소득세 제안과 관련된 실험의 형식으로 주도권을 얻었다 (Steensland 2008). 마이클 헤링톤Michael Harrington의 리뷰 에세이 〈또 다른 미국The Other America〉에서, 운동가이자 학자인 드와이트 맥도널드Dwight MacDonald는 빈곤의 해결방안으로 일정한 형식의 연간 기초소득보장을 주장했다. 그는 소득보장을 시민의 기본권으로 요구했다. 그 당시 연간 기초소득보장은 미국 경험에서 새로운 것은 아니었다. 연간 기초소득보장의 변형안들이 간헐적으로 개발되었다. 예를 들면, 1779년 토마스 페인트Thomas Paine의 '토지의 정의Agrarian Justice', 1829년 코넬리우스 브래치리Cornelius Blatchley의 '광범위한 빈곤의 원인Cause of Popular Poverty', 1829년 토마스 스키드모어Thomas Skidmore의 '개인의 사적 소유의 권리The Rights of Man to Property', 1840년 오레스테스 브라운슨Orestes Brownson의 '브라운슨의 방어Brownson's Defence' 등이 있다(Caputo 2006). 비록 20세기 초에 간략히 언급된 바는 있지만(Stingler 1946), 연간 기초소득보장과 부의 소득세는 1960년대 경제학자 로버트 램프만Robert Lampman이 부의 소득세를 빈곤 감소 수단으로 옹호하고, 밀튼 프리드만Milton Friedman이 지지할 때까지 정치적 견인을 거의 이끌어내지 못했다(Moffitt 2004).

적절한 수입은 시민의 권리라는 생각은 유명한 학자와 저자들로 구성된 삼중 혁명을 위한 특별 위원회가 작성한 〈삼중 혁명The Triple Revolution〉이라는 제목의 보고서에 담겨 있다. 이 보고서는 린든 존슨Lyndon Johnson 대통령, 미국 상원과 하원의 소수당과 다수당 지도자들, 노동비서관에게 전달되었다. 1966년 경제자문회의의 보고서에 "최저생계비의 부족분에 해당하는 금액만을 고려해 동일하게 결정된 급여payment를 가족에게 지급하는 제도"는 이미 많은 학자들에 의해 조사되어온 실행 가능한 대안(저소득 양육모를 위한 복지 프로그램을 대신하는)이라고 언급되어 있다(Economic Report of the President 1966). 1968년, 약 150기관, 1,300명가량의 학자들은 청원서에 서명함으로써 '소득보장과 보충에 관한 국가제도'를 도입할 것을 의회에 촉구했다(Economists Urge Assured Income 1968). 소득유지 프로그램에 관한 대통령위원회(1969)는 최종 보고서에 부의 소득세의 도입을 제안했다. 소득과 관계없이 가족의 아동 수에 따라 지급하는 가족수당은 연간 기초소득보장의 형태로 부의 소득세와 경쟁구도를 이루었다. 경제학자들이 선호한 부의 소득세, 사회복지사와 사회학자들이 선호한 가족수당, 두 형태의 연간 기초소득보장제도 모두 비록 도입되지는 않았으나(Gans 1968; Schorr 1966) 존슨 행정부 내에서 논의되었다(Steensland 2008).

몇몇의 부의 소득세 실험이 1960년대와 1970대 초에 착수되었다. 가장 뛰어난 실험은 뉴저지-펜실베니아 부의 세제 실험New Jersey-Pennsylvania Negative Tax Experiment(Cogan 1983; Garfinkel 1974)과 시애틀-덴버 소득유지 실험SIME-DIME(Spiegelman and Yaeger 1980), 그리고 인디애나주 게리Gary에서의 실험 등이다(Moffitt 1979). 그러나 이들 실험은 1969년에 처음으로 그리고 1972년에 재차 가족지원계획을 제안했던 리차드 닉슨 행정부의 복지개혁 시도에 거의 영향을 미치지 못했다. SIME-DIME 실험결과는 1970년대에 〈인적자원학Journal of Human Resource〉의 여러 호에 걸쳐 출간되었으며, 1980년 가을 호에 가장 집중적으로 실렸다. 비록 지속적으로 의문이 제기되었으나(Widerquist 2005), 특히 소득수혜 집단이 통제 집단보다 상대적으로 높은 수준의 결혼해체와 낮은 노동의욕effort을 보인다는 부의 소득세 실험결과는 1970년 말의 지미 카터Jimmy Carter 행정부(Steiner 1981)와 1980년대의 로널드 레이건Ronald Reagan 행정부

(Murray 1984), 그리고 가족지원법Family Support Act의 통과로 최고조에 이른 복지개혁 논쟁에 큰 영향을 미쳤다(Caputo 1989, 2008). 부의 소득세에 소요되는 비용에 더해 노동의욕 특히 기존의 복지체계의 사각지대에 있는 부의 소득세에 대한 지지와 원리를 정당화하는 복지권의 일출효과spill-over seffects(Cloward and Piven 1966; Steensland 2008)로부터 혜택을 받은(Reich 1964) 노동빈곤층 남성(Spiegelman and Yaeger 1980)에게 미치는 영향은 닉슨과 카터 행정부 시기의 정치적 가능성에 대한 주된 우려였다고 말할 수 있다.

복지개혁: 닉슨 행정부의 가족지원 프로그램

1969년 8월 8일 리차드 닉슨이 발표한 가족지원 프로그램은 보장성, 비용, 효과 등에 차이가 있는 소득보장 정책 중 하나였다. 카바라와 월다브스키Cavala and Wildavsky에 의해 정리된 바와 같이(1970), 일련의 제안들은 네 가지의 특징을 구체화했다. ① 지원은 욕구에 기초해 이루어진다. ② 공공부조의 욕구와 자격은 국가 전체에 걸쳐 객관적이고 동일하게 측정된다. ③ 부조는 현금으로 한다. ④ 보충급여spplement로부터 제공된 소득 외에 추가로 벌어들인 소득에 부과되는 세금은 100% 이하여야 한다. 밀튼 프리드만(Milton Friedman 1962)의 제안은 한 가족의 실현되지 않은 개인면세의 50%에서 가족의 최소기준 공제(4인가족 기준 3,000달러)를 차감한 액수를 보장된 최저소득으로 정했으며, 추계된 비용은 100억 달러였다. 경제학자

로버트 테오발드(Robert Theobald 1963)의 제안은 연간 기초소득보장을 성인 1인당 1,000달러, 아동 1인당 600달러로 제시했으며, 상쇄비율offset rate은 90%(가족은 급여중단지점인 3,556달러까지 벌어들인 소득 1달러당 10센트를 갖는다), 추계비용은 300억 달러였다. 에드워드 슈왈츠(Edward Schwartz 1964)의 설계는 보장된 최저소득을 다른 소득에 대한 상쇄세금 없이, 4인 기준 가족당 4,000달러로 제안했으며, 추계된 비용은 230억 달러이다. 조지 맥고번George McGovern 의원(1969)의 제안은 모든 피부양 아동에게 월 10달러를 지급하는 것으로 추계비용은 80억 달러이다. 로버트 램프만(Green and Lampman 1967)은 다양한 비율과 각자의 소득이 급여중단점 이하로 떨어지는 금액에 의해 결정된 다양한 비율과 다양한 금액의 부조금 안을 제안했다. 추계비용은 80억 달러이다. 제임스 토빈James Tobin의 기획은(1965) 5인가족 기준 6,000달러의 급여중단점 이하의 범위에서 정부가 세금 납부자에게 가족원당 매년 400달러를 지급한다. 가족이 6,000달러를 초과해 벌어들인 소득 1달러마다 33.3센트씩 수당을 감소시키며 추계비용은 120억~150억 달러 사이이다.

전망되는 효과에 대해서 카바라와 윌다브스키(Cavala and Wildavsky 1970: 330)는, 슈왈츠와 테오발드의 계획은 누구도 현재의 복지 혹은 공공부조체계 아래 있는 것보다 더 나쁜 상태로 빠뜨리지는 않으며 사회문제로써 빈곤은 완화될 것이라고 요약했다. 프리드만, 토빈, 램프만의 계획은 몇몇 주의 빈곤자를 이전보다 열악한 상태로 내몰지 않고는 공공부조비용을 정치적으로 의미 있는 정도로 감소시키지 못하기 때문에 반빈곤과 반복지가 혼합된 결과를 낳을 것으로 보았다. 카바라와 윌다브스키는 가까운 미래에 권리로써 소득은 정치적으로 구현될 가능성이 없다고 결론지었다. 가족지원 프로그램에 호의적인 정치 칼럼리스트 탐 위커(Tom Wicker 1973)는 연간 기초소득보장은 자기의 시대가 도래한 바 없었던 아이디어이고 가족지원 프로그램은 닉슨이 무엇을 하고 뭐라고 말하든 90기와 91기 의회에서 통과될 기회가 없었다고 주장하며, 의회가 연간 기초소득 보장제도를 도입할 적절한 기회가 있을까 의심했다. 그럼에도 불구하고, 연방정부와 주정부의 공공부조 프로그램을 전 국가적으로 시행하는 전망은 대중과 정치인들에게 어느 정도 공명되었다.

닉슨 대통령의 가족지원 프로그램은 노인, 시각장애인, 장애인을 위한 연방부조의 급여는 변화 없이 유지하는 한편, 모든 수급자의 월 기초소득monthly income floor을 65달러로 정했다(Woolley and Peters 2011b). 가족지원 프로그램하에서 공적으로는 아동부양가족지원금 AFDC, 비공식적으로는 '복지'로 불렀던, 주로 저소득 여성 한부모를 위한 공공부조 프로그램은 폐지되었다.

4인가족 기준으로 최소 연간 총액 1,600달러를 지급했으며, 추가적인 소득은 50%의 세금이 부과되었다. 그러나 최초 720달러의 소득은 첫 보조금을 감액시키지 않는다. 이 설계에 따른 4인가족의 급여중단지점은 3,920달러이다. 가족지원 프로그램은 장애가 없거나 고령이 아닌 혼자 사는 성인과 아이가 없는 부부를 제외한다. 그럼에도 불구하고 가족지원 프로그램은 실직한 남성 가장의 가족에게는 보조금을 지급한다. 가족지원 프로그램은 노동과 연계되어 있다. 수혜자는 훈련기회를 받아들어야 하고, 적절한 일자리가 알선되었을 때 이를 수용해야 한다. 학령기 전 어린아이를 양육하는 엄마와 정신적·신체적으로 문제가 있는 개인은 이와 같은 노동조건의 적용을 받지 않는다. 노동조건에 참여하는 것을 거절하면 보조금에서 자신의 몫을 잃게 될 수 있다. 엄마, 아동, 혹은 둘 모두의 잔여기금remaining fund은 지역복지사무소를 통해 이용 가능하다(Cavala and Wildavsky 1970). 1969년 8월 8일의 대국민 연설에서, 닉슨 대통령은 가족지원 프로그램을 무조건적 연간 기초소득보장제도scheme와 차별화했다. 그는 관련 쟁점을 다음과 같이 표현했다(Woolley and Peters 2011a).

> 노동가족 또는 요보호가족의 소득에 관한 국가의 기본선floor은 '연간 기초소득보장'이 아닙니다. 연간 기초소득보장하에서 얼마나 소득을 올릴 수 있는지, 필요한 것이 무엇인지, 일할 의향이 있는지 없는지 관계없이 모든 사람은 최저소득이 보장됩니다.
>
> 지난해 대선운동 기간 동안, 나는 이와 같은 계획에 반대했습니다. 나는 지금도 반대하고 다음과 같은 이유에 따라 앞으로도 반대할 것입니다. 연간 기초소득보장은 노동동기를 감소시키지만, 내가 지지하는 가족지원계획은 노동동기를 증가시킵니다.
>
> 연간 기초소득보장은 어떤 책임도 없이 권리만을 만들어내지만, 가족부조는 욕구를 인지하고 책임을 부여합니다. 가족부조는 요구가 있는 가족을 지원하고, 다시 도움을 받은 가족은 그들의 역량의 범위 내에서 일을 하도록 요구됩니다. 누군가 게으른 삶을 선택할 수 있게 하기 위해 다른 사람이 세금을 내야 할 이유는 없습니다.

카바라와 윌다브스키(1970), 그리고 스틴스랜드(Steensland 2008)가 언급한 바와 같이, 이 시기까지 닉슨은, 국가빈곤office poverty은 더 이상 관심을 기울여야 하는 사회적 문제가 아니라고 생각했다. 빈곤은 사라지지 않았다. 1,300만 노동빈곤인구가 가족지원 프로그램의 수혜를 받았다. 그러나 빈곤율은 1960년 22%에서 1970년 13%로 감소했다(Jencks 1985). 게다가, 1973년 빈곤인구수는 2,300만으로 존슨 행정부의 1964년 빈곤과의 전쟁이 시작된 시기보다 3분의 1이 감소했다(Arnold 1974). 그럼에도 불구하고 빈곤과의 전쟁은 인종 간 마찰로 물든 도시폭동, 증가한 아동부양가족지원금 또는 '복지' 건수 등이 문제화되면서 실패한 것으로 평가된다.

그의 회고문에서 닉슨(1978)은 복지개혁, 즉 아동부양가족지원금에 대한 결정은 자신이 위대한 사회의 비효율성과 비일관성이라고 간주했던 것을 종식시켰다고 자평했다. 동일한 가족에 대한 아동부양가족지원금의 급여가 주에 따라 월 263달러에서 39달러까지의 범주를 보인다는 것 — 더 높은 급여가 종종 아버지가 없는 가족에게 제공되었다. 1961~1967년 사이에 복지명부에 추가된 가족의 93%에 해당하는 많은 가족이 아버지가 없었다 — 이 닉슨을 불편하게 하는 것 중의 하나였다. 그리고 아동부양가족지원금의 허점으로 인해 열등처우의 원칙에 위배되게 최저임금을 받고 일하는 것보다 복지급여를 받는 것이 더 많은 돈을 받을 수 있었다.

빈곤 감소로부터 멀어진 닉슨 대통령의 복지개혁은 가족지원 프로그램이 마주한 삐걱거리는 장애물 중 하나였다. 젠크스(Jencks 1985)가 지적한 것과 같이, 아동부양가족지원금을 수급 받는 일할 능력이 있는 모에게 아동부양가족지원금을 수급하지 않는 일하는 모보다 더 많은 급여를 제공하는 것은 도덕적으로나 정치적으로 받아들일 수 없는 것이었다. 감소를 목적으로 한다. 사회복지체계를 폐지하는 연간 기초소득보장안을 제시한 밀톤 프리드만Milton Friedman을 포함해, 연간 기초소득보장 옹호자들은 닉슨 행정부에서 자기주장을 펴지 못했다.

사회복지체계, 특히 아동부양가족지원금 프로그램에 대한 닉슨과 사람들로부터의 비난과 함께, 정책결정자와 정치학자 사이에 주로 논의된 난제는 비노동빈곤층과 노동빈곤층을 하나의 포괄적인 프로그램에 통합(포함)하는 것이 아동부양가족지원금의 확대를 가져올 것인가의 여부였다. 닉슨 행정부의 계획은 1,300만 명을 복지 혹은 아동부양가족지원금 명부에 추가한 것으로 평가된다. 스틴스랜드(2008)에 의하면, 아동부양가족지원금 프로그램의 낙인효과는 매우 지대해서, '상징적 오염'의 과정을 통해 노동빈곤층의 도덕적 지위는 심각하게 위태로워졌으며, 따라서 경제적으로 혜택을 받는 사람을 포함한 많은 사람들이 닉슨 행정부의 계획을 거부했다. 요약하면, 만일 아동부양가족지원금 혹은 복지체계가 닉슨 대통령이 생각했던 것만큼 도덕적으로 혐오스럽고 실용적으로 문제가 있었다면, 정부 혜택에 대한 의존을 노동빈곤가족에게 확대함으로써 아동부양가족지원금의 역할을 배로 만드는 것은 도덕적으로 더 비난할 만하다.

비록 '상징적 오염'이 연간 기초소득보장의 장점에 대한 논의가 일부 이루어진다고 해도, 가족지원 프로그램의 궁극적 종결에 갖는 상대적인 중요성은 의문스럽다(Caputo 2010). 이 시기의 저서에서 카바라와 윌다브스키(1970)는, 비록 아동부양가족지원금 수혜자가 아닌 노동빈곤층에 대한 것이었지만, 동등기회 대 동등결과의 미국 핵심가치와 관련된 낙인에 대한 좀 더 미묘한 지적을 했다. "'미국에서 빈곤의 낙인'은 가난하다는 사실보다 보상받을 만한 능력이 부족하다는 함의에 더 부여된다"고 썼다. 가족지원 프로그램과 기타 연간 기초소득보장안에 제시된 것과 같은 소득 기초선income floor은, 빈곤한 사람들은 그들의 운명에 절대적으로 책임이 있지 않으며 경제적 수익을 위한 경쟁에 참여할 기회가 부족했을 수 있다는 점을 제시함으로써 이 함의를 수정했다. "그러나 경쟁에서 패배한 자는 굶주리지 않을 것이라고 말하는 것은 경쟁 자체가 가치 있는 것은 아니라고 말하는 것과 매우 다르다"라고 썼다. 소득불평등이 남아 있는 한 노동빈곤층과 연결된 낙인은 지속될 것이다.

　　미국의 사회정책 발전에서 역사적으로 중요한 역할을 해온, 지원받을 가치가 있는 빈민과 도울 가치가 없는 빈민 사이의 차이를 유지하는 것은 일반대중과 정책결정자에게 중요하게 받아들여졌다. 1935년 사회보장법의 일부로 공공부조 프로그램이 수립된 이후, 공공부조 프로그램은 변함없이, 일할 것으로 기대할 수 없는 사람과 도울 가치가 있는 수혜자들을 대상으로 했으며, 그들의 도덕적 가치는 의심된 바 없다. 이전 몇 십 년에 비해 아동부양가족지원금 수급 대상자 수가 급격히 증가하고, 비혼 흑인 엄마의 구성비가 비비례적으로 변화한 1960년대에 이와 같은 생각은 변화하게 되었다. 이로 인해 아동부양가족지원금 수혜자들은 도덕적 지위를 잃게 되었으며,

인종과 결혼 상태에 따라 낙인이 찍히게 되었다. 이는 흑인과 비혼 엄마의 비비례적 숫자로부터 비롯되었다. 이에 더해 노동에 참여하지 않는no labor force attachment 것은 낙인의 세 번째 특성이 되었다. 노동능력이 있는 사람은 일하려는 노력을 보이지 않는다면 현금부조를 받을 자격이 없는 것으로 생각되었다(Peck 2001). 상당수가 백인에 해당하는 노동빈곤층에까지 확대됨으로써 닉슨의 가족지원 프로그램은 아동부양가족지원금에 결부된 3개의 낙인효과를 약화시키고, 현금부조를 받을 자격이 있는 카테고리deservedness category를 확대하겠다는 약속을 지켰다. 카바라와 윌다브스키(1970)가 주장했던 대로 노동빈곤층에 부여된 낙인은 본질적으로 사라지지 않았다. 이와 같은 낙인은 1960년대에 아동부양가족지원금 현금 수급자가 처한 현실보다 더 높은 순위의 도덕적 가치인 것처럼 보였다. 노동빈곤층 가족에게 현금부조 수급권을 부여하기 위해 개념적 수정이 필요했으며, 닉슨 행정부에서 이루어진 하나는 대통령이 복지개혁을 빈곤 감소에 직접적 혹은 이차적으로 긴밀하게 연결 짓는 것이었다. 만일 고용 가능한 혹은 신체적으로 능력이 있는 사람이 급여를 받는 조건으로 기꺼이 일자리를 찾거나 고용을 수용하지 않는다면, 고용이 가능한 사람을 고용이 불가능한 사람과 동일한 도덕적 기준으로 처우하는 것은 일반적으로 미국 대중, 특별히 미국 의회가 납득할 수 없는 것이었다(Harris 2005; Rogers 1981).

전체적으로, 가족지원 프로그램은 정치적 스펙트럼의 좌익과 우익 모두로부터 지지를 얻기보다 저항을 받았다. 문화적, 제도적, 실용적 요인의 조합은 가족지원 프로그램에 대한 초기의 지지를 약화시켰으며, 1970년에 처음 그리고 1972년에 다시 발생한 가족지원 프로그램 종결의 큰 부분을 설명한다.

아동부양가족지원금 빈곤층과 노동빈곤자들의 붕괴 그리고 정치적 우파의 상당수가 수용할 수 없었던 노동윤리에 도전하는 문화적 요인은 특히 많은 주정부와 시정부에게 절박했던 (아동부양가족지원금)복지의 재정적 부담을 감당하려는 실용적 요인과 조화될 수 없었다(Handler and Hasenfeld 1991). 처음 제안되었던 바대로, 가족지원 프로그램은 현재의 아동부양가족지원금 공공부조 프로그램보다 28억 달러를 추가시킬 것으로 추산되었다(Cavala and Wildavsky 1970). 닉슨 행정부의 세입-공유제도의 일부로서 가족지원 프로그램은 모든 주가 재정을 절감하거나 손실을 최소화할 수 있게 했다. 뉴욕처럼 아동부양가족지원금의 지불액이 높은 주는 아동부양가족지원금 프로그램을 위해 1,400만 달러를 잃게 되지만, 노인, 시각장애인, 장애인을 위한 연방정부의 지출을 고려하면 980만 달러를 얻게 된다(Caputo 1994). 그러나 1971년 닉슨 행정부는 가족지원 프로그램의 효력 개시일을 지연시킬 것을 제안함으로써 가족지원 프로그램을 주정부의 세입 강화로부터 멀어지게 했다. 이전에 호의적이었던 주지사의 지지를 약화시켰으며, 의회에서 가족지원 프로그램이 다시 논의되었을 때, 가족지원 프로그램이 폐기되는 데 기여했다.

정치적 보수자들은 비노동 아동부양가족지원금 빈곤자가 일자리 찾는 것을 잠재적으로 위축시키고, 노동빈곤층의 노동윤리를 잠재적으로 침식시키는 도덕적 해이를 주장했다. 정치적 자유주의자와 여타의 자유주의 운동가들 또한 가족지원 프로그램에 반대했다.

대부분의 아동부양가족지원금 수혜자들이 포함된 전국복지권리조직National Welfare Right Organization, NWRO은 가족지원 프로그램의 노동조건은 노예노동에 해당하는 수준이고, 초기에 제안된 4인가족 기준 최소 1,600달러(차츰 2,400달러까지 증가하는)의 현금급여는 너무 적다고 주장했다. 전국복지권리조직은 최소 5,500달러를 요구했으며, 이 제안은 전국사회사업가협회National Association of Social Workers, NASW와 전국사회복지회의National Conference on Social Welfare, NCSW도 지지했다.

가족지원 프로그램이 통과되고, 15개 남부 주에 있는 아동부양가족지원금 수혜자들은 (가족지원 프로그램의) 최대 복지급여가 2,400달러 아래로 떨어짐에 따라 오히려 경제적 지위가 상승했다. 남부 주에서 빈곤한 흑인의 경제적 지위가 개선될 것이라는 전망은 대부분 가족지원 프로그램에 반대한 남부 주지사들뿐 아니라 남부민주회의Congressional Southern Democrats, CSD의 정치적 헤게모니와 저임금 흑인 노동력 풀pool에 의존한 남부 경제에 만만치 않은 도전이 되었다(1976년 미국 대통령으로 선출되는 조지아 주의 지미 카터는 예외였다). 임금체계의 최전선에서 남성과 여성, 백인과 흑인 사이의 임금을 동일화함으로써, 가족지원 프로그램은 많은 남부의 노동능력이 있는 흑인 성인들을 최저임금의 노동을 수용해야 할 절박함으로부터 벗어나게 했으며, 그들을 정치적으로 세력화하게 했다(Quadagno 1990; White and Long 1972).

가족지원 프로그램은 또한 미국노동자연맹-산업조직회의American Federation of Labor-Congress of Industrial Organizations, AFL-CIO에 의해 초기

반대에 부딪혔다. 유리한 위치에서, 미국노동자연맹-산업조직회의가 증가된 수의 비노동 상태의 고용할 만한 아동부양가족지원금 수혜자가 풀에 추가되면서, 저임금 노동자들은 고정된 수의 일자리들을 놓고 치열하게 경쟁해야 했으며 저임금고용을 악화시켰다. 시간이 지나, 보조금을 받는 분야의 저임금비율은 보조금을 받지 않는 분야의 임금비율을 억제했다. 미국노동자연맹-산업조직회의는 가족지원 프로그램이 제공하는 훈련 프로그램을 통해 (저임금 노동자가) 제조업과 숙련 무역skilled trade의 보호된 영역으로 진입하는 것을 가능하게 하고 숙련기술직업에 대한 조합의 자율성을 손상시킬 것을 두려워했다.

미국노동자연맹-산업조직회의의 두 가지 반대는 가족지원 프로그램의 1971~1972년 안에 반영되었고, 노동(자) 조직은 반대를 철회했다. 그러나 닉슨이 주지사와 지방 공무원의 지지를 잃게 한 가족지원 프로그램의 세입-공유 부분을 연기하겠다고 제안한 이후, 반대를 철회한 것은 이미 너무 늦은 것이었다(Caputo 1994, 2011).

근로소득세액공제

가족지원 프로그램이 폐기된 지 3년 후에, 제럴드 포드Gerald Ford 행정부 집권기인 1975년 의회는 민주당에 의해 주도된 세금감면 패키지의 부분으로 근로소득세액공제에 동의했다(Caputo 1994; Howard 2007). 근로소득세액공제는 1명 이상의 아동을 양육하는 세금신고 빈곤가족에게 임금소득의 10%에 해당하는 세금환급을 최대 4,000달러까지 제공했다. 아동이 있는 저임금 노동자에게 현금보조금을 지급함으로써, 근로소득세액공제는 의회가 지속적인 노동시장 참여에 부여한 중요성을 재확인했다.

근로소득세액공제는 카터 행정부 집권기에 1978년 세입법Revenue Act의 일부로 영구화되었다. 레이건 행정부 기간 동안, 1986년 세금개혁법의 일부로서 근로소득세액공제는 반빈곤 전략으로 성숙되었다. 그 시기에 의회는 근로소득세액공제 최대급여를 높였는데, 이는 1975년 현금가치로 35%가 감소한 것이며, 삭감 수준을 거의 1975년 수준으로 증가시켰다. 그리고 근로소득세액공제 최대급여를 인플레이션의 지표로 포함시켰다(U. S. Joint Committee on Taxation 1987; Ventry 2000). 근로소득세액공제는 저임금 학생이나 10대들보다 저소득가구의 가구주를 겨냥한 것이고, 가족의 규모를 고려하기 때문에 근로소득세액공제는 반빈곤전략으로 최저임금의 증가보다 선호된다(Lang 1999; Ozawa 1995).

1975년부터 1987년까지, 근로소득세액공제 신청자 수는 6,000 ~9,000명 사이였다 — 1988년 11만 1,000명 이상이 배당금을 신청했다(Hotz and Scholtz 2003) — . 1997년까지 1,940만 세금 신고자가 배당금을 받았고 미국 회계국에 304억 달러의 손실총액을 안겼다. 자료 접근이 가능한 가장 최신인 2009년 2,590만 세금 신고자가 배당금을 받았고, 회계국 손실총액은 거의 570억 달러에 이른다(Internet Revenue Service 2011).

알래스카 영구기금 배당금

앞서 언급했듯이 팔그래이브 출판사의 기본소득탐구 총서인 다른 책에서 주제로 다루었던(Smith, P. 1991) 알래스카 영구기금에 대해 2개의 사안은 언급할 만하다(Widerquist and Howard forthcoming). 첫째, 주 헌법은 알래스카의 자연은 알래스카(주가 아닌) 주민이 소유하고 있으며, 지방개발 프로젝트 같은 합법적 사기로부터 보호하기 위해 특별기금의 설립을 금지하기 때문에 알래스카 영구기금 배당금의 시행은 주 헌법의 개정을 필요로 했다. 둘째, 기금으로부터 나온 배당금을 시민에게 지급하는 사회복지의 목적은 기금목적에 대한 숙고에 아무 역할도 하지 못했다. 알래스카 영구기금 배당금의 아이디어는 알래스카주가 프로드호Prodhoe만 임차권의 판매를 통해 받은 9,000억 달러를 빠르게 소진함으로써 만일 특별한 기제를 두어 주 지출을 제한하지 않으면 큰 액수의 돈은 빠르게 사라진다는 교훈을 얻었던 1970년에 시작되었다. 처음에 기금 아이디어는 주로 주지사 제이 해먼드로부터 제한적인 지지만을 얻었다. 그는 어떤 주보다도 가장 높은 알래스카주의 생계비를 상쇄하기를 원했고, 주 헌법 개정방안이 주 의회에 의해 채택되는 것과 알래스카 시민을 의도한 바대로 투표하도록 종용하는 것이 상대적으로 수월하다는 것에 놀랐다(Hammond 1994; Rose 2008).

1976년, 알래스카 시민들은 주 헌법을 개정하기 위해 투표했다. 개정 헌법은 모든 광물임대차의 최소 25%, 특허권 사용료, 특허권

판매, 연방정부의 광물세입공유 지급금으로부터 발생한 영구기금의 설립, 주정부로부터 받는 보너스, 그리고 기금의 목적을 주 입법부가 결정하도록 위임할 것을 구체화하고 있다. 개정안은 주외 소비세severance taxes를 제외했으며, 그에 따라 주정부의 중유세입으로부터 영구기금으로 가는 금액의 10~11%를 줄였다(Rose 2008). 경제발전과 저축 사이의 주요 갈등 때문에 알래스카 주 입법부가 기금의 목적을 잘 조정하기까지 3년의 시간이 걸렸다. 저축이 승리 — 다각화된 포트폴리오에 투자함으로써 정유가격으로 인한 세입변동을 조정하기 위한 부분에서 — 했다. 주정부의 소득세와 판매세의 상실에 따라 85%의 주정부 세입은 중유산업으로부터 발생했다(Brown and Thomas 1994).

주로 기금의 책무성을 개선하기 위해, 모든 연령의 알래스카인이 원유가 산출한 부의 일정 몫을 받도록 보장하고, 또 기금관리에 대한 대중의 감시를 독려하고자 주 입법부가 기금수익의 일부를 배당금으로 분배할 것을 요구한 것은 1982년이 되어서였다. 비록 올슨과 오브라이언(Olson and O'Brien 1990), 브라운과 토마스(Brown and Thomas 1994), 그리고 〈이코노미스트Economist〉(One State's Free Lunch 2004)와 같은 정치비평가들이, 기금은 학교나 도로의 재정을 제공하거나 주의 묵은 빚을 갚는 것과 같은 집단적이고 장기적인 욕구를 충족하기 위해 활용될 수 없는 한 대중이 반드시 하나의 전체로 봉사하는 것은 아니라고 주장했지만, 기금에 대한 더 강한 대중의 감시는 공공이익이나 공공선으로 간주되었다(Anderson 2002). 1982년, 1,000달러의 수표가 모든 알래스카 주민에게 분배되었다. 그 후

배당금액은 낮게는 1984년의 331.89달러에서 높게는 2008년, 1,200달러의 추가환급을 제외하고도 2,069달러에 이르는 등 매년 다양했다(Permanent Fund Divided Division 2011). 다른 어떤 주도 분배적 사회복지 목적을 위해, 이와 같은 기금을 출현하거나 사용하는 아이디어를 채택하지 않았다. 비록 기금은 최소한 원유가 생산되고 이익을 창출하는 한 영구적이라 할지라도, 일단 기금이 원유재산의 일부를 보존하도록 주를 지원하는 기능을 수행하면, 정치적인 이유 때문이 아니라면 이론적으로 종료될 수 있는 연배당금의 분배는 영구적이지 않다는 것은 언급할 필요가 있다(Rose 2008).

기본소득 도입의 최근 시도들

1980년 이후 경제적 보수 혹은 자유시장 전략가들은 국가 입법에 영향을 미치는 것에 목적을 둔 정책을 분석하고 지지하기 위해 같은 뜻을 지닌 다양한 학문분야의 학자와 연구자들을 불러들여, 미국의 정치적 풍토에 존재감을 드러냈다(Smith, J. 1991). 미국의 기업학자이자 자기 스스로 자유지상주의자로 자청한 찰스 머레이(Charles Murray 2006)는 빈곤을 제거하기 위한 기본소득제도 그리고 미국 연방정부가 21살 이상의 성인에게 간헐적으로 조정된 연간 1만 달러 ― 그중 3,000달러는 건강보장을 위한 ― 를 제공하도록 요구하는 거의 완전한 복지국가를 제안했다. 머레이는 정치인들이 자신의 계획을 심각하게 받아들일 것이라는 망상은 갖지 않았다. 그는 책《행동원칙*The Ground Rules*》에서 "오늘날의 정치인들은 그것을 성사시키지 않을 것이다"라고 선언했다. 〈새공화국*The New Republic*〉(Klein 2006), 〈국가논평*National Review*〉(Ponnure 2006), 그리고 〈피츠버그대학법학논평*The University of Pittsburgh Law Review*〉(Delgado 2007)과 같은 대중적인 잡지의 잇따른 평가에도 불구하고 그는 옳았다. 저서《무너짐*Coming Apart*》에서 머레이(Murray 2012)는 자신의 기본소득안을 증가하는 소득불평등 그리고 미국의 사회구조적 긴장을 해결하기 위한 대책으로 제안하고, 대중매체로부터 지지를 얻었다(Freguson 2012).《무너짐》의 해설자와 평론가들은 문화적 그리고 사회적 동향에 대한 그의 분석에 더 관심을 두었고, 그가 제안한 연간 기초소득 보장안을 무시하거나(Confessore 2012) 또는 이상하고(Noah 2012) 비실용적이라고(Douthat 2012) 보았다. 머레이의 안과 대조적으로 자산에 초점을 둔 다른 아이디어는 어느 정도 관심을 받았다. 이는 영국 토니 블레어*Tony Blair*의 유아채권과 유사한 것으로, 아동 출생 시 소득이 아닌 1만 달러의 지급금을 일괄 지급하고, 아동이 18세가 될 때까지 부모가 돈을 관리하게 할 것을 주장했다(Conley 2006). 대선 주자이며 뉴욕 상원인 힐러리 클린턴*Hillary Clinton*은 미국에서 태어나는 모든 아이에게 시간이 지남에 따라 증가하는 5,000달러의 계좌를 제공하고, 아이가 18세가 되어 고등학교를 졸업하면 대학진학을 위해 계좌를 사용할 수 있게 하는 제도를 지지한다고 밝혔다(Jones 2007; The Associated Press 2007). 이 아이디어는 정치적으로 간 곳이 없다.

'항목공제비*費*선택자를 위한 세금감면법*Tax Cut for the Rest of Us Act*'은

2006년 109번째 미국 의회에서 캘리포니아 의원 밥 필너Bob Filner에 의해 소개되었고, 일리노이 의원 제스 잭슨Jesse L. Jackson에 의해서만 공동발의되었다. 의회의 법안은 이를 방치했던 하원 세입위원회에서 언급된 것 이외에는 별 볼 일이 없었다(Sheahen 2008). '항목공제 비선택자를 위한 세금감면법'은 2,000달러를 세금 납부자에게, 2,000달러를 납세자의 배우자에게, 그리고 항목별 공제를 하지 않은 개인의 피부양자에게 각각 1,000달러를 지급했다. 이는 모든 세금신고자의 70%에게 영향을 미친다(Toder and Rosenberg 2007). 학자이자 운동가인 스티븐 샤파만(Steven Shafaman 2008)은 오바마가 승리했던 2008년 미국 대선운동을 향한 기본소득 입법화를 위한 정치적 수월성tractability을 확보하려는 노력이 무익하다는 것을 인식했다. 샤파만은 비호의적인 대중 정서를 뒤집을 가능성이 거의 없다는 것을 알았다. "우리가 목도한 주요 장애는 사람들에게 돈을 주는 것이 옳지 않다는 일반적인 정서이다." 그 정서는 지난 20년에 걸쳐 견고해졌으며 곧 쉽게 바뀔 것으로 전망되지 않는다.

2011년 9월 21일, 공화주의자 데니스 쿠치니크Dennis Kucinich는 국가고용긴급방어법National Employment Emergency Defence Act으로 알려진 화폐개혁 법안을 제출했다. 법안은 인프라의 직접 투자에 재정을 제공하는 것에 더해, 시민들에게 세금을 부과하지 않는 초기의 현금배당을 요구했다(Section 507: 45). 의도는 인프라를 위한 정부의 지출이 경제에서 순환될 기회를 얻기 전에, 법의 발효 시 금융체계에 유연성을 주려는 것이었다. 추측건대, 비록 법안에 기간이 구체화되어 있지 않았지만, 이것은 일회적 방안으로 의도되었다. 국가고용긴급

방어법(H.R. 2990)은 생산, 소비, 가격, 도덕성, 그리고 다른 경제적, 재정적 요인에 배당금이 미치는 영향에 대한 조사를 요구했다(Kucinich 2011). 법안은 즉각 '투자 서비스 하원위원회'에 의뢰되었다. 그리고 한 달 후 '재정기관과 소비자신용 소위원회'에 보내졌고, 소위원회에서 더 이상의 활동 없이 방치되었다(U.S. Congress 2012).

가장 최근에 미국 사회당의 대통령 지명자인 스튜어트 알렉산더Stuart Alexander가 20세 이상의 모든 개인을 위한 기본소득보장을 승인했다(Lomibao 2011; Stewart Alexander for President 2012 Campaign Committee 2011). 기본소득보장의 오랜 지지자인 알렉산더의 구상은 생활이 될 만한 기본소득을 높게 설정했다. 그러나 미국 사회주의정당SPUSA은 제1차 세계대전 이전의 유진 데브Eugene V. Debs의 사회당과 제2차 세계대전 이전의 노만 토마스Norman Thomas의 사회당의 미약한 그림자인 미국 내 소수 정당이다(Deininger 1963; Mann 1971; Thomas 1948). 전 국가적 차원의 논쟁에 긍정적 영향을 미칠 가능성은 요원하다.

미국의 기본소득 실험 최근 동향 및
한국 기본소득 논의에 갖는 시사점

이 책이 출간된 2012년 이후 미국 주정부에 의한 기본소득 관련 실험이나 제도화 시도는 관찰되지 않는다. 단 개인, 비영리조직 등 민간이 주도한 기본소득 실험 'The Economic Security Project'는 주목할 만하다. ESP는 기본소득에 관심이 있는 벤처자본가, 활동가, 교육자 등 개인과 단체가 참여한 민간조직이 진행하고 있다. ESP는 권리로서 소득을 주장하며, 조건 없이 일정한 소득을 개인에게 보장하는 기본소득이 빈곤퇴치에 어떤 효과가 있는지를 실험을 통해 검증하고자 한다. 기본소득의 급여액, 급여 대상자 등에 대한 구체적인 방안은 알려져 있지 않으며, 현재 SNS를 통해 실험에 필요한 재정 1,000만 달러를 모금 중이다.

기본소득은 노동에 종속되지 않은 생계보장을 목적으로 해야 한다. 실현가능성을 떠나, 생계와 동체로 인식되어온 노동으로부터의 해방, 생계와 노동의 포박을 벗어난 실질적 자유의 구현이 기본소득에 부여된 사명이라고 본다. 기본소득에 대한 이와 같은 견해에 기초하면 소득과 노동의 연계를 고집하는 부의 소득세제와 근로소득세액공제제도를 기본소득의 스펙트럼에 놓은 미국(또는 저자)식 '기본소득 바라보기'는 기본소득의 기본가치와 지향에서 일정 정도 벗어나 있음을 의미한다.

기본소득을 향한 미국의 굴절된 해석의 단서는 부의 소득세, 가족지원계획에 대한 지지 또는 비판의 논의에서 찾을 수 있다. 수혜를 받은 남성 노동자가 비수혜 비교 대상자보다 상대적으로 낮은 노동의욕을 보인 시애틀—덴버의 소득유지 실험SIME-DIME 결과가 부의 소득세제의 제도화 논의에 부정적인 영향을 미친 미국의 경험은 노동에 대한 사회적 규범이 노동을 전제하지 않은 소득보장의 제도화 가능성을 결정짓는 핵심요인 중 하나임을 명확히 한다. "조건 없는 소득보장은 노동동기를 감소시킵니다. 내가 지지하는 가족지원계획은 노동동기를 증가시킵니다"라는 가족지원계획에 대한 닉슨의 발언은 기본소득에 대한 노동윤리의 저항성을 단적으로 표현한다. 이처럼 미국의 기본소득 경험은 한국의 기본소득 추진에 우선되는 장애 또한 노동에 대한 한국의 사회적 규범일 수 있음을 시사한다.

자본주의 사회에서 노동은 임금을 매개로 개인의 정체성을 구성한다. 사회적 존재로서 인간됨은 노동을 통해 확인되며, 노동으로부터의 소외는 실존적 소외와 다르지 않다. 임금으로 환산된 노동의 가치는 곧 개인의 가치를 의미하며, 노동하지 않는 개인은 사회구성원으로서 가치를 지니지 못한 존재라는 인식이 뿌리깊다. 노동과 소득의 단절, 즉 노동 없는 소득에 국가와 자본만이 적대적이지 않다. 삶의 의미와 가치를 노동 중심으로 구성해 온 자본주의적 개인 또한 노동 없는 소득에 당혹해 한다. 기본소득에 대한 미국의 경험은, 기본소득이 넘어야 할 첫 걸림돌은 한국인의 심성에 각인된 노동윤리임을 재확인한다.

아동부양가족지원금이 폐지되고 가족지원 프로그램으로 대체된 배경으로, 복지급여를 받고 일하지 않는 엄마가 복지급여를 받지 않고 일하는 엄마보다 높은 소득을 얻을 수 있는 가능성이 정치적으로 수용될 수 없었다고 언급한 젠크스의 분석은 한국에서 기본소득의 제도화를 위해 호혜성 위배*의 비판 또한 극복해야 할 과제임을 시사한다. "누군가 게으른 삶을 선택할 수 있도록 다른 사람이 세금을 내야 할 이유는 없다"는 닉슨의 강변은 임금노동만을 사회적 기여로 전제하고, 사회적 기여가 없는 개인이, 사회적으로 기여한 개인이 창출한 가치를 착취하는 호혜성 위배에 대한 강한 거부를 드러낸다. 호혜성 위배에 대한 비판은 한국 사회에서 그 간 진행되어온 기본소득 논의에서도 확인된다.

정리한 바와 같이, 미국의 (유사)기본소득의 제도화 경험이 한국 사회에 주는 함의의 골자는, 기본소득의 제도화 가능성은 노동윤리, 호혜성 위배 등의 규범적, 이념적 차이를 극복할 수 있는 견고한 논리의 발전을 통한 정치적 수용성의 확대에 있다는 것이다. 이는 한국에서 기본소득의 도입을 지지하는 논리가 주로 재정적 실현가능성을 중심으로 상대 진영의 논점을 방어해 온 한계를 꼬집는다(조남경 2017).**

---

* 사회에 기여하지 않는 사람들에게 기본소득이 주어진다면something for nothing 그것은 열심히 사회에 기여하는 사람들을 착취exploitation하는 것과 같다는 반론(조남경, 2017: 258)을 의미한다.

** 조남경, 2017. 기본소득 전략의 빈곤비판. 〈사회보장연구〉, 33(3), 253-269.

비OECD 국가

16

이란: 기본소득을 향한 험난한 길

하미드 타바타바이
Hamid Tabatabai

기본소득에 관한 이란의 경험은 역설적이다. 이란에서는 기본소득 개념이 잘 알려지지 않았기 때문에 공공 담론에서 거의 찾아볼 수 없다. 그러나 2010년 12월부터 이란 내에 거주하는 모든 이란인이 45만 5,000리알(약 45달러)[1]에 해당하는 현금을 정부로부터 수령할 수 있게 되었고, 거의 대부분이 실제로 이를 수령하였다. 이 무조건적 현금지급은 공식적으로는 '현금보조금'으로 알려졌다. 폐지된 기존의 가격보조금을 대체하는 성격인 것이다. 이 계획은 각종 연구에서 일반적으로 지칭하는 기본소득의 개념에 미치지는 못하지만, 전 세계의 다른 곳에서 진행되는 대규모 현금지원 프로그램에 비해 기본소득의 개념에 훨씬 더 가깝다. 사실상 기본소득으로서 효력을 발휘하고 있는데, 그 규모와 범위뿐만 아니라, 그 기원과 전망 또한 매우 독특하다. 실질적으로, 앞으로 세계 각지에서 따라할 수 있는 잠재적 가능성이 높은 모델로서, 특히 이미 시행되고 있는 모델로 시행

2년차에 접어들 날이 얼마 남지 않았다는 점에서 다른 모델에 비해 더 큰 이점이 있다.

이란의 사실상 기본소득정책이 어떻게 시행되게 되었는지에 대한 과정은 다른 곳에서 정리한 바 있으며, 아래에서 이를 약식으로 설명하려 한다. 이 현금지원은 2010년 12월 19일부터 시행된 보조금정책 개편의 하나로 진행되었다. 이러한 정책조정의 결과가 조만간 나타날 것으로 보인다. 이처럼 실제 결과가 조금씩 드러나고, 이를 인지하는 학자들이 점차 많아지면서 차후 이 정책 절차, 특히 현금지원 부분의 관리를 어떻게 해야 하는지에 대한 토론이 벌어지고 있다. 이 장에서는 아직 널리 알려지지 않은 이란의 경험, 특히 이 정책이 직면한 과제에 대한 경험을 가져와 현재 진행 중인 기본소득 논의에 참여하고 있는 학자들이 관심을 가질 만한 예비지식을 도출한다.

이 장은 다음과 같은 구조로 이루어져 있다. 첫 번째로 이란의 가격보조금정책 변경 및 재조정에 관하여 간단히 설명한다. 특히 그 현금지원 부분이 어떻게 전국적인 기본소득과 유사한 형태로 나타나게 되었는지에 대해 조명한다. 보조금개혁법의 주요 조항과 그 이행 양상을 집중 조명할 것이다. 그다음으로는 이러한 개혁의 초기 성과에 관해서 확인하며, 그 뒤에는 현재 이란에서 제기되는 주요 이슈에 관하여, 그리고 국가적 기본소득정책의 전망을 논의한다. 마지막 부분은 결론이다.

가격보조금에서 현금보조금으로

이란은 주요 산유국 및 원유수출국으로, 그 흥망이 이 "더럽고 지저분한 냄새가 나는, 공기중으로 분출되어 마치 돈이 쏟아지듯 흙으로 돌아가는 액체"(Kapuscinski 1986: 34)에 달려 있었다고 해도 과언이 아니다. 수십 년간 정부는 원유수익에 접근하기 쉬웠고, 덕분에 국가적 개발이나 각종 지출에 대한 경비를 쉽게 충당할 수 있었다. 그러나 동시에 장기간의 변화보다는 단기 지출을 선호하는 자원관리문화를 가져온 원인이 되었다. 결과적으로 잘 알려진 경제구조의 약점이 점점 강화되어 갔으며, 특히 언제든 고갈될 수 있는 석유에 대한 의존도가 점점 높아졌다.

이 허술한 문화의 주된 징후는 국내 시장의 낮은 연료가격정책이다. 2010년 11월, 가격보조금정책을 개혁하기 직전까지 이란 내 연료가격은 베네수엘라를 제외한 전 세계 국가 중 가장 낮은 수준이었다.[2] 전국적으로 휘발유는 리터당 10센트, 디젤은 리터당 1.6달러 수준에 머물렀다. 가스, 수도, 전기 또한 이와 비슷하게 매우 저렴한 수준이었으며, 빵과 같이 일부 안정적으로 공급되는 식품 또한 마찬가지였다. 그 결과는 과소비와 비효율적 생산, 낭비, 오염, 주변국으로의 밀수로 이어졌고, 그리고 보조금에 의한 부의 불공평한 재분배로 이어졌다. 공식 통계에 따르면, 지난 수년간 이러한 가격보조금으로 인해 발생한 추가금이 연간 약 1,000억~1,200억 달러인데, 이 중 70%가 대도시에 거주하는 30%의 인구에 편중된 것으로 나타났다.[3]

원유로 만들어진 부를 잘못 운영하였다는 인식이 퍼지면서 강력한 경제적 기반을 다지고, 그 부를 더욱 공평하게 분배할 수 있는 기틀을 마련하기 위해 이 '저주'를 축복으로 바꿀 새로운 관리방식에 관한 여러 다양한 제안이 나타나기 시작했다. 초기에는 주로 원유수출을 통해 발생하는 수익에 관한 제안이 집중되었으나, 점차 국내시장에 더욱 합리적인 가격정책을 적용하여 만들어낼 수 있는 잠재적 이익까지 포괄한 제안이 나타나기 시작했다. 이 장에서 특히 관심을 가져야 할 것은 이러한 실제적, 혹은 잠재적 수익의 큰 몫을 특히 현금으로 국민에게 분배하는 방식의 제안이다. 그러나 이러한 제안은 정치적 지지를 받지 못해 국가정책에 영향을 끼칠 만큼 논의가 진행되지 못했다. 정치적으로 상당한 의미를 지녔던 유일한 제안은 2005년 개혁주의자 대통령 후보로 나섰던 메흐디 카루비Mehdi Karrubi가 내놓았던 공약이다.[4] 카루비의 선거전략은 모든 이란인 성인에게 원유수출과 국가예산 절감, 휘발유 소비 절감, 기타 지원금정책의 감축 및 대체 등으로 재원을 조달하여 매달 50달러에 상응하는 액수의 현금을 지급할 것을 공약한 것이었다.[5] 이는 정기적으로 무조건 지급되는 것으로, 지급 자격조건이나 직업 요구사항 같은 것이 일절 없었다. 카루비가 실제 선거에서 530만 표를 얻게 된 데에 이 기본소득 공약이 얼마나 큰 역할을 하였는지는 불명확하지만, 선거 중 모든 이란인을 거지로 전락시킬 수 있는 인기영합적 선동이라는 비난을 받았고 곧 잊히게 되었다. 카루비가 선거에서 패배하면서 이 공약은 곧 고려할 가치가 없는 것으로 잊히게 되었다.

가격보조금의 개혁 또한 오랜 기간 화두였다. 여러 정부에서 그

동안 정치적, 경제적, 사회적 현실 속에서 최대한의 노력을 기했으나 큰 성과가 없었기에 더욱 그러했다. 그 예로, 무하마드 하타미Moham-mad Khatami 대통령(1997~2005)이 집권하던 기간에는 5년간 매년 휘발유가격을 20%씩 인상하여 페르시아만 내 휘발유가격과 동등한 수준으로 끌어올리려고 시도했던 것을 들 수 있다. 그러나 1년도 채되기 전에 새로이 구성된 의회의 다수가 야당 의원들로 채워지게 되면서, 휘발유가격을 이전으로 되돌려 버렸을 뿐만 아니라 에너지 및 공공서비스 분야의 가격을 의무적으로 동결시켰다. 국민에 대한 새해 선물이라는 이름이 붙은 법안이었다. 이러한 반전은 결국 사회의 더욱 취약한 부문을 보호해야 한다는 여론에 의해 무위로 돌아갔지만, 그 동기는 분명히 경제적, 사회적인 것이 아니라 정치적인 것이었다. 하타미의 개혁을 좌절시킨 동일한 세력들은 2008년에 보조금 지급가격을 몇 배로 끌어올리는 더욱 급진적인 정책을 내놓았던 마흐무드 아흐마디네자드Mahmoud Ahmadinejad 대통령의 의견을 따랐다. 이는 이란의 최고지도자 아야톨라 알리 하메네이Ayatolhah Ali Khamenei 의 지원이 있었기에 가능했다. 그의 지지 덕분에 이란 의회는 이를 승인할 수밖에 없었다.

아흐마디네자드 계획은 2008년 6월에 더욱 세세하게 드러났다. 가장 큰 개혁이 이루어진 부분은 다양한 경제부문에 동시에 적용되는 것으로, 보조금 개혁에는 저렴한 연료가격정책을 포기하고, 그 대신 더욱 높아진 가격으로 얻게 되는 높은 수익을 현금의 형태로 대중에 되돌리는 방식을 택했다. 이 '현금지원'은 암묵적이든 실질적으로든 이란인들이 수십 년간 누려 왔던 가격지원을 대체하게 된다. 개혁은 전기와 수도, 대중교통, 빵, 기타 몇 가지 추가항목까지 확장되나, 전체의 90%를 넘는 보조금이 연료제품에 집중되었다.

몇 가지 사안들이 장기간에 걸친 토론과 논쟁으로 이어졌다. 특히 의회 내부의 의견충돌이 가장 격렬했다. 가격보조금체계에 개혁이 필요하다는 사실에 약간의 의견 불일치가 있었다. 정치계와 전문가, 심지어는 다수의 일반시민들 사이에서도 개혁이 필요하다는 인식이 퍼져 있었지만, 그 정도에 대해서 이견이 발생한 것이다. 또한, 저소득층에 대한 현금지원을 통해 보상해 줄 필요가 있는가에 대한 논쟁 또한 발생했다. 이미 이란 내에서 다양한 프로그램으로 저소득층에 대한 보상이 상당히 잘 이루어지고 있었기 때문이다.

일부 비평가들은 개혁의 시점에 대해 의문을 표시하였다. 이들은 최우선적으로 해결해야 하는 일이 인플레이션을 잡고 침체된 경제에 다시 시동을 걸어야 한다는 것이었다. 일각에서는 정부의 역량 자체에 의문을 가졌다. 그러나 가장 큰 우려는 바로 인플레이션 압박에 대한 공포로, 만약 이 개혁으로 인해 인플레이션이 발생하게 되면 막대한 가격 상승이 뒤이어 발생하게 되며, 특히 저소득계층이 받게 되는 타격이 클 수 있다는 것이었다. 의회 내 몇몇 핵심 의원뿐만 아니라 여러 전문가는 인플레이션이 급격히 일어나게 되면 경제에 악영향을 미치고, 사회 평화와 안정에 위협이 될 수도 있음을 경고하는 예측을 하였다. 이러한 우려는 그 뿌리가 매우 깊고, 각계각층에 널리 퍼져 있었다. 그러나 그런데도 정부에서는 그러한 급격한 인플레이션이 발생하지 않을 것이라 확신하는 모습을 보였다.

그러나 현금지원에 대해서는 논쟁이 그리 심하지 않았다. 지원범위를 소득기준 하위 2분위까지 하느냐, 5분위까지 하느냐, 7분위까지 하느냐, 아니면 전체 인구를 대상으로 할 것이냐 등의 관점은 매우 다양했지만, 이러한 이슈는 정부가 적용대상 및 범위 메커니즘을 매우 빠르게 정하려고 할 때 상황이 급격히 변하여 금방 묻히게 되었다. 뒤이어 정부는 가구주에게 가구의 '경제상황정보양식'을 작성하여 2008년 말까지 현금지원을 신청하도록 하였다. 이 양식은 인구통계학적 정보 대신 가정의 각 구성원의 사회경제적 상태, 특히 소득과 자산 등을 상세히 밝히도록 되어 있었다. 약 70%에 달하는 인구가 이란의 평균소득에 미치지 못하는 소득을 올리고 있는 상황에 이란 내 모든 가구를 총 3개의 그룹으로 나누는 방안이 만들어졌다. ① 하위 4분위에 해당하는 가구의 구성원들은 가장 많은 현금지원액을 받게 된다. ② 중위 3분위에 해당하는 가구의 구성원들은 하위 4분위에 비해 덜 받게 된다. ③ 상위 3분위에 해당하는 가구 구성원들은 일체의 지원을 받지 못한다. 그러나 이 결과는 모두가 받아들일 수 있는 것이 아니었으며, 어떤 가구는 당연히 인정받아야 할 소득분위로 인정받지 못하는 경우도 생겨났다. 시간이 지나면서 당시의 '분위별 구분정책'을 중단하고 모든 사람이 지원을 받을 수 있도록 해야 한다는 목소리가 커졌고, 그와 관련한 정부에 대한 압박이 강해져 갔다. 임시방편으로 만들어졌지만, 미래의 어느 시점에서 정부가 더 만족할 만한 대상자 선정방법을 개발하려 할 때 적용대상을 재설정할 여지를 남겨두었다.

보편적 적용범위를 통해 차후 전 인구를 대상으로 하는 획일적 지원금이라는 미래를 예측할 수 있었다. 다만, 지원금은 연령이나 거주지 등 쉽게 확인 가능한 기준에 따라 원칙적으로 상당히 달라질 수 있다. 경제적으로 궁핍한 지역 거주자들에게 더 많은 금액을 지원하는 것이 실제로 고려하던 방안 중 하나였다. 그러나 최종적으로는 동일한 금액을 지원하는 가장 간단한 방식을 택했다. 지원금 면에서, 실제로 개혁정책이 실시되기 전까지는 정해진 공식적인 수치가 없었으나 여러 가지 조건을 어떻게 평가하느냐에 따라서 1인당 약 10~25달러 수준일 것이라는 예상이 많았다. 이러한 추산은 이제부터 살펴보고자 하는 보조금개혁법에 그 근거를 두고 있었다. 보조금개혁법에 대해 살펴보자.

보조금개혁법과 그 이행

바로 이러한 배경으로 인하여 의회가 2009년 말까지 형식적으로만 개혁법안에 대한 논의를 진행하게 되었다. 이런 논쟁이 이어지면서, 법안은 통과되었음에도 그 이행에는 상당한 문제가 발생하게 되었다. 보조금개혁법안은 몇몇 일부 조항에 대한 정부의 반대에도 불구하고 2010년 1월부터 효력을 발휘하게 되었다.[6]

법안의 주요 조항은 정부로 하여금 연료와 전기, 수도, 대중교통, 우편이용요금 등을 개혁할 수 있도록 하며, 2010년 3월 21일부터 2015년 3월 20일까지 5년에 걸쳐 예정된 5차 개발계획 기간 동안 점차 일부 보조금지급 대상에 속하는 식품의 가격 또한 마찬가지로 개혁할 수 있도록 하는 것이다. 휘발유, 경유 및 기타 연료의 이란 국내가격은 페르시아만 내 본선인도FOB 가격 기준으로 최대 90%에 달하도록 인상되게 되었다.[7] 천연가스의 경우, 이란 국내가격을 평균 수출가격의 75%까지 인상하고, 전기와 수도 또한 최소한 원가 수준은 충족하도록 하였다. 밀과 쌀, 식용유, 우유, 설탕, 항공 및 철도수송, 우편요금의 경우 동일한 5년에 걸쳐 점차 보조금을 삭감, 최종적으로 보조금을 없애도록 하였다.

그렇게 하여 만들어진 순수익을 가격 인상에 대한 대국민 보상책으로 이용하여 경제의 구조적 전환을 촉진하는 것이다. 이 법안을 통해 정부는 순이익금의 최대 50%까지 ① 각 가구의 소득 수준을 고려하여 국내 모든 가구에 대한 현금 및 비현금보조금을 지급하고, ② 대상 인구에 대한 종합적인 사회보장체계를 수립 및 이행하는 것에 사용할 수 있게 되었다. 현금지원은 적격 가구주에게 은행 시스템을 통해 지급하는 방식, 혹은 정부에서 정한 적격자에게 지급하는 방식으로 하였다. 이렇게 지급된 보조금은 소득세면세 대상이다.

또한, 순이익금의 30%를 또 별도로 따로 떼어 에너지 절약기술을 도입한 제조업체에 기술도입으로 인한 비용부담을 보상하는 방식으로 지원하기 위하여, 그리고 해당 공공서비스를 공급하는 지방자치단체에 대중교통체계를 개발 및 향상시키고 비원유수출을 촉진하기 위하여 사용할 수 있도록 하였다. 남은 20%는 일반적으로 정부 지분으로 알려진 것으로 별도로 이를 명시하지 않고서도 '지출 및 고정자산의 인수'로 인한 충격을 보상하기 위하여 사용할 수 있도록 하였다. 정부는 50-30-20%의 분배비율을 한 해 최대 10%p까지 조정할 수 있으나, 5년 내내 조정된 비율로 정책을 이행하는 것은 허용되지 않았다.

정부가 초기에 원했던 3년 과정 대신에 5년에 걸친 이행 절차 및 과정을 만들어낸 것은 개혁의 진행과정을 조금 더 완만하게 하도록 하고, 그 인플레이션 효과를 완충하도록 하기 위함이다. 이러한 점진주의적 의도는 높아진 가격에 따른 순수익 규모를 첫해에 100억~200억 달러 규모로 제한하는 것으로 한층 강해졌다. 정부는 이러한 제한 조항이 비현실적이라고 강력히 주장하며 400억 달러까지 제한을 올릴 것을 요청하였다.

정부는 이렇듯 몇몇 조항에 대한 입장차를 좁히지 못하고, 의회를 설득하는 데에도 실패하면서 다른 전략을 채택하여 법안에서 암시하는 법안 효력발생일 후로 약 9개월간 실제 개혁정책을 실시하는 것을 의도적으로 늦추었다. 이러한 지연행위는 표면적으로는 더욱 완벽히 준비를 갖추기 위해서라는 명분이 있었으나, 실제로 정부가 의도한 것은 개혁의 속도를 빠르게 끌어올리는 것이었고, 그 뒤에는 첫해 순수익의 상당한 부분이 4/4분기, 즉 연말 3개월 중에만 발생하도록 하려 하였다. 이렇게 진행된 가격인상은 항목에 따라 75%에서 최대 2,000%에 달하는 수준이었으며, 따라서 12개월간 법안에 따라 인가된 순수익을 올리는 데에 필요한 수준을 크게 뛰어넘었다. 이러한 가속화는 바로 정부가 원하던 것이다. 정부는 이런 상대적 가격의 급격한 변화로 소비자 및 제조업체의 행동에 상당한 충격을 주어 변화가 더욱 빠르게 일어날 것이라 예측했다. 그러나 이렇게 법안의 시행을 고의적으로 지연시킨 또 다른 주요 이유가 있다. 이는 지급되는 지원금을 가능한 한 많이 끌어올리기 위한 것으로, 3개월

간 수금한 '팽창된' 순수익을 동기간에 분배할 수 있기 때문이다. 이렇게 정해진 현금지급금은 1인당 월 45달러 수준으로 정해졌다. 이는 초기 법안을 철저하게 지켰을 때 기대할 수 있는 지급금 최대액인 17달러를 거의 세 배 가까이 웃도는 금액이다.[8] 이는 정부에서 경제구조 전환 속도를 더욱 높이고 대중의 지지를 확보하는 데 필요하다고 판단한 수치로 보인다. 월 17달러 수준의 현금지원금, 즉 최소임금의 5%밖에 되지 않는 지원금은 경제구조의 전환이라는 큰 변화를 끌어내기에는 너무 작은 장려금으로, 개혁이 제대로 시작되기도 전에 무산될 수도 있다고 판단한 것이다.

가구에 대한 현금지원은 2010년 12월 19일 가격인상이 시작되면서 함께 시작되었다. 지원금 지급은 매달 두 번째 주에 시행되었다. 가정에 대한 지원금 지급은 규칙적으로 이루어졌으나, 정부와 사업체에 대한 지원금 지급은 타당한 이유로 비정기적으로 지급되었다. 가정이 현금을 지급받는 경우, 사업체와 정부에 대하여 지급할 예산이 부족해지는 것이다.[9] 획일적인 지급금은 정부에서 수금하는 순수익에 비해 상대적으로 높은 수준이었던 데다가, 초기 기대순수익이 과대평가되면서 재정이 부족해져 개혁 프로그램 이행에 혼란을 초래하는 결과를 낳게 되었다. 그러니 이를 바라보는 전문가들이 편법에 가까운 방식으로 진행되는 이행과정을 매우 신랄하게 비판한 것이 놀랍지 않다. 의회 대변인 알리 라리자니Ali Larijani는 수차례 의회는 정부가 이런 식으로 법안을 이행할 것이라고는 상상도 하지 못했다고 비판하는 성명을 발표하며 이러한 분위기를 전했다.[10] 그러나 정부가 스스로의 접근법을 정당화했건 아니건 간에 그 결과는 아래에서 보듯 매우 지대한 영향을 끼쳤다.

일부 초창기 성과

2011년 11월, 개혁절차가 시행된 지 1년 가까이 되었을 때 그 결과에 따른 여러 증거가 조금씩 나타나기 시작했다. 이러한 증거가 얼마나 정확한 것이고 신뢰할 만한 것인가는 논란의 여지가 있지만, 대체로 한 가지 형태로 나타났다.[11]

전술했듯, 인플레이션에 대한 두려움이 개혁정책과 관련된 최대 쟁점이었다. 정부 측 주장에 따르면, 전체 가격에 대한 초기 충격은 상대적으로 억제될 것이라고 예측되었으나 실제로는 지속적으로 인플레이션이 일어나게 되었다. 중앙은행에 따르면, 도시지역의 연간 인플레이션율은 9~10% 수준이었다.[12] 2010년 12월 19일 개혁정책이 시작되면서 인플레이션율은 1%p씩 상승하기 시작해 2011년 9월에는 18.3%에 도달했다.[13] 이러한 인플레이션 가속화는 온전히 가격 개혁으로 인한 것으로 보였다. 인플레이션율이 16.3%에 달했던 2011년 7월에는 4.5%p가 보조금지급 중단의 직접적인 영향을 받았으며, 1.9%p는 다른 항목가격의 상승에 간접적으로 영향을 받아 나타나게 된 것으로 집계되었다.[14] 일부 전체 인플레이션으로 인한 영향이 상대적으로 억제된 부문의 경우, 보조금이 사라지면서 가격이 거의 일곱 배 상승한 타 부문보다 개혁정책의 시행과 동시에 가격통제를 더욱 강화한 것이 주효하여 인플레이션을 조금은 피해갈 수 있었던 것으로 보인다. 가격통제 덕분에 차후의 충격을 완화할 수 있었으나, 완전히 이에서 벗어날 수는 없었다. 중앙은행은 인플레이션율이 몇 개월 동안 더 계속해서 상승할 것으로 예측했으나, 점차 상승속도가 느려졌다.

이러한 경제개혁의 주요 목표 중 하나는 상품과 서비스의 과소비, 특히 연료의 과소비를 막기 위한 것이다. 이 목표는 어느 정도 달성된 것으로 보였다. 어떻게 보면 과잉 달성된 것일 수도 있다. 정부발표에 의하면, 연료제품과 가스, 전기, 제빵용 밀가루의 소비가 상당한 수준으로 줄어들었다. 개혁이 시작되고 약 6~7개월간 여러 형태의 연료소비량이 기존에 비해 약 34억 리터, 일일 1,700만 리터 가까이 줄어들었다. 특히, 휘발유의 일일소비량은 9% 줄어들면서 6,000만 리터에서 5,500만 리터로 줄어들었다. 개혁이 시작되기 전까지 소비량이 지속적으로 상승하던 것과 상반된 모습이다. 연료의 밀반출 행위도 급격히 줄어들었다. 다만 국경 지방의 연료가격 차이가 지속되고 있어 완전히 사라지지는 못했다. 전기소비량은 그 전년도에 10% 상승했던 것과 대조적으로 8% 감소하였다. 밀과 제빵용 밀가루의 소비량은 28% 가량 급락한 것으로 추계되었다. 이렇게 소비재의 소비율이 급격히 떨어지는 모습은 생산 부문에서도 생산량이 떨어지는 모습으로 반영되었다. 특히 소규모 자영업자 부문의 생산성이 떨어지는 모습이 나타났다. 그 예로, 산업계 정보원이 현재 존재하는 전통빵집 중 30%가 이제 영업을 중단할 것을 고려하고 있다고 발표했던 것을 들 수 있겠다. 낙농업계 또한 비슷한 문제를 마주하고 있다. 이렇게 국가의 식생활에 기본적인 역할을 수행하는 항목 부문에 상당한 충격이 발생하는 모습이 드러나면서 이들에 대한 보조금을 없애는 것에 대한 우려가 크게 퍼졌다.[15] 소규모 자영업자 혹은 사업체들에게 있어, 높은 투입비용에 비해 소비자의 수요가 줄어들고, 가격통제까지 겹치면서 이로 인한 타격을 크게 받으면서 다가오는 새로운 환경 속에서 충분한 수익을 확보할 수 있을지 의문인 상황이 된 것이다. 그러나 생산 부문에 대한 영향에 관한 증거는 신뢰성 있는 결론을 도출하기에는 너무나 제한된 수준이며, 정부와 그 비판자 간의 상황평가에 대한 시각은 크게 달랐다. 한 가지 명백하게 드러난 것이 있다면, 이러한 현금지원은 생산자보다는 소비자에게 더욱 큰 도움을 준다는 것이다. 생산자의 경우, 보조금 폐지와 함께 그들 몫으로 배당된 30%의 지원금을 받지 못한 예도 있기 때문이다.

개혁정책의 또 다른 주요 목적은 소득불평등을 해소하는 것이다. 보조금지급에 따른 할인은 각 가정의 보조금 지급대상 상품 및 서비스 소비비율에도 영향을 끼쳤다. 보조금 지급대상 상품 중에 식품도 포함되지만, 실제로는 소득과 양의 상관계수를 지니는 에너지 상품의 소비에 대한 영향이 압도적인 것으로 나타났다. 그러나 보상지원 행위는 모두에게 동일하게 적용되며, 따라서 소득분배의 개혁에 따른 단기효과는 그저 평등주의적인 결과 선에서 머무르게 된다. 다만 그 범위에 대해서는 아직 하드데이터가 부족하여 확실하게 알 수 없다. 이란 통계청에 따르면, 도시 지역의 지니계수가 개혁시행 다음 연도에 0.379에서 0.358로 떨어졌다고 한다. 지방에서도 하락세가 유지되어 0.361에서 0.345로 떨어진 것으로 나타났다.[16]

최종적으로, 정체가 알려지지 않은 공공기관이 수행한 개혁에 대한 설문조사 결과를 선택적으로 고려하는 것이 도움이 될 수도 있다. 이 설문조사는 이란 수도 테헤란 지역에서 행해진 것으로, 개혁이 시작되고 얼마 되지 않은 시점에 대중이 바라는 점과 우려를 짚어낸 것들이다.[17] 예상했다시피 대부분의 사람들이 국영 라디오 및 TV 방송망을 통해 개혁에 관한 정보를 수집했으며(76%), 그 외에는 친구나 지인으로부터(9%), 신문을 통해(8%), 인터넷을 통해(4%) 정보를 얻게 된 것으로 나타났다. 이렇게 지급된 지원금은 대부분 사용한 것으로 확인되었다. 지원금 수령자의 77%가 설문에 응했는데,[18] 이들 중 41%가 지원금을 전액 사용했고, 37%가 전액 저축했으며, 남은 22%는 일부는 쓰고 일부는 저축한 것으로 나타났다. 그럼에도 불구하고 대부분의 응답자(62%)가 지원금을 받고 또 소비도 줄였음에도 불구하고 보조금 때문에 낮았던 가격이 너무 높아져 지원금으로 추가지출을 모두 충당할 수 없다고 밝혔다. 33%만이 지원금으로 추가지출을 감당할 수 있었다고 밝혔다. 이와 비슷한 대다수(65%)가 이런 개혁 덕분에 소비패턴을 '수정'하는 데에 도움이 된다고 밝혔으나, 일부(28%)는 이에 대해 의문을 표했다. 이에 대해 가장 중요한 점은, 개혁 프로그램이 성공을 거둘 것으로 예측하였으며, 이에 강한 자신감을 보이는 사람(40%)과 이에 상당한 의문을 품은 사람(39%)이 거의 정확하게 반으로 갈렸다는 것이다. 이런 지원금이 지속해서 지급될 가능성이 작거나 혹은 매우 낮다고 생각하는 사람(42%)과 지속해서 지급될 가능성이 크거나 매우 높다고 생각하는 사람(36%)의 비율도 유사하게 나타났다. 그러나 테헤란과 비교하면 혜택이 적었던 다른 도시 지역과 지방에서 청취한 공공의견은 개혁에 대하여 이

보다 더 긍정적인 반응을 보일 수 있음을 주지해야 한다. 이들 지역은 가격보조금보다는 모두에게 동일하게 지급되는 현금보조금이 더욱 큰 역할을 하기 때문이다.

현금보조금에서 기본소득으로?

이란 현금지원 프로그램의 미래는 어떠할 것인가? 그냥 그대로 남을 것인가, 아니면 완전한 기본소득 프로그램으로 진화할 것인가, 아니면 성과에 따라서 바뀌며 그 방향성이 다양하게 변화할 것인가, 아니면 그냥 사라지게 될 것인가? 이러한 의문점을 검토하기 위해서는 현금지원이라는 결과를 낳게 된 가격개혁정책이 이전으로 회귀하지 않을 것으로 보인다. 가격보조금을 기초로 하는 구체제는 이제 유지할 수가 없어 개혁해야 한다는 것은 널리 받아들여지고 있다. 그러나 개혁과정에서 가장 힘든 첫 단계, 다시 말해 커다란 초기 충격은 오랜 기간 준비해 온 현금보조금 지급정책과 효과적인 대중 정보제공 캠페인 덕분에 다행히 부드럽게 넘어갈 수 있었다.[19] 정부 당국은 개혁절차의 다음 단계를 수행하기 위해 완고한 자세를 보이고 있다. 직접적으로 관련이 없지만 여러 국제기구들이 이란의 정책에 보여주는 호의적인 평가결과와 국제적인 관심 덕분에 결심이 굳어진 것이다. 국제통화기금(2011)은 이 전략을 매우 반겼으며, 현금지원금이 국내 수요를 지지하고, 소득분배를 향상시키며, 빈곤을 축소시켰다는 점에서 호의적인 반응을 보였다. 이와 비슷하게 세계은행

(2011) 또한 초기 추산 결과, 지원금 프로그램을 통해 빈곤을 축소시키고 지역 간 소득차이를 상당히 줄일 수 있었다고 밝혔다. 그렇다면 국제통화기금과 세계은행이 사실상의 국가기본소득을 찬양하고 있는 것인가?

기본소득에 대한 확실한 정의는 없으나, 반 파레이스는 "정치 공동체가 그 구성원 전체에 대하여, 별도의 시험이나 노동을 요구하지 않고 개개인에게 지급하는 소득"이라고 그 핵심을 언급했다(van Parijs 2006: 4). 그는 이를 더욱 자세히 정의하기 위하여 이렇게 지급되는 소득은 정부가 공공으로 통제하는 재원과 무관하게, 현금으로, 정기적으로 지급하는 것이어야 한다고 보았다(van Parijs 2006: 4-5). 반 파레이스를 비롯한 기본소득 지지자들은 기본소득이 무조건적, 무기한적으로 즐길 수 있는 경제적 권리라고 보았다. 이 소득은 삶의 최소조건을 충족할 수도, 충족하지 못할 수도 있다. 시민권자가 아닌 (장기) 거주자들에게 주어질 수도, 아닐 수도 있다. 기본소득은 그 상세한 내용은 사람에 따라 많이 달라지겠지만, 그 기본적인 성격은 수령자에게 어느 수준의 경제적 안정을 취할 수 있도록 현금을 지급할 법적 권리를 부여하는 것이다.

타바타바이(2011)가 상세히 논했던 것처럼, 이란의 (2011년 11월 현재 진행중인) 현행 현금보조금 지급정책은 실질적으로 기본소득의 조건을 상당 부분 충족하여 기본소득과 유사한 정책이라 할 수 있다. 기본소득과 현금지원의 주된 차이는 현금지원은 개인이 아니라 가구 단위로 대표자인 가구주에게 지급된다는 점이다. 그 원인은 간단하다. 현금지원은 보조금지급 중단에 대한 보상으로 진행되는 정책으로, 각종 세금이나 요금을 가장 많이 지불하는 사람, 즉 일반적으로 가구주에 해당하는 사람을 위한 것이기 때문이다. 그러나 개인화된 기본소득지급으로 얻을 수 있는 이점이 완전히 사라진 것은 아니다. 기본소득은 "공동체의 각 개별 구성원이 수급자라는 의미에서뿐만 아니라, 그들이 지급받는 양이 해당자의 소속 가구 형태와는 무관하다는 의미에서 매우 엄격하게 개인 기반으로 지급된다"(van Parijs 2006: 8). 이란에서 진행 중인 정책은 후자의 조건, 즉 이를 지급받는 사람의 가정이 1인가구인지 다인가구인지와는 무관하다는 조건을 충족하지만, 전자는 충족하지 못한다. 반 파레이스는 "이는 정확히 엄격한 개인적 본성에 기인한 것으로, 기본소득은 고립의 함정을 없애고 공동체적 삶을 발전시키는 역할을 한다"고 주장했다(van Parijs 2006: 8). 이는 또한 이란의 경우에도 적용되는 것이다. 그렇기는 하지만 장기간에 걸쳐 가정 내 복지의 분배에 대한 보조금의 영향에 대해 알아갈수록 상황 또한 달라질 것이라는 점도 쉽게 예측할 수 있다. 국민의 선택지를 넓히기 위해서는, 각 가정에 가장에게 보조금 전액을 지급하거나, 가정 내 성인에게 개별적으로 지급하는 방안 중 어느 쪽을 선호하는지 선택할 기회를 주는 것이 합당할 것이다(물론 아동에 대한 지원금은 부모나 보호자에게 지급된다).

그러나 이 시점에서 중요한 의문점은 현재 이 현금보조금정책이 그 특성상 기본소득의 형태를 띠고 있느냐 아니냐가 아니라, 과연 지속해서 발전할 수 있을 것인가, 만약 그렇다면 어떻게 발전할까일 것이다. 현금지원 프로그램은 널리 알려져 있지만 보편적인 지지를 받지는 못한다. 일부 전문가들은 현재 형태의 현금보조금 지급을 중단하고 그 자원을 일자리 창출이나 공공재의 확대 등 다른 우선순위로 돌려야 한다고 주장한다.[20] 이는 그 개념상 경제적 이득이 얼마나 되느냐와 무관하게 이제는 사회적으로나 정치적으로 개연성이 없어 실현가능성도 없다. 다른 사람들은 이보다 덜 단정적인 주장을 펼치기도 한다. 재원의 일부를 저소득층에 더 분배할 필요가 있다는 것이다.[21] 정부 자체적으로는 초창기에 소득 하위 7분위에만 보조금을 지급할 예정이었으나, 이러한 대상인구를 식별하는 방식이 기술적으로도 문제가 있고, 사회적으로도 평판이 좋지 못해 초기 계획대로 진행할 수가 없게 되었다. 그리하여 모든 계층을 포괄하여 적용하려는 정책으로 선회하였으나, 덕분에 실현 가능한 대안이 부족하게 되었다. 그 자체로는 옹호할 만한 부분이 별로 없고, 한동안 이를 운영하여 자리 잡혀 되돌릴 수가 없게 되더라도 그 수명이 오래 가지 않을 것으로 보인다. 소득이 낮은 대상을 골라 지급하는 자산조사 방식을 부활시키는 것이 이 프로그램을 지속해서 운영하는 데 문제가 되는 재원상 제약문제를 해결할 적절한 방안 중 하나라고 할 수 있다.[22]

재원의 제약이 얼마나 심각한지는 정확히 밝혀지지 않았다. 지원금 프로그램의 재정상태는 정부, 관리감독 의무가 있는 각종 기관, 기타 전문가 등의 평가가 상이하여 상당한 논란을 일으키는 문제이다. 정부는 심각한 문제가 있을 것이라는 가능성을 부정하고 있으나, 이에 대한 회의적인 시각도 만연하며 실제로 지원금지급을 유지하기 위해 필요할 때마다 시행된 특별 조치로 이러한 시각이 확인되는 일도 나타나고 있다. 확실한 것은 법안의 재정 관련 조항이 최우선 순위가 아니라는 것이다. 가계수지는 연간 400억 달러이다. 가계 지급분을 법정 최대비율인 60%를 넘지 않는 수준, 앞으로 실현될 가능성이 없다고 봐도 무방한 수준으로 잡을 경우 이를 지급하기 위해서는 세입이 670억 달러 수준이 되어야 한다. 2011년 3월 21일부터 2012년 3월 20일까지 이란의 연간 예산은 계획상 540억 달러 수준으로 다소 낙관적으로 예상했다.[23] 이러한 프로그램 재정에 대한 불확실성은 지속가능성에 대한 전망을 하게 만든다.

이런 특이한 재정상태는 더욱 높은 가격으로 과대평가한 잠재적 세입과 전 인구를 대상으로 하는 보편적 적용, 그리고 높은 지급 수준 등의 측면에서 다양하게 비판을 받고 있다.[24] 어느 정도까지는 이 프로그램이 스스로 성공의 희생양, 혹은 개혁의 희생양이 된 것으로 보이기도 한다. 반면, 세입 부족이 발생하게 된 것이 상품이나 서비스, 특히 연료의 소비량이 예상보다 훨씬 더 많이 줄어든 게 원인이 되었다고 보는 시각도 있었다. 또 다른 한편으로는 초기 몇 달간 프로그램 참여율이 급상승한 것이 그 인기와 인지도가 빠르게 증가하고 있음을 반증하는 점이라는 시각도 있었다. 특히, 현금지원금의 액수가 상대적으로 많다는 점이 이러한 인기의 원인이라는 분석이 주류였다.

후자를 더욱 자세히 설명하자면, 2010년 12월에 개혁이 시작되었을 때 전체 가구의 80%만이 지원금을 받기 위한 자격조건을 충족하는 것으로 나타났다. 전술했듯 이 자격조건은 등록양식을 작성하고 지원금이 입금될 은행계좌 정보를 제공하는 것이었다. 남은 20%의 가구는 이에 참여하지 않았으며, 이들 중 절반 정도는 일체의 신고 및 등록 행위를 하지 않은 사람들로, 대부분 재산과 수입을 밝히고 싶지 않았거나, 개혁 시작 전 등록기간에는 정해지지 않았던 지급예정 지원금의 액수에 관심이 없었거나, 프로그램 자체를 몰라 참여하지 않은 경우였다. 다른 절반은 등록신청서는 작성하여 제출했으나, 은행계좌 정보는 제공하지 않으면서 참여를 미룬 쪽이었다. 이러한 의사표시는 지원금이 필요한 사람들을 위하여 더 많은 자금을 남길 수 있도록 하기 위해 생활상에 문제가 없는 사람들이 자신의 수급권을 자발적으로 포기하라는 정부의 호소에 따른 것이었다.

그렇지만 현금지원이 실질적으로 개시되면서 상황이 바뀌기 시작했다. 첫 몇 달간 프로그램 참여자 수는 6,000만 명에서 7,250만 명으로 급증했다. 달리 표현하면, 7,530만 명에 달하는 이란 전체인구 대비로 볼 때, 참여자가 80%에서 96%로 증가한 것이다.[25] 이러한 변화는 몇 가지 요인으로 설명할 수 있다. 먼저, 정부에서 대상을 지정하는 것을 포기하면서 소득 및 자산 등에 관련된 정보가 적격성을 상실하였으며, 정부에서도 이러한 사항을 정확히, 면밀하게 조사해야 하는 이유가 사라졌기 때문이다.[26] 두 번째로는, 공식 등록절차가 간소화되어 인터넷으로 등록할 수 있게 된 것이 원인이다. 세 번째로, 지원 프로그램이 성공적으로 운영되기 시작하면서 프로그램에 회의적인 반응을 보이며 불확실한 사전 프로그램 시행기간에는 참여 의사표시를 안 하던 사람들에게도 권리를 청구할 것을 장려하였기 때문이다. 네 번째로, 일부 사람들의 참여를 꺼리게 했었던 연대감이 원래의 자선 목적이 정부기관을 통해서가 아니라 수급자 스스로 개별적으로 잘 운영할 수 있다는 사실이 알려지면서 변화하게 되었기 때문이다.

그러나 가장 영향이 큰 요인은 이미 전술했듯, 지원금의 액수 자체가 가격 상승분에 걸맞게 예상보다 높게 정해졌다는 것이다. 상품 및 서비스의 새로운 가격과 지원금의 금액이 밝혀진 뒤에는 이 프로그램에 회의적인 시각을 보이며 참여를 미뤘던 사람들 또한 프로그램으로 구름같이 모여들어 참여하게 되었다. 또한, 정부는 현금지급 액이 최소 2012년 3월까지는 45달러 선에서 변경되지 않고 유지될 것이라는 사실을 대중에 공표하였다. 그 결과, 개혁의 다음 단계로 진행하면서 지원금이 더욱 인상될 것으로 예상되었다. 실제로, 이전까지 지급되던 보조금이 1,200억 달러 수준에 달했다는 점을 감안할 때, 그중 3분의 1만이 현금지원금으로 전환되었다는 점은 실제 재정적 부담이 크지 않다는 것을 시사한다. 실제 대통령은 "지원금을 세 배로 끌어올리는 것이 적절할 수도 있다"고 말했다.[27] 개혁 후반기가 되면 실제로 중단기적으로 이렇게 될 가능성을 배제할 수 없게 되었다. 가장 연관성이 큰 요인은 바로 지원금에 대한 인플레이션의 영향이다. 상대적으로 높을 뿐만 아니라, 상승률 자체도 높아 20% 안팎 수준에서 머물고 있으나, 혹자는 이보다 더 높을 것이라 보고 있는 현재의 인플레이션율에 대해, 이로 인한 부담을 줄이기 위해 정부가 선택할 수 있는 가장 간단한 방법은 바로 인플레이션이 점차 가라앉아 원래 가치로 돌아가는 것을 기다리는 것이다.

마지막으로, 프로그램의 지속기간에 관하여, 이 문제에 대해 입장을 밝힌 정책결정자들과 이에 따른 여러 모순되는 여러 보고서가 나와 있음에도 불구하고 실질적으로 공개적으로 논의된 바는 없다.[28] 보조금이 영구적으로 완전히 폐지된 만큼, 그 보상 격으로 시행되는 현금지원금 프로그램 또한 마찬가지로 영구적으로, 아니면 최소한이란 스스로 국내 연료소비량을 충분히 안정적으로 뒷받침할 수 있을 만큼의 연료를 생산할 수 있을 때까지만은 지속될 것이라는 기대감이 팽배하기 때문이다.

결론

제4장에서 기본소득지구네트워크의 설립자 중 한 사람인 가이 스탠딩이 기본소득 담론을 지배하는 세 가지 주요 개념을 확인하였다. ① 첫 번째 개념은 매우 광범위하게 철학적이고 자유론적인 것으로, 기본소득의 권리이자 독립적인 문제로서의 측면을 강조한다. ② 두 번째 개념은 기본소득을 정치 및 경제적 재분배 전략의 일환으로 본다. ③ 최근 그 중요성이 강조되는 세 번째 개념은 젠더적, 환경적으로 실현 가능한 미래의 그 실현가능성을 더욱 높일 수 있는 수단으로서 기본소득의 잠재력을 강조하는 것이다. 이란의 경우, 명백히 두 번째 개념이 가장 강력하게 나타난다. 첫 번째와 세 번째 개념의 경우, 연료제품의 소비량 감축이라는 개혁의 여러 목표 중 한 목표에 따라 환경적 요인이 어느 정도까지는 관련이 있음에도 큰 영향을 끼치지 못하고 있다. 그러나 분배적 목표의 중요성 또한 맥락적 관점에서 보아야 한다. 이는 그저 이란의 가장 중요한 천연자원에 대한 장기간에 걸친 관리미숙 문제를 수정하려는 목적으로 수행되는 더

욱 광범위한 정책적 어젠다의 일부일 뿐이다. 다르게 보자면, 이란 버전의 기본소득은 기본소득 자체의 장점을 살리기 위해 시작된 것이 아니라, 더욱 큰 국가적 이슈를 해결하는 데에 도움이 되는 수단으로서 실현된 것이다.

또 다른 중요한 사항으로는 이러한 사실상의 기본소득정책이 공공재원(국가예산 혹은 원유수출 수익금)의 부담으로 작용하는 것이 아니라, 재분배 가능한 현존하는 가정의 소득을 이용해 재원을 조달한다는 것을 들 수 있다. 이러한 형태의 기본소득자금 조달방식은 학계에서 그렇게 많이 논의되지는 않은 방식이지만 더 많은 국가에서 기본소득을 더욱 현실적인 명제로 끌어오게 될 것이다.[29]

그러나 위에서 논의하였듯, 이란의 기본소득정책은 앞으로 갈 길이 멀고, 또 장애물도 많다. 그 미래는 어떻게 될지 아무도 모른다. 사실상 기본소득의 실현과 존재 덕분에 이를 유지할 강력한 기반을 만들어낼 조건을 형성하는 데에는 성공했지만, 이 정책이 지속적으로 운영되기 위해서는 가격보조금정책의 대규모 개혁이 합리적으로 이루어져야 하고, 앞으로 그 효과가 더 나아질 수 있을 것이라는 충분한 설득력을 보여주어야 한다. 이는 개혁의 효과와 영향에 대한 복합적이고 체계적인 평가를 지속적으로 진행해야 한다는 의미이기도 하다. 이를 통해 얻는 교훈은 긍정적이든 부정적이든 중요한 정책적 이슈를 해결하고 프로그램의 기능을 향상시키며, 정치적 기류의 변화에도 영향을 받지 않도록 굳건히 기반을 다지는 데에 도움이 될 것이다. 이 대규모 사회실험을 통해 타국에서도 그 상황에 적절한 방식으로 이를 적용할 수 있는 모형을 제공할 수 있게 될 것이다.

이란의 실험이 주는 의미

기본소득의 운영방식과 수준은 보편성, 무조건성, 충분성의 정도에 따라 다양하게 상상할 수 있다. 기본소득에 관심을 갖는 이유와 도입 목적도 사람에 따라 달라진다. 일반적으로 보수주의자는 복지제도의 통합과 효율을 목적으로, 진보주의자들은 불평등의 해소 방안으로 기본소득을 떠올리고 있고, 또한 자동화와 인공지능 등 과학기술의 발달로 인한 일자리 부족의 대안으로 기본소득이 제시되기도 한다. 누군가가 어떠한 방식으로 기본소득을 도입할 것인가에 대한 고민을 하고 그 운영방식을 설계하려고 한다면 기본소득이라는 이름은 아니지만 이란의 경험은 많은 참고가 될 것이다. 이란의 새로운 정책은 다른 나라의 기본소득 도입의 이유와 달리 정치 및 경제적 재분배 전략의 일환으로 만들어졌다.

이란 국민은 정부가 지불하는 보조금으로 인해 세계에서 가장 싼 가격으로 에너지와 식료품 가격을 향유해 왔으나 유가 하락 등으로 재정 부담이 커지고 낮은 물가로 인해 에너지 자원의 낭비, 생산의 비효율화, 경제 왜곡 등의 부작용이 발생하여 보조금을 폐지하고, 대신 기본소득과 매우 유사한 형태의 현금보조금이라는 이름의 급여를 2010년에 시작하였다. 기본소득과 이란의 현금지원의 주된 차이는 이란의 현금지원이 개인이 아니라 가구 단위로 지급된다는 점일 뿐 기본소득의 조건을 상당 부분 충족하고 나머지는 매우 유사하다.

참고할 만한 시행상의 경험은 여러 가지가 있다. 우선 시행 전 새로운 정책으로 인한 인플레이션에 대한 두려움이 컸는데, 후에 다소 속도가 느려지기는 했으나 실제로 인플레이션이 일어났다는 점이다. 이를 예상하고 사전에 대비책을 세웠으나 완전한 대비가 되지 못했던 것이다. 둘째, 이란에 있어서 개혁 정책의 또 다른 목적은 소득불평등을 해소하는 것이었는데, 실제로 지니계수가 하락하였다. 소비가 진작되어 수요를 창출하였고, 소득분배를 향상시켰고, 빈곤율을 축소시켰으며, 지역 간의 소득차이도 줄였다는 점을 참고할 필요가 있다. 이러한 결과는 국제기구로부터 좋은 평가를 받기도 하였다. 셋째, 가구 단위로 지급하는데 지급대상을 누구로 하느냐에 대한 고민도 있었고, 다른 형태의 지급방식으로의 변경에 대한 고민도 있었다. 일부 전문가들은 현금보조금 형태의 지급을 중단하고 그 자원을 일자리 창출이나 공공재의 확대 등 다른 우선순위로 돌려야 한다고 주장하기도 했고, 일부 전문가들은 재원의 일부를 저소득층에 더 분배할 필요가 있다고 주장하기도 하였다. 실제 이란 정부에서는 초기에 하위 70%에게만 지급할 것을 계획하였지만 자산조사의 어려움과 여론이 좋지 않아 포기했었다. 하지만 이후에 지속적으로 선별적 방식으로의 전환에 대한 고민은 이어졌다. 이후 이란은 유가 하락 등 경제 여건과 정치적 지형이 바뀌어 현금보조금정책에 대한 변경에 대한 고민은 지속적으로 이어졌는데, 2010년에 시행된 이란의 현금보조금정책은 기본소득의 도입을 고민하는 사람들에게는 유용한 참고자료가 될 수 있을 것이다.

주

2장

■ 우리는 이 책에 글을 싣도록 초대하고 초안에 대해 서면으로 코멘트를 해준 리차드 K. 카푸토에게 감사한다. 우리는 또한, 오랜 기간에 걸친 공동노력의 결실을 이 장의 제도적 실현가능성에 관한 내용을 서술하는 데 활용할 수 있게 허락해 준 린제이 스터튼Lindsay Stirton에게도 감사한다. 그리고 호세 A. 노구에라는 스페인 정부 과학혁신부의 창의적 향상CONSOLIDER-INGENIO 프로그램과 국가연구개발계획의 재정지원에도 감사한다(MICINN, Grant Nos. CSO2009-09890, CSD2010-00034-Simulpast).

1 이 부분은 이 책의 편자가 삽입한 것이다.

2 이 절의 논의는 드 위스퍼라러(2011)를 기초로 한 것이다.

3 기본소득의 실행에 있어서의 '관리운영적 요소'에 대한 보다 체계적인 논의를 위해서는 드 위스퍼라러와 스터튼(2007, 2011, 2012a, 2012b) 참조.

4 이 부분은 편자가 넣은 것임(역자주: 이 장의 저자들은 참여소득을 약자를 사용하여 PI로 표기하였는데, 이 책의 편자가 약자인 PI 뒤에 Participation Income을 기입하였고 이 장 저자들이 이를 알리기 위해 4번 각주를 단 것임).

5 예컨대 비공식적인 돌봄을 수행(참여)하는 것을 참여소득의 수급자격을 획득할 수 있는 활동으로 인정한다고 해보자. 비공식적 돌봄활동을 통해 참여소득의 수급자격을 얻은 사람이 진정으로 그 돌봄활동을 수행했는지를 확인하기 위해서는 기본소득 프로그램의 운영담당자가 정기적으로 가정방문을 해야 할 수도 있다.

6 많은 기본소득 주창자들은 "기본소득의 수급자격을 얻기 위해 특정 조건을 충족할 필요가 없다"라는 소극적 요건과 "기본소득의 수급자격을 가진 모든 개인이 명부에 등재되어야 한다"라는 적극적 요건을 혼동하는 경향이 있다. 제도의 관리운영 측면에서 볼 때, 전자는 출발점에 불과하지만, 후자는 기본소득의 효과적인 실행을 위해 실제적으로 중요한 요건이다.

7 이른바 진보적 기본소득 모델과 보수적 기본소득 모델 간의 차이는 상당히 크다. 반 파레이스(van Parijs 1995)의 제안과 머레이(Murray 2006)의 제안을 비교해보라.

8 이와 관련하여 최근 카탈루냐 지역을 대상으로 하여 기본소득 및 그와 연관된 정책들에 대한 사회적 지지를 비교조사한 여론조사 결과를 보면, 순수한 형태의 기본소득에 대해서는 그 지역주민의 40.7%만이 지지하는 것으로 나타난 반면, 참여소득에 대해서는 78.2%가 지지하는 것으로 나타났고, 자산조사에 의한 기초소득보장에 대해서는 82.2%, 부의 소득세에 대해서는 74.1%, 그리고 보편적 기초연금에 대해서는 70.9%가 지지하는 것으로 나타난 바 있다(Noguera et al. 2011).

9 뿐만 아니라, 제도적 배경 역시 특정 정책의 지지 수준에 중요한 영향을 미친다는

연구들도 있다(Albrekt Larsen 2006). 이는 제도적 실현가능성과 심리적 실현가능성이 상호 연결되어 있음을 시사한다.

10 서핑효과에 대한 기본소득 주창자들의 둘째의 대응은, 기본소득이 많은 사람들로 하여금 노동시장에서 인정되지 않는 다양한 비공식적인 방식으로 사회에 기여하게끔 한다고 주장하는 것이다. 하지만 이 역시 서핑효과와 같은 우려를 불식시키는 데에는 별 효력이 없다. 왜냐하면 기본소득을 위해서는 견고한 재원이 확보되어야 하는데 그런 비공식적인 기여는 그런 재원확보에 별 도움이 되지 않기 때문이다.

11 알래스카의 모든 주민들에게 1년에 1,000달러가량의 급여를 지급하는 알래스카 영구기금은 예외적으로 완전한 형태의 기본소득이다. 하지만 알래스카의 이 급여는, 여러 가지 이유로 기본소득 주창자들이 제안하고 있는 보다 야심찬 기본소득 안에 대해 별로 교훈을 줄 만한 것이 없다. 알래스카 영구기금에 대해서는 골드스미스(Goldsmith 2005) 및 와이더키스트와 하워드(Widerquist and Howard 2012) 참조.

12 행위자기반 모의실험, 즉 행위자기반 모델은 여러 가지 장점이 있다. 즉, 그것은 이질적인 다양한 행위자들로 구성된 모집단을 모형화할 수 있고, 그런 행위자들이 처한 환경에 존재하는 정황과 규제들을 모방재생할 수 있으며, 행위자들로 하여금 일련의 정해진 규칙 혹은 성향에 따라 자율적으로 상호작용하게끔 할 수 있고, 그들로 하여금 사회적 결과를 학습하고 또 그 결과에 반응토록 할 수 있으며, 상호작용 유형이 어떻게 거시수준의 사회적 결과를 초래하는지를 설명하는 사회적 기제를 찾아낼 수 있게 해주는 등의 많은 장점이 있다. 행위자기반 모의실험이 갖는 또 하나의 중요한 장점은, 특정 사례나 현상에 적합하게끔 모형을 경험적으로 조정할 수 있다는 것이다.

13 예컨대, 그니지와 루스티치니(Gneezy and Rustichini 2000)는 유인이 작을 때 노동성과는 유인이 전혀 없을 때 도달되는 수준보다 더 낮은 수준으로 하락한다는 것을 보여준다. 이와 유사하게 '구축'효과에 관한 연구에 의하면, 제재나 통제가 지나치게 엄격하다거나 불공평하다고 인식될 경우 그 제재나 통제에 대한 순응도가 하락하는 것으로 나타난다(Bowles 2008).

3장

■ 이 글은 다음의 컨퍼런스에서 발표되었다. 8월 25, 26일에 진행된 아르헨티나 부에노스아이레스대학 로스쿨의 *Desafíos de la integración latinoamericana*의 *El futuro de la integración latinoamericana* 세미나, 9월 22일, 34일 아루바에서 열린 제26회 *meeting of the Committee of Economic Affairs, Social Debt and Regional Development*, 10월 2일과 3일 칠레 산티아고에서 열린 *International Parliamentary Seminar.*

1 언급된 기사는 2011년 6월과 9월자의 〈폴하 드 상파울루*Folha de S. Paulo*〉와 〈오 에스타도 드 상파울루*O Estado de S. Paulo*〉 신문에서 발췌되었다.

2 근로소득세액공제제도에 대한 정보는 다음의 연구에서 수집되었다. 니콜라스 존

슨과 에리카 윌리엄스(2011년 4월)의 "Center on Budget and Policy Priorities", "A Hand Up: How State Earned Income Tax Credits Help Working Families Escape Poverty in 2011", 존 완첵과 로버트 그린스테인(2011년 4월)의 "Earned Income Tax Credit Overpayment and Error Issues", 브루스 메이어의 코멘트, 앤 소피의 "The Earned Income Tax Credit-A Swedish Perspective" 그리고 "Earned Income Tax Credit Archive".

3　최저소득보장과 시민기본소득의 원리, 볼사 파밀리아를 수립한 브라질의 사회정책 프로그램의 진보, 알래스카의 영구기금에 대한 정보는 에두아르도 M. 수플리시의 책《시민소득, 문을 통한 출구*Renda de Cidadania. A Saída pela Porta*》(1st Ed. 2002, 6th Ed. 2010)에서 찾을 수 있다. 알래스카 영구기금의 배당 시스템과 관련해서는 2012년에 출간된《알래스카 모형의 확산: 어떻게 영구기금을 전 세계 개혁 모델로 확산시킬 수 있을까?*Exporting the Alaska Mode: How the Permanent Fund Dividend Can Be Adapted as Model for Reform Around the World*》를 참고했다. 앵커리지의 알래스카 대학에서 이루어진 알래스카 모델에 대한 1일 토론(2011년 4월 개최), 미국의 인구조사국과 브라질의 지리통계청*IBGE*의 지니계수 데이터가 사용되었다.

4　시민기본소득의 장점은 필리페 반 파레이스와 야닉 밴더보트의 저서《시민기본소득, 윤리적 및 경제적 기초*Renda básica de Cidadania. Foundamentos Éticos e Econômicos*》(2006) 중에서 찾을 수 있다.

5　어떻게 탄소에 세금을 부과하여 기본소득의 재원을 충당할 것인가에 대한 예는 마이클 하워드 교수가 기본소득지구네트워크의 제13회 국제 기본소득지구네트워크 총회에서 발표한 "A Cap on Carbon and a Basic Income: A Defensible Combination in the U.S?"에서 제시되었다(www.basicincome.org).

6　필리페 반 파레이스가 수플리시 상원에게 보낸 개인적인 이메일은 2011년 9월 6일과 12일자이다.

4장

■　이 글은 2011년 9월 4일 기본소득지구네트워크 회원들에게 이메일로 보내졌으며, 이후 쏟아지는 칭찬의 메일들이 뒤따랐다. 글 전체를 책에 싣는 것을 허락한 가이 스탠딩에게 감사의 인사를 드리고자 한다. [　]안의 내용은 정보제공 및 부연설명을 위해 저자에 의해 추가된 것이다.

5장

■　이 장은 2008년 기본소득지구네트워크 총회의 세션 4c, "유럽에서의 논쟁*The Debate in Europe*"에 발표된 논문을 바탕으로 2011년 6월에 보완하였다.

6장

■ 이 글을 쓰는 데 도움을 준 리차드 K. 카푸토와 이안 코페이스탁Ian Copestake에게 감사의 마음을 전한다. 이 글은 보다 포괄적인 보고서의 축약 및 수정된 버전이다(Liebermann 2012 참조). 괄호 안에 표기된 독일어 출판물 제목은 내가 번역한 것이다.

1 이보다 이른 2003년 8월, 어트 피셔Ute Fischer, 악셀 얀센Axel Jansen, 스테판 헤켈Stefan Heckel, 사샤 리버만 그리고 토마스 루어Thomas Loer는 자신들의 모임을 알리고 기본소득의 내용과 다양한 효과를 설명하는 짧은 보고서를 제공하기 위해 웹사이트를 개설하였다(http://www.freiheitstattvollbeschaeftigung.de).

2 포스터 캠페인은 2004년과 2005년 베를린, 2004년 프랑크푸르트, 2005년 도르트문트, 쾰른, 함부르크에서 실시되었다. 이어 스티커 캠페인이 2009년 쾰른, 본, 베를린에서, 그리고 2010년에는 쾰른, 함부르크에서 시행되었다. 사진과 활동내용은 위의 웹사이트 Aktionen 메뉴에서 확인할 수 있다.

3 지도는 http://www.grundeinkommen.de/karte에서, 기본소득 활동일정은 http://grundeinkommen.de/termine을 볼 것.

4 예를 들어 회원등록은 온라인으로 가능하며, 회비납부는 자율이다(2010년 8월 현재 기준). 회원은 네트워크가 정의한 사상을 준수하는 것 외에 어떠한 의무도 없다. 2010년 10월에 있었던 일반 회의에 참여한 회원은 43명에 불과하였다. http://www.grundeinkommen.de/mitglieder-netzwerk-grundeinkommen-deutschland.

5 하르츠 IV는 독일 복지국가를 재건하려는 4차 개정법률을 의미하는 약어이다. 이에 대해서는 플레켄슈타인(Fleckenstein 2008)을 참조할 것.

6 알트하우스 제안서의 영향력에 관한 독일기독민주당의 보고서는 2010년 11월에 발표될 예정이었으나 취소되었다. 그 대신 2010년 11월 1일 한 청문회에서 위원회 소속 전문가들은 알트하우스와 그 동료들이 기본소득의 개념을 수정했다고 밝혔다. 이에 대해서는 알트하우스와 빙케르트(Althaus and Binkert 2010)를 참조할 것.

7 오스트리아와 스위스 활동가들도 참여하였다. 오스트리아는 기본소득지구네트워크 오스트리아 지부(Netzwerk Grundeinkommen und sozialer Zusammenhalt; B.I.E.N. Austria, http://www.ksoe.at/ksoe/index.php)와 아탁 오스트리아 지부(http://www.attac.at/bge.html) 홈페이지를 참조. 스위스는 바젤 기본소득 기획단(Initiative Grundeinkommen Basel; a group in Basle, http://www.initiative-grundeinkommen.ch/)과 기본소득지구네트워크 스위스 지부(http://bien-ch.ch/) 홈페이지를 참조할 것.

8 청문회는 인터넷과 독일 의회TVParlamentsfernsehen를 통해 방송되었으며, 지금도 다음 웹사이트를 통해 시청할 수 있다(http://www.bundestag.de/bundestag/parlamentsfernsehen/index.jsp).

9 http://www.bundesagentur-fuer-einkommen.de/

10 기본소득에 친화적인 녹색당 내에서도 기본소득에 대한 개념이 다양했으나, 생계에는 부족한 낮은 수준이거나 종종 아동을 유치원에 보내는 의무를 기본소득과 연결시키는 조건이 뒤따랐다(Poreski and Emmler 2006; 이에 대한 더 많은 정보는 Grünes Netzwerk Grundeinkommen 2011을 볼 것).

11 여러 정당들 사이의 소규모 집단인 BAG 기본소득(BAG Grundeinkommen 2010)도 기본소득을 옹호하였다. 독일 의회의원인 카자 키핑Katja Kipping은 가장 두드러진 옹호자이다. 그녀는 2004년 독일 기본소득네트워크의 발기인이자 대변인으로 활동했다. 그 이후로도 기본소득을 알리는 데 매우 활발할 활동을 하고 있다.

12 사회원조Sozialhilfe는 최저소득을 지원하는 자산조사 방식의 공공부조 프로그램 중 하나이다. 이는 수혜자에게 직접 지급하는 급여와 이들을 원조하는 기관에 대한 지원 등으로 구성된다. 관계법령은 2003년 포괄적으로 개정되었다(연방 노동 및 사회부 2010 참조).

13 하센쿠버는 독일 녹색당원이며 1980년부터 1983년까지 바덴-뷔르템베르크주의 의원이었다. 2001년에는 녹색당을 떠나 자유민주당 당원으로 활동하였다.

14 일반적으로, 아동은 18세가 될 때까지 아동수당을 받게 되며, 경우에 따라 더 오래 받을 수도 있다. 아동수당은 조세환급으로 정의되는데, 주로 소득을 아동생계 수준까지 비과세하는 규정을 통해 지급된다(연방 노동 및 사회부 2010 참조).

15 이런 점에 대해 독일 기본소득네트워크의 입장은 매우 명확하지 않다. 즉, 부의 소득세를 기본소득으로 간주하는 것이다. 이에 대해서는 다음 웹사이트의 FAQ 22번을 참조할 것(http://www.grundeinkommen.de/die-idee/fragen-und-antworten).

16 이에 대해 한나 아렌트Hannah Arendt와 에리히 프롬Erich Fromm이 자주 인용된다. 전문가들은《인간의 조건The Human Condition》에서 나타난 아렌트의 문화적으로 회의적인 평가를 언급한다. "우리는 노동 없는 노동자의 사회에 직면해 있다. 노동은 노동자에게 남아 있는 유일한 활동이었다. 더 이상 악화될 수 없다는 점은 명확하다"(Arendt 1958: 5). 에리히 프롬(Fromm 1967 [1966]: 191)은《기초소득보장의 심리적 측면The Psychological Aspects of the Guaranteed Income》에서 고용사회의 종식 또는 노동의무로부터의 해방에 대처하는 시민들의 역량을 다소 회의적인 그리고 비관적으로 바라봤다.

17 물론 어떤 국가들은 투표와 같은 의무를 포함하기도 한다. 그러나 내가 아는 한 투표하지 않는다고 하여 권리를 상실하는 경우는 없다. 이는 시민권과 의무 간의 구조적 비대칭constitutive asymmetry이라 부를 수 있으며, 정치적 공동체 운영의 기초가 된다.

18 세계인권선언 제23조 1항은 다음과 같다(http://www.un.org/Overview/rights.html). "모든 사람은 일, 직업의 자유로운 선택, 정당하고 유리한 노동조건, 그리고 실업에 대한 보호의 권리를 갖는다."

19 이는 노조원들이 작성한 고전적이고 비판적인 글과 한 워크숍에서 발표된 기본소득 옹호글을 모은 책이다. 이는 기본소득을 반대하는 노동조합의 주장을 싣고 있다.

20 고츠 베르너(Götz W. Werner 2007: 100; 2010)는 종종 기본소득의 임금대체효과를 주장하였다. 어떤 기본소득 지지자들은 (예를 들어, Blaschke et al. 2010; Wagner

2007) 그가 노동자에게 의견을 구하지 않은 채 임금을 삭감하는 수단으로 기본소득을 제안하고 있으며, 그의 주장은 신자유주의적이라고 비난한다. 베르너가 이에 대해 항상 명확한 것은 아니지만, 임금은 협상의 결과이며(Werner 2007: 100) 기본소득은 비슷한 수준의 여러 급여들을 대체한 것일 뿐 그 이상은 아니라는 점을 스스로 내비치긴 했다(Werner 2007: 99).

21 나는 이러한 자료가 무급노동자에 대해 얼마나 통찰하지 못하고 있는지, 그리고 개념정의에 따라 유급/무급 노동시간이 얼마나 다양할 수 있는지에 대해 명확히 알고 있다.

22 '실업'이라는 용어는 취업이나 의미 있는 활동으로 간주되며, 따라서 법률로 정의되게 된다. 기본소득은 직업에 대한 완벽히 다른 이해를 수용하며, 이로써 사람들은 전혀 고용되지 않더라도 자신들이 하고 싶은 것이 무엇이든 완전한 형태로 일에 종사할 수 있게 된다.

23 급여수급에 필요한 최소한의 조건을 규정하고 있는 독일 연금보험제도는 아동 1인당 3년이라는 아동보호기간을 설정하고 있다. 분명한 것은, 괜찮은 연금 수준을 받기에는 이러한 조건도 충분하지 않다는 것이다. 2007년 정부는 생후 14개월 아동에 대한 연방 부모급여Elterngeld; federal parental benefit(연방 노동 및 사회부 2010 참조)를 도입하였다. 부모는 2개 범주로 구분된다. 일을 하는 부모는 소득연계급여earnings-related benefit로, 그렇지 않은 부모는 일시금lump sum으로 신청할 수 있다.

24 독일에서 제안된 다양한 기초소득보장의 비용을 전망하려는 계산이 여러 번 시도되었으나, 누구도 실제 기본소득비용을 계산하지는 않았다(예를 들어 Poreski and Emmler 2006; Opielka and Strengmann-Kuhn 2007; Pelzer and Fischer 2009 참조).

25 여기에는 재화와 서비스의 탄소발자국을 측정하여 세율계산에 포함시키자는 아이디어도 포함된다.

7장

1 2010년 아일랜드 중앙은행장이 되었다.

2 아일랜드 경제사회연구소는 정부로부터 많은 지원을 받고는 있지만 독립된 싱크탱크이다.

3 이들 보고서는 기업, 무역 및 고용부(1996), 포파스(기업, 무역 및 고용부 산하기관, 1996), 조세와 사회복지체계 통합 전문가 집단(1996) 등이 있다. 그러나 이들 중 어떤 보고서도 제안 이상의 추가적인 분석을 수행하지는 않았다.

4 수평적 공평성의 증대는 동일 수준의 수입이나 유사 상황에 있는 사람들이 현재의 경우보다 더 동등한 방식으로 취급될 수 있도록 해준다. 수직적 형평성의 증대는 기존 체계에서처럼 고소득자가 선호되지는 않을 것이다.

5 Clark and Healy, 1997.

6 40% 빈곤선은 중위소득 40%로 계산된 것이다. 다른 빈곤선은 중위소득의 50%와 60%로 설정되었다.

8장

1 '홀랜드Holland'는 '네덜란드The Netherlands'와 동의어이다. 형용사는 'Dutch'이다.

2 Robert J. van der Veen en Dick Pels, red. *Het basisinkomen* (*Sluitstuk van de verzorgingsstaat?*) Van Gennep, Amsterdam 1995.

3 재고용 업체의 WW와 WWB 수급자 중 각각 41%와 29%만 1년 내에 직업을 찾았다. 사회부 장관은 2010년 이 비율을 의회에서 발표한 바 있는데, 이러한 재취업 비율이 의미하는 사중손실의 규모를 추계하는 연구는 대단히 어렵다고 말한다. 그가 짐작best guess하기로는 사중손실의 규모가 너무 커서 재고용 업체들이 실제 초래한 규모는 3~5% 수준에 그친다는 것이다. 그가 사용한 근거는 2005년 수급자들에 대한 평가연구 결과인데, 그 당시는 재고용 업체들이 WW와 WWB 전체 수혜자를 대상으로 하지는 않았다. 그때 연구자들은 재고용 업체를 이용한 수혜자들을 통제집단(재취업에 업체의 도움을 받지 않았던 수혜자 집단)과 비교할 수 있었다. 재고용률의 두 집단 간 차이는 거의 없었다는 것이 WWB 모집단을 분석했던 라켄카머Reken-kamer의 결과였다. 경제연구재단Stichting voor Economish Onderzoek, SEO 역시 WW와 WWB 모집단에서 재고용 업체를 이용한 집단과 그렇지 않은 집단 간의 차이가 거의 나타나지 않았음을 발견하였다. 그럼에도 불구하고 경제연구재단(2006)은 희망적인 전망을 내놓았는데, 10년 이내 재고용 업체들은 구직자들이 재취업을 통하여 소득이 증대될 수 있는 실질적 도움을 줄 것이고 이 수준은 재고용 업체에 대한 비용을 상쇄시킬 것이라는 전망이었다. 그러나 이러한 평가는 너무 과대포장된 것이다. 그 이유는 첫째, 이렇게 재고용 업체를 통해 새로 취업한 사람들 중 많은 수가 2년 안에 다시 실직하였고, 둘째, 치환displacement 비용이 여전히 남아있기 때문이다. 즉, 경제연구재단은 재고용 업체를 이용하는 구직자들이 다른 구직자들의 구직기회를 박탈시키는 효과를 고려하지 않았다. 이러한 치환효과 때문에 다른 구직자들은 동일한 직업을 구하기 위하여 더 많은 시간을 대기해야 한다. 이러한 상황이 의미하는 바는 재고용 업체들로 인해 얻게 되는 경제적 이익은 많지 않고 사회적 급여에 지출해야 할 비용이 증가됨을 의미한다. 재고용 업체들의 표면적인 이익은 좀 더 자세한 논의를 필요로 한다. 이에 관해서는 필자의 책《네덜란드 복지국가의 복지정치: 잘못된 대표성과 시민사회의 재구성Politiek in verzorgingsstaat Nederland: misrepresentatie en Viviele reconstruction(Politics in the Dutch welfare state: misrepresentation and civil reconstruction)》, Utrecht, The Netherlands: CIVES, 2011 참조(책을 원하는 분은 cives@ziggo.nl로 연락 바람). 미국의 재고용 산업에 관하여는 바바라 에렌라이히Barbara Ehrenreich, 《유인상술: 헛된 아메리칸 드림의 추구Bait and Switch. The (Futile) Pursuit of the American Dream》, London: Granta Books, 2006 참조.

4 Nicolette van Gestel, Paul de Beer en Marc van der Meer, *Het hervormingmoeras van de verzorgingsstaat*, Amsterdam University Press, 2009.

5 이러한 비율의 감소는 비단 기대여명의 증가로 노인인구가 급증한 것뿐 아니라, 2009년 이래 수많은 일자리가 감소한 것에 기인한다. 2008년 주당 최소 12시간의

유급노동에 종사하는 16~65세 고용률이 거의 68%에 달하였고, 이것은 역사상 매우 높은 수준이었다. 2011년 그 비율은 67% 미만이었고 2012년에는 65% 수준으로 예측되고 있다.

6 네덜란드에서 지속되고 있는 정치적 논의인 노동시장의 현대화란 실직자에 대한 급여기간의 감축과 해고에 대한 보호의 축소를 의미한다. 이러한 요소들은 현대화의 결과로서 노동시장 참여가 증가할 것으로 기대한다. 그러나 네덜란드의 역사는 이러한 형태의 현대화가 노동시장 참여를 전혀 증가시키지 않음을 이미 보여준 바 있다. 오히려 노동시장 참여의 감소가 예측되는데, 그 이유는 비단 역사적 경험뿐 아니라, 다음과 같은 이론적 근거에 기인한다. 고용주가 노동자들을 더 쉽게 해고할 수 있도록 허용된다면 한편으로는 해고가 증가할 것이고, 다른 한편으로는 더 많은 채용이 이루어질 것이다. 이 경우 해고보다 채용이 더 많이 이루어질 것이라고 기대하기 어렵다. 여기서 기대될 수 있는 효과란 더 많은 전직job change일 것이다. 고용주들이 할 수 있는 것은 해고의 빈자리를 어떻게 채우고 재조직화하며 없앨 것인지 강구하는 것이다. 따라서 소위 현대화(실질적으로는 반동정책)라고 부르는 수단을 통해 우리가 기대할 수 있는 것은 오히려 노동시장 참여의 감소일 뿐이다.

9장

■ 이 논문은 유럽 리서치 위원회 7차 프레임워크 프로그램(FP7/2007-2013/ERC/Agreement No 249438-TRAMOD)(Casassas) 및 스페인 과학창조부 리서치 프로젝트 FFI2009-10941(Raventós)의 지원하에 작성되었다.

1 스페인이 왕국임을 얼버무리고 넘어가지 않겠다. 국가의 공식명칭은 스페인 왕국 Reino de España이다. 그러나 현실을 반영하기 위해 예를 들어 "카탈루냐와 바스크국을 포함한 국가집단"이라고 지칭하는 것은 번거로우며, 스페인국Estado Español이라고 하는 것도 만족스럽지 않다. 우리는 이 점을 짚고 넘어가기 위해 여기서는 공식명칭을 사용하고, 이하 영문의 일반적 용례에 따라 "스페인"으로 해도 족할 것이다.

2 카탈란에서 번역하여 인용된 원문은 2월 18일자 *Butlletí oficial del Parlament de Catalunya*에서 찾을 수 있으며, http://www.nodo50.org/redrentabasica/descargas/RenBaERC.pdf로 접근할 수 있다.

3 이는 http://www.nodo50.org/redrentabasica/descargas/debatparlamentari.pdf로 접근할 수 있다.

4 예를 들어, 스페인과 남미에서 널리 읽히고 있는 주간지 〈신 페르미소Sin permiso〉(www.sinpermiso.info)는 종종 기본소득에 관한 기사를 싣고 있다.

5 Phillipe van Parijs(2005: 205-210).

6 Arcarons 외(2005), Arcarons 및 Raventós(2010), Pinilla(2006), 그리고 Sanzo(2005) 참조

7 Arcarons 외(2005). Raventós(2007, 제8장)는 영문으로 카탈루냐 마이크로 시뮬레이션 연구에 관한 자세한 설명을 제공한다.

8 스페인어로 된 많은 문헌이 있다. 영문 버전으로는 Casassas(2007), Domènech 및 Raventós(2007), 그리고 Raventós(2007) 참조

9 이것은 http://www.nodo50.org/redrentabasica/descargas/Manenglish.pdf 에 게시된 성명 영문본(기본소득협회 번역)을 (문법적으로) 살짝 수정한 버전이다. 스페인어 버전은 http://www.attacmadrid.org/d/10/090508130644.php로 접근할 수 있다.

10 Lo Vuolo 및 Raventós(2009)와 Lo Vuolo, Raventós 및 Yanes(2010) 참조.

11 저자 중 2명은 2011년 5월 25일 바르셀로나 카탈루냐 광장에서 노숙을 한 인디그나도스들이 개최한 공개 포럼에 참석하였다.

12 정책의제의 내용은 다음과 같다.
우리는 개인 단위의, 보편적이고 무조건적인 시민기본소득안을 구상하기 위한 사회적, 정치적 논의를 지지한다.
이러한 시민기본소득이 가질 효과 중 일부는 다음과 같다.
• 빈곤과 빈곤에 수반되는 낙인을 철폐할 것이다.
• 더 공평한 부의 분배를 보장할 것이다.
• 모멸적인 관료적 검증이 철폐되고 행정비용이 절감될 것이다.
• 사람들은 임금노동, 가사노동과 자원노동이라 지칭되는 세 가지 종류의 노동조합을 원하는 대로 선택하는 데 현재보다 더 많은 가능성이 생길 것이다.
• 자영업과 도전을 장려할 것이다.
• 매력이 없고 보람이 없는 노동의 임금향상을 가져올 것이다.
• 시민들이 노동시간을 줄일 수 있도록 함으로써 노동의 자발적 재분배를 촉발시킬 것이다.
• 동거하고 있는 여성의 자립도를 높일 것이다.
• 기망을 줄이고 '빈곤의 함정'을 없앨 것이다.
• 자유의 물질적 조건을 보장할 것이다.

11장

■ 우리는 유용한 제안을 해준 프랑수아 블레이스François Blais에게 감사드린다.

1 프랑스어를 사용하는 캐나다에서는 종종 "Revenu minumum garanti" 또는 "Revenu annuel garanti"를 말한다. 최근 몇 년 동안, 프랑스어 사용 유럽 국가(프랑스, 벨기에, 스위스)에서 널리 사용되는 "Allocation universelle"라는 표현(universal grant, Vanderborght and Van Parijs 2005 참조)이 증가하고 있다.

2 참조 "크레티앙은 연간 기초소득보장의 요람에서 무덤까지의 프로그램으로 표식을 남기고 싶어 한다", *Ottawa Citizen*, 2000년 12월 9일.

3 "Foes Decry 'Socialism' by Stealth", *National Post* December 11, 2000; "Harris Wary of Chrétien's Income Plan." *Ottawa Citizen*, 2000년 12월 12일.

4 *Hansard*, 2011년 6월 20일.

5   Esping-Andersen(1990: 27) 참조. OECD 18개국의 탈상품화 지수를 측정한 최근
    의 시도에서, 스크러그와 앨런(2006)은 에스핑-안데르센의 기념비적인 저작(22.0)
    보다 캐나다의 탈상품화 지수(25.0)가 더 높다는 결론을 내렸다. 캐나다는 재검토
    한 국가 중 "가장 혼란스러운 사례"라고 주장한다. "대부분의 문헌은 '캐나다'를 미
    국과 같은 순수한 자유주의 사례로 분류했지만", 캐나다는 "다른 모든 자유주의 국
    가들보다 더 나은 탈상품화 프로그램 지수를, 특히 연금에서 보여준다"(2006: 62).

6   캐나다 복지국가에 관한 더 자세한 정보는, Rice and Prince(2000); Fortin, Noël,
    and St. Hilaire(2003), Lightman(2003) 참조.

7   이 자료는 OECD(2011)의 자료이다.

8   빈곤선은 음식, 거주지 및 의복의 필수적인 항목에 대한 평균지출을 고려한 빈곤의
    상대적 측정이다.

9   *Workfare States*에서 제이미 펙Jamie Peck은 캐나다 사례에 초점을 맞춘다. Peck(2001:
    213-260) 참조.

10 2011~2012 회계에서 캐나다 소득지원제도의 총액은 11억 5,000만 캐나다달러이
    며, 그 중 6억 8,000만 캐나다달러는 사회지원 및 관련 서비스에 할당되었고, 1억
    2,000만 캐나다달러는 아동 프로그램에, 3억 5,000만 캐나다달러는 고등교육에
    할당되었다.

11 고소득가정에 대한 가족수당의 환수는 이미 1989년에 도입되었다(Battle 1999: 3).

12 장애아동급여Child Disability Benefit, CDB는 "정신적 또는 신체적 기능장애가 심각하고
    장기간 지속되는 18세 미만의 아동을 돌보는 가족에게 주어지는 면세혜택"이다.
    이 단락의 정보는 캐나다 국세청 웹사이트 http://www.cra-arc.gc.ca/menu-
    eng.html 참조.

13 Van Trier(1995: 146) 참조.

14 중요한 예시는 Cutt(1968) 참조.

15 자세한 내용은 Young and Mulvale(2009) 참조.

16 괄호의 정보는 편집자가 입력.

17 크롤의 보고서는 〈베버리지 보고서〉가 전후 영국을 위한 것이었던 것처럼 캐나다
    사회사에서 중요한 문서'로 알려졌다(McCormack 1972: 366).

18 맥도널드 보고서에서. *Canadian Public Policy*(1986, 12권)의 별첨 참조.

19 Hum(1986); Tanguy(2001) 참조.

20 패트릭 탠구이Patrick Tanguy가 토론토에서 실시한 인터뷰 2001년 1월 11일(Tanguy
    2001 참조).

21 *Winnipeg Free Press*. 1985년 9월 11일.

22 토론토 스타에 따르면, 2007년 3월 5일.

23 휴 시걸(2008) 상원의원이 발표한 "Communique"와 "Notice of Motion"에서 인
    용. Senate of Canada, 2008년 2월 6일.

24 http://parl.gc.ca/HousePublications/Publication.aspx?Docid=5100295&-
    file=4 참조. 2011년 8월 12일 검색.

25   BIEN NewsFlash 63, 2010년 11월. 스티브 카디프Steve Cardiff는 2011년 7월 초 교통사고로 사망하였다. 유콘 신민주당은 과거에 '준주정부'를 구성했지만 현재 1/18석을 보유하고 있다.

26   http://www.greenparty.bc.ca/news/green-party-bc-calls-basic-income-plan, 2011년 8월 12일 검색. 녹색당은 현재 브리티시 컬럼비아 입법부 의원 의석을 보유하고 있지 않다. 2009년 지방선거에서는 투표의 8.1%를 받았다.

27   2005년 앨버타 입법부(Alberta Legislative Assembly).

28   *Canadian Press*. 2005년 10월 11일.

29   Québec 2000 유사한 보고서가 1990년대 중반 소득보장부Ministry of Income Security에서 발표되었다(Bernier and Lévesque 1995 참조).

30   이 문서는 그의 웹사이트에 게시되었다. http://www.gilbertpaquette.org/(2011년 8월 9일 검색).

31   "Le RAP dit oui à l'union de la gauche." *Le Devoir*, 2001년 6월 11일.

32   "Landry fait une mise en garde au RAP." *Le Devoir*, 2001년 6월 12일.

33   *Le Devoir*, 2001년 6월 11일. 2000년대에 다른 우파 정당인 퀘벡민주행동Action démocratique du Québec, ADQ이 자신의 부의 소득세 방안을 선거공약에 포함시켰다. 가까운 미래에 퀘벡민주행동이 퀘벡의미래를위한연합과 합당할 수도 있다.

34   http://stats.oecd.org/Index.aspx?DataSetCode=UN_DEN 참조. 2011년 8월 12일 검색.

35   "Quebec reaction to report 'muted'". *The Financial Post*, 1985년 9월.

36   Bernard and Chartrand(1999). 채트랑은 노동조합연맹의 지도자였다.

37   1983년 10월 31일.

38   *NAPO News Spring* 2007 참조, 또는 http://www.napo-onap.ca/ 검색.

39   *The Toronto Star*, 1983년 12월 4일.

40   Brossard and Morel(2002)은 페미니스트 관점에서 기본소득안을 둘러싸고 퀘벡 학계에서 진행된 논쟁의 개요를 제공한다.

41   http://www.fafia-afai.org/en/about/who-we-are 참조. 2011년 8월 12일 검색.

42   그러나 드 위스퍼라러와 스터튼(2011)은 기본소득의 관리상 복잡성을 과소평가하지 말 것을 경고한다.

12장

■   이 장의 최초 원고는 미나미규슈Minami-Kyushu 대학의 강사인 브라이언 스몰Brian Small과 일본의 기본소득 적극행동주의activism 참여자에 의해 번역되었다. 본 연구는 일본 과학진흥원의 과학적 연구를 위한 교부금 지원을 받아 수행되었다.

1   http://www.gender.go.jp/data/files/z4-4.pdf.

2   물론 미혼모의 적극행동주의와 같이 소수자 본인들이 벌인 사회운동세력이 이에 대해 비판하고 투쟁을 하는 경우도 있었다(Yamamori 2010을 참조). 관련 학자로는

오사와(Osawa 1993)를 참조.

3 이 경향은 가장 최근에는 혼외결혼으로 출생한 아동에 대해 차별하는 법에 의해 지지를 받아왔다. 이 법은 국제적으로 이러한 차별을 금지하는 국제조약treaty을 위반한다. 그러나 나는 이 쟁점에 대해 여기서 더 이상 논의하지 않을 것이다.

4 http://stats.oecd.org/Index.aspx?datasetcode=SOCX_AGG.

5 이어들리Eardley, 브래드쇼Bradshaw, 디치Ditch, 고프Gough, 그리고 화이트포드Whiteford 의 1996년, 35쪽.

6 http://www.oecd.org/dataoecd/12/4/35445297.xls.

7 로위는 이를 비판해서 '사법민주주의'를 제안했다. 로위(Lowi 1969)를 참조.

8 규제철폐와 민영화는 1980년대부터 시작되었다. 그러나 이들 정책은 고이즈미 행정부 이전이었고, 이들 정책이 노동조합의 이익을 약화시킬 수 있는 분야에서만 발생하였고 '시민공학 케인스주의'에 의존한 자민당이 그들의 이익을 약화시킬 수 있는 분야에서는 절대 일어나지 않았다.

9 다니구치Taniguch, 우에노하라Uenohara, 그리고 사카이야Sakaiya(2009)를 참조.

13장

1 2008년 11월 18일, 연방지구관보GACETA OFICIAL DEL DISTRITO FEDERAL, 멕시코 연방

2 멕시코에서의 기본소득법률 프로젝트. 상임위원회의 세션salón de sesiones de la comisión permanente, 2007년 7월 4일. 민주혁명당. 인쇄물, 멕시코. p.2.

3 위의 책, pp.7-8.

4 사회민주대안 국회 그룹으로부터 국회의원 엘자 꽁데의 주도로, 멕시코 헌법의 세 번째 항목에 조항을 추가하는 발의. 멕시코 시티, 산라자로 입법부 건물, 2009년 4월 27일. 인쇄물, pp.1-2.

5 위의 책, pp.15-16.

6 이하의 생각은 나의 에세이인 "멕시코의 목적적 조건부 이전"에서 발전시킨 것이다 (경제사회주간, 인디아, 뭄바이, 2011년 5월 21-27일 출판).

7 모든 계산은 12멕시코페소당 1미국달러의 환율기준에 근거한 것이다.

8 2010년 연방관보 오포르투니다데스 인간개발 프로그램의 운영규칙. 12월 31일.

9 위의 책, p.30.

10 위의 책.

11 위의 책.

12 라틴 아메리카 및 카리브해 경제위원회(2010), "평등을 위한 시간: 격차를 닫고, 길을 열다La hora de la igualdad. Brechas por cerrar, caminos por abrir" 라틴 아메리카 및 카리브해 경제위원회 33번째 세션, 브라질, 브라질리아, 5월 30일~6월 1일.

13 위의 책, pp.208-222.

14 2007년 11월, 멕시코 몬테레이에서 열린 문화 포럼의 틀 안에서, '최신 인권보편선언'이 승인되었다. 세 번째 쟁점 또는 첫 번째 항목은 이런 내용이다. "나이, 성별,

성적 정체성, 시민권이나 취업상태와 무관하게 모든 개인이 괜찮은 물질적 조건에서 살아갈 권리를 보장하는 기본소득권. 이러한 목적에서, 정부에 의하여 지급되고 재정개혁에 의하여 재원이 마련되며, 다른 수입과 무관하게 그들의 기본적인 욕구를 충족시키기에 충분하며 사회의 각 거주 구성원에게 지급되는 무조건적이고 정기적인 현금수입은 시민의 권리로 인정된다."

14장

■ 이 장의 초고를 읽고 코멘트해주신 모든 분들, 특히 하틀레이 딘Hartley Dean 교수, 토니 피츠페트릭Tony Fitzpatrick 박사, 루스 리스터Luth Lister 교수, 앤 밀러Anne Miller, 그리고 필립 빈스Philip Vince 등에게 감사드린다. 이 장에 제시된 의견들은 반드시 시민소득신탁기구의 의견은 아니며, 이 장에서 발견되는 오류에 대한 책임은 나에게 있다.

16장

1   이란 통화인 리알rial은 관리되는 변동환율제도의 적용을 받으며, 수년간 1미국달러당 1만 리알에 해당하는 환율로 효과적으로 고정되어 있다. 단순화하여 이 장에서의 리알 수치는 환율이 달러와 동일하게 유지된다는 조건으로 사용한다. 그리고 달러에 대한 모든 언급은 미국달러를 말한다.

2   GIZ, 'International fuel prices, 2010/2011, data preview,' January 2011: 4-5 http://www.gtz.de/de/dokumente/giz2011-international-fuel-prices-2010—2011-data-preview.pdf.

3   보조금은 주로 석유수출이나 예산에서 재정이 조달되지 않고 내재적implicit이라는 점에 유의해야 한다. 국내에서 생산된 석유와 가스(해당 산업이 국유화됨)가 현지 시장에서 값싸게 팔리기 때문에 이러한 일이 발생한다.

4   정권의 기둥으로 여겨진 성직자인 카루비는, 1989~1992년과 2000~2004년 두 차례 의회 의장이었다. 그는 2005년 대선 첫 라운드에서 3위를 하였는데, 마흐무드 아흐마디네자드 테헤란 시장이 아크바르 하셰미 라프잔자Akbar Hashemi Rafsanjani 전 대통령에게 2차 라운드에서 승리했다.

5   http://sharifnews.ir/(2005.5.4.)에 게시된 카루비 인터뷰. 이 웹사이트는 더는 운영되지 않지만 http://60000000.blogfa.com/post-2404.aspx(2005.5.5.)에서 인터뷰를 볼 수 있다.

6   영어로 된 법의 전문은 Guillaume et al. (2011) 부록 I을 참조 바람.

7   페르시아만 본선인도 가격이 25% 범위 내에서 변동하는 한, 정부는 소비자를 위하여 국내 에너지 가격을 그대로 유지해야 한다. 가격변동이 이 범위를 초과하면 국내 가격이 그에 따라 조정된다.

8   200억 달러의 예산 중 60%(법에 따라 허용되는 최대 두 가지 금액)가 처음부터 프로그램에 참여한 6,000만 명의 참가자들에게 똑같이 배분된다고 가정하면 매달 17달

러를 받게 된다.

9   예를 들어, 프로그램 첫 3개월 동안의 예산은 86억 달러로 정해졌는데, (http://
    www.iraneconomist.com/economic/bazaar-money-stock/43594-8600---.html,
    2011.8.23). 반면에 법적으로 자격을 가진 50%의 가구(연간 최대 60%)를 훨씬 웃돌
    아 81억 달러가 각 가구에 지급되었다(월 1인당 45달러×3개월×6,000만 참가자).

10 http://www.fararu.com/vdca0mna.49ny015kk4.html(2011.7.22.).

11 지난 몇 년 동안 주요 경제지표 및 그 신뢰성에 대한 공식 통계가 부족하다는 불만
    이 증가해 왔다. 일부 비평가들은 정부가 정책의 잘못이 알려지지 않게 하기 위해
    그리고 비판을 최소화하기 위해 정보의 흐름을 '관리'한다고 비난한다.

12 연간 인플레이션율이란 12개월간의 가격변동률을 1년 전의 같은 기간과 비교한
    비율을 뜻함

13 http://www.iraneconomist.com/economic/ecnomy-bazzar/45513--183-.
    html(2011.10.10). 이란의 통계센터Statistical Centre of Iran의 대체 데이터는 유사하게
    정의된 인플레이션율을 2011년 9월에 도시 및 농촌 지역을 합친 22.4%로 상향 조
    정했다. http://jahannews.com/vdcfxxdytw6dlma.igiw.html(2011.10.11.)을
    참조 바람.

14 http://www.fararu.com/vdcfmedc.w6deyagiiw.html(2011.8.29.).

15 아래 사이트를 참조 바람.
    http://alef.ir/1388/content/view/112298/(2011.7.29.); http://www.ham-
    shahrionline.ir/news-143823.aspx(2011.8.23.); http://www.farsnews.com/
    newstext.php?nn=13900525151256(2011.9.23.); http://www.ayandenews.
    com/news/36010/(2011.9.7.); http://www.salamatnews.com/viewNews.
    aspx?ID=33295&cat=5(2011.9.20.).

16 http://www.fardanews.com/fa/news/161242/%D9%81%D8%B1%D8%
    B2%DB%8C%D9%86-%D9%86%D9%82%D8%AF%DB%8C-%D9%85%DB%
    8C%E2%80%8C%D8%AA%D9%88%D8%A7%D9%86%D8%AF-3-
    %D8%A8%D8%B1%D8%A7%D8%A8%D8%B1-%D8%B4%D9%88%D8%AF
    (2011.9.10.).

17 http://www.ayandenews.com/news/34168/(2011.8.10.). 이란에서는 여론조
    사가 드문데, 특히 민감한 사안에 대해서는 그 결과를 출판하는 것은 더 드문 일이
    다. 만약 여론조사를 한다고 하더라도 스폰서 기관, 보통 관공서가 일부 이슈에 대
    해 일반인들의 분위기를 조사하되 그 결과를 기밀로 유지하는 것이 일반적이다. 이
    여론조사의 결과는 언론에 유출되었지만 아마도 선택적으로만 유출되었을 것
    이다.

18 이 여론조사가 시행된 개혁 초반에는 현금이전 프로그램은 인구의 80%만 포괄하
    였다. 뒷부분을 참조 바람.

19 개혁도입 이전의 홍보활동에 대한 좋은 설명은 Guillaume et al.(2011)을 참조
    바람.

20 예를 들어, 이란경제학회 학회장인 해밀턴 다이힘Hamilton Dayheem과의 인터뷰를 참 조 바람(http://www.thebankers.ir/news/newsDetail.aspx?newsid=2044128557(2011. 8.5).

21 예를 들어, 자바드 살레히 에스파하니Djavad Salehi Esfahani 교수와의 인터뷰를 참조 바 람. http://www.donya-e-eqtesad.com/Default_view.asp?@=223148(2010.9. 12), 그리고 알리 래시디Ali Rashidi 교수와의 인터뷰도 참조 바람. http://parleman-news.com/?n=15696(2011.10.30.).

22 http://iraneconomist.com/economic/ecnomy-bazzar/40794-2011-06-14-08-22-24.html(2011.6.14) 그리고 http://www.fararu.com/vdcd9n0j.yt0k96a22y.html(2011.8.6.).

23 http://www.mellatonline.ir/index.php/negah/79-news/7170—60-(2011.8.17.).

24 프로그램의 재정에 관한 정보는 개략적이며, 특히 보조금 삭감을 통해 마련된 재원 에 대한 데이터이다. 일부 관측통들은 적법성이 의심스러워 보이는 다른 예산 자원 들로 인해 재원 부족이 발생하고 있다고 주장한다. 정부는 이 주장을 부정한다. http://khabaronline.ir/news-172817.aspx(2011.9.12.).

25 http://www.fararu.com/vdcd9n0j.yt0k96a22y.html(2011.8.6.).

26 그러한 정보는 국가의 사회경제적 측면을 구축하기 위한 노력의 하나로 끊임없이 새로운 신청자에게 요구된다. 이와 관련하여 현금보조금은 정확한 정보를 제공하 는 가구에만 지급된다. 정보가 부정확한 것으로 밝혀지면 정부가 지급한 금액을 회 수하고 향후 지급을 중단하도록 법에 규정되어 있다. 이 규정이 집행되고 있는 것 으로 보이지는 않는다.

27 http://www.donya-e-eqtesad.com/Default_view.asp?@=268669(2011.9.9.).

28 http://www.iraneconomist.com/economic/economic-articles/45249-2011-10-04-09-59-14.html(2011.10.4.).

29 Van Parijs(2010)와 Tabatabai(출간 예정) 참조.

참고문헌

1장

Andersson, Jan-Otto. 2000. "The History of an Idea: Why Did Basic Income Thrill the Finns, but Not the Swedes?" In *Basic Income on the Agenda: Policy Options and Political Feasibility*, edited by Robert J. van der Veen and Loek Groot, 224-237. Amsterdam: Amsterdam University Press.

Bowley, Graham, and Liz Alderman. 2011, September 30. "In European Crisis, Experts See Little Hope for a Quick Fix." *The New York Times*, A1, A8.

Caputo, Richard K. 2006. Review of *The Origins of Universal Grants*, by John Cunliffe and Guido Erreygers. *Basic Income Studies* 1(1): Article 14.

_____. 2007. "The Death Knoll of BIG or BIG by Stealth: A Preliminary Assessment of UBIG Viability around the Globe." *USBIG Discussion Paper No. 162*. http://www.usbig.net/papers/162-Caputo-Stealth.pdf.

Central Intelligence Agency. 2011. *World Fact Book: Budget*. https://www.cia.gov/library/publications/the-world-factbook/fields/2056.html.

Christensen, Erik, and Jørn Loftager. 2000. "Ups and Downs of Basic Income in Denmark." In *Basic Income on the Agenda: Policy Options and Political Feasibility*, edited by Robert J. van der Veen and Loek Groot, 257-267. Amsterdam: Amsterdam University Press.

Cunliffe, John, and Guido Erreygers. 2004. *The Origins of Universal Grants*. Basingstock, UK: Palgrave Macmillan.

Draut, Tamara. 2005. "The Triumph of Market Values and the Denigration of Government." *Boston Review* 30(5). http://bostonreview.net/BR30.5/draut.php.

Euzéby, Chantal. 2000. "What Reforms are Needed for the Minimum Insertion Income (RMI) in France?" In *Basic Income on the Agenda: Policy Options and Political Feasibility*, edited by Robert J. van der Veen and Loek Groot, 268-275. Amsterdam: Amsterdam University Press.

Gross, Daniel. 2009. *Dumb Money: How Our Greatest Financial Minds Bankrupt the Nation*. New York: Free Press.

Healy, Seán, and Brigid Reynolds. 2000. "From Concept to Green Paper: Putting Basic Income on the Agenda in Ireland." In *Basic Income on the Agenda: Policy Options and Political Feasibility*, edited by Robert J. van der Veen and Loek

Groot, 238-246. Amsterdam: Amsterdam University Press.

Hyman, Louis. 2011. *Debtor Nation: The History of America in Red Ink.* Princeton: Princeton University Press.

Jones, Owen. 2011. *CHAVS: The Demonization of the Working Class.* London: Verso Books.

Kinsella, Stephen, and Anthony Leddin. 2010. "Introduction." In *Understanding Ireland's Economic Crisis*, edited by Stephen Kinsella and Anthony Leddin, 1-11. Dublin: Blackhall Publishing.

Lens, V. 2000. "Welfare Reform and the Media: A Content Analysis of Two Newspapers." PhD diss., Yeshiva University. ProQuest (UMI No. 9973140).

Lessenich, Stephan. 2000. "Short Cuts and Wrong Tracks on the Long March to Basic Income: Debating Social Policy Reform in Germany." In *Basic Income on the Agenda: Policy Options and Political Feasibility*, edited by Robert J. van der Veen and Loek Groot, 247-256. Amsterdam: Amsterdam University Press.

Lowi, Theodore J. 1969. *The End of Liberalism: Ideology, Policy, and the Crisis of Public Authority.* New York: Norton.

Marmor, Theodore, and Jerry Mashaw. 2011. "How Do You Say 'Economic Security'?" *New York Times*, September 23, A21.

O'Sullivan, M. 2010. "Ireland's Bubble: The Great Transformation." In *Understanding Ireland's Economic Crisis*, edited by Stephen Kinsella and Anthony Leddin, 12-29. Dublin: Blackhall Publishing.

Social Justice Ireland. 2010. *Building a Fairer Tax System: The Working Poor and the Cost of Refundable Tax Credits.* Dublin: Author.

Standing Guy. 2011. *The Precariat: The New Dangerous Class.* New York: Bloomsbury USA.

Suplicy, Eduardo Matarazzo. 2005. "The Approval and Sanctioning of the Basic Income in Brazil: How It Will Be Implemented." *USBIG Discussion Paper No. 131.* http://www.usbig.net/papers/131suplicy.pdf.

van der Veen, Robert J., and Loek Groot (eds.). 2000a. *Basic Income on the Agenda: Policy Options and Political Feasibility*, Amsterdam: Amsterdam University Press.

_____. 2000b. "Clues and Leads in the Debate on Basic Income in the Netherlands." In *Basic Income on the Agenda: Policy Options and Political Feasibility*, edited by Robert J. van der Veen and Loek Groot, 197-223. Amsterdam: Amsterdam University Press.

Vanderborght, Yannick. 2000. "The VIVANT Experiment in Belgium." In *Basic Income on the Agenda: Policy Options and Political Feasibility*, edited by Robert J. van der Veen and Loek Groot, 276-284. Amsterdam: Amsterdam University Press.

Widerquist, Karl, and Michael Howard. 2012. *Alaska's Permanent Fund Dividend: Examining Its Suitability as a Model* (*Basic Income Guarantee*). New York: Palgrave Macmillan.

2장

Ackerman, Bruce A., Anne Alstott, and Philippe Van Parijs, eds. 2006. *Redesigning Distribution: Basic Income and Stakeholder Grants as Cornerstones for an Egalitarian Capitalism*. London: Verso.

Albrekt Larsen, Christian. 2006. *The Institutional Logic of Welfare Attitudes: How Welfare Regimes Influence Public Support*. Aldershot: Ashgate.

Aronson, Thomas, Sören Blomquist, and Hans Sacklén. 1999. "Identifying Interdependent Behaviour in an Empirical Model of Labour Supply." *Journal of Applied Econometrics* 14(6): 607-626.

Atkinson, Anthony B. 1996. "The Case for a Participation Income." *Political Quarterly* 67(1): 67-70.

Axelrod, Robert. 1997. *The Complexity of Cooperation*. Princeton, NJ: Princeton University Press.

Barry, Brian. 2001. "UBI and the Work Ethic." 60-69 in *What's Wrong with a Free Lunch?*, edited by Philippe Van Parijs, Joshua Cohen, and Joel Rogers. Boston: Beacon.

Birnbaum, Simon. 2009. "Basic Income, Sustainability and Post-Productivism." *Basic Income Studies* 4(2): 1-7.

Bowles, Samuel. 2008. "Policies Designed for Self-Interested Citizens May Undermine 'The Moral Sentiments': Evidence from Economic Experiments." *Science* 320: 1605-1609.

Brennan, Geofrey, and Philip Pettit. 2005. "The Feasibility Issue." 258-279 in *The Oxford Handbook of Contemporary Philosophy*, edited by Frank Jackson and Michael Smith. Oxford, UK: Oxford University Press.

Brigthouse, Harry. 2004. *Justice*. London: Policy Press.

Camerer, Colin, and Ernst Fehr. 2004. "Measuring Social Norms and Preferences Using Experimental Games: A Guide for Social Scientists." 55-94 in *Foundations of Human Sociality. Economic Experiments and Ethnographic Evidence from Fifteen Small-scale Societies*, edited by J. Henrich et al. Oxford, UK: Oxford University Press.

Chong, Dennis, and James N. Druckman. 2007a. "Framing Public Opinion in Competitive Democracies." *American Political Science Review* 101(4): 637-655.

_____. 2007b. "Framing Theory." *Annual Review of Political Science* 10(1): 103-126.

Clasen, Jochen, and Wim Van Oorschot. 2002. "Changing Principles in European Social Security." *European Journal of Social Security* 4(2): 89-115.

Coleman, James S. 1990. *Foundations of Social Theory*. Cambridge, MA: The Belknap Press.

De Wispelaere, Jurgen. 2009. "A Governance Dilemma in Basic Income." Paper presented at the "Income Security for All Canadians" BIEN Canada Congress, Ottawa, October 1-2.

_____. 2011. "The Struggle for Strategy: On the Politics of Universal Basic Income." Unpublished paper. Barcelona.

De Wispelaere, Jurgen, and Lindsay Stirton. 2007. "The Public Administration Case against Participation Income." *Social Services Review* 81(3): 523-549.

_____. 2011. "The Administrative Efficiency of Basic Income." *Policy and Politics* 39(1): 115-132.

_____. 2012a. "A Disarmingly Simple Idea? Practical Bottlenecks in Implementing a Universal Basic Income." *International Social Security Review*, 65(2): pp. 103-121.

_____. 2012b. "The Politics of Universal Basic Income: Bringing Bureaucracy Back In?" *Political Studies*, forthcoming.

Dowding, Keith. 1996. *Power*. Minneapolis: University of Minnesota Press.

Dowding, Keith, Jurgen De Wispelaere, and Stuart White, eds. 2003. *The Ethics of Stakeholding*. Basingstoke: Palgrave Macmillan.

Fong, Christina, Samuel Bowles, and Herbert Gintis. 2005. "Reciprocity and the Welfare State." 277-302 in *Moral Sentiments and Material Interests: The Foundations of Cooperation in Economic Life*, edited by Herbert Gintis, Samuel Bowles, Robert Boyd, and Ernst Fehr. Cambridge, MA: MIT Press.

Gilabert, Pablo, and Holly Lawford-Smith. 2012. "Political Feasibility. A Conceptual Exploration." *Political Studies*, forthcoming.

Gneezy, U., and A. Rustichini. 2000. "Pay Enough or Don't Pay At All." *Quarterly Journal of Economics* 115(3): 791-810.

Goldsmith, Scott. 2005. "The Alaska Permanent Fund: An Experiment in Wealth Distribution." 553-566 in *Promoting Income Security as a Right: Europe and North America*, edited by Guy Standing. London: Anthem.

González-Bailón, Sandra, José A. Noguera, and Jurgen De Wispelaere. 2011. "The Provision of a Basic Income as a Social Dilemma: A Simulation Experiment." Unpublished paper. Barcelona.

Goodin, Robert E. 2001. "Something for Nothing." 90-97 in *What's Wrong with a Free Lunch?* edited by Philippe Van Parijs, Joshua Cohen, and Joel Rogers. Boston: Beacon.

_____. 2003. "Sneaking Up on Stakeholding." 65-78 in *The Ethics of Stakeholding*, edited by Keith Dowding, Jurgen De Wispelaere, and Stuart White. Basingstoke: Palgrave Macmillan.

Grodner, Andrew, and Thomas J. Kniesner. 2006. "Social Interactions and Labour Supply." *Journal of the European Economic Association* 4(6): 1226-1248.

Groot, Loek. 2004. *Basic Income, Unemployment and Compensatory Justice.* Dordrecht: Kluwer Academic.

Groot, Loek, and Robert van der Veen. 2000. "How Attractive Is a Basic Income for European Welfare States?" 13-38 in *Basic Income on the Agenda: Policy Objectives and Political Chances,* edited by Robert van der Veen and Loek Groot. Amsterdam: Amsterdam University Press.

Handler, Joel F., and Yeshekel Hasenfeld. 2006. *Blame Welfare, Ignore Poverty and Inequality.* Cambridge, UK: Cambridge University Press.

Hedström, Peter. 2005. *Dissecting the Social. On the Principles of Analytical Sociology.* Cambridge, UK: Cambridge University Press.

Hedström, Peter, and Peter Bearman, eds. 2009. *The Oxford Handbook of Analytical Sociology.* Oxford, UK: Oxford University Press.

Hood, Christopher. 2010. "Can We? Administrative Limits Revisited." *Public Administration Review* 70(4): 527-534.

Jerit, Jennifer. 2009. "How Predictive Appeals Affect Policy Opinions." *American Journal of Political Science* 53(2): 411-426.

Jordan, Bill. 1996. *A Theory of Poverty and Social Exclusion.* Cambridge, UK: Polity Press.

Kahneman, Daniel, and Amos Tversky, eds. 2000. *Choices, Values, and Frames.* Cambridge, UK: Cambridge University Press.

Lasswell, Harold D. 1936. *Politics: Who Gets What, When, How.* Cleveland, OH: Meridian Books.

Le Grand, Julian, and David Nissan. 2003. "A Capital Idea: Helping the Young to Help Themselves." 29-41 in *The Ethics of Stakeholding,* edited by Keith Dowding, Jurgen De Wispelaere, and Stuart White. Basingstoke: Palgrave Macmillan.

Liebig, Stefan, and Steffen Mau. 2005. "A Legitimate Guaranteed Minimum Income?" 209-230 in *Promoting Income Security as a Right: Europe and North America,* edited by Guy Standing. London: Anthem.

Lindenberg, Stewart. 2006. "Prosocial Behavior, Solidarity, and Framing Processes." 23-44 in *Solidarity and Prosocial Behavior. An Integration of Sociological and Psychological Perspectives,* edited by Detlef Fetchenhauer, Andreas Flache, Abraham P. Buunk, and Siegwart Lindenberg. New York: Springer.

Lupia, Arthur, and Matthew McCubbins. 2004. "Learning from Oversights: Fire Alarms and Police Patrols Reconstructed." *Journal of Law, Economics and Orga-*

nization 10(1): 96-125.

Macy, Michael, and Andreas Flache. 2009. "Social Dynamics from the Bottom Up: Agent-based Models of Social Interaction." 245-268 in *The Oxford Handbook of Analytical Sociology*, edited by Peter Hedström and Peter Bearman. Oxford, UK: Oxford University Press.

Murray, Charles. 2006. *In Our Hands. A Plan to Replace the Welfare State*. Washington, DC: The American Enterprise Institute Press.

Noguera, José A., and Jurgen De Wispelaere. 2006. "A Plea for the Use of Laboratory Experiments in Basic Income Research." *Basic Income Studies* 1(2): 1-8.

Noguera, José A., Xavier Guijarro, Francisco J. León, Toni Llacer, Francisco J. Miguel, Eduardo Tapia, Jordi Tena, and Mercé Vinagre. 2011. *Valors i actituds sobre justícia distributiva: prestacions socials i fiscalitat*. Barcelona: Centre d'Estudis d'Opinió.

Offe, Clalus. 2005. "Wasteful Welfare Transactions: Why Basic Income Security Is Fundamental." 69-82 in *Promoting Income Security as a Right: Europe and North America*, edited by Guy Standing. London: Anthem.

Pechman, Joseph A., and Michael P. Timpane, eds. 1975. *Work Incentives and Income Guarantees: The New Jersey Negative Income Tax Experiment*. Washington, DC: The Brookings Institution.

Robins, Phillip K, 1985. "A Comparison of the Labor Supply Findings From the Four Negative Income Tax Experiments," *Journal of Human Resources* 20(4): 567-582.

Robins, Phillip K, Robert G. Spiegelman, Samuel Weiner, and Joseph G. Bell, eds. 1980. *A Guaranteed Annual Income. Evidence from a Social Experiment*. New York: Academic Press.

Sabbatier, Paul A., and Hank C. Jenkins-Smith. 1993. *Policy Change and Learning: An Advocacy Coalition Approach*. Boulder, CO: Westview Press.

Searle, John R. 1995. *The Construction of Social Reality*. London: Allen Lane.

_____. 2010. *Making the Social World*. Oxford, UK: Oxford University Press.

Slothuus, Rune. 2007. "Framing Deservingness to Win Support for Welfare State Retrenchment." *Scandinavian Political Studies* 30(3): 323-344.

Standing, Guy. 2002. *Beyond the New Paternalism: Basic Security as Equality*. London: Verso.

_____, ed. 2005. *Promoting Income Security as a Right: Europe and North America*. London: Anthem.

Vanderborght, Yannick. 2005. "The Basic Income Guarantee in Europe: The Belgian and Dutch Back Door Strategies." 257-281 in *The Ethics and Economics of the Basic Income Guarantee*, edited by Karl Widerquist, Michael Anthony Lewis, and Steven Pressman. Aldershot: Ashgate.

_____. 2006. "Why Trade Unions Oppose Basic Income." *Basic Income Studies* 1(1): 1-20.

Van Oorschot, Wim. 2000. "Who Should Get What and Why? On Deservingness Criteria and the Conditionality of Solidarity among the Public." *Policy and Politics* 28(1): 33-48.

_____. 2006. "Making the Difference in Social Europe: Deservingness Perceptions among Citizens of European Welfare States." *Journal of European Social Policy* 16(1): 23-42.

Van Parijs, Philippe, ed. 1992. *Arguing for Basic Income: Ethical Foundations for a Radical Reform.* London: Verso.

_____. 1995. *Real Freedom for All: What (If Anything) Can Justify Capitalism?* Oxford, UK: Clarendon.

_____. 1996. "Basic Income and the Two Dilemmas of the Welfare State." *Political Quarterly* 67(1): 63-66.

_____. 2001. "Reply." 121-127 in *What's Wrong with a Free Lunch?* edited by Philippe Van Parijs, Joshua Cohen, and Joel Rogers. Boston: Beacon.

_____. 2004. "Basic Income: A Simple and Powerful Idea for the Twenty-first Century." *Politics and Society* 32(1): 7-39.

_____. 2009. "Political Ecology: From Autonomous Sphere to Basic Income." *Basic Income Studies* 4(2): 1-9.

White, Stuart. 2003. *The Civic Minimum: On the Rights and Obligations of Economic Citizenship.* Oxford, UK: Clarendon.

Widerquist, Karl. 2005. "A Failure to Communicate: What (If Anything) Can We Learn from the Negative Income Tax Experiments?" *Journal of Socio-Economics* 34(1): 49-81.

Widerquist, Karl, Michael Anthony Lewis, and Steven Pressman, eds. 2005. *The Ethics and Economics of the Basic Income Guarantee.* Aldershot: Ashgate.

Widerquist, Karl, and Michael Howard, eds. 2012. *Examining the Alaska Model: Is the Permanent Fund Dividend a Model Ready for Export?* New York: Palgrave Macmillan.

Wright, Erik Olin. 2006. "Compass Points: Towards a Socialist Alternative." *New Left Review* 41: 93-124.

_____. 2010. *Envisioning Real Utopias.* London: Verso.

5장

Allén, Tuovi et al. 1993. *Täyskäännös? Taloutemme valintojen edessä.* Helsinki: Kirjapaino-Osakeyhtiö Like.

Arajärvi, Pentti. 1997. *Selkeämpään toimeentuloon: selvitysmiesmuistio toimeentuloturva-lainsäädännön selkeyttämisestä.* Helsinki: STM.

_____. 1998. *Toimeentuloturvaa koskevan lainsäädännön selkeyttäminen.* Helsinki: STM.

_____. 1998. "Tomeentulo ja perustulo." *Talous ja yhteiskunta* 1/1998.

Basic Income. 1993. *Newsletter of BIEN* NO. 15. January. Brussels.

Hakkarainen, Outi, Jaana Airaksinen, and Tove Selin (eds.). 2005. "Talous ja demokratia." *Ratkaisuja Suomesta ja muualta maailmalta.* Keuruu: Otavan Kirjapaino Oy.

Heinonen, Jari. 1993. *Kattotarinasta monikärkiseen pohdintaan.* Tampere: Tammer-Paino Oy.

Hintikka-Varis, Sari (ed.). 2007. *Sisällä vai ulkona—kohti perustuloa?* Helsinki: Kansallinen Sivistysliitto ry.

Honkanen, Pertti, Soininvaara, Osmo and Ylikahri, Ville. 2007. *Perustulo—Kohti toimivaa perusturvaa(Basic Income—Toward Practical Basic Security).* Vaasa: Oy Arkmedia Ab.

Ikkala, Markku. 1978. "Ihmisarvo ja työ." *Luotain nro 2.* Helsinki: Suomalaisen Kirjallisuuden Kirjapaino Oy.

Julkunen, Raija. 2009. "Perustulo-Kuinka sama idea toistuvasti kohtaa sosiaalidemokraattisen ajattelun?" *Ajatuksen voima: ideat hyvinvointivaltion uudistamisessa.* Edited by Johannes Kananen and Juho Saari. Jyväskylä: Minerva.

Juuti, Pauli. 1983. *Työkäyttäytymisen teoreettinen tausta.* Helsinki: Kirjapaino R. Lunkka Ky.

_____. 1988. *Työilmapiiri ja työolot.* JTO: n tutkimuksia. Sarja 2. Kokemäki: JTO.

_____. 1991. *Työ ja elämän laatu.* JTO: n tutkimuksia. Sarja 6. MyCo Oy/Kirjapaino R. Lunkka.

_____. 1996. *Suomalainen elämänlaatu.* JTO: n tutkimuksia. Sarja 10. Tampere: Tammer-Paino Oy.

Kasvio, Antti. 1985. "Duaalitalous ja huomispäivän yhteiskuntamallit." *Talouden kahtiajako. Mykät pakot ja vapauden visio.* Edited by Timo Kyntäjä. Jyväskylä: Gummerus Oy.

_____. 1994. *Unsi työn yhteiskunta.* Jyväskylä: Gummerus Oy.

Kopra, Ville. 2007. *Perustulo. Kova vai pehmeä paketti?* Helsinki: Kalevi Sorsa Fund, Yliopistopaino.

Lahtinen, Ilpo (ed.). 1988. *Kansalaispalkka. Ken elää sen syömänkin pitää.* Ylioppilaspalvelu ry: n julkaisusarja 2/88. Helsinki: Ylioppilaspalvelu ry.

_____. 1992. *Perustulo. Kansalaisen palkka.* Tampere: Tammer-Paino Oy.

Mattila, Anita. 2001. *Tarvitaanko perustuloa? Suomalaisten kansalaistulokansalaispalkka-ja perustulomallien teoreettinen analyysi.* Kuopio: Savon Kopiokeskus Oy, Yliopiston painatuskeskus.

Offe, Claus. 1994. *Vollbeschäftigung.* Unpublished introduction in BIEN conference in London September 8-10, 1994.

Ojapelto, Ari. 1989. *Lisääkö automaatio kilpailukykyä vai työttömyyttä?* Jyväskylä: Gummerus.

_____. 2006. *Ahneuden aika.* Saarijärvi: Saarijärven Offset Oy.

Parker, Hermione. 1989. *Instead of the Dole, An Enquiry into Integration of the Tax and Benefit Systems.* London: Routledge.

Peltola, Kati. 1997. *Hyvinvointivaltion peruskorjaus.* Jyväskylä: Gummerus Kirjapaino Oy.

Penttilä, Risto E. J. 1994. *Ultimatum isänmaalle. Nuorsuomalainen näkemys Suomen mahdollisuuksista.* Kenruu: Otava.

Peränen, Hanna-Leena. 1990. *Kansalaispalkka-tutkimus 1980-luvulla Suomessa käydystä kansalaispalkkakeskustelusta.* University of Jyväskylä. Department of social policy. Pro gradu study.

Perheentupa, Antti-Veikko. 1993. *Oikeudenmukaisuutta toisin tavoin. Haasteita 90-luvun sosiaalipolitiikalle.* Juva: WSOY.

Perustoimeentulotyöryhmän mietintö. 1986. Työryhmämuistio 1986: 2. Helsinki: STM

Pursiainen, Terho. 1995. "Nousukauden etiikka." *Suomen Kuvalehti magazine 16/95.*

Sailas, Raija. 1986. *Köyhät keskuudessamme?—Pienituloisten kotitaloudet vuoden 1981 kotitaloustiedustelussa.* Helsinki: Sosiaalihallituksen toimeentuloprojekti.

SAK ry. 1994. "Mikä ihmeen perustulo?" *Taloustietoa 28.10.94.*

Sallila, Seppo. 2000. "Erään perustulomallin arviointi." *Köyhyys ja hyvinvointivaltion murros.* Edited by Matti Heikkilä and Jouko Karjalainen. Helsinki: Gaudeamus.

Särkelä, Riitta, and Anne Eronen (eds.) 2007. *Perusturvan pulmat ja uudistamisen vaihtoehdot.* Sosiaali- ja terveysturvan keskusliitto ry. Helsinki: Hakapaino Oy.

Soininvaara, Osmo. 1992. "Minun perustulomallini." *Perustulo. Kansalaisen palkka.* Edited by Ilpo Lahtinen. Tampere: Tammer-Paino Oy.

_____. 1994. *Hahmotelma perustulomallista.* STM: n monisteita 2/04. Helsinki: STM.

_____. 1994. *Hyvinvointivaltion eloonjäämisoppi.* Juva: WSOY: n graafiset laitokset.

_____. 1998. "Time of Basic Income?" *Suomen Kuvalehti* March 27: 73.

_____. 2002. *Ministerikyyti.* Helsinki: WSOY.

_____. 2010. *SATA-komitea—Miksi asioista päättäminen on niin vaikeaa.* Helsinki: Kustannusosakeyhtiö Teos.

Soininvaara, Osmo, and Osmo Lampinen. 1980. *Suomi 1980-luvulla* (Finland in the 1980s). Juva: WSOY: n graafiset laitokset.

Sosiaaliturvan uudistamiskomitean (SATA-komitean) ehdotukset sosiaaliturvan uudistamiseksi. Sosiaali- ja terveysministeriön selvityksiä 2009: 62. Helsinki: STM.

Teollisuuden ja Työnantajien Keskusliitto. 1995. *Työtä vai kansalaispalkkaa.* Maaliskuu. Helsinki: TTK.

Vartia, Pentti, and Pekka Ylä-Anttila. 2005. *Kansantalous 2008.* Taloustieto. 2. painos. Helsinki: ETLA.

Ylä-Liedenpohja, Jouko. 1994. *Taloustiede tänään.* Keuruu: Kustannusosakeyhtiö Otava.

_____. 1995. *Kansalaislisä—ja työtä!* Unpublished introduction in the University of Jyväskylä. Taloustutkijoiden XII kesäpäivät in Jyväskylä June 19-20, 1995.

6장

※ 아래의 참고문헌은 이용 가능한 정보를 매우 선택적으로 수집한 것이다. 보다 자세한 내용은 독일 기본소득네트워크(http://www.grundeinkommen.de/die-idee/literatur)를 참조하기 바란다.

Althaus, Dieter, and Hermann Binkert, eds. 2010. *Solidarisches Buergergeld. Den Menschen trauen—Freiheit nachhaltig und ganzheitlich sichern.* Erfurt: Institut für neue soziale Antworten, November.

Arendt, Hannah. 1958. *The Human Condition.* Chicago: The University of Chicago Press.

Atmiks, Peter. 2009. "Liberales Buergergeld kontra bedingungsloses Grundeinkommen." *Friedrich-Naumann-Stiftung für die Freiheit.* http://www.freiheit.org/.

Attac AG "Genug für alle." 2010. http://www.grundeinkommen-attac.de/.

BAG Grundeinkommen. 2010. "Konzept der BAG Grundeinkommen in und bei der Partei DIE LINKE für ein Bedingungsloses Grundeinkommen (BGE) in Existenz und Teilhabe sichernder Höhe." http://www.die-linke-grundeinkommen.de/WordPress/wp-content/uploads/2010/04/10_-_04_-_08_BGE-Konzept2010_Endfassung.pdf.

BIEN, Basic Income Earth Network. http://www.basicincome.org/bien/.

Blaschke, Ronald, Adeline Otto, and Norbert Schepers, eds. 2010. *Grundeinkommen. Geschichte-Modelle-Debatten.* Rosa-Luxemburg-Stiftung Texte 67. Berlin: Karl Dietz Verlag. http://www.rosalux.de/fileadmin/rls_uploads/pdfs/Publ-Texte/Texte_67.pdf.

Blüm, Norbert. 2007. "Wahnsinn mit Methode. Ein Grundeinkommen für alle ist ungerecht und bläht den Staat auf." *Die Zeit* April 19: 17.

Borchard, Michael, ed. 2007. *Das Solidarische Bürgergeld. Analysen einer Reformidee.* Stuttgart: Lucius & Lucius.

brandeins. 2005. *Nie wieder Vollbeschäftigung. Wir haben Besseres zu tun.* 7. http://www.brandeins.de/archiv/magazin/nie-wieder-vollbeschaeftigung.html.

Brenner, Michael. 2011. *Solidarisches Bürgergeld und Grundgesetz.* Baden-Baden: Nomos-Verlag.

Bundesarbeitsgemeinschaft der Erwerbslosen- und Sozialhilfeinitiativen e. V. (BAG-SHI), eds. 2008. *Existenzgeld Reloaded,* edited by Bundesarbeitsgemeinschaft der Sozialhilfe-Initiativen. Neu-Ulm: *AG SPAK Bücher.*

Bundesregierung. 2003. *Agenda 2010. Deutschlandbewegtsich*(Germanyismoving). http://archiv.bundesregierung.de/artikel/81/557981/attachment/557980_0.pdf.

Busch, Ulrich. 2005. "Falscher Traum vom Schlaraffenland. Ist das bedingungslose Grundeinkommen wirklich ein linkes Konzept? Ein Ökonom sagt nein." *Neues Deutschland,* October 15.

Butterwegge, Christoph. 2007. "Grundeinkommen und soziale Gerechtigkeit." *Aus Politik und Zeitgeschichte* (51-52): 25-30.

Dahrendorf, Ralf. 1980. "Im Entschwinden der Arbeitsgesellschaft." *Merkur* 34(8): 749-760.

_____. 1986. "Ein garantiertes Mindesteinkommen als konstitutionelles Anrecht." 131-136 in *Befreiung von falscher Arbeit,* edited by Thomas Schmid, see Schmid 1986.

Die Grünen. 1986. *Umbau der Industriegesellschaft. Schrittezur Überwindung von Erwerbslosigkeit, Armut und Umweltzerstörung.* Bonn: Selbstverlag. http://www.boell.de/downloads/stiftung/1986_Umbauprogramm(1).pdf.

Engler, Wolfgang. 2007. *Unerhörte Freiheit. Arbeit und Bildung in Zukunft.* Berlin: Aufbau-Verlag.

Erdmenger, Jürgen. 2008. "Das Grundeinkommen und die Europäische Union. Ein Diskussionsbeitrag," paper presented in Berlin. http://www.geistesschulung.de/bbg/erdmenger.pdf.

Erster Bundeskongress der Arbeitslosen, eds. 1983. *Arbeitsloseninitiativen der BRD und Westberlin.* Frankfurt: Fachhochschulverlag.

Federal Ministry of Finance. 2008. *Bericht über die Höhe des Existenzminimums von Erwachsenen und Kindern für das Jahr 2010(Siebenter Existenzminimumbericht).*

Federal Ministry of Labor and Social Affairs. 2010. *Social Security at a glance.* http://www.bmas.de/portal/10116/social__security__at__a__glance.html.

Fischer, Ute Luise. 2006. "Entkopplung von Arbeit und Einkommen—Emanzipierende Konsequenzen eines bedingungslosen Grundeinkommens," *Beit-*

räge zur feministischen Theorie und Praxis: Frauen, denkt ökonomisch!? 68: 71-81.

Fleckenstein, Timo. 2008. "Restructuring welfare for the unemployed: the Hartz legislation in Germany." *Journal of European Social Policy* 18(2): 177-188

Fromm, Erich. 1967[1966]. "The Psychological Aspects of the Guaranteed Income." 183-93 in *The Guaranteed Income: Next Step in Economic Evolution?* edited by Robert Theobald. Garden City: Anchor Books.

German Council of Economic Experts. 2007. *The Gains Must not be Squandered.* Annual Report 2007/08. http://www.sachverstaendigen-rat-wirtschaft.de/50.html.

Grünes Netzwerk Grundeinkommen. 2011. http://gruene-berlin.de/grundsicherungswiki/index.php/Das_Gr%C3%BCne_Netzwerk_Grundeinkommen.

Habermas, Jürgen. 1985. "Die Krise des Wohlfahrtsstaates und die Erschöpfung utopischer Energien." 141-163 in *Die Neue Unübersichtlichkeit*, Kleine Politische Schriften V, by Jürgen Habermas. Frankfurt: Suhrkamp.

Hardorp, Benediktus. 2008. *Arbeit und Kapital als schöpferische Kraefte. Einkommen und Besteuerung als gesellschaftliches Teilungsverfahren.* Karlsruhe: KIT Scientific Publishing.

Hasenclever, Wolf-Dieter. 1986. "Ein Weg ins Schlaraffenland? Das Grundeinkommen für jeden Bürger könnte ein Schritt zur sozialen Freiheit sein." *Die Zeit* 19, May 2: 40.

Jürgs, Michael. 2004. "Auch wir sind das Volk." *Süddeutsche Zeitung*, October 2.

Liebermann, Sascha. 2002. *Die Krise der Arbeitsgesellschaft im Bewusstsein deutscher Unternehmensführer. Eine Deutungsmusteranalyse.* Frankfurt: Humanities Online.

_____. 2004. "Freiheit der Bürger statt Arbeitszwang." *Frankfurter Rundschau*, September 2.

_____. 2012. "Manifold Possibilities and Peculiar Obstacles—Basic Income in the German Debate" in *Horizons of Reform—Basic Income Solutions around the World*, edited by Carole Pateman und Matthew Murray. International Political Economy Series, Palgrave Macmillan.

Loer, Thomas. 2004. "Freiheit statt Vollbeschäftigung." *Frankfurter Allgemeine Zeitung*, May 26: 9.

Mitschke, Joachim. 2000. *Grundsicherungsmodelle—Ziele, Gestaltung, Wirkungen und Finanzbedarf. Eine Fundamentalanalyse mit besonderem Bezug auf die Steuer- und Sozialordnung sowie den Arbeitsmarkt der Republik Österreich.* Nomos: Baden-Baden.

Müller, Albrecht. 2010. "Macht es Sinn, eine Idee zum Dauerthema zu machen, wenn sie nie realisiert werden wird?" http://www.nachdenkseiten.de/?p=7849.

Negt, Oskar. 2004. "Grundgehalt." *Frankfurter Rundschau*, July 30.

Netzwerk Grundeinkommen. 2004. *Presseerklärung* 1. http://www.grundeinkommen.de/ueber-uns.

Neuendorff, Hartmut, Gerd Peter, and Frieder O. Wolf, eds. 2009. *Arbeit und Freiheit im Widerspruch? Bedingungsloses Grundeinkommen—ein Modell im Meinungsstreit.* Hamburg: VSA.

Nida-Rümelin, Julian. 2008. "Integration statt Ausstieg. Ein bedingungsloses Grundeinkommen würde unsere Gesellschaft noch weiter spalten." *Frankfurter Rundschau*, June 5. http://www.fr-online.de/kultur/integration-statt-ausstieg/-/1472786/3325866/-/index.html.

Oevermann, Ulrich. 2001. "Die Krise der Arbeitsgesellschaft und das Bewährungsproblem des modernen Subjekts." 19-39 in *Eigeninteresse und Gemeinwohlbindung. Kulturspezifische Ausformungen in den USA und Deutschland*, edited by Roland Becker, Andreas Franzmann, Axel Jansen, and Sascha Liebermann. Konstanz: UVK.

Offe, Claus. 2005. "Nachwort" (Afterword) in *Ein Grundeinkommen für alle? Geschichte und Zukunft eines radikalen Vorschlags*, edited by Philippe Van Parijs and Yannick Vanderborght. Frankfurt: Campus.

_____. 2008. "Basic Income and the Labor Contract." *Basic Income Studies* 3(1), Article 4.

Opielka, Michael. 2000. "Gespräch mit Opielka. Arbeitet man wirklich für sich selbst?" 187-205 in Hans-Peter Krebs, and Harald Rein, eds. 2000. *Existenzgeld—Kontroversen und Positionen.* 1. print, Münster: Westfaelisches Dampfboot.

Opielka, Michael. and Georg Veorg Vobruba. 1986. *Das Garantierte Grundeinkommen.* Frankfurt: Fischer Taschenbuch Verlag.

Opielka, Michael. and Wolfgang Strengmann-Kuhn. 2007. "Das Solidarische Bürgergeld—Finanz-und sozialpolitische Analyse eines Reformkonzepts." 13-143 in *Das Solidarische Bürgergeld. Analysen einer Reformidee*, edited by Michael Borchard. Stuttgart: Lucius & Lucius.

Pelzer, Helmut, and Ute Fischer. 2009. "Ein bedingungsloses Grundeinkommen ist bezahlbar und wirtschaftspolitisch sinnvoll—Die Finanzierung über das Transfergrenzen-Modell." 114-134 in *Arbeit und Freiheit im Widerspruch? Bedingungsloses Grundeinkommen—ein Modell im Meinungsstreit*, edited by Hartmut Neuendorff, Gerd Peter, and Frieder O. Wolf. Hamburg: VSA.

Poreski, Thomas, and Manuel Emmler. 2006. "Die Grüne Grundsicherung. Ein Diskussionspapier für den Zukunftskongress von Bündnis 90/ Die Gruenen Version 1.0." http://www.grundsicherung.org/.

Sanktionsmoratorium. 2009. http://www.sanktionsmoratorium.de/.

Schlecht, Michael. 2006. "Solidaritätsprinzip aufrechterhalten. Die Forderung nach einem bedingungslosen Grundeinkommen ergibt sich aus einem schiefen Blick auf den realexistierenden Kapitalismus und ist deshalb nicht umsetzbar." *Junge Welt*, September 15: 10.

Schmid, Thomas. 1986 [1984]. *Befreiung von falscher Arbeit*. Berlin: Verlag Klaus Wagenbach (The second edition in 1986 was completely revised).

Siebert, Horst. 2007. "Gegen ein bedingungsloses Grundeinkommen. Eine abstruse Idee mit massiven Fehlanreizen." *Frankfurter Allgemeine Zeitung*, June 27.

SPD. Grundwertekommission beim Parteivorstand der SPD. 2009. *Bedingungsloses Grundeinkommen? Geld allein genügt nicht! Sozialstaatliche Verantwortungfürgesellschaftliche Inklusion*. http://alt.spd.de/de/pdf/2008_GWK_Grundeinkommen.pdf.

Spielkamp, Matthias. 2001. "Wege in die Zukunft—Grundeinkommen." *brandeins* 10: 68-69. http://www.brandeins.de/archiv/magazin/mach-was-draus/artikel/wege-in-die-zukunft-1-grundeinkommen.html.

Statistisches Bundesamt. 2003. *Wo bleibt die Zeit? Die Zeitverwendung der Bevölkerung in Deutschland 2001/02*, edited by Bundesministerium für Familie, Senioren, Frauen und Judgend. Wiesbaden: Statistisches Bundesamt.

Wagner, Björn. 2007. *Das Grundeinkommen in der deutschen Debatte. Motive, Leitbilder, Interessen*. http://library.fes.de/pdf-files/wiso/06194.pdf.

Werner, Götz W. 2005. "Wir leben in paradiesischen Zuständen." *brandeins* 3: 72. http://www.brandeins.de/archiv/magazin/was-bleibt/artikel/wir-leben-in-paradiesischen-zustaenden.html.

_____. 2007. *Einkommen für alle*. Köln: Kiepenheuer & Witsch.

_____. 2010. "1000 Euro für jeden machen die Menschen frei." *Frankfurter Allgemeine Sonntagszeitung*, August 15. http://www.faz.net/-01r7af.

Wiest, Susanne. 2008. "Petition:ReformvorschlägeinderSozialversicherung—Bedingungsloses Grundeinkommen vom 10.12.2008." https://epetitionen.bundestag.de/index.php?action=petition%3Bsa=details%3Bpetition=1422.

Website

Archiv Grundeinkommen (Basic Income Archive), the most comprehensive privately run BI archive in Germany. http://www.archiv-grundeinkommen.de/.

Die Glüchklichen Arbeitslosen (The Happy Unemployed). http://www.dieglueecklichenarbeitslosen.de/dieseit/seite/glueck.htm.

Existenzgeld (Subsistence Allowance). http://www.bag-shi.de.

Freiheit statt Vollbeschäftigung (Freedom, not Full Employment). http://www.freiheitstattvollbeschaeftingung.de.

Netzwerk Grundeinkommen (German Network BI, affiliated to BIEN). Here you find a comprehensive list of weblinks including local groups. http://www.grundeinkommen.de.

Werner, Götz W., and Unternimm die Zukunft. http://www.unternimm-die-zukunft.de/.

Wiest, Susanne, Grundeinkommen im Bundestag(BI to German Parliament). http://grundeinkommenimbundestag.blogspot.com/.

Movies and Videos

Häni, Daniel. and Enno Schmidt. 2008. *Kulturimpuls Grundeinkommen. Ein Filmessay.* http://www.kultkino.ch/kultkino/besonderes/grundeinkommen. Available in english at dotsub: http://dotsub.com/view/26520150-1acc-4fd0-9acd-169d95c9abel.

Heizmann, Jördis, and Andreas Zgrja. 2007. *Designing Society.* http://www.designing-society.de/index.swf.

Schlee, Christoph. 2007a. *Grundeinkommen für alle* (Basic Income for all). http://www.youtube.com/user/allmende.

_____. 2007b. *Sechs Positionen zum Grundeinkommen* (Six Positions toward Basic Income). http://www.youtube.com/user/allmende.

YouTube, keyword "grundeinkommen."

TV Documentaries

3SAT. 2004. *Jobs, Würde, Werte, Eine Hartz-Reise in fünf Teilen* (Jobs, Dignity, Values. A Hartz-Journey in five parts; part 5 dealing with BI). http://www.3sat.de/page/?source=/kulturzeit/themen/63528/index.html.

3SAT. 2011. *Bedingungslos glücklich. Freiheit und Grundeinkommen* (Unconditionally Happy. Freedom and Basic Income). http://www.3sat.de/page/?source=/dokumentationen/152534/index.html.

7장

Callan. Tim, C. O'Donoghue, and C. O'Neill. 1994. *Analysis of Basic Income Schemes for Ireland.* Dublin: ESRI.

Callan. Tim, B. Nolan, J. Walsh, J. McBride, and R. Nestor. 2000a. *Basic Income in Irenland: A Study for the working Group on Basic Income.* Dublin: Department of the Taoiseach.

Callan, Tim, G. Boyle, T. McCarthy, B. Nolan, J. Walsh, R. Nestor, and D. van de Gaer. 2000b. *Dynamic Effects of a Basic Income: Phase 2 of a Study for the Working Group on Basic Income*. Dublin: Department of the Taoiseach.

Clark, Charles M. A. 1999. *Report for Working Group on Basic Income*. Dublin: Department of the Taoiseach.

Clark, Charles M. A., and J. Healy. 1997. *Pathways to a Basic Income*. Dublin: CORI

Commission on social Welfare. 1986. *Report of the Commission on Social Welfare*. Dublin: Stationery Office.

Commission on Taxation. 1982. *First Report of the Commission on Taxation*. Dublin: Stationery Office.

Commission on Taxation. 2009. *Commission on Taxation Report 2009*. Dublin: Stationery Office.

CORI Justice Commission. 1997. *Planning for Progress*. Dublin: CORI.

Department of the Taoiseach. 2002. *Basic Income: A Green Paper*. Dublin: Department of the Taoiseach.

Dowling, Brendan. 1977. *Integrated Approaches to Personal Income Taxes and Transfers*. Dublin: NESC.

Enterprise, Trade and Employment. 1996. *Growing and Sharing Our Employment: Strategy Paper on the Labour Market*. Dublin: Stationery Office.

Expert Group on the Integration of the Tax and Social Welfare Systems. 1996. *Report of the Expert Group on the Integration of Tax and Social Welfare*. Dublin: Stationery Office.

Forfás. 1996. *Shaping Our Future*. Dublin: Forfás.

Honohan, Patrick. 1987. "A Radical Reform of Social Welfare and Income Tax Evaluated." *Administration* 35(1): 69-87.

Partnership 2000 for Inclusion, Employment and Competitiveness. 1996. Dublin: Stationery Office.

Report of the Working Group on the Integration of the Tax and Social Welfare Systems. 1996. Dublin: Stationery Office.

Revenue Commissioners (Various). *Statistical Report* (*various years*). Dublin: Stationery Office.

Ward, Seán. 1994. "A Basic Income System for Ireland." In *Towards an Adequate Income for All*, edited by Brigid Reynolds and Seán Healy, 74-136. Dublin: CORI.

9장

Arcarons, Jordi, Àlex Boso, José Noguera, and Daniel Raventós. 2005. "Viabilitat i impacte d'una Renda Bàsica de Ciutadania per a Catalunya" (Viability and Impact of a Basic Income of Citizenship in Catalonia). Barcelona: Mediterrània-Fundació Jaume Bofill.

Arcarons, Jordi, and Daniel Raventós. 2010. "Al voltant de la Renda Bàsica" (Concerning Basic Income). Lleida: Universitat de Lleida.

Casassas, David. 2007. "Basic Income and the Republican Ideal: Rethinking Material Independence in Contemporary Societies." *Basic Income Studies* 2 (2, Article 9).

Domènech, Antoni, and Daniel Raventós. 2007. "Property and Republican Freedom: An Institutional Approach to Basic Income." *Basic Income Studies* 2 (2, Article 11).

Lo Vuolo, Rubén, and Daniel Raventós. 2009. "Basic Income: Good in the Boom, Essential in the Crisis." Online opinion. http://www.onlineopinion.com.au/view.asp?article=9172&page=0.

Lo Vuolo, Rubén, Daniel Raventós, and Pablo Yanes. 2010. "The War on Social and Working Rights. Basic Income in Times of Economic Crisis." Counterpunch. http://www.counterpunch.org/vuolo11052010.html.

Parijs, Philippe Van. 2005. "Reditto di base I diritti humani," in an interview by Benedetta Giovanola in Stefano Semplici (ed.), 2005, Il mercato giusto e l'etica della Società Civile, 205-206. Milan: Vita a Pensiero.

Pinilla Rafael. 2006. "Más allá del bienestar. La renta básica de ciudadanía como innovación social basada en la evidencia" (Beyond Welfare: The Basic Income of Citizenship as Social Innovation According to the Evidence). Barcelonia: Icaria.

Raventós, Daniel. 2007. "Basic Income: The Material Conditions of Freedom." London: Pluto Press.

Sanzo, Luis. 2005. "La introducción de la Renta Básica en España" (The Introduction of Basic Income in Spain). *Cuadernos de Relaciones Laborales, Rentas básicas y Protección Social*, 23(2): 123-149. Madrid Universidad Complutense.

10장

ABC News. 2011. Radio National News. *Australian Broadcasting Commission* June 4, 7.00 a.m.

Altman, Jon, and Melinda Hinkson(eds.). 2007. *Coersive Reconciliation: Stabilise, Normalise, Exit Aboriginal Australia*. North Carlton: Arena.

Australian Council of Social Service(ACOSS). 1975. Seminar on Guaranteed Minimum Income. Sidney: ACOSS.

Eltham, Ben. 2011. "Middle Class Welfare and Other Furphies." *New Matilda* May 4. http://newmatilda.com/2011/05/04/budget-preview-middle-class-welfare.

Four Corners. 2011. "The Real Julia." *Australian Broadcasting Commission* February 7.

Galvin, Rose. 2004. "Can Welfare Reform Make Disability Disappear." *Australian Journal of Social Issues* 39(3): 343-355.

Hancock, Keith. 1976. *A National Superannuation Scheme for Australia.* Canberra: Australian Government.

Henderson, Ronald. 1975. *Poverty in Australia: First Main Report.* Vols. 1 & 2. Canberra: Australian Government.

_____. 1977. "Criteria for Welfare: Needs or Earnings?" *Australian Journal of Social Issues* 12(2): 100-110.

Henderson, Ronald, Alison Harcourt, and John Harper. 1970. *People in Poverty: A Melbourne Survey.* Melbourne: Cheshire.

Howard, John. 1999. "Building a Stronger and Fairer Australia: Liberalisation in Economic Policy and Modern Conservatism in Social Policy." Roundtable Speech. May 4. http://home.vicnet.net.au/~victorp/21st_century/johnhoward.htm.

Hughes, Gerard. 2008. "The Case for a Universal State Pension." In *Making Choices-Choosing Futures*, edited by Bridgid Reynolds and Seán Healey, 104-147. Dublin: Cori.

Jones, Gemma. 2011. "We're an Army of Shirkers in NSW—Disability Pensions Are a Losing Battle." *The Daily Telegraph* June 2. http://www.dailytelegraph.com.au/news/sydney-nsw/were-an-army-of-shirkers-in-nsw-disability-pensions-are-a-losing-battle/story-e6freuzi-1226067497524.

Jordan, Allan. 1984. *Permanent Incapacity: Invalid Pension in Australia.* Canberra: Department of Social Security.

Karvelas, Patricia. 2011. "'Incentives' to Cut Welfare Dependency." *The Australian* May 10. http://www.theaustralian.com.au/national-affairs/incentives-intended-to-cut-welfare-dependency/story-fn59niix-1226053605849.

Keating, Paul. 1994. *Working Nation.* Canberra: Australian Government Publishing Service.

Kewley, Thomas H. 1973. *Social Security in Australia.* Sydney: Sydney University Press.

Kewley, Thomas H. 1980. *Australian Social Security Today.* Sydney: Sydney University Press.

Mays, Jennifer. 2012. "Australia's Disabling Income Support System: Tracing the History of the Australian Disability Income Support System 1908 to

2007—Disablism, Citizenship and the Basic Income Proposal." PhD thesis
 Queensland University of Technology, Brisbane.
Priorities Review Staff. 1975. *Possibilities for Social Welfare in Australia*. Canberra: Aus-
 tralian Government.
Productivity Commission. 2011. "Disability Care and Support."(Draft Report).
 Canberra: Australian Government.
Stubbs, John. 1966. *The Hidden People-Poverty in Australia*. Melbourne: Cheshire.
Tomlinson, John. 2003. *Income Insecurity: The Basic Income Alternative*. BIGA, Brisbane.
 http://www.basicincome.qut.edu.au/interest/e-books.jsp.
_____. 2011. "Needs Must When the Devil Drives." Online opinion. http://
 www.onlineopinion.com.au/view.asp?article=11494.
Whitlam dismissal. 2011. http://whitlamdismissal.com/loans/.
Wikipedia. 2011. "From each according to his ability, to each according to his
 need." http://en.wikipedia.org/wiki/From_each_according_to_his_abili-
 ty,_to_each_according_to_his_need # References.
Wild, Rex, and Anderson Pat. 2007. "The Little Children Are Sacred." http://
 www.inquirysaac.nt.gov.au/pdf/bipacsa_final_report.pdf.
Woodhouse, Owen. 1974. *Compensation and Rehabilitation in Australia*. Canberra:
 Australian Government.

11장

Alberta Legislative Assembly. 2005. *Alberta Resource Rebate Statutes Amendment Act*,
 bill 43, 26th legislature, 1st session.
Araar, Abdelkrim, Jean-Yves Duclos, and Francois Blais. 2005. "Effets redis-
 tributifs d'un régime d'allocation universelle: une simulation pour le Qué-
 bec." *L'Actualité économique* 81(3): 422-484.
Aubry, François. 1999. *L'Allocation universelle, fondements et enjeux*. Montréal: Con-
 fédération des syndicats nationaux.
Battle, Ken. 1999. "Child Benefit Reform: A Case Study in Tax/Transfer Integra-
 tion." Paper presented at the Canadian Tax Foundation Tax Policy Confer-
 ence, April 9-10, 1999.
Battle, Ken, and Sherri Torjman. 2000. "Yes, Virginia, There is a Guaranteed
 Annual Income." *Caledon Commentary*, Ottawa: Caledon Institute of Social
 Policy, December 2000.
Bernard, Michel, and Michel Chartrand. 1999. *Manifeste pour un revenu de citoyenneté*.
 Montréal: Editions du renouveau québécois.
Bernier, Jean, and Suzanne Lévesque. 1995. *Le revenu minimum garanti: formes et mo-*

dalités possibles. Québec: Direction de la recherche, de l'évaluation et de la statistique, Ministère de la sécurité du revenu, February 1995.

Blais, François. 2002. Ending Poverty. A Basic Income for All Canadians. Toronto: Lorimer.

Bouchard, Lucien et al. 2005. *For a clear-eyed vision of Quebec*. Online manifesto, October 19, 2005, available at, http://www.pourunquebeclucide.info/ (retrieved March 20, 2012).

Brossard, Louise and Sylvie Morel. 2003. L'allocation d'existence: quelques propositions québécoises. Montréal: Institut de recherches et d'études féministes—UQAM.

Bryden, Marion. 1969. "A Guaranteed Annual Income." *NDP/NPD Discussion Papers* Winnipeg Convention, October 28-31, 1969.

Campaign 2000. 2010. "2010 Report Card on Child and Family Poverty in Canada: Reduced Poverty=Better Health for All." Toronto: Campaign 2000.

Canadian Centre for Policy Alternatives. 2000. "Debate: Should Canadians be Guaranteed a Basic Income?" *The Monitor*(November): 8-11. Ottawa: CCPA.

Canadian Centre for Policy Alternatives. 2007. What Can Governments Do about Canada's Growing Gap? Canadian Attitudes toward Income Inequality. Toronto: CCPA.

Canadian Council on Social Development (CCSD). 1999. "Communiqué: Welfare-to-Work Programs Cause for Concern." Ottawa: CCSD, March 3, 1999.

Cutt, James. 1968. *A Guaranteed Income for Canadians*. Toronto: The Ontario Woodsworth Memorial Foundation.

Day, Shelagh, and Gwen Brodsky. 2006. "Strengthening the Canada Social Transfer: A Call to Account." Ottawa: FAFIA, available at http://www.google.com/search?hl=en&q=Strengthening%20%20the%20Canada%20Social%20Transfer.

De Wispelaere, Jurgen, and Lindsay Stirton. 2011. "The Administrative Efficiency of Basic Income." *Policy and Politics* 39(l): 115-132.

Douville, Luc. 2010. "Qu'est devenu le revenu de citoyenneté?" *Vigile* 27 (January 2010).

Dyson, William A., and Associates. 1983. *Briefing Materials. The Vanier Institute of the Family*. Edmonton: Hearings of the Macdonald Commission, November 15, 1983.

Fédération des femmes du Québec. 2008a. Projet de loi 63 - Loi modifiant la Charte des droits et libertés de la personne: la fédération des femmes du Québec somme le gouvernement de mettre en oeuvre les moyens pour une égalité réelle. Québec: FFQ.

_____. 2008b. 100 $ par semaine: une recette pour la pauvreté des femmes (lettre ouverte). Québec: FFQ.

Forget, Evelyn. 2011. "The Town with No Poverty: The Health Effects of a Canadian Guaranteed Annual Income Field Experiment." *Canadian Public Policy* 37(3): 283-305.

Fortin, Sarah, Alain Noël, and France St-Hilaire (eds.). 2003. *Forging the Canadian Social Union: SUFA and Beyond.* Montreal: Institute for Research on Public Policy.

Friedman, Milton. 1962. *Capitalism and Freedom.* Chicago: University of Chicago Press.

Gorlick, Carolyne, and Guy Brethour. 1998a. *Welfare-to-Work Programs in Canada: A Discussion Papery.* Ottawa: Canadian Council on Social Development.

_____. 1998b. *Welfare-to-Work: A National Inventory.* Ottawa: Canadian Council on Social Development.

Green Party of Canada. 2011. *Vision Green.* Ottawa: Green Party of Canada, April 2011.

Haddow, Rodney S. 1993. *Poverty Reform in Canada, 1958-1978. State and Class Influences on Policy Making.* Montréal and Kingston: McGill-Queen's University Press.

_____. 1994. "Canadian Organized Labour and the Guaranteed Annual Income." 350-366 in *Continuities and Discontinuities: The Political Economy of Social Welfare and Labour Market Policy in Canada,* edited by A. F. Johnson, Stephen McBride, and Patrick J. Smith. Toronto: University of Toronto Press.

Hay, David I. 2009. *Poverty Reduction Policies and Programs in Canada.* Ottawa: Canadian Council on Social Development.

Head, Wilson A. 1969. "Poverty—A Major Issue Confronting Canadians." Paper presented at the Harrison Liberal Conference, Harrison Hot Springs (BC), November 21-23, 1969.

House of Commons, Canada. 2010. Federal Poverty Reduction Plan: Working in Partnership Towards Reducing Poverty in Canada. Report of the Standing Committee on Human Resources, Skills and Social Development and the Status of Persons with Disabilities. Ottawa: 40th Parliament, 3rd Session, November 2010.

Hum, Derek. 1986. "USIP and the Macdonald Commission: Reform and Restraint." *Canadian Public Policy* 12 (supplement): 92-100.

Jones, Frank. 1985. "Basic Income Will Spawn Idleness." *The Toronto Star* September 9, 1985.

Lerner, Sally, Charles M. A. Clark, and W. Robert Needham. 1999. *Basic Income. Economic Security for All Canadians*. Toronto: Between the Lines.

Lightman, Ernie. 2003. *Social Policy in Canada*. Don Mills, ON: Oxford University Press.

Lightman, Ernie, Andy Mitchell, and Dean Herd. 2010. "Cycling Off and On Welfare in Canada." *Journal of Social Policy* 39: 523-542.

McCormack, Theresa. 1972. "Poverty in Canada: The Croll Report and Its Critics." *Canadian Review of Sociology* 9(4): 366-372.

Mendelson, Michael, Ken Battle, Sherri Torjman, and Ernie Lightman. 2010. *A Basic Income Plan for Canadians with Severe Disabilities*. Ottawa: Caledon Institute of Social Policy.

Mulvale, James P. 2001. Reimagining Social Welfare: Beyond the Keynesian Welfare State. Aurora, ON: Garamond Press.

_____. 2008. "Basic Income and the Canadian Welfare State: Exploring the Realms of Possibility." *Basic Income Studies* 3(1): Article 6.

National Council of Welfare. 2011. "Welfare Incomes: Key Patterns and Trends." Ottawa: National Council of Welfare.

Organisation for Economic Development and Cooperation (OECD). 2011. *Society at a Glance 2011: OECD Social Indicators*. Luxembourg: OECD Publishing.

Peck, Jamie. 2001. *Workfare States*. New-York and London: The Guilford Press.

Rice, James J., and Michael J. Prince. 2000. *Changing Politics of Canadian Social Policy*. Toronto: University of Toronto Press.

Robeyns, Ingrid. 2008. "Introduction: Revisiting the Feminism and Basic Income Debate." *Basic Income Studies* 3(3): Article 3.

Sarlo, Chris. 2008. "Measuring Poverty in Canada: What Happened to the Copenhagen Agreement?" *Fraser Forum* February 2008: 11-12.

Scruggs, Lyle, and James Allan. 2006. "Welfare-state Decommodification in 18 OECD Countries: A Replication and Revision." *Journal of European Social Policy* 16(l): 55-72.

Segal, Hugh. 2008. "Guaranteed Annual Income: Why Milton Friedman and Bob Stanfield Were Right," *Policy Options* 29(4): 46-51.

_____. 2011. "Let's Refocus on a Guaranteed Annual Income." *The Globe and Mail* January 19, 2011.

Senate of Canada. 2009. In from the Margins: A Call to Action on Poverty, Housing and Homelessness. Ottawa: Senate of Canada.

Sirois, Charles. 1999. *Passagé obligé. De la gestion mécanique à la gestion organique*. Montréal: Editions de l'Homme.

Snyder, Linda. 2006. "Workfare: Ten Years of Pickin' on the Poor." In *Canadian

Social Policy: Issues and Perspectives (*4th edition*), edited by Anne Westhues, 309-330. Waterloo, ON: Wilfred Laurier University Press.

Statistics Canada. 2009. *Labour Force Historical Review*. Ottawa: Statistics Canada.

_____. 2011. *Income in Canada 2009*. Ottawa: Statistics Canada.

Tanguy, Patrick. 2001. Le Régime universel de sécurité de revenu de la Commission Macdonald: une analyse de son origine et de son échec. Sainte-Foy: Université Laval (Master Thesis).

Van Trier, Walter. 1995. Everyone a King. An Investigation into the Meaning and Significance of the Debate on Basic Incomes with Special Reference to Three Episodes from the British Inter-War Experience. Leuven: Katholieke Universiteit Leuven (PhD Thesis).

Vanderborght, Yannick. 2006. "Why Trade-Unions Oppose Basic Income." *Basic Income Studies* 1(1): Article 5.

Vanderborght, Yannick, and Philippe Van Parijs. 2005. *L'allocation universelle*. Paris: La Découverte.

Wernerus, Sabine. 2004. Les syndicats contre l'allocation universelle? Mise en perspective des points de vue belges et québecois, Louvain-la-Neuve: FOPES/Université catholique de Louvain.

Young, Margot, and James P. Mulvale. 2009 (November). *Possibilities and Prospects: The Debate Over a Guaranteed Income*. Vancouver: Canadian Centre for Policy Alternatives (BC Office).

12장

Eardley, Tony, Jonathan Bradshaw, John Ditch, Ian Gough, and Peter Whiteford. 1996. "Social Assistance in OECD Countries." Department of Social Security Research Report No. 46, London: HMSO.

Ito, Mitsuharu. 2009. "Evaluating Economic Policy of the Hatoyama New Government." *World* December 2009. Tokyo: Iwanami Publishing House.

LDP. 1979. *Japanese Style Welfare Society*. The LDP Public Relation Committee Press.

Lowi, Theodore J. 1969. *The End of Liberalism: Ideology, Policy, and the Crisis of Public Authority*. New York: Norton.

Ozawa, Shuji. 2002. *The Welfare Society and Social Security Reform*. Kyoto: Takasuga Publisher.

Tachibanaki, Toshiaki, and Kunio Urakawa. 2006. *Research of Poverty in Japan*. Tokyo: University of Tokyo Press.

Takegawa, Shogo. (ed.). 2008. *Citizenship and the Possibility of Basic Income*. Kyoto: Horitu-Bunka-Sha.

Yamamori, Toru. 2002. "Market, Decomodification and Basic Income." In *Transformation of the Welfare State*, edited by Shogo Takegawa and Koichi Ogasawara, 53-71. Tokyo: Toshindo.

_____. 2009. *Beginning Basic Income*. Tokyo: Kobunsha.

_____. 2010. "Missing Women: The Forgotton Struggles of Single Mothers for Basic Income." In *Sustainable Utopia and Basic Income in a Global Era*, edited by Basic Income Korea Network, 85-103.

13장

Diario Oficial de la Federación (*Official Journal of the Federation*). 2010. "Reglas de Operación del Programa de Desarrollo Humano Oportunidades" (*Operational Rules for the Oportunidades Human Development Program*). December 31.

ECLAC. 2010. "La Hora de la igualdad. Brechas por cerrar, caminos por abrir" (*Time for Equality : closing gaps-opening trails*). Thirty-Third ECLAC Session Period, Brasilia, Brazil. May 30-June 1.

ECLAC Social Development Division of the Economic Commission for Latin America and the Caribbean, Noncontributive social program database in Latin America and the Caribbean 2010. Available at, http://dds.cepal.org/bdptc/.

14장

Abel-Smith, Brian, and Peter Townsend. 1965. *The Poor and the Poorest: A New Analysis of the Ministry of Labour's Family Expenditure Surveys of 1953-54 and 1960*. London: Bell.

Atkinson, A. B. 1969. *Poverty in Britain and the Reform of Social Security*. Cambridge, UK: Cambridge University Press.

Banting, Keith G. 1979. *Poverty, Politics and Policy: Britain in the 1960s*. London: Macmillan.

Barr, Nicholas, and Fiona Coulter. 1991. "Social Security: Solution or Problem?" In *The State of Welfare: The Welfare State in Britain since 1974*, edited by John Hills, 274-337. Oxford, UK: Clarendon Press.

Beveridge, Sir William. 1942. *Social Insurance and Allied Services*. London: Her Majesty's Stationery Office. Cmd. 6404.

Bochel, Hugh. 2011. "Conservative Approaches to Social Policy since 1997" In *The Conservative Party and Social Policy*, edited by Hugh Bochel, 1-22. Bristol: Policy Press.

Bochel, Hugh, and Andrew Defty. 2007. *Welfare Policy under New Labour*. Bristol: Policy Press.

Booker, H. S. 1946. "Lady Rhys Williams' Proposals for the Amalgamation of Direct Taxation with Social Insurance." *The Economic Journal* 56: 230-243.

Brittan, Samuel, and Steven Webb. 1990. *Beyond the Welfare State: An Examination of Basic Incomes in a Market Economy*. Aberdeen: Aberdeen University Press.

Brown, Joan. 1988. *Child Benefit: Investing in the Future*. London: Child Poverty Action Group.

_____. 1990. *Child Benefit: Options for the 1990s*. London: Save Child Benefit / Child Poverty Action Group.

Centre for Social Justice. 2009. *Dynamic Benefits: Towards Welfare That Works*. London: Centre for Social Justice.

Citizen's Income Trust. 2004. "Further Support for a Citizen's Pension." *Citizen's Income Newsletter* 2004(2): 1-2. London: Citizen's Income Trust.

_____. 2010. "A Response to *21st Century Welfare*." *Citizen's Income Newsletter* 2010(3): 3-9. London: Citizen's Income Trust.

_____. 2007. "Both the House of Commons and the House of Lords Support a Citizen's Income Approach to the Reform of Tax and Benefits." *Citizen's Income Newsletter* 2007(2): 1-2. London: Citizen's Income Trust.

_____. 2011. "With Apologies to 'Yes, Minister.'" *Citizen's Income Newsletter* 2011(1): 16. London: Citizen's Income Trust.

Claeys, Gregory. 1989. *Thomas Paine: Social and Political Thought*. Boston: Unwin Hyman.

Commission on Social Justice. 1994. *Social Justice: Strategies for National Renewal*. London: Vintage.

Department for Work and Pensions. 2010a. *21st Century Welfare*. London: The Stationery Office. Cmd. 7913.

_____. 2010b. *Universal Credit: Welfare That Works*. London: The Stationery Office. Cmd. 7957.

_____. 2011. *A State Pension for the 21st Century*. London: The Stationery Office. Cmd. 8053.

D. V. L. Smith and Associates. 1991. *Basic Income: A Research Report*. Prepared for Age Concern England.

Freeman, Chris. 1998. *Family Allowances, Technical Change, Inequality, and Social Policy*. The Eleanor Rathbone Lecture, 1996. Liverpool: Liverpool University Press.

Harris, J. 1981. "Some Aspects of Social Policy in Britain during the Second World War." In *The Emergence of the Welfare State in Britain and Germany, 1850-*

1950, edited by W. J. Mommsen, 247-262. London: Croom Helm.

Her Majesty's Government. 1972. *Proposals for a Tax-Credit System*. London: Her Majesty's Sationery Office. Cmd. 5116.

Hill, Michael. 1990. *Social Security Policy in Britain*. Aldershot: Edward Elgar.

House of Commons Select Committee on Tax-Credit. 1973. *Report and Proceedings of the Committee. Session 1972-1973, Volume I*. London: Her Majesty's Stationery Office. HC 341-I.

House of Commons Treasury and Civil Service Committee. 1983. *Enquiry into the Structure of Personal Income Taxation and Income Support*. Third Special Report, Session 1982-1983.

House of Commons Treasury and Civil Service Committee Sub-Committee. 1982. *The Structure of Personal Income Taxation and Income Support: Minutes of Evidence*. London: Her Majesty's Stationery Office. HC 331-ix.

House of Commons Work and Pensions Committee. 2007. *Benefit Simplification*. Seventh Report of Session 2006-2007. London: The Stationery Office. HC 463.

James, Sean, and Chris Curry. 2010. *A Foundation Pension: A PPI Evaluation of NAP-F*[National Association of Pension Funds] *Proposals*. London: Pensions Policy Institute.

Land, Hilary. 1975. "The Introduction of Family Allowances: An Act of Historic Justice? In *Change, Choice and Conflict in Social Policy*, edited by Phoebe Hall, Hilary Land, Roy Parker, and Adrian Webb, 157-230. London: Heinemann.

Macnicol, John. 1980. *The Movement for Family Allowances, 1918-1945: A Study in Social Policy Development*. London: Heinemann.

McCarthy, Michael. 1986. *Campaigning for the Poor: CPAG and the Politics of Welfare*, London: Croom Helm.

Meade, J. E. 1978. *The Structure and Reform of Direct Taxation*. Report of a committed chaired by Professor J. E. Meade. London: George Allen and Unwin, for the Institute for Fiscal Studies.

Miller, Anne. 2011. "*Universal Credit: Welfare That Works:* A Review." *Citizens Income Newsletter* 2011(1): 4-10. London: Citizen's Income Trust.

O'Connell, Alison. 2004. *Citizen's Pension: An Introduction*. London: Pensions Policy Institute.

Paine, Thomas. 1992. *The Rights of Man*. Indianapolis: Hackett. First published 1791-1792.

Parker, Hermione. 1982. *The Moral Hazard of Social Benefits: A Study of the Impact of Social Benefits and Income Tax on Incentives to Work*. London: Institute of Economic

Affairs.

    _____. 1989. *Instead of the Dole: An Enquiry into Integration of the Tax and Benefit Systems*. London: Routledge.

    _____. 1995. *Taxes, Benefits and Family Life: The Seven Deadly Traps*. London: Institute of Economic Affairs.

Parker, Hermione, and Holly Sutherland. No date. *Child Tax Allowances? A Comparison of Child Benefit, Child Tax Reliefs, and Basic Incomes as Instruments of Family Policy*. London: Suntory-Toyota International Centre for Economics and Related Disciplines, London School of Economics and Political Science.

Rathbone, Eleanor. 1986. *The Disinherited Family*. Bristol: Falling Wall Press. First published 1924.

    _____. 1949. *Family Allowance*. London: George Allen and Unwin. (A new edition of *The Disinherited Family* with an epilogue by William Beveridge).

Rhys Williams, Brandon. 1989. *Stepping Stones to Independence: National Insurance after 1990*. Aberdeen: Aberdeen University Press.

Rhys Williams, Juliet. 1943. *Something to Look Forward to*. London: MacDonald and Co.

    _____. 1953. *Taxation and Incentives*. London: William Hodge and Co.

Spicker, Paul. 2011. *How Social Security Works: An Introduction to Benefits in Britain*. Bristol: Policy Press.

Stokes, Mary. 1949. *Eleanor Rathbone: A Biography*. London: Gollancz.

Thane, Pat. 1996. *Foundations of the Welfare State*. 2nd edition. London: Longman.

Titmuss, Richard. 1962. *Income Distribution and Social Change*. London: Allen and Unwin.

Townsend, Peter. 1979. *Poverty in the United Kingdom*. Harmondsworth: Penguin.

Van Trier, Walter. 1995. *Every One a King*. Leuven: Department Sociologie Katholieke Universiteit Leuven.

Vince, Philip. 1986. "Basic Incomes: Some Practical Considerations." *BIRG Bulletin* (Spring 1986): 5-8. London: Basic Income Research Group.

    _____. 2011. Correspondence to the author, dated April 6, 2011.

Walsh, Alison, and Ruth Lister. 1985. *Mother's Life-Line*. London: Child Poverty Action Group.

15장

Ad Hoc Committee on the Triple Revolution. 1964, April. "The Triple Revolution." *Liberation*: 9-15. http://educationanddemocracy.org/FSCfiles/C_CC2a_TripleRevolution.htm.

Anderson, Jonathan. 2002. "The Alaska Permanent Fund: Politics and Trust." *Public Budgeting and Finance* 22(2): 57-68.

Arnold, Mark. R. 1974, September 29. "The Good War that Might Have Been." *New York Times Sunday Magazine*: 56-66 and 71-73. http://query.nytimes.com/mem/archive/pdf?res=FA0A12F63A5D127A93CBAB1782D85F408785F9.

Brown, William S. and Clive S. Thomas. 1994. "The Alaska Permanent Fund: Good Sense or Political Expediency?" *Challenge* 37(5): 38-44.

Butler, Sean. 2005. "Life, Liberty and a Little Bit of Cash." *Dissent* 52(3): 41-47.

Caputo, Richard. K. 1989. "Limits of Welfare Reform." *Social Casework* 70(2): 85-95.

_____. 1994. *Welfare and Freedom American Style II: The Role of the Federal Government, 1941-1980.* Lanham, MD: University Press of America.

_____. 2006. Review of *The Origins of Universal Grants*, edited by John Cunliffe and Guido Erreygers. *Basic Income Studies* 1(1): article 14.

_____. 2008. "U.S. Welfare Reform Links Assistance to Work, 1971-2000." In *Great Events from History: The 20th Century*, edited by Robert. F. Gorman, 2215-2217. Pasadena, CA: Salem Press.

_____. 2010. Review of *The Failed Welfare Revolution: America's Struggle Over Guaranteed Income Policy*, by Brian Steensland. *Eastern Economic Journal* 36: 423-426.

_____. 2011. *U.S. Social Welfare Reform: Policy Transitions from 1981 to the Present.* New York: Springer.

Cavala, Bill and Aaron Wildavsky. 1970. "The Political Feasibility of Income by Right." *Public Policy* 18: 321-354.

Cloward, Richard. A. and Frances Fox Piven. 1966, May 2. "The Weight of the Poor: A Strategy to End Poverty." *The Nation*: 510-517.

Cogan, John. F. 1983. "Labor Supply and Negative Income Taxation: New evidence from the New Jersey-Pennsylvania Experiment." *Economic Inquiry* 21: 465-485.

Confessore, Nicholas. 2012, February 10. "Tramps Like Them," review of *Coming Apart: The State of White America, 1960-2110*, by Charles Murray. *The New York Times Sunday Book Review*: BR9.

Conley, Dalton. 2006. "Charles Murray's New Plan," review of *In Our Hands: A Plan to Replace the Welfare State*, by Charles Murray. *Boston Review* 31(5): 39-40.

Deininger, Whitiker T. 1963. Review of *Eugene V. Debs: Socialist for President*, by H. Wayne Morgan. *The Political Science Quarterly* 16(2): 509-510.

Delgado, Richard. 2007. "The Myth of Upward Mobility," review of *In Our Hands: A Plan to Replace the Welfare State*, by Charles Murray. *University of Pittsburgh Law Review* 68(4): 879-913.

Douthat, Ross. 2012, February 11. "Can the Working Class Be Saved?" *The New York Times Sunday Review*: SR11

Economic Report of the President. 1966. http://fraser.stlouisfed.org/publications/ERP.

"Economists Urge Assured Income." 1968, May 28. *The New York Times*: 1, 22. http://select.nytimes.com/mem/archive/pdf?res=FA0E12F7355D-147493CAAB178ED85F4C8685F9.

Ferguson, Niall. 2012, January 23. "Rich America, Poor America." *Newsweek*: 42-47.

Friedman, Milton. 1962. *Capitalism and Freedom.* Chicago: University of Chicago Press.

Gans, Herbert. J. 1968. *People and Plans: Essays on Urban Problems and Solutions.* New York: Basic Books.

Garfinkel, Irwin. 1974. "The Effects of Welfare Programs on Experimental Responses." *Journal of Human Resources* 9: 504-529.

Green, Christopher and Robert J. Lampman. 1967. "Schemes for Transferring Income to the Poor." *Industrial Relations* 6(2): 121-137.

Hammond, Jay. 1994. *Tales of Alaska's Bush Rat Governor: The Extraordinary Autobiography of Jay Hammond Wilderness Guide and Reluctant Politician.* Fairbanks, AK: Epicenter Press.

Handler, Joel F. and Yeheskel Hasenfeld. 1991. *The Moral Construction of Poverty: Welfare Reform in America.* Newbury Park, CA: Sage.

Harris, Robert. 2005. "The Guaranteed Income Movement of the 1960s and 1970s." In *The Ethics and Economics of the Basic Income Guarantee*, edited by Karl Widerquist, Michael. A. Lewis, and Steve Pressman, 77-94. Burlington, VT: Ashgate.

Hotz, V. Joseph and John. K. Scholtz. 2003. "The Earned Income Tax Credit." In *Means-Tested Transfer Programs in the United States*, edited by Robert A. Moffit, 141-197. Chicago, IL: University of Chicago Press.

Howard, Christopher. 2007. *The Welfare State Nobody Knows: Debunking Myths about U.S. Social Policy.* Princeton, NJ: Princeton University Press.

Internal Revenue Service. 2011, January 3. *Earned Income Tax Statistics.* http://www.irs.gov/individuals/article/0,,id=177571,00.html.

Jencks, Christopher. 1985, May 9. "How Poor Are the Poor?" review of *Losing Ground: American Social Policy, 1950-1980*, by Charles Murray, *New York Review of Books* 32 (8). http://yulib002.mc.yu.edu:2888/articles/archives/1985/may/09/how-poor-are-the-poor/.

Jones, Athena. 2007, September 28. "Clinton Talks 'Baby Bonds.'" *MSNBC* http://firstread.msnbc.msn.com/archive/2007/09/28/385053.aspx.

Klein, Ezra. 2006. "Mr. Big: Charles Murray's Nuttiest Idea Yet," review of *In Our Hands: A Plan to Replace the Welfare State*, by Charles Murray, *The New Republic* 234(13): 12-13.

Kucinich, D. 2011. "National Emergency Employment Defense Act of 2011. H.R. 2990." 112th Congress, 1st Session. Washington, DC: U.S. Congress. Retrieved from http://www.gpo.gov/fdsys/pkg/BILLS-112hr2990ih/pdf/BILLS-112hr2990ih.pdf.

Lampman, Robert J. 1965. "Approaches to the Reduction of Poverty." *American Economic Review* 55(1/2): 521-529.

_____. 1969. "Expanding the American System of Transfers to Do More for the Poor." *Wisconsin Law Review* 1969(2): 541-549.

Lang, Susan S. 1999. "Income Tax Credits, Not Minimum Wage Hike, Will Benefit the Working Poor." *Human Ecology Forum* 27(4): 3.

Lomibao, L. 2011, December 16. "Election 2012: SPUSA Candidate Alexander Calls for a Basic Income Guarantee (BIG)." San Francisco Bay Area Independent Media Center. Retrieved from http://www.indybay.org/newsitems/2011/12/16/18702851.php.

MacDonald, Dwight. 1963, January 19. "Our Invisible Poor." *The New Yorker* 38: 82ff, 126-132.

Mann, Arthur. 1971. Review of *Pacificist's Progress: Norman Thomas and the Decline of American Socialism*, by Benard K. Johnpoll. *The American Historical Review* 76(5): 1619.

Moffitt, Robert A. 1979. "The Labor Supply Response in the Gary Experiment." *Journal of Human Resources* 14(4): 477-457.

Moffitt, Robert A. 2004. "The Idea of a Negative Income Tax: Past, Present, and Future." *Focus* 23(2): 1-8.

Murray, Charles. 1984. *Losing Ground: American Social Policy*, 1950-1980. New York: Basic Books.

_____. 2006. *In Our Hands: A Plan to Replace the Welfare State*. Washington, DC: American Enterprise Institute. http://www.aei.org/docLib/9780844742236.pdf.

_____. 2012. *Coming Apart: The State of White America, 1960-2010*. New York: The Crown Publishing Group.

Nixon, Richard M. 1978. *RN: The Memoirs of Richard Nixon*. New York: Grosset & Dunlap.

Noah, Timothy. 2012, February 20. "The Two Americas," review of *Coming Apart: The State of White America, 1960-2110*, by Charles Murray. Online review at *The New Republic*. http://www.tnr.book/review/charles-murray-white-america.

Olson, Dennis O. and Patrick O'Brien. 1990. "The Great Alaskan Money Give

Away Program." *Economic Inquiry* 28(3): 604-615.

"One State's Free Lunch." 2004. *Economist* 374(8405): 28-32.

Ozawa, Martha N. 1995. "The Earned Income Tax Credit: Its Effects and Significance." *Social Service Review* 69(4): 563-582.

Peck, J. 2001. *Workfare States*. New York: Guilford Press.

Permanent Fund Dividend Division. 2011. "Dividend Amounts." http://www.pfd.state.ak.us/dividendamounts/index.aspx.

Ponnure, Ramesh. 2006. "A Better Deal," review of *In Our Hands: A Plan to Replace the Welfare State*, by Charles Murray, *National Review* 58(6): 46-48.

President's Commission on Income Maintenance Programs. 1969. *Poverty Amid Plenty: The American Paradox*. Washington, DC: Government Printing Office.

Quadagno, Jill. 1990. "Race, Class, and Gender in the U.S. Welfare State: Nixon's Failed Family Assistance Plan." *American Sociological Review* 55(1): 11-28.

Reich, Charles A. 1964. "The New Property." *Yale Law Journal* 73(5): 733-787.

Rogers, Charles S. 1981. "Work Tests for Welfare Recipients: The Gap between the Goal and the Reality." *Journal of Policy Analysis and Management* 1(1): 5-17.

Rose, Dave. 2008. *Saving for the Future: My Life and the Alaska Permanent Fund*. Kenmore, WA: Epicenter Press.

Schorr, Alvin. 1966. *Poor Kids: A Report on Children in Poverty*. New York: Basic Books.

Schwartz, Edward E. 1964, July 9. "A Way to End the Means Test." *Social Work* 9: 3-12.

Shafarman, Steven. 2008. "The Basic Income Campaign in the United States, 2008." Paper presented at the Twelfth BIEN Congress, Dublin, Ireland, June 20-21, 2008. http://www.basicincome.org/bien/papers.html

Sheahen, A. 2008. "The Rise and Fall of a Basic Income Guarantee Bill in the United States Congress. *USBIG Discussion Paper No. 179*. http://www.usbig.net/papers.php?Search=Sheahen&Sortby=Date+DESC.

Smith, James A. 1991. *The Idea Brokers: Think Tanks and the Rise of the New Political Elite*. New York: The Free Press.

Smith, Peter J. 1991. "The Politics of Plenty: Investing Natural Resource Reserves in Alberta and Alaska." *Canadian Public Policy* 17(2): 139-154.

Spiegelman, Robert. G. and K. E. Yaeger. 1980. "Overview." *Journal of Human Resources* 15: 463-479.

Steensland, Brian. 2008. *The Failed Welfare Revolution: America's Struggle over Guaranteed Income Policy*. Princeton: Princeton University Press.

Steiner, Gilbert. Y. 1981. *The Futility of Family Policy*. Washington, DC: The Brookings Institution.

Stewart Alexander for President 2012 Campaign Committee. 2011. "Social Safety Net." Stuart Alexander and Alex Mendoza 2012 Socialist Party USA Presidential Ticket. New York: Socialist Party USA. Retrieved from http://stewartalexanderforpresident2012.org/issues/social-safety-net/.

Stigler, George J. 1946. "The Economics of Minimum Wage Legislation." *American Economic Review* 36(3): 358-365.

The Associated Press. 2007, September 29. "Clinton Proposes $5,000 'Baby Bonds.'" *The New York Times*: A11. http://www.nytimes.com/2007/09/29/us/politics/29bond.html.

Theobald, Robert. 1963. *Free Men and Free Markets.* New York: Clarkson N. Potter.

Thomas, Norman. 1948. "Do Left-Wing Parties Belong in Our System?" *Annals of the American Academy of Political and Social Science* 259 *Parties and Politics*: 1948: 24-29.

Tobin, James. 1965. "On the Economic Status of the Negro." *Daedalus* 94(4): 878-895.

Toder, Eric J. and Carol Rosenberg. 2007. "The Share of Taxpayers Who Itemize Deductions Is Growing." Washington, DC: The Tax Policy Center. http://www.urban.org/UploadedPDF/1001054_Share_of_Taxpayers.pdf.

U.S. Congress. 2012. H. R. 2990. Latest Major Action. Washington, DC: Author. Retrieved from http://thomas.loc.gov/cgi-bin/bdquery/z?d112:HR02990:@@@D&summ2=m&.

U.S. Joint Committee on Taxation. 1987. "General Explanation of the Tax Reform Act of 1986." http://www.jct.gov/jcs-10-87.pdf.

Ventry, Dennis J. 2000. "The Collision of Tax and Welfare Politics: The Political History of the Earned Income Tax Credit, 1969-1999." *National Tax Journal* 53(4): 983-1026.

White, Gerald B. and Burl R. Long. 1972. "The Welfare Reform Bill and Its Effects in the South." *Southern Journal of Agricultural Economics* 4(1): 221-227.

Wicker, Tom. 1973, March 22. "Who Crushed Nixon's Revolution?" review of *The Politics of a Guaranteed Income: The Nixon Administration and the Family Assistance Plan*, by Daniel Patrick Moynihan, *New York Review of Books*. http://yulib002.mc.yu.edu:2888/articles/archives/1973/mar/22/who-crushed-nixons-revolution/.

Widerquist, K. 2005. "A Failure to Communicate: What (If Anything) Can We Learn from the Negative Income Tax Experiments?" *Journal of Socio-Economics* 34: 49-81.

Widerquist, Karl and Michael Howard. Forthcoming. *Alaska's Permanent Fund Dividend: Examining Its Suitability as a Model* (*Basic Income Guarantee*). New York: Palgrave Macmillan.

Woolley, John T. and Gerhard Peters. 2011a. Richard M. Nixon. "Address to the
Nation on Domestic Issues. August 8, 1969." *The American Presidency Project*
[online]. Santa Barbara, CA: University of California (hosted), Gerhard Pe-
ters database. http://www.presidency.ucsb.edu/ws/index.php?pid=2191.

_____. 2011b. Richard M. Nixon. "Special Message to the Congress on Reform of
the Nation's Welfare System. August 11, 1969." *The American Presidency Project*
[online]. Santa Barbara, CA: University of California (hosted), Gerhard Pe-
ters database. http://www.presidency.ucsb.edu/ws/index.php?pid=2194.

16장

Guillaume, Dominique, Roman Zytek, and Mohammad Reza Farzin. 2011.
"Iran—The Chronicles of the Subsidy Reform," IMF Working Paper No.
WP/11/167. Washington, DC: International Monetary Fund. https://
www.imf.org/external/pubs/ft/wp/2011/wp11167.pdf.

International Monetary Fund. 2011. "IMF Executive Board Concludes 2011 Arti-
cle IV Consultation with the Islamic Republic of Iran," Public Information
Notice (PIN) No. 11/107, August 3, 2011. http://www.imf.org/external/
np/sec/pn/2011/pn11107.htm.

Kapuscinski, Ryszard. 1986. *Shah of Shahs*. London: Picador / Pan Books.

Tabatabai, Hamid. 2011. "The Basic Income Road to Reforming Iran's Price Sub-
sidies." *Basic Income Studies* 6(1): Article 3. http://www.bepress.com/bis/
vo16/iss1/art3.

_____, Forthcoming. "From Price Subsidies to Basic Income: The Iran Model and
Its Lessons." In *Exporting the Alaska Model*, edited by Karl Widerquist and
Michael Howard. New York: Palgrave Macmillan.

Van Parijs, Philippe. 2006. "Basic Income: A Simple and Powerful Idea for the
Twenty-First Century." In *Redesigning Distribution: Basic Income and Stakeholder
Grants as Cornerstones for an Egalitarian Capitalism*, edited by Bruce Ackerman,
Anne Alstott, and Philippe van Parijs. London and New York: Verso.

_____, 2010. "BIEN 2010 Congress: A Brief Personal Account." *BIEN NewsFlash*
62: 2-4. http://www.basicincome.org/bien/pdf/Flash62.pdf.

World Bank. 2011, September. "Iran Country Brief." http://go.worldbank.org/
KQD2RP3RX0.

지은이 소개

리차드 K. 카푸토Richard K. Caputo
뉴욕시 예시바 대학교 워어 사회사업대학의 사회정책과 연구 분야 교수이자 사회 복지 박사 프로그램의 책임자이다. 그는 다섯 권의 관련 서적을 저술했으며 한 권 은 편집자로 출간했다. 그가 최근 출간한 책은 《미국사회복지개혁: 정책전환, 1981~현재U.S. Social Welfare Reform: Policy Transitions form 1981 to the Present》(2011)이다. 그는 〈가족과 경제 이슈Journal of Family and Economic Issues〉의 부편집자이며, 〈빈곤Journal of Poverty〉, 〈사회학과 사회복지the Journal of Sociology & Social Welfare〉, 그리고 〈사회에서 가족들Families in Society〉의 편집위원을 역임하고 있다.

다비드 카사사스David Casassas
바르셀로나 대학 사회학 및 정치이론 박사 후 연구원이며, 기본소득지구네트워크 의 사무총장이자 스페인 기본소득네트워크Red Renta Basica의 부의장이다. 또한 〈기본 소득연구Basic Income Studies〉의 편집인이며, 공화주의와 기본소득에 관한 여러 논문 의 저자 또는 공저자이기도 하다.

미키엘 반 하셀Michiel van Hasselt
사회학자이며 네덜란드 기본소득협회의 이사로 활동하고 있다. 기본소득과 관련된 책으로 《단순성The State of Simplicity》(1998), 《사회보장: 하나의 대안!Social Security: an alternative!》(2004) 등이 있다. 근래의 책으로는 2009년 출간된 논문인 〈정치 엘리트들 이 잘못 판단하고 있는 노동시장Policy elite misinterprets labour market〉이 있고, 2011년에 는 《네덜란드 복지국가의 정치학: 해석의 오류와 시민의 재구조화Politics in the Dutch Welfare State: Misinterpretation and Civil Reconstruction》라는 책을 출간하였다.

숀 힐리Seán Healy
'아일랜드 사회정의Social Justice Ireland' 연구소의 팀장으로, 25년 이상 아일랜드 사회 경제 분야 정책현안에 적극적으로 참여해 왔으며, 이전에는 아프리카에서 10년 이상 근무한 바 있다. 그는 10년 이상 NESCNational Economic and Social Council의 회원으로
활동해 왔으며, 다양한 사회 및 경제정책 사안을 다루는 정부 TF에도 참여하였다.
'아일랜드 사회정의'의 또 다른 팀장인 브리지드 레이놀즈와 함께 그는 공공정책에
관한 스물일곱 권의 책과 사회적 참여정신에 관한 세 권의 책을 저술하거나 출간하
였다(2004, 2006, 2008년). 이들의 가장 최근 책은《새롭고 더 정의로운 아일랜드: 경
제발전, 사회적 형평성 그리고 지속가능성의 보장A New and Fairer Ireland: Securing Econom-
ic Development, Social Equity and Sustainability》(2011)과 《미래를 만드는 책임의 공유Sharing
Responsibility in Shaping the Future》(2011, 공저)이다. 또한 이들의 책 《아일랜드의 사회정
책Social Policy in Ireland》(1998년 출판, 2006년 개정)은 아일랜드 사회정책의 표준 교과서
로 활용되어 왔다.

마르쿠 이카라Markku Ikkala

수년 동안 조직 리더로 활동해 왔다. 뿐만 아니라 부동산관리 분야 기업가로서도 활
동을 지속해 왔다. 그와 동시에 그는 이위베스퀼레 대학교에서 정치학과 경영학을
공부하여 사회과학 석사학위를 취득하였다. 정치학 분야에서 그의 연구주제는 "핀
란드에서의 기본소득 논의"였으며, 이를 위해 그는 광범위한 자료를 수집하였을 뿐
만 아니라, 이 주제에 대해 더블린에서 개최된 2008 기본소득지구네트워크 총회에
서 강연하였다. 경영학에서 그의 연구도 노동동기에 대한 질문을 다루고 있다는 점
에서 기본소득과 연결되어 있다. 저자는 기본소득지구네트워크의 평생회원으로서
기본소득지구네트워크 총회에 활발히 참여하고 있다.

사샤 리버만Sascha Liebermann

사회학 박사 및 철학 석사를 취득하였으며, 주로 정치사회학, 복지국가, 경제사회
학, 직업이론, 사회화 과정에 대한 사회학적 접근, 질적 연구방법 등에 관심을 두고
연구하고 있다. 보훔 루르 대학Ruhr-University Bochum에서 조교수로 재직 중이며, 스위
스 취리히의 스위스 연방 공과대학교ETH의 방문 교수, 그리고 조건 없는 기본소득을
주장하는 독일 시민단체인 '완전고용 말고 자유를'(www.freiheitstattvollbeschaefti-
gung.de)(2003년)의 창립 멤버이다.

제임스 P. 멀베일James P. Mulvale

캐나다 리자이나 대학university of regina의 사회사업학과 부교수이다. 그는 사회복지정

책 및 사업과 경제적 안정 관련된 분야를 가르친다. 그의 연구 관심사는 기초소득 보장 혹은 기본소득, 그리고 경제적 지역발전과 원주민 등에 관한 것이다. 그는 캐나다 기본소득네트워크의 의장을 맡고 있으며, 사스케추완 빈곤예방Poverty Free Sachtchewan의 실행위원회 회원이기도 하다.

호세 A. 노구에라José A. Noguera

바르셀로나 자치대학교의 사회학과 부교수이며, 분석사회학 및 제도설계 연구단 Analytical Sociology and Institutional Design Group, GSADI의 책임을 맡고 있다. 그는 바르셀로나 자치대학교에서 사회학 박사학위를 받았으며, 캘리포니아 버클리 주립대학교와 런던 정경대학의 방문연구원을 지냈다. 그는 2006년부터 스페인 국가연구개발계획의 지원을 받는 몇 개의 GSADI 연구사업에서 연구책임을 맡고 있다. 노구에라 교수의 연구관심은 사회학이론과 사회과학철학, 사회정책, 규범사회이론 등이며, 유럽 분석사회학자 네트워크의 회원이기도 하고 기본소득지구네트워크의 국제자문위원으로도 활동하고 있다. 그는 《사회학논집Papers. Revista de Sociologia》의 공동편집자이며, 〈스페인 사회학연구Revista Española de Investigaciones Sociológicas〉와 〈기본소득연구Basic Income Studies〉의 편집위원이다.

다니엘 라벤토스Daniel Raventós

바르셀로나 대학교University of Barcelona에서 강의하며 스페인 기본소득네트워크의 의장이다. 최근 출간한 책으로는 《기본소득: 자유의 물질적 조건Basic Income: The Material Conditions of Freedom》(2007)이 있다. 국제정치리뷰 〈신 페르미소Sin Permiso〉(www.sin-permiso.info)의 창립 회원이기도 하다.

브리지드 레이놀즈Brigid Reynolds

'아일랜드 사회정의'의 팀장이다. 25년 넘게 아일랜드 공공정책 현장에서 활동하고 있으며, 이전에는 아프리카에서 10년 이상 근무한 바 있다. 광범위한 사회 및 경제정책 현안을 다루는 많은 정부 TF에도 참여해 왔다. 아일랜드 사회정의의 또 다른 팀장인 숀 힐리와 함께 공공정책 관련 스물일곱 권의 책과 사회적 참여정신에 관한 세 권의 책을 발간하였다(2004, 2006, 2008). 이들의 가장 최근 책은 《새롭고 더 정의로운 아일랜드: 경제발전, 사회적 형평성 그리고 지속가능성의 보장A New and Fairer Ireland: Securing Economic Development, Social Equity and Sustainability》(2011)과 《미래를 만드는 책임의 공유*Sharing Responsibility in Shaping the Future*》(2011, 공저)이다. 또한 이들의 책《아일랜드의 사회정책*Social Policy in Ireland*》(1998년 출판, 2006년 개정)은 아일랜드 사회정책의 표준 교과서로 활용되어 왔다.

가이 스탠딩*Guy Standing*

바스 대학의 경제적 안전 전공 교수이다. 그는 기본소득지구네트워크 설립자이며, 경제적 안전과 기본소득에 관한 수많은 책과 논문을 저술하였다. 가장 최근 책으로는 《프레카리아트: 새로운 위험한 계급*The Precariat: The New Dangerous Class*》(London: Bloomsbury Academic, 2011)이 있다.

에두아르도 M. 수플리시*Eduardo M. Suplicy*

브라질 상파울루 출신으로 상파울루 경영대학FGV EAESP을 졸업하고 1966년 경제학과 교수로 재임했다. 미국 미시간 주립대학 경제학과에서 〈환율의 최소평가가 브라질 경제에 미치는 영향*The Effects of the Mini-Devaluations of the Exchange Rate on the Brazilian Economy*〉이라는 논문으로 석사(1968년)와 박사(1973년) 학위를 마쳤다. 1972년 스탠포드 대학의 방문교수로서 브라질 경제에 대한 세미나를 개최했다. 1978년 상파울루주 주의원으로 선출되었다. 1980년 2월 10일, 브라질 노동당Workers' Party의 공동창립자가 되었고, 1982년 연방의원으로 선출되었다. 1988년 시의회 의원과 상파울루 시의회 의장으로 선출되었다. 1990년과 1998년 그리고 2006년에 걸쳐 8년 임기의 상원의원으로 세 차례 당선되었다. 상원의원으로서 그는 가장 욕구가 높은 이들로부터 단계적으로 적용되는 시민기본소득을 도입하기 위한 법률을 승인하였다. 주요 책으로는 2004년 출간된 《시민소득, 문을 통한 출구*Renda de Cidadania. A Saída é pela Porta*》가 있다.

하미드 타바타바이*Hamid Tabatabai*

중견 경제학자로서 스위스 제네바에 있는 국제노동기구ILO에서 근무하다 2010년에 은퇴하였다. 그는 주로 고용, 빈곤, 소득분배, 아동 노동, 그리고 현금급여에 관한 일과 연구를 진행하였다. 그는 영국의 런던 정경대학에서 대학원을 다녔고, 미국 뉴욕주 이타카에 있는 코넬 대학에서 1982년에 경제학 박사학위를 받았다. 그는 이란인이고 프랑스에서 살고 있다.

존 톰린슨 *John Tomlinson*

존 톰린슨의 박사학위는 호주 최저소득보장 도입의 정치적 장애에 관한 것이었다. 그는 1964~1975년까지 퀸즐랜드와 북부자치구역에서 정부 사회사업가이자 지역 활동가로서 저소득자들과 함께 일한 적이 있다. 그는 호주의 몇몇 대학에서 강의한 적이 있으며 1987~1993년에는 호주 수도 준주ACT의 사회서비스협의회 의장을 맡았다. 1993~2007년까지 그는 퀸즐랜드 공과대학Qeensland Unversity of Technology에서 사회정책과 지역활동을 가르치는 조교수이다. 그의 책 중 잘 알려진 것으로는《임시방편식 사회복지로 충분할까?*Is Band–Aid Social Work Enough?*》(1978)와 《사회불안정: 기본소득 대안*Social Insecurity: The Basic Income Alternative*》(2003)이 있다.

말콤 토리 *Malcolm Torry*

시민소득신탁기구의 소장이며 런던 정경대학 사회정책학과 방문선임연구원이다.

야닉 밴더보트 *Yannick Vanderborght*

브뤼셀의 세인트-루이스 대학universitaires saint-louissaint에서 정치학을 가르치고 있다. 밴더보트는 루벵louvain에 위치한 기본소득지구네트워크의 실행위원회 Hoover Chair 회원이며, 〈기본소득연구*Basic Income Studies*〉의 부편집장이기도 하다. 그는 판 파레이스와 공동집필을 하였고(2005), 기본소득과 기본소득 관련 문제들에 관한 여러 편의 논문을 출간하였다. 그는 와이더키스트, 노구에라, 드 위스퍼라러와 함께 《기본소득: 현대 연구의 선집*Basic Income: An Anthology of Contemporary Research*》(Blackwell 에서 곧 출간)의 공저자이다.

줄리 와크 *Julie Wark*

바르셀로나에 거주하는 번역가이자 독립 연구자이고,《인권선언*Manifiesto de derechos humanos*》(2012년 출간예정)의 저자이다. 그녀는 스페인의 기본소득네트워크인 Red Renta Basica의 회원이다.

위르겐 드 위스퍼라러 *Jurgen De Wispelaere*

몬트리올 대학교 윤리학연구소Centre de Recherche d'Éthique de l'Université de Montréal, CRÉUM 의 선임연구원이며 바르셀로나 자치대학교UAB; Universitat Autònoma de Barcelona의 교환 교수이다. 그는 기본소득에 관한 여러 연구 성과를 〈분석과 비판*Analyse und Kritik*〉,

〈계간 정치_The Political Quarterly_〉, 〈사회서비스비평_The Social Service Review_〉, 〈정책과 정치_Policy and Politics_〉, 〈국제사회보장비평_International Social Security Review_〉에 발표해 왔다. 그는 〈기본소득연구_Basic Income Studies_〉의 창립편집자이며 《지분소유의 윤리_The Ethics of Stakeholding, Palgrave Macmillan_》(2003), 《인정, 평등 그리고 민주주의_Recognition, Equality and Democracy, Routledge_》(2007), 《기본소득: 최근의 연구성과_Basic Income: An Anthology of Contemporary Reserach_》(Blackwell 근간)의 공동편저자이다. 또한 그는 다비드 카사사스와 공저로 《공화주의_Republicanism_》(Continuum 2012)를 출간한 바 있다.

야마모리 도루_Yamamori Toru_

일본 교토에 소재한 도시샤 대학 경제학부의 사회정책 전공 교수이다. 그는 일본 기본소득네트워크의 사무국장을 역임하고 있다. 그의 책 《기본소득을 시작하며_Beginning Basic Income_》는 도쿄에 있는 광문사에서 2009년 출판된 이후 2만 부 이상 팔렸다. 영어로 저술된 글은 〈윤리학과 경제학_La revue Éthique et économique_〉 1호에 실린 "건설적 보편주의: 센_Sen_과 차이에 대한 민감성"이 있다. 그의 학문적 관심은 경제학, 여성주의적 경제학, 다문화주의, 사회복지 청구자의 사회운동의 철학적 기초에 있다.

파블로 야네스_Pablo Yanes_

멕시코 국립자치대학교에서 경제학 학사, 정부와 공공정책 석사를 마쳤다. 그는 치아파스, 푸에블라, 케레타로, 산루이스포토시, 오악사카, 두랑고, 이달고, 사카데카스, 캘리포니아 샌디에고, 바르셀로나, 빌바오, 마드리드, 더블린, 키토, 과테말라, 산호세, 코스타리카, 산토도밍고, 도소타, 칠레 산티에고, 몬테비데오, 벨렘도파라, 브라질리아, 상파울루, 부에노스아이레스, 멘도자, 남아메리카공화국의 케이프타운에서 사회정책, 불평등, 빈곤, 인권 그리고 원주민의 권리에 대하여 강연을 했다. 2002년부터 2006년 12월까지 멕시코시티 정부의 평등과 사회발전 국장이었다. 2008년 2월부터 멕시코시티의 사회발전평가 자문위원회의 위원장이다. 그는 이 위원회를 만들어낸 입법 과정을 기획하고 진행하는 데 활동적으로 참여하였다.

찾아보기

기본소득,
존엄과 자유를 향한 위대한 도전

기본소득실험의 국제적 경험과 실현에 대한 전망

초판 1쇄 발행 2018년 10월 10일

지은이 리차드 K. 카푸토 외
옮긴이 윤홍식 외
펴낸이 박정희

편집 이주연, 양송희, 이성복, 임혜정 **디자인** 하주연, 이지선
관리 유승호, 양소연 **마케팅** 김범수, 이광택 **웹서비스** 백윤경, 김설희

펴낸곳 도서출판 나눔의집
등록번호 제25100-1998-000031호
등록일자 1998년 7월 30일

주소 서울시 금천구 디지털로9길 68, 1105호(가산동, 대륭포스트타워 5차)
대표전화 1688-4604 **팩스** 02-2624-4240
홈페이지 www.ncbook.co.kr / www.issuensight.com
ISBN 978-89-5810-375-2(03300)

이 도서의 국립중앙도서관 출판예정도서목록(CIP)은 서지정보유통지원시스템 홈페이지
(http://seoji.nl.go.kr)와 국가자료공동목록시스템(http://www.nl.go.kr/kolisnet)에서
이용하실 수 있습니다. (CIP제어번호: CIP2018026622)